Schnelle Aussprachehilfe für gebräuchliche Weinnamen

Beaujolais	boh schu lä
Bourgogne	bor goh nie
Brut	brüt
Cabernet Sauvignon	kab er nei saw vie nion
Chablis	schah blie
Chardonnay	schar doh nej
Châteauneuf-du-Pape	schah tow nöf dü pahp
Côte Rôtie	kot roh tie
Haut-Médoc	ooht meh dok
Hermitage	er mie tach
Loire	low ahr
Mâcon-Villages	mak ko wie lasch
Merlot	meer loh
Meursault	mör so
Moët	moh ett
Montepulciano d'Abruzzo	mon te pul tschie AH noh dah BRUT so
Montrachet	mon rah schee
Muscadet	müh ska de
Pauillac	pau ih ak
Perrier-Jouët	per riee schu ett
Pinot Grigio	pie noh GRIE tschoh
Pinot Noir	pie noh nwahr
Pouilly-Fuissé	püh ie füh she
Rioja	rie OCH hah
Sancerre	sahn sähr
Tempranillo	tem prah NIE loh
Viognier	vie oh nih eh
Vosne-Romanée	wohn roh mah nee
Vouvray	vuh vraih

Nützl

- ✔ **Arom...**
  Aroma bezieht sich normalerweise auf jüngere Weine, während Bouquet häufig im Zusammenhang mit älteren Weinen benutzt wird.
- ✔ **Körper:** Der Eindruck des Gewichts in Ihrem Mund (leicht, mittel oder schwer)
- ✔ **Knackig:** Ein Wein mit erfrischender Säure
- ✔ **Trocken:** Nicht süß
- ✔ **Abgang:** Der Eindruck, den ein Wein hinterlässt, wenn Sie ihn hinunterschlucken
- ✔ **Geschmacksintensiv:** Wie stark oder schwach die Geschmackseindrücke eines Weins sind
- ✔ **Fruchtig:** Ein Wein, der Aromen oder Geschmäcker von Früchten hat. Es bedeutet nicht, dass der Wein süß ist.
- ✔ **Holzig:** Ein Wein mit dem Geschmack von Eichenholz
- ✔ **Weich:** Ein Wein, der im Mund ein eher sanftes als ein knackiges Gefühl hinterlässt
- ✔ **Tanninreich:** Ein Rotwein, der kräftig ist und den Mund austrocknet

Jahrgangstabelle

Wie jede Jahrgangstabelle soll auch diese nur der groben Orientierung dienen. Es wird immer etliche Weine geben, die zu dieser Jahrgangsbewertung im Widerspruch stehen.

Weinregion	1996	1997	1998	1999	2000	2001	2002	2003	2004
Bordeaux									
Médoc, Graves	90a	85b	85a	85a	95a	85a	85b	85a	85a
Pomerol, St. Emilion	85a	85b	95a	85a	95a	85a	85b	80a	85a
Burgunder									
Côte de Nuits, Rot	90a	90c	80c	90b	85c	80b	90a	85a	85a
Côte de Beanes, Rot	90b	85c	80c	90b	75c	75c	90a	80b	80b
Burgund, Weiß	90b	85c	80c	85c	85c	85c	90b	80b	85b
Rhône-Tal									
Nördl. Rhône	85c	90c	90a	95a	85b	90a	75c	95a	80c
Südl. Rhône	80d	80d	95b	90b	95b	95a	60d	90b	85c

Wein für Dummies - Schummelseite

Soforthilfe zur Weinidentifizierung

Name des Weins	Traube oder Ort	Farbe des Weins
Barbera	Traube	Rot
Bardolino	Ort/Italien	Rot
Barolo	Ort/Italien	Rot
Beaujolais	Ort/Frankreich	Rot
Bordeaux	Ort/Frankreich	Rot oder Weiß
Burgund	Ort/Frankreich	Rot oder Weiß
Cabernet Sauvignon	Traube	Rot
Chablis	Ort/Frankreich	Weiß
Champagne	Ort/Frankreich	Weiß oder Rosé
Chardonnay	Traube	Weiß
Chianti	Ort/Italien	Rot
Côtes du Rhône	Ort/Frankreich	Rot oder Weiß
Dolcetto	Traube	Rot
Merlot	Traube	Rot
Mosel	Ort/Deutschland	Weiß
Pinot Grigio/Pinot Gris	Traube	Weiß
Pinot Noir	Traube	Rot
Port (Porto)	Ort/Portugal	Rot (aufgespritet)
Pouilly-Fuissé	Ort/Frankreich	Weiß
Rheingau/Rheinhessen	Ort/Deutschland	Weiß
Riesling	Traube	Weiß
Rioja	Ort/Spanien	Rot oder Weiß
Sancerre	Ort/Frankreich	Weiß
Sauternes	Ort/Frankreich	Weiß (Dessert)
Sauvignon Blanc	Traube	Weiß
Sherry	Ort/Spanien	Weiß (aufgespritet)
Soave	Ort/Italien	Weiß
Syrah/Shiraz	Traube	Rot
Valpolicella	Ort/Italien	Rot
Viognier	Traube	Weiß
Zinfandel	Traube	Rot oder Rosé

Positives Denken für Weinkäufer

Niemand in der Welt weiß alles über Wein.

Schlaue Menschen sind sich nicht zu schade, dumme Fragen zu stellen.

Aufgabe des Weins ist es, genossen zu werden.

Teuer bedeutet nicht automatisch, dass ich diesen besser als andere Weine finden werde.

Ich bin selbst mein bester Weinkritiker.

Die meisten Weine sind gute Weine.

Experimentieren kann Spaß machen.

Fragen kostet nichts.

Jede Flasche Wein ist eine Erfahrung fürs Leben.

Ich werde es so lange nicht wissen, wie ich es nicht ausprobiert habe.

Weinregion	1996	1997	1998	1999	2000	2001	2002	2003	2004
Elsass	85c	85c	90c	85c	90b	90b	90a	95a	90b
Champagne	100a	85b	85c	85c	80c	NV	90a	?	?
Deutschland	90b	85c	90b	85c	70d	90b	90b	85b	90a
Rioja (Spanien)	85c	85c	80d	85c	85c	95c	75d	85c	90b
Italien:									
Piemont	95a	85c	90a	95a	90b	95a	75c	80b	85a?
Toskana	75c	90c	85c	95c	85c	95b	75c	80b	85a?
Kalifornien:									
Cabernet Sauvignon	90b	90c	85c	85b	75c	95a	90b	90b	85b

Bewertung:

100 = außergewöhnlich	85 = gut	70 = unterdurchschnittlich
95 = hervorragend	80 = annähernd gut	65 = schlecht
90 = sehr gut	75 = durchschnittlich	50-60 = sehr schlecht

a = zu jung zum Trinken   b = durchaus schon trinkbar, aber wird noch besser

c = trinkreif   d = ist vielleicht schon zu alt

NV = kein deklarierter Jahrgang (non-Vintage)

Wein
für Dummies

Ed McCarthy und Mary Ewing-Mulligan

Wein
für Dummies

4., überarbeitete und aktualisierte Auflage

Übersetzung aus dem Amerikanischen
von Michael Liebert

Überarbeitet von
Barbara Mistol

Fachkorrektur von
Robert Lönarz

WILEY-
VCH

WILEY-VCH Verlag GmbH & Co. KGaA

Bibliografische Information der Deutschen Nationalbibliothek
Die Deutsche Nationalbibliothek verzeichnet diese Publikation
in der Deutschen Nationalbibliografie; detaillierte bibliografische
Daten sind im Internet über http://dnb.d-nb.de abrufbar.

4., überarbeitete und aktualisierte Auflage 2008

© 2008 WILEY-VCH Verlag GmbH & Co. KGaA, Weinheim

Printed in Germany

Gedruckt auf säurefreiem Papier

Korrektur   Petra Heubach-Erdmann und Jürgen Erdmann, Düsseldorf
Satz   Lieselotte und Conrad Neumann, München
Druck und Bindung   CPI – Ebner & Spiegel, Ulm

ISBN 978-3-527-70343-2

Über die Autoren

Ed McCarthy und **Mary Ewing-Mulligan** sind zwei Weinliebhaber, die sich auf einer Weinprobe von italienischem Wein im Chinatown/New York kennengelernt haben. Einige Zeit nach ihrer Begegnung heirateten sie und vereinten ihre Weinkeller und ihre Büchersammlungen zum Thema Wein. Seitdem haben sie als Koautoren von mehreren Weinbüchern in der... *für Dummies*-Reihe fungiert, gemeinsam Hunderte von Weinseminaren geleitet, fast jede Weinregion der Erde bereist, fünf Marathons absolviert und elf Katzen großgezogen. Gemeinsam können sie mittlerweile mehr als 50 Jahre an Erfahrung mit Wein vorweisen.

Mary Ewing-Mulligan ist Vorsitzende des International Wine Center in New York. Dies ist eine Weinschule, in der Weinfachleute und ernsthafte Weinliebhaber eine qualifizierte Ausbildung in Sachen Wein erhalten. Als US-amerikanische Vorsitzende des Wine & Spirit Education Trust (WEST®), der weltweit führenden Vereinigung für Ausbildungen im Bereich Wein, arbeitet sie daran, die von ihr in New York angebotenen Kurse auch in anderen US-Bundesstaaten zu veranstalten. Sie betreut außerdem seit vielen Jahren die Weinkolumne der *NY Daily News*. Ihre beeindruckendste Auszeichnung besteht darin, dass sie als erste Frau in den USA den Titel Master of Wine (MW) verliehen bekam. In Nordamerika tragen nur 22 Personen diesen Titel, weltweit sind es 251.

Ed McCarthy stammt aus New York. Er besuchte die dortige City University und machte dort seinen Magister in Psychologie. Früher unterrichtete er Englisch an weiterführenden Schulen und arbeitete nebenbei als Aushilfe in Weinhandlungen, um sowohl seiner Leidenschaft für Wein nachzugehen als auch um seinen wachsenden Weinkeller aufzustocken. In diesem finden sich besonders viele seiner Lieblingsweine: Bordeaux, Barolo und Champagner.

Ed McCarthy und Mary Ewing-Mulligan sind gemeinsam für die Weinkolumne der *Nation's Restaurant News* und der *Beverage Media*, einer Handelszeitschrift, verantwortlich. Beide schreiben Leitartikel für *WineReviewOnline.com*, ein Weinmagazin im Internet und beide sind als Certified Wine Educator (CWE) zertifiziert.

Wenn sie gerade nicht schreiben, Seminare geben oder Weinregionen bereisen, sind Ed McCarthy und Mary Ewing-Mulligan eifrig damit beschäftigt, Reden zu halten, bei professionellen Weinverkostungen als Jury-Mitglieder zu fungieren oder so viele neue Weine wie möglich zu probieren. Sie geben zu, dass sie ein völlig unausgeglichenes Leben führen, in dem ihre einzige weinfreie Leidenschaft im Wandern in den Berkshires und in den italienischen Alpen besteht. Zu Hause entspannen sie sich in Begleitung ihrer schnurrenden Mitbewohner Dolcetto, Black & Whitey, Ponzi und Pinot zu den Klängen von U2, K. D. Lang, Bob Dylan und Neil Young.

Über den Fachlektor

Robert Lönarz, Jahrgang 1967, erlernte zunächst die Grundlagen des Weinbaus im elterlichen Weingut in Eller an der Mosel. Von 1989 bis 1993 studierte er nach seinem Abitur und einem Sprachaufenthalt in den USA an der renommierten Hochschule in Geisenheim Weinbau und Önologie mit dem akademischen Abschluss eines Diplom-Ingenieurs. Nach seiner Studienzeit arbeite er zunächst als wissenschaftlicher Mitarbeiter am Campus Geisenheim im Bereich der Lehre mit dem Schwerpunkt Informationstechnologie. 2001 war er unter anderem führender Projektleiter des First Wine-Event Riesling Worldwide. Seit 1998 ist er Vorstandsmitglied im Bund Deutscher Önologen und als Juror in vielen nationalen und internationalen Weinverkostungen vertreten. In der Funktion eines Campus Managers arbeitet er seit 2006 an der Darstellung der Fachhochschule und Forschungsanstalt Geisenheim im weltweiten Weinkontext. Als Spieler und Vize-Präsident der WEINELF Deutschland, der Fußballmannschaft der deutschen Top-Winzer, engagiert er sich für die Kommunikation zwischen Mensch und Wein.

Cartoons im Überblick

von Rich Tennant

Seite 29

Seite 99

Seite 145

Seite 321

Seite 365

Seite 383

© The 5th Wave
www.the5thwave.com
E-Mail: rich@the5thwave.com

Inhaltsverzeichnis

Kapitel 8
Insiderwissen über den Umgang mit Wein   125

Kapitel 15
Unbekannte Weinwelt: Aperitif-, Dessert- und aufgespritete Weine   301

Teil V
Wenn Sie den Virus schon haben

Kapitel 19
Wein und Speisen vermählen

Teil VI
Der Top-Ten-Teil

Kapitel 20
Antworten auf zehn häufig gestellte Fragen über Wein

Kapitel 21
Zehn weitverbreitete Irrtümer über Wein

Einführung

Wir lieben Wein. Wir lieben seinen Geschmack, wir lieben die faszinierende Vielfalt der Weine aus aller Welt, und wir lieben es, wie er Menschen an einem Tisch zusammenführt. Wir sind sicher, dass Sie und jeder andere in der Lage ist, Wein zu genießen – unabhängig von Ihrer Erfahrung und von Ihrem Einkommen.

Aber wir sind die Ersten, die sofort zustimmen, wenn Sie sagen, dass Weinliebhaber sowie viele Weinprofessionelle und echte Kenner es den normalen Menschen nicht gerade leicht machen, Wein zu genießen. Man wird mit eigenwilligen Namen von Rebsorten und ausländischen Weinregionen bombardiert. Man muss sich zwischen einem Wein für 15 Euro und einem für drei Euro entscheiden und kann von außen keinen Unterschied sehen. Man braucht sogar meist ein spezielles Werkzeug, um die Flasche zu öffnen, die man gerade mit nach Hause gebracht hat.

All diese Kompliziertheiten, die den Wein umgeben, werden auch wir nicht beseitigen können, da Wein ein sehr umfangreiches und komplexes Thema ist. Aber das muss Ihnen nicht weiter im Weg stehen. Mit der richtigen Einstellung und ein wenig Verständnis dafür, was Wein ist, können Sie bereits Wein kaufen und genießen. Und wenn Sie so wie wir feststellen, dass Wein etwas Faszinierendes ist, dann können Sie sich intensiver damit auseinandersetzen, und es wird ein wundervolles Hobby.

Da wir wirklich nicht möchten, dass der Wein, der so viel Spaß in unser Leben gebracht hat, einem anderen Unbehagen bereiten könnte, wollen wir Ihnen helfen, sich mit Wein wohlzufühlen. Schon ein wenig des Wissens über Wein, das wir durch unsere gemeinsamen Erfahrungen in diesem Buch zusammengetragen haben, wird Ihnen enorm dabei helfen, sich beim Thema Wein zu Hause zu fühlen.

Was Sie ironischerweise aber *wirklich* sicher machen wird, ist die Tatsache, dass Sie nie alles über Wein wissen werden – und dabei befinden Sie sich in guter Gesellschaft.

Sobald Sie sich mit Wein auseinandersetzen, werden Sie sehr schnell feststellen, dass *niemand* alles über Wein weiß. Es ist einfach zu viel Wissen, und es ändert sich ständig. Und wenn Sie das im Hinterkopf behalten, dann können Sie sich entspannen und das Zeug genießen.

Über dieses Buch

Wenn Sie bereits eine vorherige Ausgabe von *Wein für Dummies* haben, werden Sie sich fragen, ob Sie dieses Buch brauchen. Wir glauben, Sie brauchen es. Wir haben *Wein für Dummies* 1998 geschrieben, und die Welt des Weines hat sich seit damals einschneidend verändert. Sie hat sich sogar seit unserer dritten Auflage von 2005 verändert:

Dutzende von Weingütern wurden gegründet, einige geschlossen, viele der bereits bestehenden haben ihre Qualitäten verbessert und einige sind gescheitert. Webseiten über Wein kommen und gehen. Die Welt der Weinauktionen ist kaum wiederzuerkennen. Unsere Empfehlungen spiegeln all diese Entwicklungen wider.

Erinnern Sie sich an die Preise, die wir in den letzten Ausgaben für Ihre Lieblingsweine genannt haben? Welch große Überraschung: Nahezu alle Preise wurden deutlich angehoben. Aber wir haben einige Schnäppchen ausfindig gemacht, insbesondere in Teil III und V.

Etliche neue Jahrgänge sind hinzugekommen. Wir verschaffen Ihnen überall im Buch und zusammengefasst auf unserer Schummelseite einen Überblick.

Große Weinregionen der Vergangenheit wie Spanien, Ungarn, Griechenland und besonders Deutschland erleben gerade eine Renaissance. Und wir erzählen Ihnen mehr dazu. Außerdem haben wir in dieser Ausgabe den Überblick über die Weinregionen Italien, Kalifornien, Washington, Chile, Argentinien und einige andere auf den neuesten Stand gebracht.

Wir haben dieses Buch als anwenderfreundliches Nachschlagewerk konzipiert. Sie müssen es nicht von vorn bis hinten durchackern, um es zu verstehen und einen Nutzen daraus ziehen zu können. Wenden Sie sich einfach den Abschnitten zu, die Sie interessieren und legen Sie los.

Konventionen in diesem Buch

Um Ihnen eine Hilfestellung zu geben, wie Sie dieses Buch am besten angehen, haben wir einige Konventionen aufgestellt:

✔ Zur Hervorhebung und zur Betonung von Definitionen neuer Wörter und Ausdrücke haben wir _Kursivschrift_ verwendet.

✔ Web-Adressen sind in `dieser Schrift` gehalten.

✔ In grau hinterlegten Kästen finden Sie Informationen, die interessant, aber zum Verständnis des Themas nicht unbedingt notwendig sind.

Törichte Annahmen über den Leser

Wir nehmen an, dass Sie das Buch aus einem der folgenden Gründe zur Hand genommen haben:

✔ Sie wissen sehr wenig über Wein, haben aber den großen Wunsch, mehr zu erfahren.

✔ Sie wissen etwas mehr über Wein als die meisten Leute, aber sie wollen es genauer wissen und zwar von Grund auf.

✔ Sie kennen sich schon sehr gut mit Wein aus, haben aber gemerkt, dass es immer Neues zu entdecken gibt. Oder Sie möchten prüfen, ob wir uns irgendwelche Schnitzer geleistet haben, damit Sie vor Ihren Freunden angeben können, dass uns da ja wohl ein offenkundiger Fehler unterlaufen ist. (Vielleicht denken Sie ja zum Beispiel, dass ein bestimmter Jahrgang in Bordeaux bei Weitem nicht so gut war, wie wir geschwärmt haben.)

✔ Wir nehmen auch an, dass Sie nicht von sich behaupten, ein Weinexperte zu sein. Oder vielleicht doch und Sie haben dieses Buch nur gekauft, um es zu »verschenken«? Und wir gehen davon aus, dass Sie jemand sind, der auch nicht dieses ganze Kauderwelsch und den typischen Weinjargon lesen möchte, sondern stattdessen lieber Klartext sieht.

Wie dieses Buch aufgebaut ist

Dieses Buch stellt ein Lehrbuch über Wein, eine Gebrauchsanweisung und ein Nachschlagewerk dar. Für die Leser, die noch absolut nichts (oder fast nichts) über Wein wissen, haben wir in diesem Buch das Basiswissen zusammengestellt – aber es enthält auch Tipps, Vorschläge und weiterführende Information für bereits »geübte« Weintrinker, die ihr Wissen vertiefen wollen. Je nachdem, wo Sie sich auf der Wissensleiter des Weins einordnen, werden verschiedene Kapitel für Sie interessant sein.

Teil I: Der Einstieg ins Thema

Die fünf Kapitel von Teil I verschaffen Ihnen den ersten Überblick und verführen Sie zum Schlürfen, auch wenn Sie noch nie in Ihrem Leben Wein probiert haben. Wir erklären Ihnen die wichtigsten Weintypen, wie man verkostet, aus welchen Trauben Wein gemacht wird, warum die Weinherstellung entscheidend ist und wie Weine benannt werden.

Teil II: Der Umgang mit Wein: Das erste Scharmützel

Dieser Teil setzt sich mit dem praktischen Umgang mit Wein auseinander – im Weinladen, im Restaurant und zu Hause. Hier erfahren Sie, wie Sie mit hochnäsigen Weinverkäufern, mit komplizierten Weinkarten im Restaurant und diesen elenden Korken umgehen. Ergänzend dazu erklären wir Ihnen, wie Sie mysteriöse Weinetiketten enträtseln.

Teil III: Die Weinanbaugebiete der Welt

Lesen Sie diesen Teil, um die wichtigsten Weinregionen der Alten Welt zu besuchen: Deutschland, Schweiz, Österreich, Frankreich, Italien, Spanien, Portugal, Ungarn und Griechenland. In der Neuen Welt gehen wir die Abenteuer Australien, Neuseeland, Chile, Argentinien und Südafrika an und werfen danach einen Blick auf die wichtigsten Weinregionen der USA: Kalifornien, Oregon und Washington.

Teil IV: Die exotische Seite des Weines

In diesem Teil werden die aufregendsten und faszinierendsten Weine vorgestellt. Dazu gehören Champagner, Sherry, Portwein, Sauternes und andere exotische Dessertweine.

Teil V: Wenn Sie den Virus schon haben

Hier finden Sie eine Menge praktischer Ratschläge und dazu Empfehlungen, wo und wie Sie »Ihre« Einkaufsquellen für Wein außerhalb Ihres Weinladens um die Ecke finden. Außerdem verraten wir Ihnen, wie Sie verkostete Weine beschreiben und bewerten, wie man Speisen und Wein kombiniert, wie man Wein optimal lagert – und sogar, wie Sie Ihr Wissen über Wein und Ihre Leidenschaft noch vertiefen können.

Teil VI: Der Top-Ten-Teil

Welches ... *für Dummies*-Buch wäre ohne diesen Teil komplett? Es ist eine Zusammenfassung der interessantesten Tipps und Empfehlungen aus diesem Buch. Wir freuen uns besonders, zehn weit verbreitete Mythen über Wein entlarven zu können, so dass Sie in Zukunft ein klügerer Kunde und ein zufriedenerer Weingenießer sind.

Teil VII: Anhänge

In Teil VII zeigen wir Ihnen, wie man fremdsprachige Weinbegriffe ausspricht. Außerdem können Sie sich im Glossar nicht geläufige Weinbegriffe erläutern lassen.

Symbole, die in diesem Buch verwendet werden

Dieser merkwürdige kleine Kerl ist ein bisschen wie der Zweijährige, der immer und immer wieder fragt: »Warum, Mami, warum?« Er weiß aber, dass Sie seine Neugierde nicht immer teilen. Wenn Sie ihn sehen, fühlen Sie sich frei, die folgenden Informationen zu überschlagen. Der Wein schmeckt trotzdem gut.

Ratschläge und Informationen, die Sie zu einem kompetenteren Weintrinker oder Käufer machen, sind mit diesem Zeichen markiert.

Moderater Weingenuss wird Sie kaum ins Gefängnis bringen, aber Sie könnten eine teure Flasche Wein wegschütten und darüber in eine tiefe Depression verfallen. Dieses Symbol bewahrt Sie vor typischen Fehlern.

Manche Aussagen über Wein sind so wichtig, dass sie auch mal wiederholt werden sollten. Damit Sie nicht meinen, wir wiederholen uns, ohne es zu merken, haben wir die Wiederholungen mit diesem Symbol markiert.

Weinsnobs praktizieren viel affektiertes Getue, nur um andere Weintrinker zu verunsichern. Es ist allerdings schwer, Sie zu beeindrucken, wenn Sie das snobistische Spiel durchschauen. (Und Sie können lernen, als Weinsnob aufzutreten!)

Ein Schnäppchen ist kein Schnäppchen, solange Ihnen der Anblick nicht gefällt. Für uns sind die Weine, die wir mit diesem Symbol kennzeichnen, Schnäppchen, weil sie einfach unserem Geschmack entsprechen. Wir sind der Meinung, dass es sich dabei um tolle Qualitäten handelt und die Preise im Vergleich mit anderen Weinen ähnlichen Typs, Stils oder vergleichbarer Qualität günstig sind. Sie können dieses Zeichen aber auch als Hinweis nehmen: »Dieser Riesling ist ein wirklich gutes Angebot.«

 Unglücklicherweise werden einige der besten, eindrucksvollsten und leckersten Weine nur in sehr kleinen Mengen produziert. Meist kosten diese Weine deutlich mehr als der Wein, der in großen Mengen zur Verfügung steht – aber das ist gar nicht das Problem. Das wirklich Frustrierende ist, dass diese Weine kaum angeboten werden und es schwierig ist, eine dieser Flaschen zu ergattern, auch wenn man bereit ist, einen hohen Preis zu zahlen. Wir kennzeichnen solche Weine mit diesem Zeichen und hoffen, dass Ihre Suche erfolgreich ist.

Teil I

Der Einstieg ins Thema

The 5th Wave

By Rich Tennant

In diesem Teil ...

Um diesen Teil des Buches zu verstehen, sollten Sie gewisse Vorkenntnisse haben: Sie sollten wissen, was eine Traube ist, und Sie sollten wissen, wo Ihre Zunge und Ihre Nase zu finden sind.

Wenn Sie diese Voraussetzungen mitbringen, können Sie bereits beginnen, Wein zu verstehen und vor allem zu genießen – auch wenn Sie bisher noch nie in Ihrem Leben Wein probiert haben. Keine Sorge, wir gehen ganz gemächlich vor, damit Sie sich alles in Ruhe zu Gemüte führen können.

Das 1x1 des Weins

In diesem Kapitel

▶ Was ist Wein?

▶ Fürchterliche Begriffe wie *Vergärung* und *Schwefel*

▶ Was Rotwein hat und Weißwein nicht

▶ Warum die Farbe wichtig ist

▶ Der Unterschied zwischen stillen Weinen,
perlenden Weinen und Dessertweinen

*W*ir kennen viele Menschen, die gerne Wein trinken, aber gar nicht viel darüber wissen. (So ging es uns auch mal.) Um Wein genießen zu können, braucht man sicherlich keine umfangreichen Kenntnisse darüber. Doch wenn man gewisse Aspekte dieses Getränks kennt, kann die Auswahl eines Weins leichter fallen, der Genuss erhöht werden und die Freude daran steigen. Lernen Sie so viel oder so wenig, wie Sie möchten. Jetzt geht's los.

Wie wird Wein gemacht?

Im Grunde genommen ist Wein nichts anderes als flüssige, vergorene Früchte. Das Rezept, um Früchte in Wein zu verwandeln, geht in etwa so:

1. **Pflücken Sie eine große Menge reifer Trauben von einem Rebstock.**

   Sie könnten auch Himbeeren oder jede andere Frucht nehmen, aber 99,9 Prozent aller Weine der Welt werden aus Trauben gemacht, da man damit einfach das geschmacklich edelste Resultat erzielt.

2. **Geben Sie die Trauben in einen sauberen, dichten Bottich.**

3. **Zerquetschen Sie die Trauben, damit der Saft rausläuft, egal wie.**

   Zur Zeit der Römer hat man die Trauben mit den Füßen gestampft.

4. **Warten Sie!**

So einfach ist das Weinmachen! Eigentlich! Sobald die Trauben zerquetscht sind, kommen *Hefen* (kleine einzellige Organismen, die im Weinberg und somit auf den Trauben vorkommen) mit dem Zucker im Traubenmost in Kontakt und beginnen, diesen in Alkohol umzuwandeln. Das dabei entstehende Kohlendioxid entweicht einfach in die Umgebung. Sobald die Hefen ihre Arbeit getan haben, ist aus dem Traubensaft Wein geworden. Der im Saft vorhandene Zucker ist ganz oder teilweise verschwunden – aber dafür ist jetzt Alkohol da. (Je reifer und süßer die Trauben, umso mehr Alkohol hat somit der Wein.) Diesen Prozess nennt man *alkoholische Gärung* oder auch *Fermentation*.

Was könnte natürlicher sein?

Die Gärung ist ein natürlicher Vorgang, der im Grunde genommen kein menschliches Dazutun benötigt. Nur – wer gibt dann die Trauben in den Bottich und zerquetscht sie? Die Gärung kann auch im frischen Apfelsaft in Gang geraten, der zu lange offen rumsteht. Sie müssen dazu nichts weiter tun als warten. Wir haben gelesen, dass sogar in der Milch, die einen völlig anderen Zucker als Trauben enthält, eine geringe Menge Alkohol entsteht, wenn Sie diese einen Tag auf dem Küchentisch stehen lassen.

Wenn wir schon Milch erwähnen: Louis Pasteur ist derjenige, der im 19. Jahrhundert die alkoholische Gärung das erste Mal beweisen konnte. Er hat sie nicht entdeckt, das Prinzip ist uralt, aber er konnte erstmals wissenschaftlich beschreiben, was dabei passiert. (Wie sollte es auch einen Garten Eden auf Erden geben ohne Wein?)

Moderne Kniffe beim Weinmachen

Würde jeder Winzer seinen Wein mit so rüden Methoden herstellen, wie gerade beschrieben, hätten wir wohl ein recht raues Gesöff im Glas, das uns kaum dazu inspiriert hätte, ein Weinbuch zu schreiben.

Aber den heutigen Weinmachern steht eine breite Palette handwerklicher Maßnahmen zur Verfügung. Das ist einer der Gründe, warum niemals zwei Weine wirklich gleich schmecken.

Die Männer und Frauen, die heute Wein machen, können die Art und Größe des Behälters auswählen (Edelstahl und Eichenholz sind die beiden häufigsten Materialien), den sie für die Vergärung verwenden, und die Temperatur des Traubensafts während der Gärung kontrollieren – und jede dieser Entscheidungen hat einen großen Einfluss auf den Geschmack des Weins. Nach der Gärung entscheiden sie, wie lange und worin der Wein _reifen_ soll (ein Prozess, bei dem Wein harmonisch wird). Die Gärung kann drei Tage oder drei Monate dauern, und anschließend kann der Wein einige Monate oder auch einige Jahre reifen. Wenn Sie Schwierigkeiten haben, Entscheidungen zu treffen, sollten Sie besser nicht Winzer werden.

Die wichtigsten Zutaten

 Es ist wohl offenkundig, dass der ausschlaggebende Faktor dafür, dass sich ein Wein vom anderen unterscheidet, die Herkunft des Rohmaterials – des Traubensaftes – ist. Außer der Tatsache, dass reifere, süßere Trauben einen alkoholreicheren Wein ergeben, sind die _verschiedenen Rebsorten_ (Riesling, Chardonnay, Cabernet Sauvignon oder Merlot etc.) für die unterschiedlichen Weine verantwortlich. Trauben sind das entscheidende Ausgangsmaterial eines jeden Weins, und bei allem, was der Weinmacher unternimmt, muss er immer die Eigenart des jeweiligen Traubenmostes berücksichtigen. Kapitel 3 erläutert die verschiedenen Rebsorten und die daraus resultierenden Weine.

Regionstypischer Geschmack

Die Trauben, das Rohmaterial des Weins, wachsen nicht im luftleeren Raum. Dort, wo sie gedeihen, beeinflussen die Erde und das Klima jeder Weinregion sowie die Traditionen und Ziele der Menschen, die die Weinstöcke anpflanzen und den Wein herstellen, die Beschaffenheit der reifen Trauben und den Geschmack, den der spätere Wein hat. Aus diesem Grund dreht sich vieles, was man über Wein wissen sollte, um die Länder und Regionen, in denen Wein produziert wird. In Teil III dieses Buches stellen wir Ihnen die wichtigsten Weinregionen der Welt und ihre Weine vor.

Welche Farbe hätten Sie gern?

Das Kind in Ihnen wird sich freuen zu hören, dass es beim Thema Wein in Ordnung ist, wenn man eine Farbe lieber mag als andere. Mit der Aussage »Ich mag kein grünes Essen!« kommen Sie als Kind meist nicht sehr weit. Als Erwachsener dürfen Sie jederzeit eine Vorliebe für Weiß-, Rot- oder Roséwein äußern.

(Eigentlich kein) Weißwein

Wer auch immer den Begriff »Weißwein« aufgebracht hat, muss farbenblind gewesen sein. Sie brauchen nur hinzusehen, und schon ist klar, er ist nicht weiß, sondern eher gelblich. Es wird wohl der Begriff »hell« der Sache gerechter. Aber wir haben uns inzwischen alle an diesen Begriff gewöhnt, und somit ist es eben *Weißwein*.

Weißwein ist ein Wein ohne eine Spur von Rot. (Die Rosés zählen also zu den Rotweinen.) Damit sind alle Weine mit gelben oder goldenen Reflexen, aber auch die, die klar wie Wasser sind, Weißweine.

Es gibt zwei Möglichkeiten, wie Weißwein zu seiner Farbe kommt. Erstens, Weißwein wird aus weißen Trauben gemacht, wobei diese, ganz nebenbei, nicht weiß sind. (Haben Sie es schon geahnt?) *Weiße* Rebsorten sind grün, grüngelb oder goldgelb oder manchmal sogar rötlich-gelb, bis hin zu rot. Einfacher ausgedrückt, zu den weißen Rebsorten zählen alle, die nicht dunkelrot oder dunkelblau sind. Wenn Sie Wein aus weißen Trauben machen, bekommen Sie immer Weißwein.

Die zweite Möglichkeit, wie der Wein zu seiner weißen Farbe kommt, ist etwas komplizierter. Dabei werden rote Trauben verwendet, aber nur der *Saft* von roten Trauben, nicht die Trauben-schalen. Der Saft der meisten roten Rebsorten enthält keine roten Farbpigmente – die sind nur in den Traubenschalen – und so ist der Wein, der nur aus dem Saft von roten Trauben gemacht wird, ein Weißwein. In der Praxis werden aber sehr wenige Weißweine aus roten Trauben gemacht. (Der Champagner ist eine Ausnahme. In Kapitel 14 wird die Verwendung von roten Trauben bei der Champagner-Herstellung erklärt.) Man spricht auch von einem »Blanc de noir« (deutsch »Weißer aus Schwarzen«).

Falls Sie sich fragen, wie das geht, hier die Erklärung in der Fachsprache: Eine große Menge an Trauben wird durch technologische Verfahren vorsichtig *aufgebrochen* und dann sanft so *gepresst*, dass der Saft des Traubenfleisches herausläuft und die Schalen weitgehend unberührt bleiben.

Staubtrocknes über Schwefel

Schwefeldioxid besteht aus Schwefel und Sauerstoff und entsteht als Nebenprodukt während der alkoholischen Gärung, aber nur in kleinen Mengen. Es wird dem Wein aber auch zugesetzt. Schwefeldioxid ist für den Wein, was Aspirin und Vitamin E für den Menschen sind – eine Wunderdroge, die alle möglichen Beschwerden lindert und anderen vorbeugt. Schwefeldioxid wirkt antibakteriell und verhindert so, dass der Wein zu Essig wird. Es hemmt die Hefen und verhindert so, dass süße Weine in der Flasche nochmals zu gären beginnen. Es wirkt antioxidativ und hält den Wein somit frisch und schützt ihn vor dem Teufel Sauerstoff. Trotz dieser wunderbaren Eigenschaften versuchen die Winzer, so wenig Schwefeldioxid wie möglich zu verwenden, da viele glauben, der Wein wäre umso besser, je weniger man zusetzt (so wie viele Menschen möglichst wenig Medikamente nehmen).

Und jetzt kommt etwas ganz Ironisches:

Gerade heute, wo die Weinherstellung so fortschrittlich ist, dass Winzer weniger als je zuvor auf Schwefeldioxid als Hilfsmittel zurückgreifen müssen, tragen Weinflaschen vermehrt den Hinweis »enthält Sulfite« oder »enthält Schwefeldioxid«. Der Grund liegt darin, dass die Europäische Union 2005 eine Richtlinie dazu erlassen hat. Also glauben jetzt verständlicherweise viele Weintrinker, dass heute *mehr* Schwefel im Wein sei als früher. Doch in Wirklichkeit ist wahrscheinlich so wenig davon drin wie niemals zuvor.

Ungefähr fünf Prozent aller Asthmatiker reagieren extrem empfindlich auf Schwefel. Um sie zu schützen, hat die EU bestimmt, dass jeglicher Wein, der mehr als zehn Milligramm Schwefeldioxid oder Sulfite pro Liter enthält, einen entsprechenden Hinweis tragen muss. Wenn man bedenkt, dass zehn bis zwanzig Milligramm sowieso im Getränk enthalten sind, gilt das fast für jeden Wein. (Eine Ausnahme ist der Biowein, der so wenig Sulfit enthält, dass er nicht den vorgeschriebenen Hinweis auf dem Etikett tragen muss.)

Die Werte seriöser Weinmacher liegen derzeit bei etwa einem Viertel dessen, was die Gesetzgeber erlauben, und damit bei etwa der Hälfte, was von den verschiedenen Ökolabels als unbedenklich angesehen wird. Die höchsten Werte findet man in weißen Dessertweinen, gefolgt von halbtrocken Weißweinen und Rosés, da diese am meisten vor einer Nachgärung in der Flasche geschützt werden müssen. Trockene Weißweine sind in sich stabiler und benötigen deutlich weniger, die niedrigsten Werte findet man bei trockenen Rotweinen.

Liegt man mit einem Weißen immer richtig?

Einen Weißwein kann man eigentlich zu jeder Gelegenheit trinken – wobei ihn die meisten entweder zu leichten Gerichten oder als Sologetränk bevorzugen. In Kapitel 19 erfahren Sie, welche Gerichte zu welchem Wein passen.

Weißweine werden oft für *Aperitif* benutzt, was bedeutet, dass man sie als Appetitanreger vor dem Essen, statt eines Cocktails oder auf Partys serviert. (Wenn Sie die Beamten fragen, die dafür bezahlt werden, alles zu definieren, dann ist der Aperitifwein ein Wein, dem Aromen zugesetzt wurden, wie etwa ein Wermut. Aber solange Sie keine Weinetiketten entwerfen müssen, brauchen Sie sich darum nicht zu kümmern. In der Umgangssprache ist ein Aperitifwein genau das, was wir gerade beschrieben haben.)

Sobald es draußen warm wird, bevorzugen viele Menschen Weißwein, da er erfrischender ist als Rotwein und zudem kühl getrunken wird (der Wein, nicht die Menschen).

Weißweinstile: Weißwein ist nicht gleich Weißwein

Weißwein kann man vier Geschmacksrichtungen zuordnen, wobei wir die perlenden Weine und die wirklich süßen Dessertweine vorerst außer Acht gelassen haben (in Kapitel 14 und 15 dann mehr dazu). Keine Panik, falls Ihnen die Sprache, die wir für die Beschreibungen verwenden, noch etwas ungewohnt ist – in Kapitel 2 erläutern wir diese. Hier also die vier Hauptkategorien:

Einige Weißweine sind *frisch* und trocken, ohne Süße *oder Holznote*. (Blättern Sie weiter zu Kapitel 5, wenn Sie alles über Eichenholz erfahren möchten.) Die meisten italienischen Weißweine wie Soave und Pinot Grigio, aber auch etliche französische Varianten wie Sancerre und Chablis fallen in diese Kategorie.

Ein paar Weißweine haben einen *Bodenton*. Sie sind trocken, körperreich, haben keinen oder einen leichten Holzton und gleichzeitig viel Bodengeschmack. Einige französische Vertreter wie Mâcon oder Weißweine von der Côtes du Rhônes (mehr darüber in Kapitel 10) gehören zu dieser Geschmacksrichtung.

Manche Weißweine sind gekennzeichnet durch *intensives Aroma und Geschmack*, die sie durch ihre jeweilige Rebsorte erhalten. Sie sind *halbtrocken* (also nicht total trocken) oder trocken. Als Beispiele sind viele deutsche Weine zu nennen und solche aus geschmacksintensiven Rebsorten wie Riesling oder Viognier.

Einige Weißweine sind zwar trocken oder annähernd trocken, aber körperreich und haben oft noch einen deutlichen Holzton. Die meisten Chardonnay und viele französische Weine – etwa die großen Weißweine aus Burgund – gehören in diese Gruppe.

Wir servieren Weißwein kalt, aber nicht eiskalt. In manchen Restaurants wird der Weißwein so kalt serviert, dass man eine ganze Zeit warten muss, bis er eine angenehme Trinktemperatur hat. Sollten Sie Ihren Wein so mögen, kein Problem. Aber probieren Sie Ihren Lieblingswein ruhig einmal etwas wärmer. Sie werden sehen, er wird dadurch deutlich aromatischer. In Kapitel 8 zeigen wir Ihnen, welche Temperatur für welchen Wein empfehlenswert ist.

Für Speisenempfehlungen zu Weißwein blättern Sie bis Kapitel 19 vor. Für tiefer gehende Informationen über Weißweine und Essen (und weitere Hintergrundinformationen zu Weißwein allgemein) empfehlen wir unser Buch *Weißwein für Dummies* (erschienen bei Wiley-VCH).

Roter Wein

Hier stimmt der Name. Rotweine sind wirklich rot. Sie können purpurrot, rubinrot oder granatrot sein, aber sie sind immer rot.

Rotweine müssen aus Trauben mit roter oder besser bläulicher Schale gemacht werden. Man spricht im Allgemeinen von roten Trauben.

Der offensichtlichste Unterschied zwischen Rot- und Weißwein ist die Farbe. Sie entsteht, wenn der zuerst noch helle Traubensaft zusammen mit den dunklen Schalen vergoren wird und der entstehende Alkohol die Farbpigmente aus den Beerenhäuten löst. Neben der Farbe geben die Traubenschalen aber auch noch *Tannin* an den Wein ab – eine Substanz, die den Geschmack von Rotwein entscheidend prägt (in Kapitel 2 erfahren Sie mehr über Tannin). Das Vorhandensein von Tannin im Rotwein ist wohl der wichtigste Geschmacksunterschied zwischen Rot- und Weißwein.

Bei Rotweinen findet man sehr viele unterschiedliche Stile. Das kommt unter anderem daher, dass die Weinmacher bei der Rotweinherstellung so viel Einfluss nehmen können. Nur ein Beispiel: Lässt der Winzer den Saft lange mit den Schalen in Berührung kommen, wird der Wein dunkler, aber auch *tanninreicher* (strenger im Mund, etwa wie kräftiger schwarzer Tee; das Tannin wirkt adstringierend). Trennt der Weinmacher den Saft früher von den Schalen, ist der Wein weicher und hat weniger Tannin.

Rotwein wird, gerade in den südlichen Ländern, in erster Linie zum Essen getrunken.

Dank der Vielfalt an unterschiedlichsten Stilen lässt sich wohl für ziemlich jedes Essen und wahrscheinlich auch für jede Gelegenheit ein passender Rotwein finden (ausgenommen die Momente, wo es einfach was Prickelndes sein muss). In Kapitel 19 geben wir Ihnen einige Tipps, wie man Rotwein mit Speisen kombiniert. Sie können aber auch noch unser Buch *Rotwein für Dummies* (erschienen bei Wiley-VCH) zu Rate ziehen.

Um sich ganz sicher den Spaß an den meisten Rotweinen zu verderben, sollte man sie kalt trinken. Die oben erwähnten Tannine schmecken bitter, wenn der Wein kalt ist – ähnlich wie ein kalter, richtig starker schwarzer Tee. Allerdings servieren viele Restaurants den Rotwein zu warm. (Wo lagern die ihren Wein? Im Heizungskeller?) Die Temperatur passt, wenn sich die Flasche in Ihrer Hand kühl anfühlt. Mehr Informationen, wie man Wein mit der richtigen Temperatur serviert, finden Sie in Kapitel 8.

Rotweinstile: Auch Rotwein ist nicht gleich Rotwein

Hier sind vier Rotweinstile:

✔ **Geschmeidige, fruchtige** Rotweine, die ziemlich leichtgewichtig sind und über wenig Tannin verfügen (wie ein Beaujolais Nouveau aus Frankreich, ein Gamay aus der Schweiz, ein Valpolicella aus Italien, ein leichter Blauer Spätburgunder (Pinot Noir) aus Deutschland oder ein Zweigelt aus Österreich)

✔ **Milde** Rote, die mittelgewichtig daherkommen, meist etwas Restsüße haben und ein feingliedriges, wenig fruchtiges, oft kräuteriges Aroma aufweisen (beispielsweise günstige Weine aus Italien, Spanien oder Frankreich, aber auch ein Trollinger aus Deutschland)

✔ **Würzige** Rotweine, die aromatisch und fruchtig sind, eine würzige Note aufweisen und über etwas Tannin sowie über eine kräftige Fabe verfügen (beispielsweise der Dornfelder aus Deutschland, Malbec aus Frankreich oder Argentinien, Dolcetto aus Italien)

✔ **Kräftige** Rote, die sich als körperreich, komplex und tanninbetont ausweisen (Cabernet Sauvignon oder Merlot aus Kalifornien sowie Chile, Barolo aus Italien, die kostspieligeren australischen Vertreter und hochwertige Rotweine, zum Beispiel auch ein dichter Spätburgunder von der Ahr oder Baden (Deutschland) oder ein Blaufränkisch aus Österreich)

Ein Rosé passt immer

Die echten Weintrinker berufen sich darauf, ein Rosé wäre weder Fisch noch Fleisch und damit kein »ernsthafter« Wein. Aber gibt's nicht gerade dafür jede Menge Gelegenheiten? Rosé werden aus roten Trauben gemacht, aber er wird nicht richtig rot, da der Traubenmost nur kurze Zeit mit den Schalen in Berührung bleibt – nur ein paar Stunden, verglichen mit Tagen oder Wochen bei der Rotweingärung. Da die *Schalenkontaktzeit* (die Zeit, während der Most mit den Schalen in Berührung bleibt) so kurz ist, nimmt der Rosé auch nur wenig Tannin auf. Deshalb kann man die Rosés kaltstellen und sie wie Weißwein als Erfrischung genießen. Viele Weinfetischisten trinken fast nie Rosé, aber eine Menge Weinliebhaber entdecken gerade, was für ein Genuss ein guter Roséwein besonders im Sommer sein kann.

Deutscher Rosé wird auch als *Weißherbst* bezeichnet. Einen Unterschied gibt's im Prinzip nicht, es werden nur etwas strengere Maßstäbe angelegt: Es muss ein Qualitätswein sein, und er darf nur aus einer Rebsorte gekeltert werden.

Daneben gibt es noch ein paar regionale Spezialitäten in Deutschland wie »Schillerwein«, »Rotling« und »Badisch-Rotgold«, die durch das Mischen von weißen und roten Trauben beziehungsweise Most entstehen. (Einen Rosé durch Zusammenschütten von fertigem Rotwein und Weißwein zu »erzeugen«, ist nirgends in Europa erlaubt!)

Ich vertrage keinen Rotwein!

Viele Menschen behaupten, sie können keinen Rotwein trinken, ohne davon Kopfschmerzen zu bekommen oder sich sonst irgendwie krank zu fühlen. Meist machen sie den Schwefel im Wein dafür verantwortlich. Wir sind weder Mediziner noch Wissenschaftler, aber wir können Ihnen versichern, dass Rotwein deutlich weniger Schwefel enthält als Weißwein. Da das Tannin im Rotwein bereits wie ein Konservierungsmittel wirkt, ist weniger Schwefel notwendig. Rotwein enthält aber histaminähnliche Verbindungen (*biogene Amine*) und andere Substanzen aus den Traubenschalen, die der Auslöser sein können. Weinwissenschaftler aus Geisenheim arbeiten derzeit an der Erforschung dieses Phänomens. Was auch immer der Grund ist, der Schwefel ist es vermutlich nicht.

Welchen Wein zu welchem Anlass?

Ob Sie Weißwein, Rotwein oder Rosé trinken, wird von der Jahreszeit, dem Anlass und der Art des Essens abhängen, das Sie gerade zu sich nehmen (und von Ihren persönlichen Vorlieben, nicht zu vergessen!). Im Weinladen oder im Restaurant fängt man meist damit an, sich erst mal eine Farbe auszusuchen. In Kapitel 6 und 7 decken wir auf, dass die Mehrheit der Geschäfte und Restaurants den Wein auf ihren Wein- oder Getränkekarten nach der Farbe auflisten und erst danach andere Unterscheidungen wie Rebsorten, Weinregionen oder Geschmacksrichtungen machen.

Auch wenn bestimmte Gerichte die Vereinbarkeit mit sowohl Weiß- als auch Rotwein wirklich einfach machen – gegrillter Lachs kann zum Beispiel herrlich mit einem guten Weißen oder einem fruchtigen Roten schmecken –, so wird es doch häufig in erster Linie Ihre Vorliebe für Rot-, Weiß- oder Roséwein sein, der Sie eine bestimmte Speise auswählen lässt.

Das Zusammenstellen von Gerichten mit Wein ist einer der schönsten Aspekte dieses Getränks, da die Kombinationsmöglichkeiten fast unbegrenzt sind. (Die Grundlagen für das Zusammenstellen und ein paar besondere Tipps erklären wir Ihnen in Kapitel 19.) Und das Beste daran ist: Ihr persönlicher Geschmack entscheidet!

Wie kann man Wein sonst noch einteilen?

Es gibt ein Spiel, das wir manchmal mit unseren Freunden spielen. Wir fragen: »Welchen Wein wollt ihr dabeihaben, wenn ihr auf einer einsamen Insel strandet?« Oder mit anderen Worten, welchen Wein könnte man bis an sein Lebensende trinken, ohne dass man irgendwann genug davon hat? Unsere eigene Antwort lautet immer: Champagner.

Eigentlich ist es eine sonderbare Wahl. Denn obwohl wir Champagner lieben, trinken auch wir ihn nicht *jeden Tag*, jedenfalls unter normalen Umständen. Wir begrüßen unsere Gäste damit, wir feiern damit, wenn unser Fußballverein sein Sonntagsspiel gewinnt, und wir stoßen mit unseren Katzen auf ihren Geburtstag an. Es fehlt also selten an einer Gelegenheit, um Champagner zu trinken, aber es ist doch nicht die Art von Wein, die wir jeden Abend trinken.

Was wir jeden Abend trinken, ist normaler Wein – rot, weiß oder rosé – ohne Sprudel. Es gibt etliche Ausdrücke dafür, aber keiner passt wirklich. In Amerika spricht man von *table wines* (Tafelwein ist in Europa die unterste Qualitätsstufe; Tischwein ist die einfache Plörre, die in manchen Lokalitäten kostenlos auf dem Tisch steht), manche sprechen auch von *leichtem Wein*, aber leicht muss er ja gar nicht sein. Und so bleibt uns oft nur der Ausweg auf den offiziellen Begriff: *Stillwein*, da er keine Kohlensäure hat.

Im folgenden Abschnitt erläutern wir die Unterschiede zwischen drei Kategorien von Wein: Stillwein, Dessertwein und Schaumwein.

Zehn Gelegenheiten, um Rosé zu trinken (und die Snobs zu ärgern)

1. Wenn »sie« Fisch und »er« Fleisch bestellt (oder umgekehrt)
2. Wenn Ihnen ein Rotwein gerade zu schwer wäre
3. Zum Mittagessen – zu Pasta, Salaten und vielen anderen leichten Gerichten
4. Beim Picknick an einem warmen Sommertag
5. Um Ihrem Sohn/Tochter die Cola abzugewöhnen
6. An einem warmen Sommerabend
7. Um den Frühlings- oder Sommeranfang zu feiern
8. Zu rohem oder gekochtem Schinken
9. Wenn Ihnen gerade danach ist, Wein auf Eis zu trinken
10. Am Valentinstag (oder jedem anderen romantischen Anlass)

Stillwein

Stillwein oder *Tafelwein* ist vergorener Traubensaft, dessen Alkoholgehalt sich in einem festgelegten Bereich befindet. Außerdem sprudelt ein Stillwein nicht. (Manche Stillweine haben zwar etwas Kohlensäure, aber es reicht nicht aus, um sie als Tafelwein zu disqualifizieren.) In Europa müssen Stillweine mindestens 8,5 und höchstens 14 Volumprozent Alkohol haben (mit ein paar Ausnahmen). Wenn somit ein Wein nicht mehr als 14 Volumprozent Alkohol und keine Kohlensäure hat, dann ist es dem Gesetz nach Stillwein.

Der Gesetzgeber hat sich die Zahl 14 nicht einfach aus dem Hut gezogen. Aus der Entwicklung betrachtet haben die meisten Weine weniger als 14 Prozent Alkohol – entweder weil nicht genug Zucker in den Trauben vorhanden ist, um einen höheren Alkoholgehalt zu erreichen, oder weil die meisten Hefestämme absterben, wenn ein Alkoholgehalt von etwa 14 Prozent erreicht ist und damit die Gärung zum Stehen kommt. Und so wurde diese Zahl zur Grenze zwischen den Weinen, deren Alkohol aus der natürlichen Gärung stammt (Stillwein), und den Weinen, denen Alkohol zugesetzt werden darf (mehr dazu unter *Dessertwein* im nächsten Abschnitt).

Heute jedoch ist diese Aussage nicht mehr ganz so klar wie zu der Zeit, aus der das Gesetz stammt. Viele Trauben wachsen heute in einem so warmen Klima, wo sie entsprechend reif werden und so viel natürlichen Zucker enthalten, dass der Most bei der Vergärung deutlich mehr als 14 Prozent Alkohol erreichen kann. Eine weitere Voraussetzung dafür ist aber auch die Verwendung von hochgezüchteten Hefen, die auch noch bei einem Alkoholgehalt von über 14 Prozent aktiv bleiben. Viele Cabernets, Shiraz oder Chardonnay haben inzwischen einen Alkoholgehalt von 14,5 oder gar 15,5 Prozent. Weintrinker betrachten sie immer noch als normale Tafelweine, und auch der Gesetzgeber hat sich dieser aktuellen Entwicklung angepasst. (Streng genommen sind sie aber Dessertweine und werden somit höher besteuert.)

Und hier ist unsere eigene, einfache Definition eines Tafelweines: Es ist der ganz normale Wein ohne Kohlensäure, den wir, wie die meisten anderen auch, normalerweise trinken.

Der Alkoholgehalt muss stets auf dem Etikett angegeben sein. Und zwar in Prozent vom Volumen/Volumprozent (% _vol._). Der Winzer darf jeweils auf ganze oder halbe Prozentpunkte auf- oder abrunden.

Bekannte Weißweine

Diese Weißweine sind überall in Deutschland erhältlich. In Teil III dieses Buches gehen wir noch näher auf die einzelnen Weine ein.

- ✔ **Chardonnay:** kann aus Kalifornien, Australien, Frankreich oder sonst wo aus der Welt kommen

- ✔ **Chasselas (Gutedel):** kommt aus der Schweiz und aus Frankreich

- ✔ **Müller-Thurgau:** beliebte Rebsorte aus Deutschland und vermehrt aus Nord-Italien

- ✔ **Pinot Grigio oder Grauburgunder:** kommt aus Italien oder Deutschland (Baden und Pfalz)

- ✔ **Pinot Blanc oder Weißburgunder:** Frankreich. Italien und Deutschland

- ✔ **Riesling:** kommt vorzugsweise aus Deutschland oder Österreich, wird aber auch im Elsass, seltener in Australien oder in den USA (im Staat New York) angebaut

- ✔ **Silvaner:** Deutschland, Österreich und Schweiz sowie Nord-Italien

- ✔ **Sauvignon Blanc:** kommt aus Frankreich, Österreich, Neuseeland, Südafrika oder vielen anderen Ländern

- ✔ **Soave:** kommt aus Italien

Dessertwein

Vielen Weinen, die mehr als 14 Prozent Alkohol haben, wurde vom Winzer Alkohol während oder nach der Gärung zugesetzt. Das ist zwar eine ungewöhnliche Technik, Wein zu machen, aber in einigen Teilen der Welt wie etwa in der Sherry-Region in Spanien oder in der Portwein-Region in Portugal hat man daraus eine Kunst gemacht. Diese Weine stellen wir Ihnen in Kapitel 15 vor.

 Dessertwein ist der gebräuchliche Begriff für diese Weine, wahrscheinlich, weil sie meistens süß sind und oft nach dem Essen serviert werden. Wir halten diesen Ausdruck aber für sehr missverständlich, da Dessertweine nicht *immer* süß sind und nicht *immer* nach dem Essen getrunken werden. (Trockener Sherry fällt beispielsweise in die Kategorie der Dessertweine, aber er ist trocken, und wir trinken ihn vor dem Essen als Aperitif.)

Im deutschsprachigen Raum hört man oft den Ausdruck *Likörweine*, der aber dieselbe Verbindung zur Süße herstellt. Wir bevorzugen den Ausdruck *verstärkter* oder besser *aufgespriteter* Wein, da damit klargestellt ist, dass dem Wein Alkohol zugefügt wurde. Aber bis wir gewählt werden, um uns um diese Dinge zu kümmern, müssen wir weiterhin mit Begriffen wie *Dessertwein* oder *Likörwein* leben.

Bekannte Rotweine

Beschreibungen und Erläuterungen zu diesen bekannten und weit verbreiteten Rotweinen finden Sie überall in diesem Buch:

✔ **Beaujolais:** kommt aus Frankreich

✔ **Blaufränkisch (Lemberger):** angebaut in Österreich und Deutschland

✔ **Blauer Portugieser:** Österreich und Deutschland

✔ **Bordeaux:** kommt aus Frankreich.

✔ **Cabernet Sauvignon:** kann aus Kalifornien, Australien, Frankreich oder aus fast allen anderen Weinbauländern der Welt kommen

✔ **Chianti:** kommt aus Italien

✔ **Côtes du Rhône:** kommt aus Frankreich

✔ **Dornfelder:** sehr beliebt in Deutschland

✔ **Gamay:** beliebt in der Schweiz

✔ **Lambrusco:** kommt aus Italien

✔ **Merlot:** diese Rebsorte wird inzwischen fast überall auf der Welt angebaut

✔ **Pinot Noir oder Blauer Spätburgunder:** kommt aus Frankreich, Deutschland (Baden, Pfalz, Ahr), Österreich und der Schweiz

✔ **Zinfandel (Primitivo):** kommt häufig aus Italien, oder Kalifornien.

✔ **Zweigelt:** kommt aus Österreich

Schaumweine

Schaumweine sind Weine, die blubbern, moussieren oder schäumen. Die typischen Bläschen enthalten Kohlensäure, ein Nebenprodukt der alkoholischen Gärung, das normalerweise entweicht, außer der Weinmacher entscheidet sich, die Kohlensäure im Wein zu belassen. Fast jedes Land, in dem Wein gemacht wird, produziert auch Schaumwein. In Kapitel 14 zeigen wir Ihnen, wie Schaumwein hergestellt wird und wir stellen Ihnen die weltweit bekanntesten Vertreter vor.

Die offizielle Bezeichnung lautet zwar *Schaumwein*, aber umgangssprachlich spricht man von Sekt. Wobei genau genommen Sekt nur eine Unterkategorie von Schaumwein ist.

Champagner ist der bekannteste Schaumwein – und wahrscheinlich der berühmteste *Wein* überhaupt. Der Champagner ist ein spezieller Typus von Schaumwein (sowohl die Rebsorten wie auch das Herstellungsverfahren sind genau vorgeschrieben), der aus einer Region in Frankreich kommt, die Champagne genannt wird. Er ist der ungekrönte König der sprudelnden Weine.

Die Bewohner der Champagne in Frankreich sind nicht besonders glücklich darüber, dass der Name *Champagner* ständig auch von anderen Produzenten verwendet wurde und so inzwischen zum Synonym für alles wurde, was sprudelt. Erst vor kurzem gab es eine entsprechende Vereinbarung zwischen den USA und der Europäischen Union. Davor durften US-amerikanische Winzer noch jeden Schaumwein als *Champagner* bezeichnen, solange nur die Kohlensäure nicht künstlich zugesetzt worden war. Und selbst heute noch dürfen diejenigen, die den Namen schon früher verwendet haben, weiterhin so vorgehen. (Sie müssen dann allerdings zusätzlich eine Herkunftsbezeichnung wie etwas *aus Kalifornien* oder *aus den USA* angeben.)

Die Franzosen nehmen den Schutz des Namens *Champagne* sehr ernst. Bestimmungen der EU sorgen dafür, dass nicht nur kein anderes Mitgliedsland seine Schaumweine so nennen darf, sondern verbietet auch alle Begriffe, die das Wort *Champagne* suggerieren könnten, wie etwa der Hinweis auf der Flasche »méthode champenoise« oder »im Champagnerverfahren hergestellt«. Und noch wichtiger, Schaumweine aus Ländern außerhalb der EU, die den Begriff Champagne auf dem Etikett verwenden, dürfen nicht importiert werden. Die Franzosen passen auf.

Für uns ist das nachvollziehbar. Sie werden uns auch nie erwischen, dass wir den Begriff *Champagner* als Synonym für alles verwenden, was sprudelt (wie Tempo, das ein Synonym für jedes Papiertaschentuch ist). Wir haben zu viel Respekt vor den Menschen und den Traditionen in der Champagne. Dort werden einfach immer noch die besten moussierenden Weine der Welt gemacht. *Das* sind auch die Weine, die wir mit auf unsere einsame Insel nehmen wollen, und nicht einfach nur ein Sprudelwasser.

Auch Deutschland hat eine lange Tradition in der Schaumweinerzeugung. Wenn deutsche Sekte nach denselben Qualitätskriterien wie in der Champagne produziert werden, können sie von vergleichbarer Qualität sein (zum Beispiel Winzer-Sekte). Die meisten deutschen Marken-Sekte werden im sehr viel einfacheren und schnelleren Tankgärverfahren hergestellt und fallen damit geradliniger und weniger komplex aus.

Lernen Sie schmecken!

In diesem Kapitel

▷ Wie man schlürft und gurgelt

▷ Aromen, die man im Wein finden kann

▷ Aromen, die nicht in den Wein gehören

▷ Die Wirkung von Säure, Tannin und Alkohol

▷ Fünf rätselhafte Qualitätskriterien beim Wein

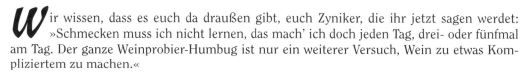

Wir wissen, dass es euch da draußen gibt, euch Zyniker, die ihr jetzt sagen werdet: »Schmecken muss ich nicht lernen, das mach' ich doch jeden Tag, drei- oder fünfmal am Tag. Der ganze Weinprobier-Humbug ist nur ein weiterer Versuch, Wein zu etwas Kompliziertem zu machen.«

Und irgendwie haben diese Skeptiker auch recht. Jeder, der Kaffee oder einen Hamburger schmecken kann, der kann auch Wein schmecken. Alles, was Sie brauchen, ist eine Nase, Geschmacksnerven und ein Gedächtnis. Und solange es Ihnen nicht so geht wie einem unserer Freunde, der als Lehrer an einer Kosmetikschule in den 60er-Jahren jeden Tag von so vielen Chemikalien umgeben war, dass er seinen Geruchssinn verloren hat, haben Sie alles, was Sie zum Weinverkosten brauchen.

Aber Sie hätten auch alle Voraussetzungen, um Chinesisch zu sprechen. Die Fähigkeit zu haben ist das eine, zu wissen, wie es geht und es auch im täglichen Leben einzusetzen, ist das andere.

Wie man Wein richtig verkostet

Sie nehmen täglich Getränke zu sich und schmecken sie, wenn sie durch Ihren Mund fließen. Beim Wein jedoch sind Trinken und Verkosten zwei unterschiedliche Dinge. Wein ist viel komplexer als andere Getränke: Bei einem Schluck Wein im Mund passiert erheblich mehr. Die meisten Weine bieten gleichzeitig viele verschiedene (und subtile) Geschmackseindrücke und sorgen so für ein vielschichtiges Geschmackserlebnis in Ihrem Mund, etwa wie Schmelz und Schärfe zugleich.

Wenn Sie Wein so trinken, wie Sie Wasser oder Cola in sich hineinschütten, entgeht Ihnen vieles, wofür Sie bezahlt haben. Erst wenn Sie Wein *verkosten*, können Sie all seine Nuancen entdecken. Sicher ist, je langsamer und aufmerksamer Sie Wein probieren, desto interessanter schmeckt er.

Und damit haben wir bereits die beiden grundlegenden Regeln des Weinverkostens:

1. **Lassen Sie sich Zeit!**
2. **Konzentrieren Sie sich!**

Das Verkosten von Wein, also das systematische Erleben all seiner Eigenschaften, besteht aus drei Schritten. Bei den ersten beiden Schritten ist Ihr Mund eigentlich gar nicht beteiligt. Erst sehen Sie sich den Wein an und dann wenden Sie sich seinem Geruch zu.

Das Aussehen des Weins würdigen

Uns gefällt es, den Wein im Glas zu betrachten, darauf zu achten, wie er glänzt und das Licht reflektiert. Wir versuchen, die verschiedenen Rottöne genau zu bestimmen, und überlegen uns, ob er wohl die Tischdecke für immer ruinieren würde, wenn wir das Glas zu schräg hielten.

Um den Auftritt eines Weins zu beurteilen, halten Sie Ihr (nur halb volles) Glas am Stil, niemals am Kelch (Sie wollen den Wein doch nicht anwärmen, oder?), halten Sie das Glas leicht schräg und betrachten Sie die Farbe. Wichtig ist ein weißer Hintergrund (Tischdecke oder ein Blatt Papier), da ein farbiger Hintergrund unseren Farbeindruck verändert. Achten Sie darauf, wie dunkel oder hell der Wein in Ihrem geneigten Glas ist, welche Farbe er hat und ob seine Farbe von der Mitte her zum Rand hin, wo die Flüssigkeit das Glas berührt, schwächer wird. Achten Sie auch darauf, ob der Wein trüb oder klar ist oder ob er glänzt. (Die meisten Weine sind klar. Einige *ungefilterte* Exemplare – in Kapitel 5 erfahren Sie mehr über Filtration – können weniger glänzend sein, doch sie sollten niemals trüb erscheinen.) Irgendwann werden Sie Muster, wie zum Beispiel eine dunklere Farbe bei jungen Rotweinen, erkennen können.

Wenn Sie viel Zeit haben, schwenken Sie jetzt den Wein in Ihrem Glas (lesen Sie dazu den folgenden Abschnitt *Die Nase erkennt es*) und achten Sie darauf, wie der Wein am Glasrand runterläuft. Manche Weine entwickeln *Tränen*, und es formen sich daraus *Kirchenfenster* (man spricht von spitzen oder weiten Kirchenfenstern, die sich zwischen den Tränen bilden). Ab und zu werden ausgeprägte Kirchenfenster als ein sicheres Zeichen für einen kräftigen, hochwertigen Wein interpretiert. Heute wissen wir, dass die Kirchenfenster ein kompliziertes Phänomen sind, das mit der Oberflächenspannung und der Verdunstungsrate des Alkohols zu tun hat. Wenn Sie Physiker sind, ist dies eine gute Gelegenheit, Ihr Wissen zu demonstrieren und Ihre Weinfreunde zu beeindrucken – aber wenn nicht, sollten Sie nicht allzu viele Rückschlüsse aus den Kirchenfenstern ziehen und es einfach nur optisch genießen.

Die Nase erkennt es

So, jetzt kommen wir zu einem wirklich lustigen Teil des Weinverkostens: Schwenken und Schnüffeln. Hier dürfen Sie Ihrer Fantasie freien Lauf lassen, und niemand wird Ihnen jemals widersprechen können. Wenn Sie behaupten, der Wein riecht für Sie nach Brombeeren, wer will Ihnen dann beweisen, dass dem nicht so ist?

Bevor wir Ihnen jetzt das Ritual und die dazugehörige Verkostungstechnik erläutern (machen wir im nächsten Abschnitt), wollen wir Ihnen Folgendes versichern: a) Sie müssen diese Prozedur nicht auf jeden Wein anwenden, den Sie trinken; b) Sie blamieren sich nicht, wenn Sie es tun, jedenfalls nicht in den Augen anderer Weinkenner (mit den anderen 90 Prozent der Bevölkerung ist es vielleicht was anderes); und c) es ist ein guter Trick, um sich auf Partys mit gewissen Leuten nicht unterhalten zu müssen.

Um wirklich alles erschnüffeln zu können, müssen Sie zuerst den Wein in Ihrem Glas schwenken. Aber *denken Sie nicht einmal ans Schwenken*, wenn Ihr Glas mehr als halb voll ist.

Lassen Sie das Glas auf dem Tisch stehen und zirkeln Sie kleine Kreise auf die Tischplatte, so dass der Wein im Glas sich mit Luft verwirbelt. Und dann schnell mit dem Glas an Ihre Nase. Stecken Sie Ihre Nase in den Luftraum des Glases und riechen Sie an dem Wein. Lassen Sie Ihrer Fantasie freien Lauf. Ist das Aroma fruchtig, holzig, frisch, intensiv oder zurückhaltend? Ihre Nase ermüdet schnell, erholt sich aber genauso schnell. Warten Sie einen Moment und probieren Sie es erneut. Lauschen Sie den Kommentaren Ihrer Freunde und versuchen Sie, die beschriebenen Düfte zu lokalisieren.

Wenn Sie den Wein schwenken, lösen sich die Aromen aus dem Wein, und Sie können diese riechen. Und da Wein so unglaublich vielfältige *aromatische Bestandteile* hat, muss es nicht unbedingt Einbildung sein, was auch immer Sie da riechen.

Der Grund für dieses Ritual des Schwenkens und Schnüffelns ist ganz einfach: Der Duft soll Ihnen Vergnügen bereiten, Sie vielleicht sogar faszinieren, und Sie sollen Spaß an dieser Entdeckungsreise haben. Was passiert aber, wenn Sie einen Geruch wahrnehmen, der Ihnen nicht gefällt?

Wenn Sie sich eine Zeit lang in Gesellschaft von Weinfreaks befinden, dann bekommen Sie Ausdrücke wie *Benzin, Dung, feuchter Sattel, abgebranntes Streichholz* oder *Spargel* in den Weinbeschreibungen zu hören. Ja, das gibt's! Aber glücklicherweise gehören die Weine, die so riechen, nicht zu denen, die Sie normalerweise trinken – schon gar nicht, wenn Sie sich den Weinvirus eingefangen haben. Und wenn es Sie wirklich schlimm erwischt hat, werden Sie feststellen, dass diese Aromen, im richtigen Wein, der besondere Kick sein können. Und auch wenn Sie nie lernen, diese Aromen zu genießen (manche von uns tun es!), werden Sie sie zu würdigen wissen, als typische Eigenarten einer bestimmten Region oder Rebsorte.

Dann gibt es noch so schreckliche Gerüche, dass niemand sie verteidigen wird. Es kommt nicht oft vor, aber es ist möglich, denn Wein ist ein natürliches, landwirtschaftliches Produkt mit einem eigenen Willen. Meist erkennt man einen fehlerhaften Wein bereits an der Nase des Weins. Weinrichter sind in solchen Fällen unerbittlich – das Urteil lautet ungenießbar. Nicht, dass man davon krank würde, aber warum sollte man auch noch die Geschmacksnerven beleidigen? Manchmal ist der Kork daran schuld, manchmal ein Fehler in der Weinbereitung oder es lag einfach an der Lagerung des Weines. Haken Sie es als Erfahrung ab und öffnen Sie eine andere Flasche, denn das Leben ist zu kurz, um schlechte Weine zu trinken.

Sie können sich auch eigene Beurteilungen für solche Fälle ausdenken. Klassifizieren Sie den Wein beispielsweise als »den geb' ich nur meinem ärgsten Feind« oder »Würger«. Unser Lieblingsspruch ist: »Riecht wie ein alter Putzlappen.«

Wenn es um den Duft eines Weines geht, sind viele Leute überzeugt, dass sie nicht in der Lage sind, die vielfältigen Aromen mit ihrer Nase wahrzunehmen. Dabei ist das Riechen einfach eine Sache der Übung und der Konzentration. Sobald Sie beginnen, mehr auf die Gerüche in Ihrem täglichen Leben zu achten, werden Sie auch Wein besser wahrnehmen können.

Tipps, um Wein besser zu riechen

✔ Seien Sie mutig. Stecken Sie Ihre Nase tief in den Kamin des Glases, in dem sich die ganzen Aromen sammeln.

✔ Verzichten Sie auf kräftige Parfüms; sie würden nur mit dem Wein wetteifern.

✔ In einer Umgebung mit kräftigen Essensdüften können Sie keinen Wein probieren. Die Tomaten, die Sie in Ihrem Wein riechen, gehören wahrscheinlich zu einer Tomatensoße irgendwo im Raum.

✔ Werden Sie ein Schnüffler. Schnüffeln Sie an jeder Zutat beim Kochen, an allem, was Sie essen, den frischen Früchten und dem Gemüse beim Einkaufen, und achten Sie auch auf die Gerüche in Ihrer Umgebung – Leder, feuchte Erde, Teer, Gras, Blumen, Ihr nasser Hund, Schuhcreme und Ihr Medizinschränkchen. Füttern Sie Ihre mentale Datenbank bewusst mit Gerüchen, damit Sie bei Gelegenheit die richtige Schublade rausziehen können.

✔ Probieren Sie unterschiedliche Techniken beim Schnüffeln aus. Manche Weintrinker schnüffeln mehrmals kurz und schnell, während andere mit einem tiefen Atemzug den Weingeruch zu inhalieren scheinen. Den Mund beim Inhalieren ein bisschen zu öffnen, kann hilfreich sein, die Aromen besser wahrzunehmen. (Einige Leute halten sich das eine Nasenloch zu, während sie mit dem anderen schnüffeln, aber das wirkt dann doch ein wenig abgedreht, erst recht in einem anständigen Restaurant.)

Der Gaumen in Aktion

Nachdem Sie jetzt den Wein betrachtet und an ihm gerochen haben, dürfen Sie ihn abschließend auch probieren. Erwachsene Männer und Frauen sitzen mit strenger Miene da, gurgeln und schlürfen, und ihre Augen blicken konzentriert ins Leere. Sie können sich einen Feind fürs Leben machen, wenn Sie einen Weinverkoster dabei stören, wie er sich gerade mit all seiner Energie auf die letzten Tropfen eines speziellen Weins konzentriert.

Und so geht das Prozedere. Nehmen Sie einen mittelgroßen Schluck Wein. Behalten Sie ihn im Mund, spitzen Sie die Lippen und saugen Sie etwas Luft und verwirbeln Sie damit den Wein. (Passen Sie auf, dass Sie sich nicht verschlucken oder sabbern, sonst könnten die anderen vermuten, Sie seien doch kein Weinkenner.) Dann lassen Sie den Wein im Mund kreisen, als ob Sie ihn kauen würden. Dann schlucken Sie ihn. Der ganze Vorgang dauert nur wenige Sekunden und ist abhängig davon, wie sehr Sie sich auf den Wein konzentrieren. (Sie fragen sich, auf was Sie sich konzentrieren sollen? Die nächsten beiden Abschnitte sagen es Ihnen, zusammen mit dem Abschnitt *Parlez-vous Wein-Chinesisch?* etwas später in diesem Kapitel.)

Der Wein hat eine Nase und auch einen Gaumen

Mit der für Weinverkoster typischen poetischen Ader hat mal jemand den Duft eines Weines als *Nase* bezeichnet – und der Ausdruck hat sich gehalten. Wenn jemand sagt, der Wein *hat eine große Nase*, meint er einfach nur einen kräftigen Duft. Wenn er sagt, dass er Zitrone *in der Nase* hat, meint er, der Wein riecht ein bisschen nach Zitrone.

Die meisten Weinverkoster benutzen kaum das Wort *Geruch*, um zu beschreiben, wie der Wein riecht, da dieser Begriff eher *negativ belegt* ist. Weinverkoster sprechen von der Nase des Weines oder vom Aroma. Manchmal verwenden sie auch den Begriff *Bouquet*, obwohl dieser Ausdruck etwas aus der Mode gekommen ist.

So wie ein Weinverkoster den Ausdruck *Nase* für den Geruch des Weines nimmt, benutzt er oft auch den Begriff *Gaumen*, um auszudrücken, wie der Wein schmeckt. Der Gaumen des Weins ist entweder der zusammenfassende Eindruck, den der Wein im Mund hinterlässt, oder ein einzelner Aspekt des Weingeschmacks – wie etwa in »Dieser Wein hat einen harmonischen Gaumen« oder »Der Wein hat einen säurebetonten Gaumen.« Wenn ein Weinverkoster sagt, er hat Himbeeren *am Gaumen*, meint er, der Wein schmeckt nach Himbeeren.

Fühlen Sie den Geschmack

Geschmacksknospen auf der Zunge können verschiedene Eindrücke wahrnehmen. Diese nennt man die Grundgeschmacksarten. Dazu gehören süß, sauer, salzig, bitter und umami, eine wohlschmeckende Eigenschaft. Von diesen Richtungen findet man vor allem Süße, Säure und Bitterkeit im Wein. Indem Sie den Wein im Mund kreisen lassen, kommt er mit all diesen Knospen in Berührung, so dass Sie keinen Geschmackseindruck versäumen (auch wenn Saures und Bitteres nicht so klingt, als ob man dabei etwas verpassen würde).

Außerdem gewinnen Sie Zeit, während Sie den Wein im Mund kreisen lassen. Ihr Gehirn braucht einige Sekunden, bis es zuordnen kann, was Ihre Zunge schmeckt, und es zu einem Bild formen kann. Zuerst wird eine vorhandene Süße vom Gehirn registriert, da viele der Geschmacksknospen an der Spitze Ihrer Zunge, dort wo der Wein als Erstes auftritt, die Süße wahrnehmen. Die *Säure* kommt als Nächstes und am Schluss die Bitterstoffe. Während Ihr

Gehirn noch beschäftigt ist, die Eindrücke von Süße, Säure und Bitterstoffen in Relation zu bringen, können Sie sich noch überlegen, wie sich der Wein in Ihrem Mund anfühlt – ob er schwer, leicht, weich, rau oder ölig ist.

Zehn Aromen (oder Gerüche), die man mit Wein verbindet

✔ Früchte

✔ Gewürze

✔ Blumen

✔ Erde

✔ Gras

✔ Tabak

✔ Karamellbonbon

✔ Toast, Brot

✔ Vanille

✔ Kaffee, Mokka oder Schokolade

Den Geruch schmecken

Würden Sie Ihre Nase aus dem Geschehen raushalten, wäre das alles, was Sie schmecken könnten – nur diese drei Geschmackseindrücke von Süße, Säure und Bitterkeit und ein allgemeiner Eindruck von Körper und Textur des Weines. Und wo ist der Brombeergeschmack geblieben?

 Er ist immer noch im Wein, gleich neben der Schokolade und den Pflaumen. Aber – um jetzt wirklich korrekt zu werden – dieser Geschmack ist eigentlich ein *Duft*, den Sie nicht mit der Zunge, sondern mit der Nase wahrnehmen, und zwar über eine Verbindung vom hinteren Rachenraum mit dem oberen Nasenbereich, *retronasale Verbindung* genannt (zu sehen in Abbildung 2.1). Wenn Sie Luft in Ihren Mund saugen und damit den Wein in Ihrem Mund verwirbeln, lösen Sie damit die Aromen aus dem Wein, genauso wie Sie es beim Schwenken des Weines im Glas tun. Es gibt tatsächlich einen Grund für diese Spinnerei.

Nachdem Sie jetzt das ganze Theater über sich haben ergehen lassen, wird es Zeit für eine Entscheidung: Gefällt Ihnen das, was Sie da schmecken? Die möglichen Antworten sind Ja, Nein oder ein Schulterzucken für »Ich bin mir nicht sicher, lass mich noch mal probieren«, was bedeutet, Sie haben ganz klar das Potenzial zum Weinfreak.

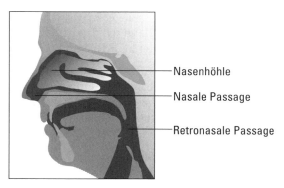

Nasenhöhle

Nasale Passage

Retronasale Passage

Abbildung 2.1: Der Weingeschmack besteht eigentlich aus Aromen, die sich im Mund aus dem Wein lösen und durch die retronasale Verbindung von unserem Geruchsorgan wahrgenommen werden.

Rauchen beeinträchtigt zwar grundsätzlich nicht die Fähigkeit zum Degustieren von Wein, stört aber möglicherweise die anderen. Außerdem brauchen die Geschmacksnerven mindestens 15 Minuten, um sich nach einer Zigarette wieder zu regenerieren.

Zehn Aromen, die nichts mit Wein zu tun haben

- ✔ Farbe
- ✔ neues Auto
- ✔ Zigarre
- ✔ Klebstoff
- ✔ Gorgonzola
- ✔ Marihuana
- ✔ Markierstift
- ✔ Elefantendung
- ✔ Chanel No 5
- ✔ Weichspülergeruch

Parlez-vous Wein-Chinesisch?

Nun müssen wir zugeben, dass es ein weiter Weg ist, zu wissen, wie man Wein verkostet, und nur noch Weine zu trinken, die man mag. Der entscheidende Schritt ist, Geschmack in Worte zu fassen.

Wir würden uns nicht weiter mit diesem Detail abgeben, wenn wir unsere Weine wie Käse in einem Feinkostladen auswählen könnten. (»Kann ich den mal probieren? Nein, den mag ich nicht, lassen Sie mich mal den anderen probieren. Gut, davon nehme ich ein Stück.«)

»Schmeckt, schmeckt nicht« ist kein Problem, sobald Sie den Wein probieren können. Aber meistens müssen Sie sich für einen Wein entscheiden, ohne ihn verkosten zu können. Wenn Sie also nicht bis an Ihr Lebensende den gleichen Wein trinken wollen, müssen Sie rauskriegen, was Ihnen an einem Wein schmeckt und nicht schmeckt, und dies auch noch einer anderen Person mitteilen können, damit diese Ihnen einen Wein zeigt, den Sie mögen werden.

Dabei gibt es zwei Hürden: die Wörter zu finden, um zu beschreiben, was Ihnen schmeckt und was nicht, und dann noch die andere Person dazu zu bringen, dass sie versteht, was Sie meinen. Somit wäre es hilfreich, wenn wir alle die gleiche Sprache sprechen würden.

 Unglücklicherweise ist die Weinsprache eine lebendige Umgangssprache mit einem undisziplinierten, manchmal poetischen Wortschatz, dessen Definitionen sich immer wieder wandeln, je nachdem, wer gerade spricht. Falls Sie wirklich tiefer in die Materie eindringen wollen, empfehlen wir Ihnen die bereits ziemlich abgehobene Weinsprache in Kapitel 5 und 18. Fürs Erste sollten einige Grundbegriffe und -konzepte ausreichen.

Immer schön der Reihe nach

Der Geschmack eines Weins wird nach und nach wahrgenommen, wenn die Flüssigkeit sich über die Zunge ausbreitet und vom Gehirn registriert wird. Wir empfehlen Ihnen, auch bei dem Versuch, den Geschmack in Worte zu fassen, diesem natürlichen Ablauf zu folgen.

Süße

Sobald Sie den Wein in den Mund genommen haben, können Sie die Süße oder das Fehlen der Süße feststellen. In der Weinsprache bezeichnet *trocken* das Gegenteil von *süß*. Teilen Sie die Weine, die Sie probieren, in die Kategorien *trocken*, *halbtrocken* (mit anderen Worten: ein bisschen süß) und *süß* ein.

Ist es Süße oder Frucht?

Wenn man zum ersten Mal Wein verkostet, bezeichnet man einen trockenen Wein manchmal fälschlicherweise als süß, da man die Fruchtigkeit mit Süße verwechselt. Ein Wein ist *fruchtig*, wenn er die typischen Aromen und den Geschmack einer Frucht aufweist. Sie können die Fruchtaromen mit Ihrer Nase riechen. Im Mund »schmecken« Sie diese über die retronasale Verbindung. Die Süße dagegen nehmen Sie nur mit der Zunge wahr. Zucker können Sie nicht riechen. Wenn Sie sich nicht sicher sind, halten Sie sich die Nase zu; wenn der Wein wirklich süß ist, werden Sie die Süße wahrnehmen, ohne von den Fruchtaromen abgelenkt zu werden.

Säure

Alle Weine enthalten Säure (hauptsächlich *Weinsäure* und *Apfelsäure* beziehungsweise *Äpfelsäure*, die beide bereits in den Trauben vorhanden sind), aber manche Weine sind säurebetonter als andere. Säure ist mehr ein Geschmacksfaktor des Weißweins. Sie bildet das Rückgrat des Weißweins (sie gibt dem Wein Festigkeit im Mund). Weißweine mit einem hohen Anteil Säure schmecken *frisch und knackig*, solche mit zu wenig Säure wirken *labberig*.

Säure nimmt man im Allgemeinen in der Mitte des Mundes wahr. Weinverkoster meinen hier den Eindruck, den ein Wein zwei Sekunden nach dem Auftakt hinterlässt. Sie können auch die Folgen der Säure (oder ihr Fehlen) verwenden, um den Charakter des Weins festzulegen – ob er ein »saurer, kleiner Scheißer« ist oder eher von der weichen, runden Sorte. Sie können die folgenden Kategorien für die von Ihnen verkosteten Weine verwenden: *knackig*, *weich* oder *labberig*.

Tannin

Tannin ist eine Substanz, die zu den Gerbstoffen zählt und in den Traubenschalen, Kernen und den *Stängeln* vorkommt. Da Rotwein mit den Schalen und Kernen vergoren wird und da rote Rebsorten im Allgemeinen mehr Tannin enthalten als weiße, ist der Tanningehalt im Rotwein deutlich höher als im Weißwein. Eichenfässer können ebenfalls zum Tanningehalt von Rot- oder Weißwein beitragen. Haben Sie schon mal einen Schluck Rotwein getrunken, und Sie hatten sofort einen trockenen Gaumen und eine raue Zunge? Das ist Tannin.

Um es einmal allgemein auszudrücken, ist das Tannin für den Rotwein, was Säure für den Weißwein ist: das Rückgrat. Tannine selbst können bitter schmecken, doch einige von ihnen sind weniger bitter als andere. Es gibt auch andere Bestandteile im Wein, wie etwa die Süße, die die Wahrnehmung von Bitterkeit abschwächen können (lesen Sie den Abschnitt *Balance* weiter hinten in diesem Kapitel). Das Tannin schmecken Sie – in Form von Bitterkeit oder als Festigkeit beziehungsweise Stärke der Textur – hauptsächlich im hinteren Teil des Mundes. Sollte aber eine große Menge an Tannin vorhanden sein, dann stellen Sie es auch an der Innenseite Ihrer Wangen oder am Zahnfleisch fest. Je nach der Menge und der Art des Tannins kann ein Rotwein *adstringierend*, *fest* oder *weich* sein.

Ist es Säure oder Tannin?

Rotweine haben sowohl Säure als auch Tannin, und diese beiden beim Verkosten auseinanderzuhalten, ist eine echte Herausforderung. Wenn Sie nicht sicher sind, ob es hauptsächlich Tannin oder Säure ist, was Sie wahrnehmen, achten Sie darauf, wie sich Ihr Mund anfühlt, *nachdem* Sie den Wein hinuntergeschluckt haben. Säure führt zu erhöhter Speichelproduktion (Speichel ist basisch und neutralisiert die Säure). Tannin gibt Ihnen einfach ein trockenes Gefühl im Mund.

Wein kann man fühlen?

Weichheit und Festigkeit bezeichnen eigentlich einen *strukturellen Eindruck*, den Ihnen der Wein vermittelt, wenn Sie ihn verkosten. So wie Ihr Mund die Temperatur einer Flüssigkeit fühlen kann, fühlt er auch die Textur. Manche Weine fühlen sich im Mund weich und samtig an, während andere hart, rau und ungehobelt wirken. Im Weißwein ist es normalerweise die Säure, die für den Eindruck von Härte oder fester Struktur (oder Frische) verantwortlich ist. Im Rotwein ist dafür das Tannin verantwortlich. Weniger von einem der beiden Inhaltsstoffe lässt den Wein meist weicher erscheinen – oder auch zu weich, je nach Wein und Ihren Vorlieben. Auch ein gewisser Restzuckergehalt macht einen Wein weich, ebenso ein höherer Alkoholgehalt. Aber ein zu hoher Alkoholgehalt – wie man ihn bei vielen Übersee-Weinen findet – kann dem Wein auch wieder eine gewisse Härte verleihen.

Körper

Der Körper eines Weines basiert auf dem Eindruck, den der Wein als Ganzes macht – er ist keine Grundgeschmacksart, die auf der Zunge registriert wird. Es ist ein Eindruck vom Gewicht und der Größe des Weins in Ihrem Mund, wobei es eine gewisse Abhängigkeit vom Alkoholgehalt des jeweiligen Weins gibt. Wir sagen »Eindruck«, da es offensichtlich ist, dass ein Schluck des einen Weins genau so viel Platz und Gewicht hat wie der Schluck eines anderen Weins. Aber es gibt Weine, die einfach voller, fetter oder schwerer schmecken als andere. Denken Sie an das Gewicht und die Fülle des Weins, wenn Sie ihn probieren. Stellen Sie sich vor, Ihre Zunge sei eine kleine Waage, und versuchen Sie, das Gewicht des Weins zu bestimmen. Dementsprechend gibt es leichtgewichtige, mittelgewichtige und schwergewichtige Weine. Man spricht auch von einem *leichten Körper*, einem *mittleren Körper* und einem *voluminösen Körper*.

Die Bandbreite des Geschmacks

Weine haben verschiedene Geschmackseindrücke (oder genauer ausgedrückt, *Mundaromen*), aber sie haben keine bestimmte Geschmacksrichtung. Auch wenn Sie die Vorstellung von Schokoladenaromen in einem Rotwein genießen, den Sie probieren, ist es vielleicht besser, nicht in den nächsten Weinladen zu gehen und nach einem Schoko-Wein zu fragen, wenn Sie nicht Gefahr laufen wollen, ausgelacht zu werden.

Stattdessen sollten Sie sich *Geschmacksfamilien* einprägen. Da gibt es die *fruchtbetonten Weine* (die, die Sie an irgendeine Frucht erinnern, wenn Sie daran riechen oder den Wein kosten), die *erdigen Weine* (die erinnern Sie an Mineralien und Steine, Waldspaziergänge, Umgraben im Garten, welkes Laub und Ähnliches), die *würzigen Weine* (zum Beispiel Zimt, Nelken, schwarzer Pfeffer oder indische Gewürze), *Weine mit einem Kräuteraroma* (Minze, Gras, Heu, Rosmarin und Ähnliches) und so weiter und so fort. Es gibt so viele Aromen im Wein, dass wir unendlich lange weitermachen könnten (und oft machen wir das auch!), aber Sie wissen jetzt wohl, was wir meinen?

Falls Ihnen ein Wein gefällt und Sie wollen einen Wein, der ähnlich schmecken soll, versuchen Sie herauszufinden, was Ihnen an diesem Wein gefällt, und erzählen Sie es dem Weinhändler, der Ihnen die nächste Flasche empfehlen soll. In Teil III und IV empfehlen wir Ihnen Weine, die bestimmte Geschmackskriterien erfüllen.

Ein weiterer wichtiger Aspekt des Geschmacks ist die *Geschmacksintensität*. Das bedeutet, wie viel Geschmack ein Wein hat, ganz unabhängig davon, welche Geschmacksnote dies nun ist. Einige Weine sind so geschmacksintensiv wie ein Big Mac, andere sind so zart wie eine Seezunge. Die Geschmacksintensität ist ausschlaggebend, um Essen mit Wein kombinieren zu können, und wie Sie in Kapitel 19 feststellen, hilft sie Ihnen auch dabei, zu entscheiden, wie sehr Sie einen Wein mögen.

Die Frage nach der Qualität

Haben Sie bemerkt, dass wir in den Weinbeschreibungen kein einziges Mal Begriffe wie *großartig*, *sehr gut* oder *gut* verwendet haben? Anstatt sich zu fragen, ob ein Wein knackig, fruchtig oder erdig ist, wäre es doch viel einfacher, in einen Weinladen zu gehen und zu sagen: »Geben Sie mir einen richtig guten Wein für ein Essen heute Abend.« Schließlich ist ja die *Qualität* das alles entscheidende Kriterium – oder besser gesagt, die Qualität im Bezug auf den Preis, auch *Preis-Leistungs-Verhältnis* genannt.

Viele Winzer beklagen sich ständig darüber, wie Kritiker die Güte ihres Weins beurteilen, da sich eine positive Bewertung, die ja auf gute Qualität schließen lässt, im erfolgreichen Verkauf niederschlägt. Doch Qualitätsweine gibt es in allen möglichen Farben, mit den verschiedensten Abstufungen von süß bis trocken und in zahlreichen Geschmacksrichtungen. Nur weil ein Wein eine hohe Qualitätsstufe besitzt, bedeutet das nicht, dass Sie ihn auch wirklich mögen werden. Es ist dasselbe wie bei einem Kinofilm, den Ihnen jemand empfiehlt. Wir haben schon hochrangig bewerteten Wein gekauft und ihn dann schließlich in den Ausguss gekippt, weil wir ihn einfach nicht trinken mochten. Bei der Weinauswahl ist der persönliche Geschmack einfach viel entscheidender als die Qualität.

Dennoch gibt es auch beim Wein gewisse Qualitätskriterien. Doch die Güte ist das absolute Maß der Dinge: Wie gut oder schlecht ein Wein ist, hängt davon ab, wer ihn bewertet.

Das Instrument, mit dem die Qualität eines Weines gemessen wird, ist die Nase, der Gaumen und der Verstand eines menschlichen Wesens, und so unterschiedlich die Menschen sind, so unterschiedlich sind auch unsere Ansichten darüber, wie gut ein Wein ist. Die zusammengefasste Meinung einer Gruppe von trainierten, erfahrenen Gaumen (auch *Weinexperten* genannt) gilt oft als kompetentes Urteil über die Qualität eines Weines. (Blättern Sie zu Kapitel 18, um mehr über Expertenmeinungen zu erfahren.)

Was ist ein guter Wein?

Ein guter Wein ist vor allem so einer, den Sie gerne trinken, denn der Zweck des Ganzen ist es doch, dass man ihm mit Genuss trinkt. Wie gut ein Wein dann schließlich ist, hängt davon ab, wie er sich im Vergleich zu gewissen Standards (die mehr oder weniger festgelegt sind) verhält, die von erfahrenen, geschulten Experten überprüft werden. Diese Standards beinhalten so schöne Begrifflichkeiten wie *Balance, Länge, Tiefe, Komplexität* und *Typizität*. Ganz nebenbei bemerkt, keiner dieser Begriffe ist messbar oder objektiv feststellbar.

Balance

Drei Wörter, über die wir uns in den vorhergehenden Abschnitten ausgelassen haben (Süße, Säure und Tannin), repräsentieren drei *wichtige Strukturkomponenten* von Wein. Die vierte Komponente ist der Alkohol. Alkohol spielt – neben der Tatsache, dass er oft der Grund ist, warum wir ein Glas Wein trinken wollen – auch eine wichtige Rolle bei der Qualität eines Weines.

Balance ist einfach das Gleichgewicht zwischen diesen vier Strukturkomponenten. Ein Wein ist gut ausbalanciert, wenn keines dieser Elemente beim Probieren hervorsticht, wie etwa zu harte Tannine oder zu viel Süße. Die meisten Weine sind für die meisten Menschen ausgewogen. Haben Sie aber gewisse Abneigungen (mögen Sie etwa nichts Saures oder essen Sie niemals Süßigkeiten), werden Sie manchen Wein als unausgewogen empfinden. Wenn Sie einen Wein für unausgewogen halten, dann ist er für Sie unausgewogen. (Professionelle Weinverkoster kennen ihre Vorlieben und Abneigungen und berücksichtigen diese beim Beurteilen von Wein.)

Tannin und Säure sind die *harten Elemente* im Wein (sie sorgen dafür, dass sich der Wein streng und hart anfühlt), während Alkohol und Zucker (wenn vorhanden) die *weichen Elemente* im Wein repräsentieren. Die Balance eines Weines besteht somit aus dem Zusammenspiel von harten und weichen Komponenten und ist ein Schlüsselfaktor für die Qualität.

Länge

Wenn wir Wein als *lang* oder *kurz* bezeichnen, meinen wir nicht die Größe der Flasche oder wie schnell wir sie leeren. Mit der *Länge* bezeichnen wir, wie lang uns der Geschmack am Gaumen erhalten bleibt. Ob der Wein auf dem ganzen Weg von der Zungenspitze bis weit in den Rachen schmeckt oder ob ihm schon auf halber Strecke über die Zunge die Luft ausgeht. Viele moderne Weine sind sehr vordergründig – sie sind im ersten Moment unglaublich beeindruckend, aber danach kommt dann nicht mehr viel im Mund: Sie sind *kurz*. Daran ist meist viel Alkohol oder übermäßig viel Tannin schuld. Länge ist meist ein untrügliches Zeichen für Qualität.

Tiefe

Tiefe ist ein weiteres subjektives und nicht messbares Attribut für qualitativ hochwertige Weine. Wir sagen, ein Wein hat *Tiefe*, wenn er sich vertikal auszudehnen scheint, mit anderen Worten nicht eindimensional und flach schmeckt. Ein flacher Wein ist niemals groß.

Geschmack ist etwas Individuelles

Und das ist wortwörtlich zu nehmen! Jeder Einzelne empfindet die Grundgeschmacksarten auf der Zunge anders. Die Forschung hat herausgefunden, dass einige Menschen mehr Geschmacksknospen besitzen als andere und daher auf solche Eigenschaften wie Säure oder Bitterkeit in Speisen oder Getränken empfindlicher reagieren. Die empfindlichsten Verkoster werden Extremschmecker genannt. Sie sind deswegen nicht etwa fachkundiger, sie nehmen Sinneseindrücke wie Bitterkeit einfach intensiver wahr. Wenn Sie Cola Light als bitter einstufen oder ziemlich viel Zucker in Ihren Kaffee rühren müssen, damit er Ihnen schmeckt, gehören Sie vielleicht auch zu dieser Gruppe und finden daher viele Rotweine widerlich, die andere Leute als lecker bezeichnen. Weinprofis lernen daher in Sensorikkursen ihre Geschmacksschwellenwerte bewusst kennen und einschätzen. Der Schwellenwert ist die Konzentration eines Geruchs- oder Geschmacksstoffes, der bei einer professionellen Degustation (Sensorik) unter genau festgelegten Bedingungen von der Mehrheit der Prüfer sofort wahrgenommen wird.

Komplexität

Gegen einen einfachen, gradlinigen Wein ist nichts zu sagen und ganz besonders dann nicht, wenn er Ihnen schmeckt. Aber von einem Wein, der Ihnen immer wieder neue Nuancen und Eindrücke bietet, eben ein *komplexer* Wein, sagt man, dass er qualitativ hochwertig sei, wobei der Begriff *Komplexität* von den Experten unterschiedlich benutzt wird. Die einen meinen damit einen Wein mit einer Vielfalt an Aromen und Geschmackseindrücken, die anderen benutzen ihn mehr im übertragenen (und somit ungenaueren) Sinne, um damit den allgemeinen Eindruck des Weines zu beschreiben.

Abgang

Der Eindruck, den ein Wein an Ihrem Gaumen hinterlässt, nachdem Sie ihn hinuntergeschluckt haben, ist der *Abgang, Nachhall* oder *Nachgeschmack*. Bei einem guten Wein bleibt Ihnen der jeweilige Geschmack noch eine ganze Weile erhalten – seine Fruchtigkeit oder seine Gewürzaromen. Manche Weine enden auch *brandig* wegen eines hohen Alkoholgehaltes oder *bitter* wegen zu viel Tannin. Oder ein Wein hat einfach nichts mehr zu sagen, nachdem Sie ihn hinuntergeschluckt haben.

Typizität

Um beurteilen zu können, ob ein Wein dem jeweiligen Typ entspricht, müssen Sie natürlich erst mal wissen, wie der jeweilige Typ schmeckt. Voraussetzung ist also, dass Sie wenigstens die Charakteristiken der wichtigsten Rebsorten und der wichtigsten Weinanbaugebiete kennen. (Typisch für den Cabernet Sauvignon ist beispielsweise ein schönes Cassis-Aroma [Schwarze Johannisbeere], und ein Pouilly schmeckt typischerweise etwas nach Feuerstein). In Kapitel 3 und den Kapiteln 9 bis 15 werden Sie viel über diese Feinheiten erfahren.

> ### Die Balance in der Praxis
>
> Um erste Erfahrungen zu sammeln, wie das Prinzip der Balance funktioniert, probieren Sie Folgendes: Machen Sie sich einen richtig starken schwarzen Tee und lassen Sie ihn abkühlen. Wenn Sie ihn probieren, schmeckt der kalte Tee bitter, weil er sehr viel Tannin hat. Geben Sie einen Spritzer Zitrone hinzu. Der Tee schmeckt total adstringierend (es zieht Ihnen alles zusammen, und der Mund wird ganz trocken), da die Säure der Zitrone und das Tannin im Tee sich gegenseitig verstärken. Jetzt geben Sie richtig viel Zucker in Ihren Tee. Die Süße bildet das Gegengewicht zu dem Säure-Tannin-Anschlag auf Ihren Gaumen, und der Tee schmeckt jetzt viel weicher als vorher.

Was ist ein schlechter Wein?

 Das Recht, einen Wein, den Sie mögen, »gut« zu nennen, enthält nicht gleichzeitig das Recht, einen Wein, den Sie nicht mögen, als »schlecht« zu bezeichnen. Sie dürfen in diesem Spiel durchaus Ihre eigenen Regeln machen, aber Sie können nicht von anderen verlangen, dass sie ebenfalls nach Ihren Regeln spielen.

Tatsache ist, dass es kaum noch schlechte Weine auf der Welt gibt, vor allem, wenn man nur 20 Jahre zurückblickt. Und viele Weine, die wir schlecht nennen, sind eigentlich nur schlechte *Einzelflaschen* – Flaschen, die falsch gelagert wurden, und so der an sich gute Wein in der Flasche ruiniert wurde.

Hier sind einige Merkmale, bei denen wohl jeder zustimmen kann, dass es sich um einen schlechten Wein handelt. Wir hoffen, dass Sie nie einem solchen begegnen.

✔ **Verfaultes Traubengut:** Haben Sie schon einmal in eine Erdbeere gebissen, die letzte, die zermanscht am Boden der Schale lag und nur noch nach staubigem Karton schmeckte? Denselben faulen Geschmack kann auch ein Wein haben, wenn er aus Trauben gemacht wurde, die nicht mehr ganz frisch und gesund waren. Schlechter Wein.

✔ **Essig:** Im vorgegebenen Ablauf der Natur ist der Wein nur ein Zwischenprodukt zwischen Traubensaft und Essig. Die meisten Weine bleiben inzwischen, dank entsprechender Techniken und einer schonenden Weinbereitung, im Zustand des Weines. Wenn Sie also einen Wein probieren, der die Grenze zum Essig schon überschritten hat, ist es ein schlechter Wein. Ein Wein mit *flüchtiger Säure* ist laut Gesetzgeber ab einem bestimmten Grenzwert nicht mehr verkehrsfähig und liegt daher sehr selten im Regal.

✔ **Chemische oder bakterielle Aromen:** Am häufigsten kommen Gerüche nach Aceton (Nagellackentferner) und Schwefelverbindungen (verfaulte Eier, verbrannter Gummi, unangenehmer Knoblauchgeschmack) vor. Schlechter Wein.

✔ **Oxidierter Wein:** Dieser Wein riecht flach, müde oder wirkt vielleicht sogar gekocht und schmeckt auch so. Wenn's wirklich schlimm ist, spricht man auch von einem Madeira- oder Sherry-Ton. Es kann durchaus ein guter Wein gewesen sein, irgendwann aber, irgendwie ist Luft – Sauerstoff – an den Wein gekommen und hat ihn erledigt. Eine schlechte Flasche.

✔ **Gekochte Aromen:** Wenn ein Wein zu warm gelagert oder verschickt wurde, kann es sein, dass er hinterher wie aufgekocht schmeckt. Manchmal kann man solche Weine auch schon daran erkennen, dass es den Korken leicht aus der Flasche gehoben hat oder Wein am Korken vorbeigedrückt wurde und sie etwas ausgelaufen ist. Schlechte Flasche. (Unglücklicherweise werden die anderen Flaschen aus der gleichen Lieferung dasselbe Problem haben.)

✔ **Ein korkiger Wein:** Der am häufigsten anzutreffende Fehler. Ein _Korkfehler_ kommt oft als Geruch nach feuchter Pappe und muffig daher, der mit etwas Sauerstoffkontakt immer schlimmer wird, oder der Wein ist wenig geschmacksintensiv. Er wird von einem schlechten Korken verursacht. Jeder Wein, der mit einem Korken versiegelt ist, schwebt hier in Gefahr. Eine schlechte Flasche.

Einige Wein- oder Aromafehler, die Weinprofis stören, können aber auch durchaus von Weintrinkern als positiv beziehungsweise als _Wein mit eigener Typizität_ angesehen werden. So gilt beispielsweise der Weinfehler durch die _Brettanomyces bruxellensis_-Hefe, der im Aroma an Pferdeschweiß erinnert, bei Weintrinkern als durchaus akzeptabel bei einigen spanischen Rotweintypen. Weinsnobs nennen diesen Aromaton sogar liebevoll _Brett_.

Die abschließende Entscheidung: Mögen Sie den Wein?

Diskutieren wir nicht zu lang, was mit einem Wein alles passiert sein kann. Wenn Sie einen schlechten Wein oder eine schlechte Flasche erwischt haben – vielleicht ist es auch ein angeblich großer Wein, aber Sie mögen ihn nicht –, wechseln Sie einfach zu einem Wein, der Ihnen besser schmeckt. Einen so genannten _großen Wein_ zu trinken, der Ihnen keinen Spaß macht, ist genauso dämlich, wie eine Fernseh-Show anzusehen, die Sie langweilt. Zappen Sie einfach mal durchs Programm. Gehen Sie auf Entdeckungsreise.

Die Geheimnisse der Rebsorten

3

In diesem Kapitel

▷ Die wichtigsten Rebsorten und ihre Weine

▷ Geschlecht, Familie, Sorte, Klon und andere Fachausdrücke

▷ Vom Aussterben bedrohte Sorten und gemischte Ehen

▷ Von den Reben geliebte Böden

*W*ir genießen es, die Weinanbaugebiete der Welt zu bereisen. Es inspiriert uns, den Blick über fein manikürte Rebzeilen im Napa Valley schweifen zu lassen oder über winzige Terrassen mit alten Rebstöcken im Mosel-Tal zu klettern – es macht uns wieder bewusst, dass Wein ein landwirtschaftliches Produkt ist, geboren aus der Erde, durch einen Rebstock und durch die harte Arbeit der Menschen.

Die Trauben bieten uns darüber hinaus die Möglichkeit, Weine zu klassifizieren, und liefern damit eine gewisse Orientierung in der Vielzahl von Tausenden von unterschiedlichen Weinstilen.

Warum die Traube wichtig ist

Die Trauben sind der Ursprung jedes Weines und daher sind sie weitestgehend für den Stil und die Persönlichkeit jedes Vertreters verantwortlich. Die verwendeten Trauben bestimmen die Struktur eines Weines und wie er auf alles, was der Winzer mit ihm anstellt, reagiert.

Denken Sie an den letzten Wein, den Sie getrunken haben. Welche Farbe hatte er? Wenn er weiß war, lag es wohl daran, dass er von weißen Trauben stammte; wenn er pink oder rot war, dann lag es daran, dass er aus roten Trauben gemacht wurde.

Roch er nach Kräutern oder erdig oder fruchtig? Was auch immer, diese Aromen stammten hauptsächlich aus den Trauben. War er hart und gerbstoffbetont oder weich und samtig? Danken Sie den Trauben und ebenso Mutter Natur und dem Weinmacher.

Die jeweilige Traubensorte (auch als *Rebsorte* bezeichnet) ist weitgehend für die sensorische Charakteristik des daraus gekelterten Weines verantwortlich – für sein Erscheinungsbild, seine Aromen, seinen Geschmack und sein Alkohol-Tannin-Säure-Profil. Wie die Trauben wachsen, also zum Beispiel wie viel Sonne und Feuchtigkeit sie ausgesetzt sind und wie reif sie bei der Lese sind, kann einige ihrer Eigenschaften mehr hervorheben als andere. Dies kann auch durch die Weinerzeugung, wie etwa die Lagerung im Eichenholz (mehr dazu in Kapitel 5), forciert werden. Jede Rebsorte reagiert auf ihre eigene Weise auf den Anbau und die Methoden der Weinherstellung, denen sie ausgesetzt ist.

Von der Abstammung und von Sorten

Mit *Rebsorte* meinen wir die Frucht eines bestimmten Typs von Rebstock: beispielsweise die Früchte eines Cabernet-Sauvignon- oder die eines Riesling-Rebstocks.

 Der Ausdruck *Sorte* hat in wissenschaftlichen Kreisen eine klar definierte Bedeutung. Eine Sorte ist eine Unterkategorie einer Spezies. Die meisten auf der Welt vorkommenden Rebsorten gehören zur Spezies *vinifera* – diese ist wiederum eine Unterart der *vitis*. Diese Spezies sind ursprünglich in Europa und Asien beheimatet, andere Arten der *vitis* stammen aus Nordamerika.

Trauben aus anderen Arten können auch zum Weinmachen verwendet werden, beispielsweise die Concord-Traube, aus der Wein, Traubensaft und Marmelade gemacht wird. Sie gehört zu der in Amerika beheimateten *vitis labrusca*. Aber die Trauben dieser Spezies schmecken ganz anders als Vinifera-Trauben – Fuchston ist das Wort, das zur Beschreibung des Geschmacks verwendet wird. Die Zahl der Weine, die aus Nicht-Vinifera-Sorten gekeltert werden, ist sehr klein, da der Geschmack im Wein nicht sehr beliebt ist.

Die Vielfalt der Sorten

Schneeflocken und Fingerabdrücke sind nicht die einzigen Beispiele für die unendliche Vielfalt in der Natur. Innerhalb der Art *vitis* und der Spezies *vinifera* gibt es mindestens 10.000 Varianten der Weintraube. Wenn es von jeder dieser Rebsorten Wein zu kaufen gäbe und Sie brav jeden Tag einen anderen tränken, wären Sie trotzdem über 27 Jahre beschäftigt, alle durchzuprobieren.

Wohl nicht das, was Sie wollen. Unter diesen 10.000 Sorten gibt es einige, aus denen man hervorragende Weine machen kann, andere, die nur sehr einfachen Wein ergeben, und solche, die wohl nur von ihren unmittelbaren Erzeugern geliebt werden. Die meisten sind so unbedeutend, dass ihre Weine selten in den internationalen Handel kommen.

Ein extrem abenteuerlustiger Rebsortenfreak mit viel Zeit, um durchs Hinterland von Spanien, Portugal, Italien und Griechenland zu streifen, könnte in etwa auf 1.500 verschiedene Rebsorten kommen, die er in seinem Leben verkosten könnte. Die Zahl an Rebsorten, denen Sie in einem normalen Weintrinkerleben begegnen, liegt wahrscheinlich noch unter 50.

Wie Trauben sich unterscheiden

Die einzelnen Rebsorten unterscheiden sich in einer Vielzahl von Eigenschaften. Diese Eigenschaften fallen in zwei Kategorien: geschmacksbestimmende und wachstumsbestimmende Faktoren. Die *Persönlichkeit* ist die Charakteristik der Frucht – ihr Geschmack etwa. *Wachstumsfaktoren* bestimmen, wie der Rebstock wächst, wie die Trauben reif werden und wie schnell sie von null auf 100 Kilometer pro Stunde beschleunigt.

Die Reblaus-Plage

Wenn zum Ende des 19. Jahrhunderts eine Liste mit bedrohten Arten existiert hätte, wäre die *vitis vinifera* sicherlich darin enthalten gewesen. Fast die gesamte Spezies war von einer kleinen Laus, der *phylloxera*, nahezu ausgerottet worden. Die Reblaus wurde von Amerika nach Europa eingeschleppt und hat sich von Wurzel zu Wurzel und Blatt zu Blatt der Vinifera-Rebstöcke gefressen und so Weinberg über Weinberg quer über den Kontinent vernichtet.

Bis heute ist kein Mittel gefunden, die Wurzeln der Vinifera vor der Reblaus zu schützen. Die einzige Möglichkeit zur Rettung der Spezies war, die Vinifera-Sorten auf einen Wurzelstock der reblausresistenten amerikanischen Spezies aufzupropfen. Diese Praxis, die fruchttragenden Teile der *vitis vinifera* auf den Unterbau anderer, reblausresistenter Spezies aufzusetzen, wird bis heute überall da angewendet, wo die Phylloxera existiert. Und es werden auch so feine Weine erzeugt. (Der fruchttragende Teil wird *Rute* und der Wurzelteil *Unterbau* oder *Unterlage* genannt.) Interessanterweise behält jede Rebsorte ihren eigenen Charakter, auch wenn sie mit den fremden Wurzeln vorlieb nehmen muss.

Geschmacksbestimmende Faktoren der Rebsorte

Die Farbe der Schale ist der grundlegendste Unterschied zwischen den Rebsorten. Jede Rebsorte gehört entweder zu den weißen Sorten oder zu den roten (oder »blauen«), je nachdem, welche Farbe ihre Schale hat, wenn die Trauben reif sind. (Ein paar Sorten mit roten Schalen unterscheiden sich auch noch dadurch, dass sie rotes Fruchtfleisch statt des üblichen weißen haben.)

Die einzelnen Rebsorten unterscheiden sich auch noch in anderer Weise voneinander.

✔ **Aromatische Komponenten:** Manche Sorten (wie die Muskattraube) haben florale Aromen, während andere Sorten mehr die Aromen von Kräutern (etwa der Sauvignon Blanc) oder wieder andere ihren fruchtigen Charakter betonen. Es gibt auch Sorten, die sehr neutrale Aromen und Gerüche haben und deshalb auch ziemlich neutrale Weine ergeben.

✔ **Säuregehalt:** Manche Sorten haben von Natur aus einen höheren Säuregehalt als andere, und dies beeinflusst natürlich den Wein, der daraus gemacht wird.

✔ **Dicke der Schale und die Größe der einzelnen *Beere*:** Schwarze Trauben mit einer dicken Schale haben natürlich mehr Tannin als Trauben mit einer dünnen Schale. Das Gleiche gilt für kleinbeerige Sorten im Vergleich zu Trauben mit großen Beeren, da das Verhältnis von Schale zu Saft höher ist. Mehr Tannin in den Trauben kann man zu einem kräftigeren, tanninbetonteren Rotwein umsetzen.

Die unterschiedlichen Eigenschaften der einzelnen Rebsorten kommen deutlich in den jeweiligen Weinen zum Ausdruck. Ein Cabernet Sauvignon ist fast immer tanninreicher und etwas niedriger im Alkohol als ein vergleichbarer Merlot, weil es einfach der Natur der beiden Rebsorten entspricht.

Wie reifen Trauben?

Wenn die Trauben noch nicht reif sind, enthalten sie viel Säure und nur wenig Zucker – wie jede andere Frucht – und schmecken sauer. Im Laufe des Reifeprozesses werden sie süßer und weniger sauer (obwohl sie immer etwas Säure behalten), und der Geschmack wird kräftiger und komplexer. Die Schale wird dünner und sogar die Samen und die Stängel reifen und wechseln manchmal die Farbe von Grün zu Braun. Bei roten Rebsorten wird das Tannin in den Schalen, den Stängeln und den Kernen kräftiger und weniger adstringierend. Da die Trauben das Rohmaterial des Weins darstellen, bestimmt der Reifegrad bei der Lese in hohem Maße den Stil des späteren Weins.

Wachstumsbestimmende Faktoren der Rebsorte

Die Wachstumsfaktoren einer bestimmten Rebsorte sind für den Weinbauern von entscheidender Bedeutung, da sie Auskunft geben, wie einfach oder schwierig es sein wird, eine bestimmte Sorte in seinem Weinberg zu kultivieren – wenn er sie überhaupt anbauen kann. Diese Faktoren beinhalten:

✔ Wie viel Zeit eine Sorte normalerweise braucht, damit die Trauben ausreifen. (In Regionen mit kurzen Wachstumsperioden sind frühreifende Sorten im Vorteil.)

✔ Wie dicht und kompakt die Beeren in der Traube gepackt sind. (In einem warmen, feuchten Klima haben Sorten mit dichten Trauben oft Probleme mit echtem oder falschem Mehltau [*Oidium* oder *Peronospora*] und *Botrytis cinerea*.)

✔ Wie viel Blattwerk die jeweilige Sorte ausbildet. (In humusreicher Erde kann eine Rebsorte, die viele Blätter und Triebe ausbildet, so dicht sein, dass die Trauben nicht mehr genug Sonne bekommen, um auszureifen.)

 Die Gründe, warum bestimmte Rebsorten an bestimmten Plätzen bestens gedeihen (und sich daraus exzellente Weine machen lassen), sind so vielfältig, dass die Winzer sie bis heute nicht alle herausgefunden haben. Die Menge an Hitze und Kälte, die Menge an Wind und Regen (oder das Fehlen davon) und die Ausrichtung der Rebzeilen zur Sonne zählen aber auf alle Fälle zu den Faktoren, die die Leistung eines Rebstocks beeinflussen. Jedenfalls kann man davon ausgehen, dass keine zwei Weinberge auf der Welt durch die mikroklimatischen Einflüsse genau die gleiche Kombination dieser Faktoren besitzen – kurz ausgedrückt, über das gleiche *Terroir* verfügen (mehr dazu in Kapitel 4). Dieses Thema widersetzt sich einfach jeder weiteren Verallgemeinerung.

Adlige und bürgerliche Rebsorten

Bienen habe ihre Königin, Gorillas haben ihren Silberrücken, und wir Menschen haben unsere königlichen Familien. Im Reich der Reben gibt es ebenfalls Adlige – zumindest interpretieren es die menschlichen Wesen so, die den daraus erzeugten Wein trinken.

Noble Rebsorten (wie sie von Weinliebhabern genannt werden) haben das Potenzial, um daraus große – nicht nur gute – Weine zu machen. Jede noble Rebsorte kann für sich mindestens eine Weinregion beanspruchen, wo sie die unumstrittene Königin ist. Die Weine aus diesen noblen Rebsorten auf ihrer Heimaterde können so grandios sein, dass sie Weinmacher in weit entfernten Regionen animieren, dieselbe Sorte bei sich anzubauen. Die noble Sorte mag sich durchaus auch dort als nobel erweisen – aber meist ist dem nicht so. Anpassungsfähigkeit ist keine königliche Charaktereigenschaft.

Klassische Beispiele, wo noble Rebsorten ihr Bestes geben:

✔ die Riesling-Rebe an der Mosel und im Rheingau, Deutschland

✔ die Chardonnay- und die Pinot-Noir-Rebe in Burgund, Frankreich

✔ die Chenin Blanc an der Loire, Frankreich

✔ der Cabernet Sauvignon in Bordeaux, Frankreich

✔ die Nebbiolo-Reben im Piemont, Italien

✔ die Silvaner-Reben im Donauraum, Deutschland, Österreich (und teilweise Schweiz)

✔ die Sangiovese in der Toskana, Italien

✔ die Syrah-Rebe im nördlichen Rhône-Tal, Frankreich

 Man spricht in diesem Zusammenhang heute auch gerne von *autochthonen Rebsorten*. Hinter diesem Zungenbrecher verbirgt sich der lateinisch/griechische Begriff *authochthonous* und der so viel bedeutet wie alteingesessen, eingeboren, bodenständig und klingt doch auch viel besser für ein so edles Gewächs.

Chardonnay, magst du diesen Kalksteinboden?

Ein wichtiger Faktor für die Entwicklung einer Rebsorte ist der Boden im Weinberg. Über die Jahrhunderte sind einige klassische Kombinationen zwischen Rebsorten und bestimmten Bodentypen deutlich geworden: Chardonnay bevorzugt Kalkstein, Cabernet Sauvignon gedeiht bestens in einem kiesigen Boden, Pinot Noir liebt Kalkstein und Riesling-Reben den Schiefer. Auf jeden Fall sind das die Böden der Regionen, in denen die Rebsorten ihre größten Erfolge erzielen konnten.

Der Boden beeinflusst den Rebstock ganz unterschiedlich (außerdem hält er den Rebstock): Er versorgt den Rebstock mit Nährstoffen, er beeinflusst die Temperatur im Weinberg und er ist das Wasserversorgungssystem der Pflanze.

Als einfache Verallgemeinerung gilt, dass die besten Böden die sind, die eine gute Drainage haben und nicht sonderlich fruchtbar sind. (Ein extremes Beispiel ist der Boden – wenn man ihn überhaupt so nennen kann – von Châteauneuf-du-Pape im Rhône-Tal: Er besteht nur aus Steinen.) Die Weisheit des Alters lautet, dass ein Rebstock kämpfen muss, um gute Trauben zu produzieren – und ein wenig fruchtbarer Boden mit einer guten Drainage zwingt den Stock zu kämpfen, unabhängig davon, um welche Rebsorte es sich handelt.

Eine Einführung in die weißen Rebsorten

Dieser Abschnitt enthält die Beschreibung der wichtigsten weißen *Vinifera*-Sorten. Wenn wir die Trauben beschreiben, beschreiben wir damit auch die Weine, die daraus erzeugt werden. Bei den Weinen kann es sich um Weine mit der Rebsortenangabe auf dem Etikett handeln, aber auch um Weine, die nur nach dem Anbaugebiet benannt sind, ohne dass die Rebsorte irgendwo auf dem Etikett auftaucht (gerade in Europa ist das eine gängige Praxis – mehr dazu in Kapitel 4). Diese Rebsorten können aber Verschnittpartner für andere Sorten darstellen, um damit Cuvées aus verschiedenen Rebsorten zusammenzustellen. (Blättern Sie kurz zurück zu Kapitel 2, um die Begriffe nachzulesen, die wir in diesem Abschnitt verwenden.)

Den perfekten Rebstock klonen

Wenn Sie nur lang genug mit Weinfreaks rumhängen, können Sie sicher sein, dass Sie Begriffe wie *Klone* oder *Klonselektion* zu hören bekommen. Hat die »Schöne Neue Welt« bereits die Rebzüchtung erreicht? Eigentlich nicht. Im botanischen Sinne ist ein *Klon* eine durch ungeschlechtliche Fortpflanzung entstandene Variante der Sorte. Innerhalb einer einzelnen Rebsorte, wie dem blauen Spätburgunder, können Unterschiede zwischen der einen Pflanze und der nächsten bestehen (so genannte *variable Sorte*). An manchen Rebstöcken reifen die Trauben etwas früher oder ihre Früchte haben ein etwas anderes Aroma als der Nachbarstock, beispielsweise kleinbeerig (Klon 117), mischbeerig (Gm20) und lockerbeerig (Gm1 oder FR 12 L)

Rebschulen vermehren die Rebstöcke asexuell, indem sie von einer *Mutterpflanze* einen Setzling schneiden und diesem erlauben, Wurzeln zu bilden (bis die neue Pflanze kräftig genug ist, um auf eine reblausresistente Unterlage aufgepfropft zu werden). Die neue Pflanze ist genetisch identisch mit der Mutterpflanze.

Selbstverständlich wählen Rebzüchter aus den Rebschulen nur die besten Pflanzen als Mutterpflanzen aus (die besten in Hinblick auf Reife, Fruchtaromen, Krankheitsresistenz, Herzlichkeit – oder was auch immer sie suchen). Voilà! Sie haben eine Klonselektion gemacht. Erzeuger gehen mehr und mehr dazu über, ihre Weinberge mit einigen unterschiedlichen Klonen zu bepflanzen, um die Komplexität zu fördern.

Chardonnay

Chardonnay ist eine wahrhaft königliche Rebsorte, werden doch die größten trockenen Weißweine der Welt aus ihr gekeltert – die weißen Burgunder. Chardonnay ist auch eine Hauptsorte für den Champagner. Außerdem wird sie heute für viele Weine verwendet, die für den täglichen Genuss bestimmt sind.

Der Chardonnay wird in praktisch allen weinproduzierenden Ländern der Welt angebaut. Aus zwei Gründen: Er passt sich relativ gut den jeweiligen klimatischen Bedingungen an, und die Bezeichnung Chardonnay auf dem Etikett ist ein zugkräftiges Verkaufsargument.

Da sich die Aromen des Chardonnays sehr gut mit denen der Eiche kombinieren lassen – und da weiße Burgunder (das große Vorbild) fast ausschließlich im Eichenfass ausgebaut werden und da viele Weintrinker den Geschmack von Eichenholz lieben – erhalten viele Chardonnay-Weine, entweder während oder nach der Gärung, einen Holzausbau. (Für gute Chardonnay bedeutet Holzausbau die teuren Barriques aus französischer Eiche, aber für billige Chardonnay kann das auch ausgelutschte Eichen-Chips im Wein oder gar den Zusatz von Eichenessenz bedeuten. In Kapitel 5 finden Sie mehr zum Thema Eichenholz.) Mit Ausnahme vom Norditalien und Chablis in Frankreich, wo der Holzausbau für Chardonnay nicht üblich ist, sind die Chardonnay mit Holzaromen die Norm und die ohne Holz die Ausnahme.

 Chardonnay aus dem Holzfass ist so allgemein verbreitet, dass manche Weintrinker den Geschmack von Holz mit dem Geschmack von Chardonnay verwechseln. Wenn Ihr Chardonnay im Glas rauchig, würzig oder gar nach Vanille oder geröstetem Brot riecht oder nach Butterkeks schmeckt, dann ist es der Einfluss des Eichenfasses und nicht der des Chardonnay!

Der Chardonnay selbst hat fruchtige Aromen und Geschmackstöne, die vom Apfel – in kühleren Weinregionen – bis zu tropischen Früchten, in warmen Anbaugebieten insbesondere Ananas, reichen können. Chardonnay kann auch dezente erdige Aromen zeigen, etwa Pilze oder Mineralien. Chardonnay haben einen mittleren bis hohen Säuregehalt und sind meistens körperreich. Normalerweise sind es trockene Weine, aber viele günstige Chardonnay haben heutzutage eine leichte Süße.

Chardonnay ist eine Rebsorte, die durchaus ganz allein für sich stehen kann, und die Spitzenweine aus Chardonnay (mit Ausnahme vieler Champagner und vergleichbarer Sekte) sind zu 100 Prozent aus Chardonnay. Aber weniger teure Weine, die als *Chardonnay* etikettiert werden – vor allem aus Übersee – enthalten oft auch andere, weniger edle Rebsorten. Der Grund hierfür ist einfach: Es senkt die Kosten. Außerdem, wer kann schon sagen, ob da hinter dem ausgeprägten Holzton alles Chardonnay ist?

Müller-Thurgau

Die Rebsorte Müller-Thurgau wurde 1882 von dem Schweizer Botaniker Professor Hermann Müller an der Forschungsanstalt Geisenheim gezüchtet. Jahrelang vermutete man als Züchtungspartner Riesling × Silvaner (aus Marketinggründen gerne als *Rivaner* bezeichnet). Erst vor einigen Jahren stellten Wissenschaftler der Höheren Bundeslehranstalt und Bundesamt für Wein- und Obstbau Klosterneuburg (Österreich) fest, dass der Kreuzungsvater Silvaner ausgeschlossen werden kann. Wissenschaftler der Deutschen Bundesanstalt für Züchtungsforschung in Siebeldingen/Pfalz konnten später die Vaterrolle endgültig klären: die Rebsorte Madeleine Royale aus dem Formenkreis des Chasselas (Gutedel).

 Der Müller-Thurgau stellt an Klima und Bodenbeschaffenheit relativ geringe Ansprüche und die Reben reifen früh. Aufgrund der hohen Ertragsmengen wurden in letzten Jahren viele Fehler beim Ausbau und Vermarktung der Müller-Thurgau-Weine gemacht. Die Weinsorte galt lange Zeit nicht mehr als salonfähig und wurde oft als *Zechwein* abgetan. Aus diesem Grund wurde der Wein aus den Sortimenten der gehobenen Gastronomie häufig ausgelistet. Nachdem in den letzten Jahren, besonders aus Nord-Italien, die Nachfrage an Pflanzmaterial stieg, um einen neuen Sommerweintyp neben dem Pinot Grigio zu etablieren, wächst auch in Deutschland der Mut zum An- und Ausbau von leichten, aber aromareichen Müller-Thurgau-Weinen.

Aufgrund seines geringen Säuregehalts ist der Müller-Thurgau mild, aber gleichzeitig außerordentlich fruchtig. Daher sollten die Weine relativ jung und gut gekühlt getrunken werden. Ein idealer Sommerwein eben.

In Deutschland wächst der meiste Müller-Thurgau in Rheinhessen, in der Pfalz, in Baden und in Franken. Kleinere Anbauflächen findet man aber in jedem deutschen Weinanbaugebiet. Auch in Ungarn, Österreich, Slowakei und der Schweiz (hier als *Riesling-Silvaner* bezeichnet) hat die Müller-Thurgau-Rebe einen festen Platz im Rebsortenspiegel.

Riesling

Die großen Rieslinge aus Deutschland sind dafür ausschlaggebend, dass diese Rebsorte unter den unzweifelhaft noblen Sorten geführt wird. Außerhalb von Deutschland zeigt der Riesling nur in einigen wenigen Regionen seine Klasse. Das Elsass, Österreich und vielleicht das Clare Valley in Australien zählen zu diesen wenigen Ausnahmen.

Rieslingweine, vor allem aus Deutschland und Österreich, sind heute wieder weltweit auf dem Vormarsch und verdrängen mehr und mehr den Chardonnay. Vielleicht liegt das daran, dass Riesling die Antithese zu Chardonnay darstellt. Während der Chardonnay meist im Holz ausgebaut wird, ist dies beim Riesling fast nie der Fall; während Chardonnay kräftig und weich sein kann, ist der Riesling meist leicht, knackig und erfrischend. Die erfrischende, lebendige Persönlichkeit des Rieslings lässt viele Chardonnay im Vergleich schwerfällig erscheinen.

Aus den 70er-Jahren stammt noch die übliche Erwartung bei Rieslingen, dass diese süß seien, – aber bei der Mehrzahl trifft das nicht mehr zu. Elsässer Riesling ist meist trocken, viele deutsche Rieslinge sind heute trocken, und auch manche amerikanische Rieslinge werden trocken ausgebaut. (Riesling kann sowohl als auch ausgebaut werden, je nachdem, was sich der Weinmacher vorstellt. Diese Eigenschaft, in allen Geschmacksrichtungen und Qualitätsstufen Weine mit unverkennbarem Profil zu ermöglichen, macht einen Teil des Reiz dieser noblen Sorte aus.) Achten Sie bei deutschen Rieslingen auf den Begriff *trocken* oder *halbtrocken (feinherb)* auf dem Etikett, wenn Sie den trockenen Typus bevorzugen.

Prägende, aber filigrane Säure, niedriger bis mittlerer Alkoholgehalt und Aromen, die von überschwänglich fruchtig, Pfirsich, über blumig bis zu mineralisch reichen können, sind die typischen Merkmale des Rieslings.

Rieslingweine aus Deutschland seien süß und billig, war lange Zeit die vorherrschende Meinung in den feineren Kreisen der Gesellschaft, die den Blick bei Weißweinen dann gerne einmal in ferne Länder schweifen ließen, obwohl weltweit Königshäuser, wie die englische Königin Victoria (1819 bis 1901) einen Hochheimer

(»Hock«) als Lieblingswein hatte. Heute sind die modernen und fruchtigen Riesling-weine deutscher Winzer wieder zu Prestigeobjekten in der ganzen Welt avanciert.

 Außerhalb Deutschlands stößt man auf Etiketten auch auf Begriffe wie *White Riesling* oder *Johannisberg-Riesling*. Dabei handelt es sich um Synonyme für die noble Riesling-Rebe. Aber viele andere, ähnlich klingende Rebsorten, wie Olazrizling, Laskirizling oder Welschriesling – meist aus dem osteuropäischen Raum – sind mit dem deutschen Riesling nicht einmal verwandt.

 Wenn Sie sich lieber als Einzelgänger sehen, der es hasst, abgelaufenen Trends hinterherzulaufen, dann stöbern Sie einmal in der Riesling-Ecke Ihres Weinhändlers, statt sich in das Getümmel vor dem Chardonnay-Regal zu stürzen.

Synonyme und regionale Bezeichnungen

Dieselbe Rebsorte wird oft in verschiedenen Ländern oder auch in verschiedenen Weinbaugebieten des gleichen Landes unterschiedlich bezeichnet. Oft sind es traditionelle lokale Namen. Aber manchmal rufen die Weinbauern eine Sorte auch beim falschen Namen, da sie glauben, es wäre die Sorte, die sie anbauen (bis spezialisierte Botaniker, man nennt sie *Ampelographen*, ihre Rebstöcke untersuchen, und sie eines Besseren belehren). In Kalifornien stellte sich heraus, dass vieles, was als Pinot Blanc vermarktet wurde, eigentlich eine ganz andere Sorte ist: die Melon de Bourgogne. In Chile ist vieles, was die Weinbauer als Merlot bezeichnen, eigentlich Camenère – während im Friaul (Italien) die Camenère vielfach als Cabernet Franc ausgewiesen wird.

Sauvignon Blanc

Sauvignon Blanc ist eine weiße Rebsorte mit einem sehr eigenwilligen Charakter. Sie hat eine kräftige Säure und ausgeprägte Aromen. Neben ihrem Kräuter-Charakter (oft als *grasig* bezeichnet) findet man im Sauvignon Blanc oft mineralische und vegetale/vegetative Aromen oder – in manchem Klima – fruchtige Noten wie reife Melonen, Stachelbeeren oder Passionsfrucht. Sauvignon Blanc sind leicht bis mittelgewichtig und normalerweise trocken. Die meisten sind ohne Holz ausgebaut, doch es gibt auch Ausnahmen.

Frankreich hat zwei klassische Weinbauregionen für Sauvignon Blanc: Bordeaux und das Loire-Tal, in dem die bekanntesten dieser Vertreter Sancerre und Pouilly-Fumé heißen (in Kapitel 10 werden sie beschrieben). In Bordeaux wird dem Sauvignon Blanc oft noch Sémillon (in Tabelle 3.1 aufgelistet) beigemischt. Einige der Weine, die zu etwa 50-50 aus diesen beiden Rebsorten bestehen und in Holz ausgebaut werden, zählen zu den großen Weißweinen der Welt.

Gute Sauvignon Blanc findet man außerdem im Nordosten Italiens, in Südafrika und in Teilen Kaliforniens, wo die Weine manchmal als *Fumé Blanc* bezeichnet werden. Sauvignon Blanc aus Neuseeland ist besonders aufgrund seines frischen, geschmacksintensiven Stils berühmt geworden.

Silvaner (Sylvaner , Grüner Silvaner)

Der Silvaner gehört zu den ältesten heute noch angebauten Rebsorten und gelangte im 17. Jahrhundert aus dem Donauraum (vermutlich Siebenbürgen) nach Deutschland. Dort war der er bis vor fast vierzig Jahren die meistangebaute Rebsorte.

Schon im ersten Jahrhundert nach Christus beschrieb der Gelehrte Gaius Plinius Secundus eine Rebsorte, die die Eigenschaften des Silvaners aufwies. Die Abstammung des Silvaners erklärt eines der vielen Synonyme dieser Rebe: Wissenschaftler haben festgestellt, dass es sich dabei um die Kreuzung Traminer × Österreichisch Weiß (eine alte Heunisch-Sorte) handelt. Daher wird der Silvaner auch als *Österreicher* bezeichnet.

Die Ausprägung des Silvaner-Charakters ist sehr vom Terroir abhängig. Auf Lehmböden entwickeln sich die Weine sich oft neutral. Auf Verwitterungsböden wie in Franken oder in Baden, erwachsen feine, und elegante Weine.

Der Silvaner ist in Deutschland hauptsächlich in Franken zu finden und wird dort auch als Leitsorte eingestuft. Unter der Bezeichung *RS (Rheinhessen Silvaner)* findet man diese noble Sorte aber auch in Rheinhessen. Auch in Österreich, in der Schweiz, in Südtirol und im Elsass wird der Wert dieser autochthonen Sorte geschätzt.

Pinot Grigio - Pinot Gris - Grauburgunder - Ruländer

Der Pinot Gris (Grauburgunder) entstammt der weitläufigen *Pinot(Burgunder)-Familie*. Es gibt den Pinot Blanc (Weißburgunder, Pinot Bianco), den Pinot Noir (Spätburgunder, Pinot Nero), den Pinot Meunier (Müllerrebe) und eben den Pinot Gris (Grauburgunder), den man in Italien *Pinot Grigio* nennt. Er ist vermutlich eine Mutation des Pinot Noir (Spätburgunder). Obwohl es sich um eine weiße Rebsorte handelt, ist die Schale der Beeren ungewöhnlich dunkel für eine weiße Sorte.

Die Weine des Pinot Gris können dunkler in der Farbe sein, auch wenn die meisten italienischen Pinot Grigio ziemlich blass sind. Die Weine haben einen mittleren bis vollen Körper, mit wenig Säure und ziemlich neutralen Aromen. Manchmal erinnern die Aromen an Schalen von Früchten, wie etwa die Haut von Pfirsichen oder Orangenschalen.

Pinot Gris ist im Norden und Nordosten Italiens eine wichtige Rebsorte und auch in Deutschland beheimatet, wo sie früher unter dem Namen *Ruländer* bekannt war. (Heute verwendet man Ruländer für den traditionellen, kräftigen, meist süßen Typus, und die Bezeichnung Grauburgunder hat sich für den leichteren, frischeren Typus eingebürgert.) Die einzige Region in Frankreich, wo Pinot Gris eine Bedeutung hat, ist das Elsass, wo er aber auch sein ganzes Können zeigt. In den USA ist der Pinot Grigio derzeit sehr in Mode und wird deshalb von immer mehr Winzern in Kalifornien und Oregon angebaut. Da sich der Pinot Grigio als kostengünstiger Weißwein in den USA zum Verkaufsschlager entwickelt hat, bauen ihn auch Länder wie Chile und Australien an und bringen ihn meist unter dem gleichen Namen in großen Mengen auf den Markt.

Andere weiße Rebsorten

Hier finden Sie einige andere Rebsorten, deren Namen Sie auf Weinetiketten finden können oder die Ihnen schon in Weinen begegnet sind, ohne dass Sie es bemerkten,:

✔ **Albariño:** Eine aromatische Rebsorte aus der nordwestlichen Ecke Spaniens – die Weinbauregion heißt Rías Baixas – und dem Gebiet des Vinho Verde im Norden Portugals. Dort heißt sie Alvarinho. Sie ergibt mittelgewichtige, frische Weine mit einem Apfelaroma, dessen hoher Glyceringehalt den Weinen eine seidige Textur verleiht und die meistens nicht in Holz ausgebaut werden.

✔ **Chenin Blanc:** Eine noble Rebsorte aus dem Loire-Tal in Frankreich, die für Vouvray und andere Weine verwendet wird. Die guten Weine haben eine kräftige Säure und eine ölige Textur (sie fühlen sich im Mund sehr geschmeidig an). Es gibt auch ein paar gute Chenin Blanc aus Kalifornien. In Südafrika ist sie sehr verbreitet und wird dort auch *Steen* genannt.

✔ **Gewürztraminer (Roter Traminer):** Eine wundervoll exotische Rebsorte, die relativ dunkle, kräftige Weine mit weicher Frucht und dem Aroma von Rosen und Lychees ergibt. Das Elsass und das Örtchen Tramin in Südtirol gelten als die interessanten Herkünfte. Obwohl die Weine sehr blumig und fruchtig in der Nase wirken, sind sie meist trocken, und die guten unter ihnen sind absolut faszinierend.

✔ **Grüner Veltliner:** Eine eigenständige (autochthone) österreichische Rebsorte mit kräftiger Säure, komplexen Aromen (vegetal, würzig, mineralisch), reicher Textur und reichlich Kraft.

✔ **Muscat:** Eine aromatische Sorte, die für den italienischen Sekt Asti Spumante verantwortlich ist (der gemeinerweise genau wie reife Muscattrauben schmeckt). Ausgeprägte, florale Aromen. Im Elsass und in Österreich wird auch eine trockene Version gemacht, und in vielen anderen Regionen (Südfrankreich, Süditalien, Spanien, Australien) findet man köstliche, süße Dessertweine.

✔ **Pinot Blanc:** Ziemlich neutral im Duft und im Geschmack, kann er durchaus charaktervolle Weine ergeben. Die hohe Säure und die niedrigen Zuckerwerte ergeben trockene, frische, mittelgewichtige Weine. Das Elsass, Österreich, Norditalien und Deutschland sind die wichtigsten Anbaugebiete.

✔ **Sémillon:** Der klassische Verschnittpartner des Sauvignon Blanc ist auch für sich eine interessante Rebsorte. Sémillon ist relativ niedrig in der Säure (im Vergleich zu Sauvignon Blanc sowieso) und hat attraktive, aber zurückhaltende Aromen – eine charakteristische Kräuternase in der Jugend, entwickelt sie vielschichtige Honigtöne im Alter. Eine wichtige Rebsorte in Australien und in Südwestfrankreich, insbesondere in Bordeaux (wo sie eine Hauptrolle im Dessertwein Sauternes spielt).

✔ **Viognier:** Eine Sorte aus dem französischen Rhône-Tal, die gerade in Kalifornien, im Süden Frankreichs und an anderen Orten immer beliebter wird. Sehr blumig mit feinen Aprikosenaromen, relativ kräftig und wenig Säure.

Eine Einführung in die roten Rebsorten

Hier die Beschreibung von wichtigen roten *Vinifera*-Rebsorten. Sie finden diese als rebsortenreine Weine mit der Angabe der Rebsorte auf dem Etikett, aber auch in den nach Regionen benannten Weinen.

Cabernet Sauvignon

Cabernet Sauvignon ist eine noble Rebsorte, die in fast jedem Klima gut gedeiht, das nicht zu kühl ist. Berühmt wurde sie durch die lagerfähigen Rotweine aus der Region Médoc in Bordeaux (die in unterschiedlicher Zusammensetzung außerdem meist Merlot und Cabernet Franc enthalten; mehr dazu in Kapitel 10). Mittlerweise ist auch Kalifornien eine ebenbürtige Anbauregion für Cabernet Sauvignon – nicht zu vergessen der Süden Frankreichs, Italien, Australien, Südafrika, Chile und Argentinien.

Die Cabernet Sauvignon ergibt Weine mit viel Tannin und mittlerem bis kräftigem Körper. Die typische Beschreibung für Cabernet Sauvignon ist *Schwarze Johannisbeere* (auf Französisch *Cassis*), zu finden sind aber auch vegetale/vegetative Aromen wie grüne Paprika, wenn die Trauben nicht perfekt ausreifen können.

 Es gibt den Cabernet Sauvignon in ganz unterschiedlichen Preis- und Qualitätskategorien. Die günstigsten Cabernet Sauvignons sind meist ziemlich weich, sehr fruchtig und haben einen mittleren Körper. Die Spitzenweine sind gehaltvoll und kräftig mit viel Tiefe und einem klassischem Cabernet-Aroma. Anständige Cabernet Sauvignon können 15 Jahre und länger reifen.

Da Cabernet Sauvignon ziemlich tanninreich ist (und da es in Bordeaux üblich ist), wird er oft mit anderen Rebsorten verschnitten – meist mit Merlot, da dieser weniger Tannin hat und als idealer Partner gilt. Die australischen Weinmacher gehen einen ungewöhnlicheren Weg und kombinieren Cabernet Sauvignon mit Syrah. (Mehr darüber in Kapitel 13.)

 Cabernet Sauvignon wird häufig nur bei seinem Vornamen genannt (obwohl es weitere Cabernets gibt) oder – im englischsprachigen Raum – gleich bei seinem Spitznamen *Cab*.

Dornfelder

Die frühreifende rote Rebsorte Dornfelder ist eine Neuzüchtung aus Helfensteiner × Heroldrebe und wurde 1955 durch August Herold an der Staatlichen Lehr- und Versuchsanstalt Weinsberg in Baden-Württemberg vollzogen. Der Sortenschutz wurde 1979 erteilt. Der Name *Dornfelder* geht auf Immanuel A. L. Dornfeld (1796 bis 1869) zurück, dem Gründer der Weinbauschule in Weinsberg.

Ursprünglich wurde der Dornfelder nach seiner Farbintensität selektiert und als Deckwein angebaut. Mittlerweile wird er vermehrt sortenrein ausgebaut und ist in allen Qualitätsstufen erhältlich. In Deutschland ist der Dornfelder die zweithäufigst kultivierte Rotweinrebe und vor allem in Rheinhessen und der Pfalz zu finden.

Der farbintensive dunkle Dornfelderwein präsentiert sich als kräftiger, fruchtiger und körperreicher Rotwein, der sich aber stets durch seine moderate Tanninstruktur sehr weich präsentiert.

Inzwischen sind weitere Züchtungen aus dem Dornfelder hervorgegangen, wovon vor allem der Cabernet Dorio, eine Kreuzung mit dem Cabernet Sauvignon, viel versprechend scheint. Weitere Züchtungen auf Basis des Dornfelders sind die Sorten Cabernet Dorsa, Monarch und Acolon.

Merlot

Dunkle Farbe, kräftiger Körper, viel Alkohol und wenig Tannin, das sind die charakteristischen Merkmale der Weine aus der Rebsorte Merlot. Im Aroma und Geschmack findet man oft Pflaume und manchmal Schokolade, manchmal erinnert er auch an Teeblätter.

 Manche Weintrinker bevorzugen den Merlot, weil er weniger Tannin hat als ein Cabernet Sauvignon. (Aber vielen Weinmachern ist der Merlot allein nicht aussagekräftig genug und sie kombinieren ihn oft mit Cabernet Sauvignon oder Cabernet Franc oder mit beiden.) Aus Merlot werden sowohl kostengünstige, einfache Weine als auch, unter den richtigen Wachstumsbedingungen, sehr anständige Weine erzeugt.

Merlot ist inzwischen die am häufigsten angebaute Rebsorte in Bordeaux, wo er sich besonders am rechten Ufer der Dordogne in Pomerol und St. Emilion hervortut. Von Bedeutung ist Merlot auch in Kalifornien, Norditalien und Chile.

Pinot Noir (Spätburgunder)

Andre Tchelitscheff, ein legendärer Winzer, der für einige der besten kalifornischen Cabernets verantwortlich ist, erzählte uns, dass er, wenn er noch einmal von vorne beginnen könnte, lieber mit Pinot Noir statt mit Cabernet arbeiten würde. Und mit dieser Meinung ist er sicherlich nicht allein. Cabernet ist eine leicht zu handhabende Rebsorte – sie ergibt gute, beständige und zuverlässige Weine, macht dem Weinmacher keinen Ärger und kann herausragende Qualitäten liefern. Der Pinot Noir ist eine einzige Herausforderung – störrisch, unberechenbar und rätselhaft. Aber ein großer Pinot Noir ist eine Offenbarung.

Der Prototyp für diese Rebsorte sind die roten Burgunder. Dort werden in kleinsten Lagen wahre Schätze aus reinsortigen Pinot Noir erzeugt. Weitere interessante Pinot Noir kommen aus den deutschen Rotweinregionen wie Baden, Pfalz, Rheingau (Assmannshäusser Höllenberg) und der Ahr, sowie dem Burgenland in Österreich und dem Wallis in der Schweiz

Weitere Anbaugebiete gibt es in Oregon, Kalifornien, Neuseeland, in Teilen Australiens und Chiles. Insgesamt sind dort die Mengen aber deutlich geringer, da diese Rebsorte nur unter ganz bestimmten klimatischen Bedingungen und auf passenden Böden gedeiht.

Pinot Noir sind heller in der Farbe als Cabernet Sauvignon oder Merlot. Er hat relativ viel Alkohol und meist eine kräftige Säure, dafür aber vergleichsweise wenig Tannin (der Einsatz von Eichenfässer verstärkt zwar die Tanninstruktur , verlangt aber sehr viel Feingefühl des Önologen, denn der Pinot Noir verzeiht keinen Fehler, da sich die Frucht schnell in einem plumpen Holzgeschmack verliert). Duft und Aromen können sehr fruchtbetont sein (oft eine Mischung aus roten Beeren), aber auch erdig oder rauchig – je nachdem, wo die Trauben angebaut und wie sie im Keller behandelt wurden. Pinot Noir wird nur selten mit anderen Rebsorten verschnitten.

Syrah - Shiraz

Das nördliche Rhône-Tal ist die klassische Heimat der großen Weine aus der Syrah-Rebe. Weine wie der Hermitage und der Côte-Rôtie sind die Vorbilder für die Syrah-Interpretationen aus Australien, Kalifornien, Italien und Spanien.

Syrah-Trauben ergeben tiefdunkle Weine mit kräftigem Körper, festem Tannin und Aromen, die an Beeren, geräucherten Speck, schwarzen Pfeffer, Teer und manchmal sogar an verbranntes Gummi erinnern (glauben Sie es oder auch nicht). In Australien gibt's den Syrah (dort wird er Shiraz genannt) in unterschiedlichster Ausprägung – einige von ihnen sind gefällige, sehr fruchtige Weine mit mittlerem Körper und damit das genaue Gegenteil von den kraftvollen Syrah aus dem Rhône-Tal.

Der Syrah braucht eigentlich keine andere Rebsorte zur Ergänzung, und doch wird er in Australien oft mit Cabernet verschnitten, und im südlichen Rhône-Tal ist er oft Bestandteil einer Komposition aus Grenache mit einigen anderen Sorten.

Zinfandel

Zinfandel ist eine der ältesten Rebsorten in Kalifornien und genießt den Status als urkalifornische Rebsorte. Unterstützt wird dies durch die mysteriöse Herkunft: Obwohl die Rebsorte eindeutig zur Gruppe der Vinifera-Trauben gehört und keine heimische amerikanische Traube ist, sind sich die Wissenschaftler lange nicht einig geworden, wo sie wirklich herkommt. Es handelt sich wohl auch nicht um eingeführte Primitivo-Reben aus Apulien, sondern um eine fast vergessene Rebsorte aus Kroatien.

Zin – wie seine Fans in den USA den Zinfandel nennen – ergibt kräftige, dunkle Weine mit viel Alkohol und mittlerem bis hohem Tanningehalt. Man findet oft das Aroma von eingekochten Brombeeren oder Himbeeren (erinnert häufig an Marmelade) und dazu einen sehr würzigen oder an Teer erinnernden Charakter. Die leichteren Zins gehören jung getrunken, während sich die kräftigen, ernsthaften Weine mit ihrer Tanninstruktur auch sehr gut zum Lagern eignen. (Bereits am Preis können Sie erkennen, um welche Art es sich handelt.)

Nebbiolo

Außerhalb ihrer Heimatregion im Nordwesten Italiens – insbesondere dem Piemont – bringt die Nebbiolo-Rebe nirgends bemerkenswerte Weine zustande. Aber die außergewöhnliche Qualität eines guten Barolos oder Barbarescos, den beiden berühmten Weinen des Piemonts, beweist, zu welcher Größe sich diese Rebsorte unter den richtigen Bedingungen aufschwingen kann.

Die Nebbiolo-Rebe hat sowohl viel Tannin wie auch Säure, was die Weine sehr rau erscheinen lassen kann. Glücklicherweise sorgt sie auch für genug Alkohol, um diese Kombination abzumildern. Die Farbe kann bei einem jungen Wein sehr kräftig sein, bekommt aber sehr schnell orange Reflexe und einen braunen Rand. Das Aroma ist sehr komplex und man kann sowohl fruchtige (Erdbeere, Kirsche), viele erdige (Teer, Trüffel, Waldboden), würzige (Minze, Eukalyptus, Anis) und auch blumige Noten (Rosen) vorfinden.

Leichtere Versionen des Nebbiolo – wie Nebbiolo d'Alba, Roero oder Nebbiolo delle Langhe – können jung getrunken werden, während es sich bei Barolo und Barbaresco um Weine handelt, die *ein Minimum* von acht Jahren Reifezeit verdienen.

Sangiovese

Diese Rebsorte lässt ihr großes Talent vor allem in der Toskana erkennen, insbesondere im Brunello di Montalcino und im Chianti. Die Sangiovese ergibt leichte bis mittelschwere Weine mit deutlicher Säure und moderatem Tannin. Es gibt sehr leichte, aber auch richtig gehaltvolle Weine, je nachdem unter welchen Bedingungen die Trauben gewachsen sind und was man damit im Keller macht. Die Weine sind sehr fruchtbetont – Kirscharomen (Sauerkirsch) – mit floralen Veilchennoten und manchmal einem leicht nussigen Charakter.

Tempranillo

Der Tempranillo ist Spaniens Kandidat für Größe. Er gibt den Weinen eine kräftige Farbe, wenig Säure und nur einen moderaten Alkoholgehalt. Moderne Interpretationen des Tempranillo aus dem Ribera del Duero oder anderen Regionen Spaniens beweisen, welche Farb- und Fruchtintensität diese Rebsorte haben kann. In den traditionelleren Weinen wie dem Rioja geht durch die lange Lagerung in Holzfässern und durch den Verschnitt mit anderen Sorten, meist Garnacha, viel von der Farbe und dem Fruchtaroma verloren.

Weitere rote Rebsorten

Einige andere Rebsorten, deren Namen Sie auf Weinetiketten finden können oder die Ihnen schon in Weinen begegnet sind, ohne dass Sie es bemerkt haben :

✔ **Aglianico:** Aus Süditalien, ergibt sie in ihrer Heimat lagerfähige, kraftvolle Weine mit viel Tannin wie Taurasi oder Aglianico del Vulture.

✔ **Blaufränkisch (Lemberger):** Eine Rebsorte, die in Bulgarien *Gamé*, in Italien *Franconia*, in Ungarn *Kékfrankos* und in Rumänien *Burgund Mare* heißt. Der Name *Blaufränkisch* wurde 1875 festgelegt. Sie ist in Österreich, aber auch in Württemberg, zu finden. Je nach Reifezeitpunkt lassen sich aus den Trauben leichte und fruchtige, aber auch tanninreiche Weine mit einer intensiven roten Farbe ausbauen Der Wein zeichnet sich zudem durch lange Lagerfähigkeit und sein kräftiges, fruchtiges und charaktervolles Aroma aus, das an Kirschen und Beeren erinnert.

✔ **Barbera:** Eine italienische Rebsorte, die, ungewöhnlich für eine rote Rebsorte, sehr wenig Tannin, dafür aber eine kräftige Säure hat. Voll ausgereifte Trauben ergeben kräftige, fruchtige Weine mit einer erfrischenden Spritzigkeit. Viele Produzenten lagern die besseren Qualitäten in neuen Eichenfässern, um ihnen doch noch etwas Tannin mitzugeben.

✔ **Cabernet Franc:** Ein Verwandter des Cabernet Sauvignon und oft mit diesem kombiniert, um Weine im Bordeauxstil zu machen. Reift etwas früher und hat mehr Fruchtaroma (Beeren) und weniger Tannin. Weniger bekannte Spezialitäten wie Chinon und Bourgeuil von der Loire werden aus dem Cabernet Franc gekeltert.

✔ **Gamay:** Bekannt wurde die Gamay mit den Weinen aus dem Beaujolais-Gebiet. Dort ergibt sie ungemein fruchtige, süffige Weine mit meist sehr wenig Tannin – obwohl die Trauben selbst viel Tannin besitzen.

✔ **Grenache:** Ursprünglich stammt sie aus Spanien und wird dort Garnacha genannt. (Die meisten Weintrinker denken jedoch zuerst an die Weine von der südlichen Rhône wie Côtes de Rhône oder Châteauneuf-du-Pape). Viele Grenache sind hell, alkohollastig und dünn. In den Händen eines guten Winzers und unter passenden Anbaubedingungen ergibt die Rebsorte aber farbintensive Weine mit samtiger Textur und viel Frucht und Aroma (Himbeeren).

✔ **(Blauer) Portugieser:** Diese alte, rote Rebsorte ist vor allem an der Donau und in Südosteuropa verbreitet. In Österreich ist er meist in Thermenregionen zu finden. Aus der Rebsorte wird ein meist einfacher rubinroter Wein hergestellt, der sich durch eine frische Säure und leichten Körper im Geschmack auszeichnet. Sie eignet sich aber auch für den Ausbau als Rosé (Weißherbst). Der Wein präsentiert sich angenehm, süffig, frisch und vollmundig. In Österreich gehört der Portugieser zu den beliebtesten Weinsorten.

✔ **Trollinger:** Der Name leitet sich wahrscheinlich von *Tirolinger* ab, da die zugrunde liegende Traube die Südtiroler Rebsorte *Vernatsch* ist. Der Trollinger wurde von den Römern an den Rhein gebracht und verbreitete sich vor allem im Neckartal. Diese Sorte ist heute in Württemberg und Südtirol sehr beliebt. Gute Trollingerweine sind rubinrot und präsentieren sich frisch und saftig. Sie sind meist innerhalb eines Jahres trinkreif und sollten daher auf keinen Fall lange gelagert werden.

✔ **Zweigelt (Blauer Zweigelt):** Eine österreichische Neuzüchtung aus dem Jahr 1922 von Friedrich Zweigelt, dem damaligen Direktor der Höheren Bundeslehranstalt für Wein- und Obstbau Klosterneuburg. Es handelt sich dabei um eine Kreuzung aus Blaufränkisch × St. Laurent. Die Weine sind substanzreich, komplex und fruchtig, mit weichen Tanninen, und einem charakteristischem Kirsch-Aroma.

Weinnamen und Etikettenkauderwelsch

In diesem Kapitel

▷ Ein einfacher Trick, Weinnamen zu entschlüsseln

▷ Das Geheimnis des *Terroir*

▷ Die Wahrheit über eindrucksvolle Wörter
wie *Reserve* und *Gutsabfüllung*

▷ AOC, DOC, DO, QbA, QWPSR und andere
seltsame Bezeichnungen

Wir gehen sehr oft in Weinhandlungen und zwar nicht nur, um eine Flasche für das Abendessen zu kaufen, sondern auch um nachzusehen, was für Weine angeboten werden. Noch nie zuvor haben wir eine so verblüffend große Anzahl an Weinetiketten gesehen! Seit etwa 2003 scheinen jede Woche neue Weinmarken wie Pilze aus dem Boden geschossen zu sein.

So eine große Auswahl ist toll – oder eben völlig abschreckend, je nachdem aus welchem Blickwinkel man es betrachtet. Eine sichere Methode, sich nicht von Regalen über Regalen mit unbekannten Weinmarken einschüchtern zu lassen, ist es, die Informationen auf den Etiketten entschlüsseln zu lernen. Das ist auch gar nicht so schwierig, da vorgeschrieben ist, was auf einem Etikett stehen darf und was nicht. Wenn Sie das einmal beherrschen, können Sie sich an der riesigen Auswahl erfreuen, die der Markt heute bietet.

Das Spiel mit den Weinnamen

Ganz unterschiedliche Arten von Weinnamen tauchen auf dem Etikett auf. Die wichtigsten Ansätze zur Benennung von Weinen sind:

✔ der Name der *Rebsorte*, aus der der Wein gemacht wurde

✔ ein *Markenname*. Dies ist traditionell der Firmenname oder der Name der Person, die den Wein gemacht hat (diese wird Produzent genannt). Bei günstigeren Weinen handelt es sich aber wahrscheinlich um einen erfundenen Namen.

✔ manchmal ein besonderer, fantasiereicher Name nur für diesen Wein (man spricht von einem *Eigennamen* oder einer *Fantasiebezeichnung*)

✔ die *Herkunftsbezeichnung*, der Geburtsort der Trauben (entweder die Weinregion oder auch der Name eines einzelnen Weinbergs)

Dann gibt es noch den *Jahrgang* (das Jahr, in dem die Trauben gewachsen sind), der Teil der Identität des Weines ist, und manchmal finden Sie noch Beschreibungen wie *Reserve*, was entweder eine festgelegte, offizielle Bedeutung hat oder auch gar nichts besagt, je nachdem woher der Wein kommt.

Ist es eine Rebsorte oder eine Herkunftsbezeichnung?

 Die meisten Weine, die Sie in Ihrem Weinladen oder auf den Weinkarten von Restaurants finden, sind auf eine von zwei Arten benannt: entweder nach ihrer *Rebsorte* oder nach der *Herkunft der Trauben*. Diese Information, zusammen mit dem Namen des Produzenten, wird zur Kurzbezeichnung, die wir verwenden, wenn wir über Wein reden.

Moselland Riesling ist ein Wein aus der Kellerei Moselland in Bernkastel-Kues und nach der Rebsorte Riesling benannt. Fontodi Chianti Classico ist ein Wein aus dem Weingut Fontodi und er trägt den Namen der Region, aus der er stammt: Chianti Classico.

Einige Namen werden Sie sofort als Rebsorte (wie in Kapitel 3 beschrieben) erkennen, andere einem Herkunftsgebiet zuordnen können. Falls nicht – keine Panik. Diese Informationen kann man nachschlagen. (Die Kapitel 9 bis 15 werden Ihnen helfen.)

Hallo, mein Name ist Riesling

Ein Wein mit *Sortenbezeichnung* wird nach der verwendeten Rebsorte benannt. Entweder ist der Wein *nur aus dieser* Rebsorte oder diese stellte wenigstens den überwiegenden Teil.

Jedes Land (manchmal auch die einzelnen Regionen) legt in Gesetzen fest, wie hoch der Mindestanteil einer Rebsorte sein muss, damit der Wein nach ihr benannt werden darf.

 In der Europäischen Union liegt der Mindestanteil der genannten Rebsorte bei 85 Prozent, wobei für Qualitätsweine aus verschiedenen Ländern teilweise deutlich strengere Auflagen (bis zu 100 Prozent) gelten. Die USA geben ein Minimum von 75 Prozent vor (das heißt, dass bei unserem Lieblings-Chardonnay aus Kalifornien bis zu 25 Prozent irgendeiner anderen Rebsorte enthalten sein darf). In Australien sind es wieder mindestens 85 Prozent.

Aber es gibt auch sortenreine Weine, die wirklich *nur* aus der genannten Rebsorte hergestellt werden. Schließlich gibt es kein Gesetz dagegen.

 Meistens wird auf dem Etikett eines Sortenweins nicht erwähnt, ob auch andere Rebsorten enthalten sind, welche es sind oder in welchem Umfang. Sie wissen nur, dass der Wein einen gesetzlichen Mindestanteil der genannten Sorte enthalten muss.

Außerdem gibt es in den USA noch die Möglichkeit, zwei oder mehr Rebsorten auf dem Etikett zu nennen – etwa einen Sémillon-Chardonnay –, auf dem Etikett müssen dann die Anteile der Rebsorten angegeben werden und diese müssen zusammen 100 Prozent ergeben. Na, das kann man wirklich einen Wein mit Sortenbezeichnung nennen! Als Trost sei gesagt, dass mancher

Winzer diese Zugabe nicht nur aus Sparsamkeitsgründen macht, sondern meist auch, um den Wein zu verfeinern. Ein rebsortenreiner Wein ist also nicht automatisch der bessere Wein.

Warum wird ein Wein nach seiner Rebsorte benannt?

Die Trauben sind das Rohmaterial eines Weines. Ausgenommen das, was ein Wein aus den Eichenfässern aufnimmt (manche Aromen und etwas Tannin) und was an Aromen durch bestimmte Prozesse in der Weinbereitung entstehen können, die in Kapitel 5 beschrieben werden, enthält der Saft der Trauben bereits alle Anlagen des späteren Weins. Daher ist es logisch, den Wein nach seiner Rebsorte zu benennen.

Einen Wein nach seiner Rebsorte zu bezeichnen ist eben auch etwas für penible Verbraucher, die genauso wissen wollen, welches Öl in ihrem Salatdressing, ob Transfettsäuren im ihrem Brot und wie viele Eier auf ihrem Sandwich sind.

Gerade die Weine aus Übersee werden oft nach ihrer Rebsorte benannt. Damit nutzen die meisten Australier, Südamerikaner, Südafrikaner und Kalifornier dieses Prinzip der Namensgebung. Aber auch in Europa kommt es immer stärker in Mode, bestimmte Weine nach den Rebsorten zu benennen, um auf dem internationalen Markt besser bestehen zu können beziehungsweise um manche einfachen Weine aufzuwerten.

Ansichten über Sortenbezeichnungen

Eine unter Weintrinkern verbreitete Ansicht ist, dass sortenreine Weine besser sind als Verschnitt- beziehungsweise Cuvéeweine. Daher ist auch der Ausdruck Verschnitt sehr negativ belegt. Dabei ist die Tatsache, dass ein Wein nach seiner Hauptrebsorte benannt ist, absolut *kein* Indiz für Qualität.

Hallo, mein Name ist Bordeaux

Die europäischen Weine kommen aus einer ganz anderen Tradition, sie werden meist nach der *Region*, wo die Trauben wachsen, und nicht nach der Sorte benannt. Viele der Weine werden aus genau den gleichen Rebsorten gemacht (wie etwa Chardonnay, Cabernet Sauvignon, Sauvignon Blanc und so weiter), aber das wird auf dem Etikett nicht erwähnt. Stattdessen steht da Burgund, Bordeaux, Sancerre und so weiter: jeweils der Ort, die Region und damit die *Herkunft* der Trauben.

Ist das nur ein mieser Trick, damit die Weinliebhaber unter sich bleiben und es sofort auffällt, dass man den Erdkundeunterricht in der Schule geschwänzt hat?

Ganz im Gegenteil! Das europäische System der Namensgebung soll eigentlich viel mehr Informationen zu jedem Wein vermitteln, damit man eine bessere Vorstellung hat, was in der Flasche ist, als man der bloßen Nennung der Rebsorte entnehmen könnte. Das einzige Hindernis zum Verstehen dieser Informationen ist, dass man ein bisschen über die verschiedenen Regionen, aus denen die Weine kommen, Bescheid wissen muss. (In den Kapiteln 9 bis 15 finden Sie viel Wissenswertes dazu.)

Die bekanntesten, nach ihrer Herkunft benannten Weine

Beaujolais	Chianti	Rioja
Bordeaux	Côtes du Rhône	Sancerre
Burgund (Bourgogne)	Mosel	Sauternes
Chablis	Port (Porto)	Sherry
Champagne	Pouilly-Fuissé	Soave
Châteauneuf-du-Pape	Rheingau, Rheinhessen	Valpolicella

Warum wird ein Wein nach seiner Herkunft benannt?

Die Trauben, das Rohmaterial eines Weines, müssen irgendwo wachsen. Je nach Boden, Zahl der Sonnenstunden, der Niederschlagsmenge, der Hangneigung und vielen anderen Eigenheiten dieses *Irgendwos* entwickeln sich die Trauben sehr unterschiedlich. Und wenn die Trauben verschieden sind, dann unterscheiden sich auch die Weine. Somit reflektiert jeder Wein den Herkunftsort seiner Trauben.

In Europa hatten die Winzer/Weinmacher etliche Jahrhunderte Zeit, um herauszufinden, welche Sorte wo am besten gedeiht. Sie haben bereits viele dieser optimalen Rebstandorte identifiziert und in Weinphilosophien und -gesetzen festgelegt. Deshalb bestimmt in vielen Fällen die *Herkunft* bereits, welche Rebsorte(n) in diesem Gebiet für den Wein verwendet werden darf. Das Etikett enthält meist keinerlei Hinweis darauf, welche Sorte verwendet wurde. Und das bringt uns wieder zurück zu unserer Ausgangsfrage: Ist das ein gemeiner Trick, um aus dem Thema Wein eine Geheimwissenschaft für Eingeweihte zu machen?

Das Spiel mit dem Terroir

Terroir ist ein französischer Ausdruck, den man nicht ins Deutsche übersetzen kann, also wird dieser Begriff von Weinliebhabern auf der ganzen Welt verwendet. Dabei handelt es sich nicht um Snobismus, sondern ganz einfach um Zweckmäßigkeit.

Es gibt keine festgelegte Definition für *Terroir*. Es ist eine Idee, und wie bei den meisten Ideen neigen die Leute dazu, diese Ideen enger oder weiter zu fassen, je nach ihren eigenen Bedürfnissen. Das Wort selbst basiert auf dem französischen Wort *terre*, der Boden, und so bedeutet *Terroir* für manche nur ganz einfach Erde (wie in »Unsere amerikanische Erde ist mindestens genauso gut wie eure französische Erde«).

 Aber *Terroir* umfasst erheblich mehr, nicht nur den Boden. Terroir ist die Summe aller unveränderlichen Einflussfaktoren – wie die Humusschicht, der Untergrund, das Klima (Sonne, Regen, Wind und vieles mehr), die Hangneigung und die Höhe, in der ein bestimmter Weinberg liegt.

Terroir ist das Grundprinzip hinter der europäischen Idee, dass Weine nach der Herkunft ihrer Trauben benannt werden sollen. Der Gedankengang geht etwa so: Die Herkunft regelt, welche

Rebsorten für diesen Wein verwendet werden (da diese per Gesetz festgelegt sind), und die Herkunft beeinflusst den Charakter der Trauben auf ganz bestimmte Weise. Deshalb ist die aussagekräftigste Bezeichnung für diesen Wein die seines Herkunftsortes.

Es ist somit nicht ein gemeiner Trick, sondern einfach nur eine ganz andere Art, die Dinge zu betrachten.

Die bekanntesten europäischen Herkunftsbezeichnungen

Weinname	Land	Rebsorte
Baden	Deutschland	Pinot Noir, Müller-Thurgau
Beaujolais	Frankreich	Gamay
Bordeaux (rot)	Frankreich	Cabernet Sauvignon, Merlot, Cabernet Franc und andere*
Bordeaux (weiß)	Frankreich	Sauvignon Blanc, Sémillon, Muscadelle*
Burgund (rot)	Frankreich	Pinot Noir
Burgund (weiß)	Frankreich	Chardonnay
Burgenland	Österreich	Grüner Veltliner
Chablis	Frankreich	Chardonnay
Champagne	Frankreich	Chardonnay, Pinot Noir, Pinot Meunier*
Châteauneuf-du-Pape	Frankreich	Grenache, Mourvèdre, Syrah und andere*
Chianti	Italien	Sangiovese, Canaiolo und andere*
Côtes du Rhône	Frankreich	Grenache, Mouvèdre, Carignan und andere*
Mosel	Deutschland	Riesling, Elbling
Port (Porto)	Portugal	Touriga Nacional, Tinta Barroca, Touriga Francesca, Tinta Roriz, Tinto Cao und andere*
Pouilly-Fuissé, Macon, Saint Veran	Frankreich	Chardonnay
Rheingauer	Deutschland	Riesling
Rioja (rot)	Spanien	Tempranillo, Garnacha/Grenache und andere*
Sancerre/Pouilly-Fumé	Frankreich	Sauvignon Blanc
Sauternes	Frankreich	Sémillon, Sauvignon Blanc*
Sherry	Spanien	Palomino
Soave	Italien	Garganega und andere*
Valpolicella	Italien	Corvina, Molinara, Rondinella*
Wachau	Österreich	Riesling
Wallis	Schweiz	Chasselas, Pinot Noir

* Diese Weine werden als Verschnitt aus verschiedenen Rebsorten produziert.

Herkunftsbezeichnungen auf außereuropäischen Etiketten

Die Franzosen haben zwar das System eingeführt, die Weine nach ihrer Herkunft zu benennen, aber weder Frankreich noch das restliche Europa hat ein Monopol auf diese Idee. Auch die Etiketten von Überseeweinen sagen Ihnen, wo die Trauben angebaut wurden – meist durch einen Hinweis auf die Weinbauregion irgendwo auf dem Etikett. Aber es gibt einige Unterschiede zwischen dem System in Europa und den Ansätzen in Übersee.

Erstens müssen Sie auf einem US-amerikanischen Weinetikett (oder einem australischen, chilenischen oder südafrikanischen) meist nach der Herkunftsbezeichnung suchen. Die Herkunft ist nicht automatisch der Name des Weins (wie bei vielen europäischen Weinen), das ist meist die Rebsorte.

Zweitens bedeuten die Herkunftsbezeichnungen in den USA viel weniger als in Europa. Nehmen wir das Beispiel Napa Valley. Wenn Sie einmal dort waren, die gute Küche der Region genossen haben und wenn Sie vielleicht davon geträumt haben, den Rest Ihres Lebens in einem der Häuser oberhalb des Silverado Trails zu verbringen, bedeutet Ihnen das Napa Valley etwas. In Wahrheit sagt die Herkunftsbezeichnung *Napa Valley* nicht mehr, als das mindestens 85 Prozent der Trauben aus einer Anbauzone kommen müssen, die per Gesetz als Anbaugebiet Napa Valley definiert wurde. Die Bezeichnung *Napa Valley* definiert weder den Weintypus noch schränkt er die verwendeten Rebsorten ein, wie es bei einer europäischen Herkunftsbezeichnung der Fall wäre. (Gott sei Dank steht immer noch ganz groß die Rebsorte mit auf dem Etikett.)

Herkunftsbezeichnungen auf den Etiketten außereuropäischer Weine sind meist nur ein Lippenbekenntnis des *Terroir*-Gedankens. Oft umfassen diese außereuropäischen Herkunftsbezeichnungen riesige Gebiete. Wir müssen oft lachen, wenn wir uns überlegen, wie wohl ein europäischer Winzer auf die Herkunftsbezeichnung »California« reagiert. *Toll, dieses Etikett besagt, dass der Wein aus einem bestimmten Anbaugebiet stammt, das um 30 Prozent größer ist als ganz Italien!* Eine sehr aussagekräftige Information! (Italien hat über 300 Herkunftsbezeichnungen für Qualitätsweine.)

Wenn nur *California* auf dem Etikett steht, sagt Ihnen dies so gut wie nichts darüber, unter welchen Bedingungen die Trauben gewachsen sind. Kalifornien ist riesig und die Anbaubedingungen so unterschiedlich, dass die Trauben auch von sonst woher kommen könnten. Dasselbe gilt für all die Weine, die mit *South Eastern Australia* bezeichnet werden – eine Region, die nur etwas kleiner ist als Frankreich und Spanien *zusammengenommen*. Seit einigen Jahren findet man aber auch dort Begriffe wie *vineyard selected*, das den Terroir-Gedanken aufgreifen möchte und Weine aus kleineren Einheiten angeben soll.

Weine, die auf andere Art benannt werden

Ab und an stoßen Sie auf einen Wein, der weder nach einer Rebsorte noch nach einer Herkunftsregion benannt ist. Diese Weine fallen normalerweise in eine der folgenden Kategorien: *Markenweine, Weine mit Fantasienamen* oder *einfachste Tischweine, die nur nach ihrer Gattung bezeichnet werden.*

Markenweine

Wann ist es eine Marke? Viele Weine tragen den Namen des Weingutes und dazu die Rebsorte, wie Divinum, Moselland (Markenname, Kellerei) Riesling (Rebsorte) oder auch die Herkunftsbezeichnung wie Masi (Kellerei) Valpolicella (Herkunft). Diese Markennamen sind meist der Name der Firma, die den Wein produziert, man spricht dabei meist von *Kellerei*. Da die meisten Kellereien mehrere unterschiedliche Weine machen, ist der Name der Kellerei nicht speziell genug, um den Wein konkret zu bezeichnen.

Aber manchmal hat ein Wein *nur* den Markennamen, beispielsweise der *Balaton* und dazu noch die Information *Ungarischer Qualitätswein*, aber ansonsten keine nähere Erläuterung.

Manche herkunftsbezogenen Weine haben im Laufe der Zeit ebenfalls den Status eines Markenweins erlangt. Dazu gehören Amselfelder aus dem Kosovo, Chianti und Kalterersee aus Italien, die unterschiedlichen Markennamen wie Black Tower, Blue Nun und Madonna als Liebfrauenmilch aus Deutschland, sowie Rioja aus Spanien.

 Weine, die *nur* den Markennamen tragen, ohne dass Traubensorten, Herkunft und Produzent genannt werden, sind meist die billigsten und einfachsten Weine, die Sie bekommen können. Wenn es sich um einen Wein aus der EU handelt, wird nicht mal der *Jahrgang genannt* (und somit gibt es keine Möglichkeit herauszufinden, wann die Trauben für diesen Wein gelesen wurden), da die EU diesen Weinen das Privileg verweigert, einen Jahrgang tragen zu dürfen.

Verschiedene Ansichten über Entfernungen

Wenn wir in anderen Ländern unterwegs sind, fällt uns immer wieder auf, wie unterschiedlich die Menschen Größen und Entfernungen empfinden. Wenn uns jemand erzählt, ein bestimmtes Restaurant finden wir »nur ein Stück die Straße rauf«, denken wir an einen kurzen Fußmarsch – und dabei sind es noch fünf Kilometer.

Die Herkunftsbezeichnungen für europäische Weine können ähnlich problematisch sein. Manche umfassen nur eine einzelne Lage mit wenigen Rebzeilen, andere erstrecken sich über 100 Quadratkilometer, und wieder andere sind fast so groß wie Hessen. Es gibt viele Begriffe, die die relative Größe eines Herkunftsgebietes bezeichnen. In absteigender Reihenfolge der Größe beziehungsweise in aufsteigender Reihenfolge ihrer Genauigkeit: Land, Region, Gebiet, Unterzone, Gemeinde, Großlage, Lage.

Weine mit Fantasienamen

Sie finden inzwischen viele kreative Namen auf Weinetiketten: Divinum, Insignum, Trilogie, Mythologie, Conundrum, Insignia, Vitus. Ist dieses Zeug zum Trinken, zum Fahren oder tupft man sich etwas davon hinter die Ohren?

Diese Namen sind meist *Fantasiebezeichnungen* (und oft eingetragene Markennamen), die der Winzer für einen ganz bestimmten Wein reserviert. Bei den Überseeweinen, aber auch in Österreich und Deutschland handelt es sich dabei oft um eine *Cuvée* aus verschiedenen Rebsorten, so dass die Rebsortenbezeichnungen nicht verwendet werden können. (Erinnern Sie sich an die Regel, dass mindestens 75 Prozent beziehungsweise 85 Prozent der genannten Rebsorte enthalten sein muss?) Bei einigen europäischen Weinen kann es aber auch sein, dass die verwendeten Rebsorten in der entsprechenden Region nicht zugelassen sind und somit die jeweilige Herkunftsbezeichnung nicht verwendet werden darf.

 Somit kann ein Markenname durchaus für etliche, verschiedene Weine verwendet werden, und ein Fantasiename bezeichnet meist einen bestimmten Wein. Sie finden beispielsweise unter der Marke Gallo aus Kalifornien sowohl einen Chardonnay, einen Sauvignon Blanc, einen Cabernet Sauvignon als auch viele andere Weine. Die Kellerei Louis Jadot produziert so unterschiedliche Weine wie Beaujolais, Pouilly-Fuissé, Mâcon-Villages, aber der Fantasiename *Luce* beschreibt einen bestimmten Wein.

Diese Weine mit Eigennamen sind, wenn sie nur in kleinen Mengen abgefüllt werden, meist ziemlich teuer (15 bis über 50 Euro oder noch mehr pro Flasche), aber auch von entsprechender Qualität.

Rebsorten auf europäischen Weinetiketten

Obwohl die meisten europäischen Weine nach ihrer Herkunft benannt werden, erscheint die Rebsorte doch auf einigen europäischen Weinen. In Italien beispielsweise kann der offizielle Name eine Kombination aus Herkunft und Sorte sein – wie der Barbera d'Alba, was man mit Barbera (Sorte) aus Alba (Herkunft) übersetzen könnte.

In Frankreich fügen einige Produzenten die Rebsorte auf dem Etikett ergänzend hinzu, obwohl die Sorte eigentlich schon über den Weinnamen festgelegt ist – beispielsweise ein weißer Burgunder (Herkunft), der erklärend nochmals den Begriff Chardonnay (Rebsorte) auf dem Etikett führt (für die Weintrinker, die nicht wissen, dass ein weißer Burgunder auch ein Chardonnay sein kann, denn lange Zeit wurde zwischen dem Pinot Blanc, dem Chardonnay oder auch dem Auxerrois nicht differenziert, da alle drei Sorten nur durch Ampelographen (Rebsortenkunde) und gentechnische Methoden unterschieden werden können). Und auch die deutschen Weine führen normalerweise neben ihrer offiziellen Herkunft auch die Rebsorte im Namen.

Aber auch wenn ein europäischer Wein die Rebbezeichnung trägt, ist der wichtigste Teil des Weinnamens in den Augen der Winzer und Weinmacher die Herkunftsbezeichnung.

Gattungswein

Ein Gattungsname ist ein Name, der sich seit langer Zeit verselbstständigt hat und seine eigentliche Bedeutung in den Augen der Öffentlichkeit verloren hat (Beispiele sind Tempo oder Tesa).

Burgunder, Burgenländer, Chianti, Chablis, Champagner, Mosel-/ Rheinwein, Sherry, Portwein und Sauternes sind alles Namen, die eigentlich nur dem Wein zustehen sollten, der in den entsprechenden Regionen erzeugt wurde. Nach jahrelangen Verhandlungen mit der Europäischen Union hat die US-Regierung vor einigen Jahren zugestimmt, dass diese Bezeichnungen nicht mehr für US-Weine verwendet werden dürfen. Weine, die einen dieser Namen bereits vor Mai 2006 trugen, dürfen ihn allerdings beibehalten. Mit der Zeit werden Gattungsnamen auf Weinetiketten immer seltener werden.

Mit diesen Weinen hat man als Weinliebhaber normalerweise nichts zu tun. Oder können Sie sich vorstellen, einen Wein zu kaufen, der nur als Rotwein deklariert ist? Vielleicht noch im Tetrapack abgefüllt. Als Herkunft wird dann angegeben: Verschnitt aus Ländern der EU.

Die Vorder- und die Rückseite des Weinetiketts

Viele Weinflaschen haben zwei Etiketten. Das Etikett vorne trägt den Namen des Weins und soll Ihre Aufmerksamkeit erregen, wenn Ihr Blick über die Regale streift. Das Rückenetikett bietet Ihnen etwas mehr Informationen, die von wirklich hilfreichen Vorschlägen wie »Der Wein schmeckt hervorragend zum Essen« bis hin zu ach-so-exakten Daten wie »Der Wein besteht aus 60 Prozent Cabernet Sauvignon und 40 Prozent Merlot« reichen können.

Wenn Sie wirklich auf Zack sind, dann werden Sie jetzt fragen: »Wie weiß man, wo auf einer runden Flasche vorne und hinten ist?«

Die Regierung bei uns und in vielen anderen Ländern auch hat sich diese Frage nicht gestellt. Sie verlangt, dass bestimmte Informationen auf der Vorderseite jeder Weinflasche aufgeführt sind – Grundlegendes wie Alkoholgehalt, die Art des Weines (etwa *weißer Tafelwein*) und das Land der Herkunft –, aber es wird nicht definiert, wo die *Vorderseite* ist. So packen inzwischen manche Produzenten alle Pflichtangaben auf das kleinere von zwei Etiketten und erklären es zur Vorderseite. Dann platziert der Produzent ein größeres Etikett, das ins Auge sticht, aber nicht viel mehr als den Namen des Weins trägt, auf der *Rückseite* der Flasche. Jetzt überlegen Sie mal, wie 'rum die Flasche hinterher im Regal steht?

Meist finden wir diese Situation eher amüsant. Oft sind die geschmackvollen Designer-Etiketten im ersten Moment auch ein angenehmerer Anblick als so manche Informationswüste. Und wir sind auch noch nicht so faul, als dass wir nicht in der Lage wären, die Flasche hochzunehmen und umzudrehen, um dort alles zu finden, was wir wissen wollen. Außerdem gefällt uns die Idee, dass die Weinproduzenten und Importeure – denen jedes Wort und sogar die Größe der Buchstaben von den Behörden vorgeschrieben wird – einen Weg gefunden haben, die Behörden wenigstens ein klein wenig zu foppen.

Die obligatorischen Informationen

Die Regierungen in den verschiedenen Staaten legen fest, dass bestimmte Informationen auf dem Etikett vorhanden sein müssen. Diese Angaben werden allgemein als *obligatorisch* bezeichnet.

Diese umfassen für in Deutschland erzeugten Wein:

✔ den Alkoholgehalt in Prozent vom Volumen (% vol)

✔ Name und Herkunft des Abfüllers

✔ Flascheninhalt beziehungsweise Nennvolumen (meist 0,75 Liter)

✔ die Qualitätsstufen (Tafelwein, Landwein, Auslese, Kabinett, Prädikatswein/Qualitätswein mit Prädikat)

✔ amtliche Prüfnummer

✔ den Hinweis *enthält Sulfite* oder *enthält Schwefeldioxid* (mit sehr wenigen Ausnahmen)

✔ Anbaugebiet

✔ Erzeuger oder Abfüller (Gutsabfüllung oder Erzeugerabfüllung)

Zusätzlich können angegeben werden: Jahrgang, Weinort und Lage, Rebsorte (Riesling, Müller-Thurgau), Geschmacksangabe (trocken, lieblich), Restzuckergehalt (in Gramm pro Liter).

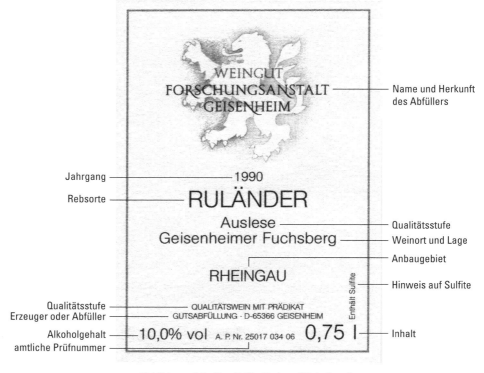

Abbildung 4.1: Das Etikett einer Weinflasche

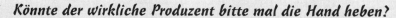

Könnte der wirkliche Produzent bitte mal die Hand heben?

Der Gesetzgeber verlangt zwar die Angabe des Abfüllers, diese Angabe darf aber auch in Form einer kryptischen Nummer erfolgen, die nur Spezialisten einem bestimmten Abfüllbetrieb zuordnen können. Außerdem sagt Ihnen die Angabe des Abfüllers noch nichts darüber, wer den Wein gemacht hat.

Von den verschiedenen Ausdrücken, die Sie auf Flaschen finden können, sagen eigentlich nur die Bezeichnungen *Erzeugerabfüllung*, *Weingut* oder *produced by* etwas darüber aus, dass derjenige, der auf der Flasche steht, auch wirklich den Wein *gemacht* hat. All die anderen Ausdrücke wie *abgefüllt für* oder *abgefüllt von* sagen genau das aus, was dasteht. Gemacht haben sie den Wein nicht!

Europäische Befindlichkeiten

Wichtig ist die Angabe der so genannten *Qualitätsstufe* – und das hat nun wirklich etwas mit der Einstufung innerhalb des europäischen Kastendenkens mit der auf der Herkunft aufbauenden Qualitätshierarchie zu tun:

✔ Eine registrierte Herkunftsbezeichnung – zusammen mit einem Begriff, der bestätigt, dass es sich dabei um eine registrierte Herkunftsbezeichnung handelt. (Im folgenden Abschnitt finden Sie Listen mit diesen offiziellen Bezeichnungen.)

✔ Einen Begriff, der klarstellt, dass es sich um einen *Tafelwein* handelt und damit um einen Wein, der unterhalb der Qualitätsweine mit ihrer klar bezeichneten Herkunft einzuordnen ist.

Europäische Herkunftsbezeichnungen

Eine *registrierte Herkunftsbezeichnung* wird in den verschiedenen Sprachen verschieden bezeichnet. Bedenken Sie, dass damit aber nicht nur die geografische Herkunft der Trauben festgelegt ist, sondern noch viel mehr: die zugelassenen Rebsorten, die Reberziehungssysteme, bestimmte Kellertechniken und wann die Weine in den Verkauf gebracht werden dürfen. Mit jeder Herkunftsbezeichnung wird damit nicht nur der Name und die Herkunft, sondern auch die Art des Weines definiert.

Europäische Weine mit einer offiziellen Herkunftsbezeichnung fallen in die Kategorie der Qualitätsweine eines bestimmten Anbaugebietes. Die folgenden Bezeichnungen werden in den verschiedenen Ländern verwendet und garantieren jeweils, dass es sich um Weine dieser Kategorie handelt:

✔ **Frankreich:** *Appellation Contrôlée oder Appellation d'Origine Contrôlée* (abgekürzt AC oder AOC), was übersetzt so viel wie *kontrollierte Herkunft* bedeutet. Als *Einstiegskategorie zu den Qualitätsweinen* gibt es noch die Bezeichnung VDQS – *Vins Délimités de Qualité Supérieure*, die aber heute kaum noch eine Bedeutung hat.

✔ **Italien:** *Denominatione di Origine Controllata* (DOC), was auch hier so viel wie *kontrollierte Herkunft* bedeutet. Und für bestimmte Weine gibt es sogar noch den höheren Status des *Denominatione di Origine Controllata e Garantita* (DOCG), hier wird die Herkunft nicht nur kontrolliert, sondern auch noch vom Gesetzgeber garantiert.

✔ **Spanien:** *Denominación de Origen* (DO), was man mit *definierter Herkunft* übersetzen könnte, und als *höchsten Status* (von denen es bisher nur zwei gibt, Rioja und Priorat) gibt es noch die *Denominación de Origen Calificada* (DOC). Auch hier wird die Herkunft garantiert.

✔ **Portugal:** *Denominação de Origen* (DO), was auch hier *definierte Herkunft* bedeutet.

✔ **Deutschland:** *Qualitätsweine bestimmter Anbaugebiete* (QbA) oder *Prädikatsweine* für die besten Weine. (Lesen Sie mehr über das schwierige System der deutschen Herkunftsbezeichnungen in Kapitel 9.)

Europäische Tafelweine, also Weine ohne registrierte Herkunftsbezeichnung, unterscheidet jedes Land durch zwei Bezeichnungen. Eine ist für Tafelweine mit einer geografischen Zuordnung (Italien unterscheidet hier zwei Varianten) und eine für Tafelweine ohne Angabe der Herkunft. Die Bezeichnungen sind:

✔ **Frankreich:** *Vin de Pays*, gefolgt von der jeweiligen Region, oder der ganz einfache *Vin de Table*

✔ **Italien:** *Indicazione Geografica Tipica* (übersetzt etwa: *typisch für seine Herkunft*, abgekürzt IGT) und dazu die jeweilige Region oder *Vino da Tavola* (Tafelwein) entweder gefolgt von einer geografischen Herkunft oder als unterste Kategorie ohne weitere Angabe außer Italien

✔ **Spanien:** *Vino de la Tierra* (Landwein) gefolgt von der Region oder *Vino de Mesa*

✔ **Portugal:** *Vinho regional* (Landwein) und dazu die Region oder *Vinho de Mesa*

✔ **Deutschland:** *Landwein* und dazu das Weinbaugebiet oder *deutscher Tafelwein*

In Tabelle 4.1 finden Sie einen Überblick über die verschiedenen Bezeichnungen in Europa.

Land	Qualitätsweine	Tafelweine mit geografischer Herkunft	Tafelweine ohne nähere Angaben
Frankreich	AOC VDQS	Vin de Pays	Vin de table
Italien	DOCG DOC	IGT; vino da tavola (gefolgt von einer Region)	Vino da tavola

Land	Qualitätsweine	Tafelweine mit geografischer Herkunft	Tafelweine ohne nähere Angaben
Spanien	DOC	Vino de la tierra	Vino de mesa
	DO		
Portugal	DO	Vinho regional	Vinho de mesa
Deutschland	QmP	Landwein	Tafelwein
	QbA		

Tabelle 4.1 Europäische Weinbezeichnungen auf einen Blick

Auch in vielen anderen Weinbauländern setzt man immer stärker auf die Herkunft. So wird auch bei besseren chilenischen Weinen jeweils die Weinbauregion angegeben. Angaben wie California (als Region etwa 30 Prozent größer als Italien) oder South Australia muss man relativieren. Napa Valley oder Connawarra sind allerdings schon sehr genaue Herkunftsbezeichnungen.

Noch mehr Etikettenkauderwelsch

Das Etikett ist die Visitenkarte des Weines, und so will natürlich der Produzent seinen Wein ins rechte Licht setzen. Er ist daran interessiert, neben den obligatorischen und den vom jeweiligen Gesetzgeber vorgeschriebenen Angaben noch Hinweise zu setzen, die uns zum Kaufen verleiten sollen. Seine Möglichkeiten werden allerdings in Europa durch sehr restriktive gesetzliche Vorgaben beschränkt. Im deutschen Bezeichnungsrecht sind – im Gegensatz zur üblichen gesetzgeberischen Praxis – alle Begriffe verboten, die nicht ausdrücklich im Gesetz erlaubt sind.

Es gibt einerseits völlig bedeutungslose Phrasen und andererseits nützliche Hinweise darauf, was sich in der Flasche befindet. Das Gemeine ist, dass manche Begriffe je nach Herkunft des Weines sowohl in die eine wie in die andere Kategorie gehören können. Dieser Blödsinn passiert dadurch, dass bestimmte Begriffe in manchen Ländern streng reglementiert sind und in anderen Weingesetzen gar nicht vorkommen.

Jahrgang

Der Begriff *Jahrgang*, gefolgt von einer Jahreszahl, oder auch *nur die Jahreszahl* ist die am häufigsten verwendete Zusatzinformation auf einem Weinetikett (werfen Sie einen Blick auf Abbildung 4.1). Meist erscheint der Jahrgang auf dem Hauptetikett, manchmal findet man ihn auch auf einem kleinen Extraetikett in der Nähe des Flaschenhalses.

Der *Jahrgang* ist nicht mehr als der Hinweis, in welchem Jahr die Trauben für diesen Wein gewachsen sind. Der Wein muss zu 75 oder 100 Prozent, je nach Herkunftsland, aus Trauben dieses Jahrgangs erzeugt worden sein. (*Weine ohne Jahrgang* können somit aus Partien verschiedener Erntejahre verschnitten werden.) Die Jahrgangsweine werden von einer gewissen Aura umgeben, und die meisten glauben, ein Wein mit Jahrgang ist automatisch besser als ein Wein ohne Jahrgang. Im Grunde gibt es aber keinerlei Zusammenhang zwischen dem Vorhandensein eines Jahrgangs und der Qualität in der Flasche.

 Im Allgemeinen interessiert der *Jahrgang* – und damit die Information, ob die Trauben in einem Jahr mit perfektem Wetter oder eher unter schwierigen meteorologischen Bedingungen gewachsen sind – nur, wenn folgende Fragen anstehen: a) Sie wollen absolute Spitzenweine kaufen, die von Jahrgang zu Jahrgang sehr unterschiedliche Qualitäten und auch Preise haben können, b) Sie kaufen Weine aus Regionen, die von Jahr zu Jahr sehr unterschiedliche Voraussetzungen haben (somit viele Regionen im nördlichen Europa), und c) Sie wollen einfach sicher sein, dass der Wein nicht bereits zu alt ist. Den Jahrgang eines Weines zu erkennen, zählt zur hohen Weinschule und basiert auf der konzentrierten Verkostung vieler Weine.

Die Qualitätshierarchie in der EU

Obwohl jedes Land innerhalb der EU seine eigene Weingesetzgebung hat, muss die Namensgebung in das vorgegebene Regelwerk aus Brüssel passen. Diese Regeln geben zwei Qualitätsstufen vor, in der jeder Wein seinen Platz finden muss:

✔ **Qualitätswein:** Weine mit einer offiziellen Herkunftsbezeichnung. (Jede Herkunft wird per Regelwerk definiert: geografische Herkunft, Rebsorten, die verwendet werden dürfen, Reberziehungssysteme, Kelter- und Reifetechniken und vieles mehr. Man spricht hier von Qualitätsweinen eines bestimmten Anbaugebietes. Alle AOC-, DOC-, DO- und QbA-Weine – um die Abkürzungen zu benutzen, die Ihnen in diesem Kapitel noch öfter begegnen – gehören in diese Kategorie.

✔ **Tafelwein:** Alle anderen Weine, die innerhalb der EU produziert werden. Man unterteilt die Tafelweine in zwei Untergruppen: Tafelweine, die einer bestimmten geografischen Herkunft zugeordnet werden können, wie der französische *Vin de Pays*, der deutsche *Landwein* oder der spanische *Vino de la Tierra*, und Tafelweine ohne geografischen Bezug, außer der Nennung des Ursprungslandes. Bei dieser untersten Kategorie darf weder Rebsorte noch Jahrgang auf dem Etikett erwähnt werden.

Alle anderen Weine, die in der EU verkauft werden, fallen in eine dritte Kategorie:

✔ **Wein:** Alle Weine wie amerikanische, australische oder chilenische, die außerhalb der EU produziert werden. Auch hier genießt der Wein einen höheren Status, wenn er eine geografische Herkunft nachweisen kann, die kleiner ist als das Ursprungsland.

Riserva, Reserve, Reserva

Reserve ist ein Paradebeispiel dafür, dass ein bestimmter Begriff sowohl eine wichtige Information als auch eine bedeutungslose Phrase sein kann. Als Phrase funktioniert der Begriff oftmals hervorragend, da der Begriff in einigen Ländern ja wirklich eine *besondere Bedeutung* hat und damit dem Wein berechtigterweise ein *besonderes Image* verleiht.

✔ In Italien und Spanien beispielsweise ist der Begriff *Riserva* beziehungsweise *Reserva* geschützt und den Weinen vorbehalten, die besonders lange beim Erzeuger im Keller reifen durften. Vorausgesetzt wird dabei, dass der Wein von Haus aus besser war als normalerweise und somit durch die längere Reifezeit zusätzlich gewinnt. In Spanien gibt es sogar weitere *Unterteilungen* des Begriffs, wie beispielsweise Gran Reserva.

✔ In anderen Ländern wie in Frankreich oder der USA ist der Begriff *Reserve* nicht definiert. Meist wird er aber von den Produzenten im gleichen Sinn verwendet und soll suggerieren, dass es sich dabei um ein Spitzenerzeugnis des Weinguts handelt. Aber nicht alle Produzenten halten sich an diese Regel.

 Achten Sie auf die Preise und schalten Sie Ihren gesunden Menschenverstand ein. Ein Reserve für fünf Euro kann sich nicht sehr von einem anderen Wein in dieser Preisklasse unterscheiden. Achten Sie einfach auch auf die anderen Weine aus diesem Weingut. Wenn es ein Reserve gibt, muss es auch einen normalen Wein aus diesem Weingut geben, und der sollte deutlich günstiger sein.

Erzeugerabfüllung

Weingut, *Estate*, *Tenuta*, *Château* und ähnliche Begriffe unterstellen – in verschiedenen Sprachen – immer das Prinzip: Alles aus einer Hand! Die Traubenerzeugung und das Weinmachen sind unter einem Dach vereint. Der Ausdruck *Erzeugerabfüllung* suggeriert somit die durchgängige Verantwortung vom Weinberg über die Weinbereitung bis in die Flasche. In vielen Ländern müssen dem Weingut die Weinberge nicht unbedingt gehören, aber es muss die Kontrolle darüber haben und für die Weinbergsarbeit verantwortlich sein. Es dürfen nur eigene Trauben verarbeitet und auch kein Wein zugekauft werden.

Das Thema Erzeugerabfüllung ist für alle, die glauben, dass man keinen guten Wein machen kann, wenn man nicht bestes Traubenmaterial zur Verfügung hat, ein wichtiger Denkansatz. Wenn *wir* Wein machen wollten, wäre die Kontrolle über unsere Weinberge unbedingte Voraussetzung.

Wir gehen nicht so weit, zu sagen, ein guter Wein *muss* eine Erzeugerabfüllung sein. Ravenswood Winery – um nur ein Beispiel zu nennen – macht herausragende Weine aus kleinen Weinbergslagen, die in privater Hand sind und von eigenständigen Winzern gepflegt werden. Auch in Südtirol gibt es mit Alois Lageder ein prominentes Beispiel für herausragende Weinqualitäten aus zugekauften Trauben.

 Auf französischen Etiketten findet man die Begriffe *mis en bouteille au château/au domaine*. Das Konzept ist das gleiche wie bei einer deutschen Erzeugerabfüllung.

Lagenbezeichnungen

Mit der _Lagenbezeichnung_ ist es wie mit dem Begriff Reserve – man muss etwas genauer hinsehen. In Italien und Frankreich, wo sehr stark auf das Herkunftsprinzip gesetzt wird, findet man die Lage (den Namen des einzelnen Weinbergs) normalerweise nur bei Weinen in der gehobenen Preisklasse – ab 20 Euro aufwärts. Manchmal macht dort ein Weingut verschiedene Weine, die sich nur durch die jeweilige Lage unterscheiden. Jeder Wein ist einzigartig, da das _Terroir_ eines jeden Weinbergs einzigartig ist.

Dieses Prinzip gilt auch für viele deutsche Lagen und ihre Winzer. Nur gibt es in Deutschland auch noch den Begriff der Großlage. Sie umfassen jeweils das Gemeindegebiet von mehreren Dörfern, sind eine reine Vermarktungsmasche und haben mit der Idee des Terroir überhaupt nichts zu tun. Die Namen dieser Großlagen, die immer weniger genutzt werden, lassen sich leider nicht von einer echten Einzellage unterscheiden. Lernen Sie sämtliche deutschen Großlagen auswendig, um sie sicher vermeiden zu können, oder fragen Sie Ihren Winzer oder Weinhändler.

Der Begriff _Weinberg_ oder sein Pedant in der jeweiligen Sprache kann (muss aber nicht) vor dem jeweiligen Lagennamen genannt werden. In Italien lauten die entsprechenden Begriffe _vigneto_ oder _vigna_.

Weitere Informationen auf dem Etikett

Sie werden erfreut sein zu hören, dass wir die Begriffe auf den Etiketten so weit erschöpfend behandelt haben.

Ein weiterer Ausdruck, _Vieilles Vignes_, ist auf manchen französischen Etiketten zu finden. Übersetzt heißt das so viel wie _alte Rebstöcke_. Es taucht ebenso auf Etiketten in Kalifornien und Australien, aber neuerdings auch vermehrt in Deutschland auf. Da alte Rebstöcke nur noch wenige Trauben tragen, ist die Traubenqualität und der entsprechende Wein oft außergewöhnlich gut. Das Problem ist nur, dass dieser Begriff nicht definiert ist. Jeder Winzer kann seine Weinstöcke als alt bezeichnen.

Der Begriff _Supérieure_ (französisch) oder _Superiore_ (italienisch) kann als Teil der Herkunft von Qualitätsweinen (AOC oder DOC) auftauchen. Es bedeutet, dass der Wein einen etwas höheren Alkoholgehalt hat als die normale Version des gleichen Weins – somit ein Ausdruck, der es nicht wert ist, darüber zu grübeln.

Bei manchen DOC- oder DOCG-Weinen taucht wiederholt der Begriff _Classico_ auf. Die Trauben stammen dann aus dem Herzstück der jeweiligen Herkunftsbezeichnung – wie etwa Chianti Classico im Gegensatz zum normalen Chianti.

Ein Blick hinter die Kulissen des Weinmachens

5

In diesem Kapitel

▷ Die aussagefähigen Weinbegriffe vom Humbug unterscheiden

▷ *Malo, PH, Mikrooxigenation* und *aufgerührte Hefe*

▷ Fachbegriffe, mit denen man seine Freunde beeindruckt

Das Frustrierendste am Wein ist, dass man ihn immer so fachlich betrachten soll. Alles, was Sie wollen, ist ein knackiger, fruchtiger Weißwein, den Sie am Abend Ihren Freunden zum gegrillten Fisch servieren können. Um diesen aber zu finden, müssen Sie sich erst durch einen Dschungel von Fachjargon auf den Rückenetiketten der Flaschen kämpfen – oder die unverständlichen Begriffe, die der Verkäufer benutzt, um seine Empfehlung zu begründen, über sich ergehen lassen. Warum um Himmels willen macht jeder das Thema Wein so kompliziert?

Hier ist das Problem: Wein hat zwei Seelen. Mancher Wein ist nur ein Getränk und soll einfach nur schmecken – Punkt. Andere Weine sind eine Form von Kunst – Leute sind davon fasziniert und begeistert. Manche, die Wein erzeugen und verkaufen, möchten Sie glauben machen, dass ihre Produkte zur zweiten Gruppe gehören, denn solche Weine sind prestigeträchtiger. Die komplizierte Fachsprache soll Ihnen klarmachen, dass Wein etwas Besonderes ist – mehr als nur ein Getränk.

Welche dieser Informationen (wenn überhaupt) helfen Ihnen, den Wein zu finden, den Sie wollen, und was ist nur unwichtiges fachliches Gebrabbel? Lesen Sie weiter!

Traubenanbau, Weinerzeugung und Fachbegriffe drumherum

Weinmacher verwenden unterschiedlichste Techniken (önologische Verfahren). Die Techniken variieren, je nachdem, welche Rebsorte und Traubenqualität sie haben und welche Art von Wein sie machen wollen. (Wenn ein Weinmacher eine große Menge eines Weines machen will, der dann für 4,95 Euro im Laden steht, dann wird er den Wein kaum in neuen Eichenfässern reifen lassen, weil die Kosten für diese Technik bereits etwa vier Euro pro Flasche betragen.)

Keine der verschiedenen Kellertechniken ist automatisch gut oder schlecht. Jede Technik kann falsch oder richtig sein. Es hängt davon ab, welche Traubenqualität verwendet wird und welche Art von Wein gemacht werden soll, besser ausgedrückt, auf welches Preisniveau, welche Geschmacksrichtung und welche Zielgruppe der Weinmacher aus ist.

Verschiedene Weintrinker bevorzugen bei verschiedenen Gelegenheiten unterschiedliche Weine:

✔ Manche Weine schmecken einfach so, wie sie sind, während andere erst nach einer gewissen Reifezeit Begeisterung auslösen (mehr Infos darüber in Kapitel 16).

✔ Manche schmecken dem normalen Weintrinker, während andere eine gewisse Erfahrung im Umgang mit Wein voraussetzen.

Der Geschmack des Weins stellt die letztendliche Bestätigung einer Methode zur Weinerzeugung dar: Der Entstehungsprozess selbst ist unbedeutend, wenn das Ergebnis nicht diejenigen Weintrinker überzeugt, für die der Wein hergestellt wurde.

 Der *Geschmack* eines Weines besteht aus seinem Duft, seinem Körper, seiner Textur, seiner Länge und vielem mehr (mehr dazu in Kapitel 2), nicht nur aus seinen Aromen. Und der Geschmack eines Weines ist eine subjektive Erfahrung eines jeden Einzelnen.

Jede Technik beim Weinmachen beeinflusst den Geschmack eines Weines in der einen oder anderen Weise. Die meisten Schlagworte, die in Weinzirkeln kursieren, bezeichnen deshalb Techniken, die für den Geschmack eines Weines ausschlaggebend sind. Aber – und das ist entscheidend – diese Schlagworte bezeichnen jeweils nur ein isoliertes Element im Gesamtprozess des Weinerzeugens. Einzelne *Teile* des Gesamtkunstwerks, das mit den Trauben beginnt und erst endet, wenn Sie den Wein im Glas haben.

Weinbergsmanager – Kellermeister

Wein zu erzeugen umfasst zwei unterschiedliche Arbeitsschritte: den Anbau der Trauben – die *Arbeit des Winzers* (Weinbauer) – und die Erzeugung des Weins im Keller, auch *Vinifikation* genannt – die Arbeit des Kellermeisters (Weinmacher).

Teilweise werden beide Arbeitsschritte von derselben Person oder von demselben Unternehmen verantwortet, was bei allen *Erzeugerabfüllungen* der Fall ist (mehr dazu in Kapitel 4). Aber oft herrscht hier auch strenge, aber kommunikative Arbeitsteilung. Manche großen Kellereien kaufen Trauben von privaten Traubenerzeugern. Diese Traubenerzeuger keltern selbst keinen Wein, sondern konzentrieren sich auf den Weinbau und verkaufen ihre Trauben an die Kellereien zum höchstmöglichen Preis pro Tonne.

Bei den kostengünstigsten Weinen kann es sogar sein, dass die auf dem Etikett aufgeführte Kellerei noch nicht einmal die Trauben erworben, sondern lediglich Wein (von einem Großerzeuger) gekauft, die verschiedenen Weine verschnitten und das Endprodukt unter ihrem Namen abgefüllt hat. (Wie wir in Kapitel 4 erklären, können Sie nur bei den Begriffen *Erzeugerabfüllung*, *Weingut* und *produced by* sicher sein, dass die auf dem Etikett genannte Firma den größten Teil dieses Weins wirklich erzeugt hat.)

Neue Vokabeln für Weinbauern

Der Weinbau ist ein ziemlich komplizierter Prozess, den die Winzer ständig verbessern, um ihn ihrem besonderen Boden, dem Klima und der jeweiligen Rebsorte anzupassen. Viele der dazugehörigen Fachbegriffe werden in Diskussionen zum Thema Wein erwähnt oder tauchen auf Flaschenetiketten auf.

 Hier sind einige Ausdrücke, auf die Sie wahrscheinlich stoßen werden, wenn Sie sich näher mit Wein beschäftigen:

✔ **Mikroklima:** Jede Weinregion hat klimatische Bedingungen (die Summe und das Zusammenspiel von Sonne, Regen, Wind, Luftfeuchtigkeit und so weiter), die die Norm für die jeweilige Region festlegen. Besondere Lagen innerhalb der Region – der nach Süden ausgerichtete Hang (Disposition) eines bestimmten Hügels etwa – kann in Wirklichkeit ganz eigene klimatische Voraussetzungen haben, die vom Weinberg nebenan völlig verschieden sind. Die einzigartigen klimatischen Voraussetzungen eines bestimmten Weinbergs nennt man *Mikroklima*. Genau genommen lautet die korrekte Bezeichnung für das oben Beschriebene *Mesoklima*, aber Mikroklima findet man üblicherweise auf den Etiketten und in der Umgangssprache.

✔ **Erziehung:** Unbeaufsichtigte Rebstöcke würden flach auf dem Boden dahin wachsen oder sich an Bäumen hochranken. Kommerzieller Weinbau zwingt bereits die jungen Rebstöcke mit Hilfe von Pfählen und Drahtrahmen in ein Reberziehungssystem. Der Zweck dieser *Reberziehung* – wie es tatsächlich genannt wird – ist, die Früchte so zu positionieren, dass sie perfekt zur Sonne ausgerichtet sind und dass die Trauben für die Lesehelfer gut zu erreichen sind.

In kühleren Regionen geht es darum, durch entsprechende Laubarbeit (es wird Blattwerk gezielt entfernt) die Sonneneinstrahlung zu maximieren. In heißen Regionen schützt man die Trauben mit Hilfe des Blattwerks vor Verbrennungen. Man spricht hier auch von Laubmanagement.

✔ **Reife:** Die Trauben zu lesen, wenn sie perfekt gereift sind, ist eine der schwierigsten Aufgaben im Weinbau (mehr dazu in Kapitel 3). Außerdem ist Reife eine subjektive Entscheidung.

In kühleren Regionen kann man nicht jedes Jahr mit perfekt gereiften Trauben rechnen. Weine aus einem »heißen« Jahrgang sind daher normalerweise dichter und körperreicher als der normale Weintypus dieser Region. In heißen Regionen ergibt sich die Reife fast automatisch. Der Trick besteht darin, die Trauben nicht zu schnell zu reif werden zu lassen. Ansonsten haben die Trauben zwar einen hohen Zuckergehalt, sind aber körperlich (physiologisch) noch unreif und die Aromen sind unterentwickelt (wie ein körperlich voll entwickelter, aber unreifer Teenager). Es gibt keine klare Definition von perfekter Reife.

✔ **Niedriger Ertrag:** Vereinfacht ausgedrückt, je mehr Trauben ein Rebstock tragen muss (je höher sein *Ertrag* an Trauben ist), desto weniger konzentriert und vielschichtig sind die

Aromen dieser Trauben und desto einfacher ist die Qualität der daraus erzeugten Weine (und desto billiger ist er meist). Allerdings kann jeder Erzeuger behaupten, dass seine Erträge niedrig sind, da es gar nicht einfach ist, ihm das Gegenteil zu beweisen. Man kann es meist mit der Geschmacksintensität des Weins beweisen: Schmeckt der Wein dünn oder wässrig, wären wir der Behauptung eines »niedrigen Ertrags« gegenüber sehr misstrauisch eingestellt.

✔ **Ökologischer Weinbau:** Weinbauern betreiben zunehmend *ökologischen* Weinbau, auch wenn dieser nicht immer als *Öko-Wein* gekennzeichnet ist. Dies bedeutet, dass sie weniger bis keine chemischen Pestizide, Herbizide und so weiter verwenden. Sie tun dies, um ihre eigene Umwelt und damit ihren Boden nicht zu verunreinigen. Viele sind außerdem der Meinung, dass ökologisch angebaute Trauben denen aus herkömmlicher Herstellung vorzuziehen sind und besseren Wein ergeben. Um ihren Wein mit der Bezeichnung »Öko«oder »Bio« deklarieren zu können, müssen sich Betriebe den Kontrollen einer staatlich zugelassenen Stelle unterziehen.

✔ **Biodynamischer Weinbau** ist ein verwandter Begriff, der aussagt, dass der Weinberg nicht nur ökologisch, sondern auch nach den Regeln des österreichischen Philosophen Rudolf Steiner aus den frühen 20er-Jahren bebaut wird. Dabei wird unter anderem der Zeitpunkt der Pflanzenpflege nach den kosmischen Rhythmen von Mond und Planeten ausgerichtet. Biodynamisch erzeugte Weine haben heute fast schon Kultstatus erreicht, wobei der ideologisch geprägte Ansatz sicherlich nicht nur in der Wissenschaft diskussionswürdig bleibt.

Die Schlüsselbegriffe der Weinerzeugung

Die Weinerzeugung zerfällt wiederum in zwei Teile:

✔ die **Gärung**, also der Prozess, wenn sich der Traubenmost in Wein verwandelt

✔ der **Reifeprozess**, wenn sich der Wein nach der Gärung langsam beruhigt, seine rauen Kanten verliert, in die Grundschule geht und dann fertig ist, um in die Welt hinauszutreten

Je nachdem, welchen Wein man macht, kann dieser ganze Prozess drei Monate, aber auch fünf Jahre dauern – oder auch länger, wenn die Bank dem Weingut nicht vorher den Geldhahn zudreht.

Weinmacher haben nicht so viele Möglichkeiten beim Weinmachen wie ein Küchenchef in seiner Küche – und trotzdem! Von all den Begriffen, die man Ihnen um die Ohren haut, sticht ein Thema heraus: Holzfässer, Eiche, Barriques.

Das Geheimnis des Barrique

Eichenfässer, meist spricht man von Barriques (etwa 225 Liter Fassungsvermögen), werden häufig als Behälter für die Gärung oder für den Ausbau benutzt. Diese Fässer verleihen dem Wein ein gewisses Eichenaroma, das vielen Weintrinkern gefällt. Außerdem können sie die Textur und die Farbe beeinflussen. Die Fässer sind sehr teuer – ab etwa 600 Euro, wenn sie aus französischer Eiche sind. (Die meisten Fachleute sind der Meinung, dass die französische Eiche die feinste ist.) Wir glauben, die hohen Kosten sind der Hauptgrund für das ganze Getue.

Aber nicht jedes Fass ist gleich. Eichenfässer unterschieden sich in der Herkunft des Holzes, dem _Toastgrad_ (eine angekohlte Schicht auf der Innenseite des Fasses) des jeweiligen Fasses, wie oft das Fass bereits verwendet wurde (der geschmackliche Einfluss auf den Wein nimmt mit jeder Füllung ab) und in der jeweiligen Größe. Sogar wenn die Fässer gleich wären, ergibt es völlig unterschiedliche Weine, je nachdem, ob man den unvergorenen Traubenmost oder den bereits fertigen Wein in das Barrique gibt und wie lange man ihn darin lässt.

Das ganze Thema Eichenfässer ist so komplex, dass sich jeder, der behauptet, dass der Wein besser schmeckt, nur weil er im Fass war, einer gewaltigen Verallgemeinerung schuldig macht.

Im Fass vergoren - im Fass gelagert

Sie müssen sich nicht allzu lange mit Wein beschäftigen, bis Sie auf jemanden stoßen, der Ihnen erzählt, dass ein bestimmter Wein im Fass vergoren oder im Fass gelagert wurde. Was um Himmels willen meint er und ist das wichtig?

Der Ausdruck _im Fass vergoren_ bedeutet, dass unvergorener Traubenmost in das Fass (immer aus Eiche) gefüllt wird und sich dort in Wein verwandelt. Die klassischen Holzfässer können dabei regional ganz verschiedene Größen und Namen haben. So fasst ein Fuderfass an der Mosel ca. 1.000 Liter, ein Stückfass im Rheingau 1.200 Liter oder ein Foudre in Frankreich 3.000 Liter und mehr. Der Ausdruck _im Fass gelagert_ heißt normalerweise, dass fertiger Wein (bereits vergoren) ins Fass kommt und dort für eine gewisse Reifezeit liegt – entweder ein paar Monate oder auch ein paar Jahre. Da die meisten Weine, die im Fass vergoren werden, danach noch einige Monate im Fass verbleiben, werden die beiden Begriffe in diesem Fall oft zusammen verwendet. Wenn _nur_ von einer _Fasslagerung_ die Rede ist, wird damit suggeriert, dass die Gärung nicht im Fass stattgefunden hat – sondern dann meist im Edelstahltank.

Im Fass vergoren – Most ins Fass, den fertigen Wein wieder raus – werden hauptsächlich Weißweine, und der Grund ist einfach nachzuvollziehen: Wie wir in Kapitel 2 beschrieben haben, vergärt der Saft beim Rotwein zusammen mit den Traubenschalen, um seine rote Farbe zu erhalten. Und das ist mehr ein flüssiger Brei (genannt _Maische_) und es ist fast unmöglich, die Fässer hinterher wieder sauber zu bekommen. Rotwein wird somit meist in größeren Behältern – Edelstahltanks oder offenen Gärbottichen aus Holz – vergoren und erst dann _zum Reifen_ in die kleinen Eichenfässer gefüllt, nachdem man ihn von den festen Bestandteilen getrennt hat. (Manche fruchtigen Rotweine werden überhaupt nicht ins Holzfass gelegt). Einige Weinmacher lassen ihren Rotwein in den Fässern nicht vollständig vergären. Sie setzen die Gärung in Tanks in Gang, pressen dann den Saft von den Schalen und lassen ihn schließlich im Holzfass ohne die Schalen fertig gären. Wenn ein Rotwein als im Fass vergoren bezeichnet wird, geht's eigentlich nur so.

Jetzt werden Sie sich fragen, warum es wichtig ist, ob ein Weißwein im Fass vergoren oder nur im Fass gelagert wurde. Im Fass vergorene Weine sind am Ende weniger holzbetont als Weine, die nur im Fass gelagert wurden, auch wenn sie insgesamt mehr Zeit im Fass verbracht haben. (Ein im Barrique vergorener und gelagerter Chardonnay hat vielleicht elf Monate im Fass verbracht, während ein im Fass gelagerter Chardonnay nur fünf Monate darin verbrachte und trotzdem deutlicher nach Holz schmeckt.) Das liegt daran, dass der Most anders auf das Eichenholz reagiert als der Wein. Weiterhin kommt es sehr auf das Alter beziehungsweise die Nutzungsdauer des Holzfasses an. Barriques werden meist nur dreimal (man spricht von erster, zweiter oder dritter Belegung) eingesetzt und geben somit intensiver Holzaromen an den Wein ab, ein altes Holzfass nach 25 bis 30 Jahren nur noch Aromanuancen.

Viele Menschen, bei denen man denkt, die verstehen mehr vom Wein als Sie, verwechseln den Effekt der beiden Techniken und erzählen Ihnen, dass der im Fass vergorene Wein kräftiger nach Holz schmeckt. Wenn Sie einen kräftigen Holzton in der Nase haben, passen Sie auf, dass Sie nicht auf den Holzweg geführt werden.

Heute werden in der modernen Kellertechnologie auch Verfahren mit so genannten _Holzchips_ eingesetzt, die als Alternative zum teureren und arbeitsintensiveren Barriquefass gesehen werden. Obwohl sensorische Eindrücke kaum Unterschiede ergeben, wird dieses technisch wirkende Verfahren von Weintrinkern sehr oft zu Unrecht abgelehnt. Es erinnert vielleicht doch allzu sehr an die in den USA gepflegte Bezeichnung »wooded«/»unwooded«, was so viel heißt wie »geholzt«/»ungeholzt«.

Nur ein guter (Grund-)Wein kann im Holzfass durch das Geschick des Weinmachers veredelt werden, ein einfacher Wein schmeckt einfach nur nach Holz.

Noch mehr Begriffe aus der Weinerzeugung

✔ **Temperaturkontrolle:** Das moderne Zeitalter der Weinproduktion brach an, als es Weinerzeugern durch technische Hilfsmittel möglich wurde, die Temperatur der Gärung in von Kühlmänteln umgebenen Edelstahltanks oder anderen computergesteuerten Geräten zu regulieren. Die Temperaturkontrolle ist sehr wichtig, da die Temperatur während der Gärung (etwas 12 bis 25 Grad Celsius bei Weißweinen und 25 bis 34 Grad Celsius bei Rotweinen) den späteren Stil des Weins beeinflusst. Aber diese Methode galt lediglich vor fast einem halben Jahrhundert als revolutionär und aufregend. Heute ist das bei dem ganzen Prozess nur noch ein alter Hut.

✔ **Edelstahl:** Für die meisten Gärungen von sowohl Rot- als auch Weißwein werden große Tanks aus glänzendem, hygienischen Edelstahl verwendet. Wenn Sie mal einen Weinerzeuger oder -experten davon sprechen hören, dass ein bestimmter Wein im Edelstahltank gegärt ist, dann wird er wohl eines der folgenden drei Dinge damit sagen wollen:

◈ Der Wein wurde überhaupt nicht im Holzfass gelagert (das ist bei den meisten fruchtigen Weißweinen wie Müller-Thurgau der Fall, da man den Eigengeschmack der Rebsorte nicht überdecken möchte).

◈ Der Wein wurde im Fass gelagert und nicht im Fass vergoren (wie im Abschnitt oben erklärt).

◈ Die Kellerei hat sich ihre Ausstattung ganz schön was kosten lassen und möchte, dass Sie das auch wissen.

✔ **Weinhefe:** _Weinhefe_ ist der Ausdruck für die verschiedenen festen Bestandteile wie abgestorbene Hefen, die sich am Ende der Gärung eines Weins am Boden absetzen. Dieser Bodensatz reagiert mit dem Wein und kann für komplexere Aromen im Wein sorgen. (Manchmal rührt der Weinmacher die Hefe regelmäßig auf, um negativen Beeinflussungen des Aromas entgegenzuwirken.) Ein Weißwein mit ausgeprägtem Hefekontakt ist meist aromatischer, kräftiger in der Textur und schmeckt weniger fruchtbetont, als er sonst schmecken würde.

✔ **Malolaktische Gärung (Malo) oder Biologischer Säureabbau (BSA):** Die _malolaktische Gärung_ oder kurz nur _Malo_ genannt ist eine zweite Gärung, die die Säure im Wein abschwächt. Letztendlich wird der Wein dadurch weicher und hat einen niedrigeren Säuregehalt. Die Malo springt normalerweise durch das Milchsäurebakterium _Oenococcus oeni_ von selbst an, aber der Weinmacher kann sie auch herbeiführen oder verhindern.

Rotwein durchläuft fast immer die malolaktische Gärung, während es beim Weißwein eine stilistische Entscheidung des Weinmachers ist (zum Beispiel bei vielen Weißweinen aus der Schweiz). Sie macht einen Weißwein weicher, aber verleiht ihm oft eine leicht buttrige Note und dämpft die Fruchtaromen im Wein. Ein frischer, leichter Weißwein schmeckt ohne Malo besser.

✔ **PH:** Der chemische Begriff _PH_ bedeutet im Wein genau das Gleiche wie in anderen wissenschaftlichen Bereichen. (»Unsere Gesichtscreme ist auch bei empfindlicher Haut PH-neutral.«) Wenn Sie eine wissenschaftliche Erklärung wollen, besuchen Sie doch einmal Ihren früheren Chemielehrer. Wenn Ihnen eine allgemeine Erklärung reicht: PH ist eine Maßeinheit für Säure/Basen. Weine mit niedrigem PH-Wert (etwa 3, 4 und weniger) haben einen höheren Säuregehalt, und Weine mit höherem PH-Wert haben einen niedrigeren.

✔ **Weiche Tannine:** Tannin im Rotwein variiert nicht nur in der Menge, sondern auch in der Art. Manche Tannine geben dem Wein erst den richtigen Biss (kräftige Textur) und den Eindruck von Kraft, ohne dabei bitter zu schmecken. Andere Tannine sind adstringierend und hinterlassen ein trockenes Gefühl im Mund. _Weiches_ oder _reifes Tannin_ ist der zusammenfassende Ausdruck für die guten Qualitäten. Man spricht inzwischen auch oft von Tannin-Management. Die Weinmacher erarbeiten sich die weichen Tannine durch das Lesen von vollreifen Trauben, durch die Kontrolle der Gärtemperatur und der Gärdauer und durch weitere Techniken.

✔ **Mikrooxigenation:** Bei dieser relativ neuen Weinausbautechnik werden dem Wein während oder nach der Gärung kontrolliert kleinste Mengen an Sauerstoff zugeführt. Eine Folge davon ist, dass so die sanfte, stetige Aufnahme von Sauerstoff wie bei im Holzfass gelagerten Rotweinen nachgeahmt werden kann. So kann ein Rotwein weichere Tannine und eine beständigere Farbe entwickeln, ohne jemals mit Eichenholz in Berührung gekommen zu sein. Diesen Begriff, manchmal fälschlicherweise, weil es sich nicht im klassischen Sinne um eine *Oxidation* handelt, auch als *Mikrooxidation* verwendet, hört man unter Fachleuten häufig.

✔ **Schönung und Filtration:** Weinmacher *schönen* und *filtrieren* die meisten Weine erst am Ende des Reifeprozesses. Der Zweck ist, den Wein zu *klären* – somit alle Trübungen und festen Bestandteile zu entfernen – und den Wein zu *stabilisieren* –, somit alle Hefen, Bakterien und sonstige mikroskopische Bestandteile zu entfernen, die dem Wein schaden könnten, sobald er abgefüllt ist. Diese önologischen Verfahren gezielt und effektiv einzusetzen, gehört zum Grundhandwerk eines guten Weinmachers.

 Es ist ein weit verbreiteter Glaube unter kritischen Weinfreaks, dass die Filtration dem Wein seinen Charakter raubt und dass ungefilterte Weine automatisch besser sind, auch wenn die Farbe dabei etwas dumpf bleibt. Aber das Thema ist erheblich komplexer. (Und es gibt auch sehr *unterschiedliche* Filter und Filtrations*methoden* und somit auch eine *sanfte* Filtration.) Wird dieser Schritt allerdings sorgsam ausgeführt, schadet er dem Wein nicht.

✔ **Verschneiden:** Dieser Ausdruck (der deutsche Begriff *Verschnitt* ist sehr negativ besetzt, daher wird oft der französische Begriff Cuvée/Assemblage verwendet) wird normalerweise dafür verwendet, wenn ein Wein aus mehr als einer Rebsorte gemacht wird. Der Weinmacher vergärt die verschiedenen Rebsorten im Allgemeinen getrennt und fügt anschließend die Weine zusammen.

Der Grund, einen Wein aus verschiedenen Rebsorten zu machen, kann darin bestehen, die Kosten drücken zu wollen – teure Chardonnay-Trauben werden (wenigstens teilweise) durch günstigere Rebsorten ersetzt – oder vielmehr um die Qualität des Weines zu erhöhen, indem man gegensätzliche Rebsorten verwendet, deren Stärken und Schwächen sich ausgleichen. Viele traditionelle europäische Weine wie Rioja, roter Bordeaux, Châteauneuf-du-Pape, Chianti oder Champagner sind Verschnitt-Weine, die ihre Persönlichkeit einem Zusammenspiel verschiedener Rebsorten verdanken.

Leere Phrasen unter den Weinbegriffen

Manchmal beschreiben Weinerzeuger oder -verkäufer ihre Weine mit Ausdrücken eigentlich keine wirkliche Bedeutung haben. Wenn Sie diese Begriffe hören, dann möchte Ihnen Ihr Gegenüber eigentlich nur sagen, dass dieser Wein etwas Besonderes ist. Probieren Sie ihn einfach und entscheiden Sie für sich selbst, ob das stimmt:

✔ handgemacht

✔ handwerkliches Produkt

✔ limitiert, limitierte Auslese, limitierte Version

✔ Winzerauslese

✔ vom Südhang

Teil II

Der Umgang mit Wein: Das erste Scharmützel

In diesem Teil ...

So, jetzt haben Sie die wichtigsten Grundlagen im Hinterkopf – wie etwa die Rebsorten, die Weintypen und die Möglichkeiten bei der Weinbenennung – und können somit beginnen, Ihr Wissen in der Praxis auszuprobieren. Korkenzieher, Weingläser, Weinkarten im Restaurant und Weinläden werden keine große Herausforderung mehr für Sie sein, vorausgesetzt, Sie blättern mal ein bisschen durch die folgenden Seiten. Das versprechen wir!

Orientierungshilfe im Weinladen

In diesem Kapitel

▷ Sich gegen Einschüchterungsversuche wappnen

▷ Wein im Supermarkt kaufen

▷ Einen guten Weinhändler ausfindig machen

▷ Die Hilfe ergattern, die man braucht, um den Wein zu ergattern, den man will

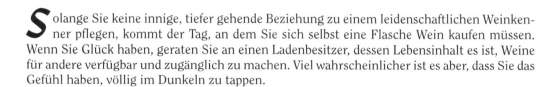

Solange Sie keine innige, tiefer gehende Beziehung zu einem leidenschaftlichen Weinkenner pflegen, kommt der Tag, an dem Sie sich selbst eine Flasche Wein kaufen müssen. Wenn Sie Glück haben, geraten Sie an einen Ladenbesitzer, dessen Lebensinhalt es ist, Weine für andere verfügbar und zugänglich zu machen. Viel wahrscheinlicher ist es aber, dass Sie das Gefühl haben, völlig im Dunkeln zu tappen.

Lassen Sie sich nicht einschüchtern

Man könnte annehmen, dass es weniger aufreibend ist, einige Flaschen Wein zu kaufen, als einen Kredit zu beantragen oder ein Vorstellungsgespräch zu führen. Wo ist das Problem? Es ist doch nur Traubensaft.

Die Erfahrung lehrte uns was anderes. Da gab es die Zeit, als ein bestimmter Weinhändler uns die zweite Flasche billigen Weins, die wir eine Woche vorher gekauft hatten, nicht zurücknehmen wollte. Auch nachdem wir ihm erklärt hatten, wie fürchterlich die andere war. (Lagen *wir* falsch, was den Wein betraf, oder war *er* arrogant? Die Frage hat uns tagelang beschäftigt.) Oder die Zeit, wo wir ein Schnäppchen entdeckten und dachten, wir wüssten, was wir tun. Wir haben eine ganze Kiste – zwölf Flaschen – eines französischen Edelgewächses gekauft und merkten nicht, dass es sich bei dem bestimmten Jahrgang um einen gewaltigen Ausrutscher im Vergleich zur sonstigen Qualität handelte. (Warum haben wir nicht einfach jemanden im Laden gefragt? Wir *hätten* vielleicht einen guten Tipp bekommen.) Oder die vielen Male, die wir vor prall gefüllten Regalen verbrachten und die Etiketten anstarrten, ohne auch nur einen blassen Schimmer zu haben, was sich dahinter verbirgt. Glücklicherweise hat uns unsere Begeisterung für Wein davor bewahrt, aufzugeben. Irgendwann entdeckten wir, dass der Weinkauf Spaß machen kann.

Unsere Erfahrung hat uns gelehrt, dass der einzige und effektivste Weg, mehr gute als schlechte Erfahrungen beim Weineinkauf zu machen, der ist, unser Wissen einzusetzen – oder es zuzugeben, wenn wir mal keine Ahnung haben.

Zu viel des Wissens über Wein ändert sich ständig – jedes Jahr ein neuer Jahrgang, Hunderte von neuen Weingütern, neue Marken und vieles mehr – zu viel für *jeden*, der versucht, alles zu wissen, und fatal für jeden, der sich unsicher fühlt, wenn er nicht alles weiß.

Wenn wir alle aufhören würden, eine Show abzuziehen, was wir alles wissen, und auch mal damit leben könnten, dass wir etwas nicht wissen, dann wäre der Weinkauf das Einfachste der Welt.

Große und kleine Weinhändler

Es gibt einige gute Gründe, den Wein in einem Laden zu kaufen und ihn anschließend zu Hause zu trinken. Eines der wichtigsten Argumente ist dabei, dass Läden meist eine größere Auswahl als Restaurants haben und der Wein günstiger als im Restaurant ist. Sie können sich die Flaschen ganz genau anschauen und die Etiketten vergleichen. Außerdem können Sie den Wein zu Hause aus Ihrem bevorzugten Glas und mit Ihrer Lieblingstemperatur trinken.

Allerdings müssen Sie eigene Weingläser haben und die Flasche selbst öffnen (mehr zu all diesem Drumherum in Kapitel 8). Und die große Auswahl im Weinladen kann geradezu entmutigend sein.

Je nachdem wo Sie wohnen, können Sie Wein in allen möglichen Geschäften kaufen: Discounter, Supermärkte, Weingroßhändler, Weinfachgeschäfte und oft sogar beim Metzger oder an der Tankstelle. Jede dieser Einkaufsquellen hat ihre Vor- und Nachteile in Hinblick auf Auswahl, Preis und Service.

Discounter, Supermärkte und andere

In *offenen* Weinmärkten wie bei uns kann man Wein wie alle anderen Lebensmittel auch in Supermärkten kaufen. Supermärkte und Discounter haben für viele erst den Zugang zu Wein ermöglicht.

Wenn der Wein im Supermarkt verkauft wird, verschwindet schnell die mystische Aura dieses Produkts: Wer kann schon Zeit damit verschwenden, sich bei der Weinauswahl unsicher zu fühlen, wenn viel wichtigere Themen anstehen wie etwa, wie viel Zeit noch bleibt, bis die Kinder zu Monstern mutieren, oder welche Schlange an der Kasse die kürzeste ist? Außerdem handelt es sich, gerade bei den großen Ketten, meist um sehr günstige Weine.

Der Nachteil des Weineinkaufs in diesen Läden ist, dass sich die Auswahl meist auf Weine aus großen Kellereien beschränkt, da nur diese die großen Mengen produzieren, um die Supermarktketten überhaupt beliefern zu können. Und nur selten bekommen Sie Unterstützung bei der Weinauswahl. Normalerweise sind Sie auf sich selbst gestellt.

Wir wissen, dass viele Weinliebhaber und Fachleute es ablehnen, dass Wein beim Discounter zur reinen Ware mutiert. Für sie ist Wein etwas Heiliges und muss deshalb als etwas Besonderes behandelt werden. Na ja, zumindest werden Sie nicht auf solche Menschen treffen, wenn Sie sich gerade das Weinsortiment in Ihrem Supermarkt ansehen.

Beim Discounter kann man sehr gut Weine mit *Eigenmarken* einkaufen. Das sind Weine, die ausschließlich für die Kette erzeugt wurden und die einen Markennamen tragen, der im Besitz der Kette ist. Sie schmecken meistens annehmbar (aber nicht großartig) und wenn Sie sie mögen, können Sie dort ein gutes Schnäppchen machen. Im Gegensatz zu Discountern findet man in einigen »besseren« Supermärkten allerdings auch qualitativ hochwertigere Weine in kleinen Mengen.

Um Sie beim Weineinkauf zu unterstützen, bieten viele Geschäfte eine Unmenge an *Regalschildern* (schmale Schilder am Regal, die den jeweiligen Wein beschreiben). Aber diese Beschreibung sollten Sie mit Vorsicht genießen. Sie werden meist vom Lieferanten gestellt, der natürlich nur daran interessiert ist, Sie zum Kauf der jeweiligen Flasche zu bewegen, und nicht daran, Ihnen Informationen zu liefern, damit Sie den Wein verstehen. Meistens finden Sie darauf nur blumige Phrasen, ausschweifende Adjektive, beeindruckende Bewertungen und sichere Allgemeinplätze wie »Köstlich zu Gegrilltem!« *(Alles? Vom Siedewürstchen bis zum Lammkotelett?)* Die Informationen sind schwammig und nur von begrenztem Wert. Wir raten Ihnen dringend, wenn es nur irgend möglich ist, sich dort nach einem Mitarbeiter umzusehen, der sich auskennt. Das ist allemal besser, als sich auf die Regalschilder zu verlassen.

Aber man soll auch nicht übersehen, dass die Supermärkte, Discounter und Getränkehändler oft eine gute Quelle für Ihre Alltagsweine darstellen können. Wenn Sie allerdings beim Weinkauf wirklich etwas lernen wollen oder wenn Sie eine ungewöhnliche, interessante Auswahl suchen, um Ihre ständig wachsende Neugierde zu befriedigen, dann werden Sie wahrscheinlich woanders einkaufen.

Überlebensregeln für den Supermarkt

Wenn Sie in einem Supermarkt einkaufen, wo Ihnen niemand weiterhelfen kann, wählen Sie eine der folgenden Möglichkeiten:

✔ Nehmen Sie eine Liste mit empfohlenen Weinen aus dem letzten Zeitungsartikel zum Thema mit, der Sie beeindruckt hat.

✔ Nehmen Sie Ihr Handy mit und rufen Sie, wenn Sie vor dem Weinregal stehen, einen Freund an, der etwas davon versteht (vergewissern Sie sich, dass sein oder ihr Geschmack mit Ihrem übereinstimmt).

✔ Kaufen Sie den Wein mit dem schönsten Etikett. Was haben Sie schon zu verlieren?

Weinfachgeschäfte

Weinfachgeschäfte sind meist kleinere bis mittelgroße Läden, die Wein, Spirituosen und Zubehör wie Weinbücher, Gläser und Korkenzieher verkaufen (mehr zu diesem Zubehör in Kapitel 8). Dazu oft noch regionale Feinkost, tolle Käse und viele andere kleine, aber feine Leckereien.

Zehn Hinweise, in welchem Laden Sie keinen Wein kaufen sollen

1. Eine beeindruckende Staubschicht auf sämtlichen Flaschen.

2. Viele der Weißweine zeichnen sich durch einen dunklen Gold- oder einen hellen Braunton aus.

3. Der jüngste Jahrgang im Laden ist ein 2004er.

4. Die Weinetiketten sind alle von der Sonne ausgebleicht.

5. Es ist im Laden wärmer als in einer Sauna.

6. Die meisten Flaschen stehen im Regal.

7. Alle Flaschen werden stehend gelagert!

8. Die Auswahl besteht hauptsächlich aus Literware und großen Tetrapacks.

9. Der Wein des Monats Juni ist ein drei Jahre alter Beaujolais Nouveau.

10. Der Ladenbesitzer ruft Erinnerungen an Ihren Biologielehrer wach, der Sie immer schlecht behandelt hat.

Sobald Sie Wein als ein Hobby betrachten, werden Sie solche Geschäfte als Einkaufsquelle zu schätzen wissen, da sie gegenüber den anderen Quellen viele Vorteile bieten. Erstens haben Weinfachgeschäfte fast immer Verkäufer, die sich auch wirklich mit Wein auskennen. Zweitens finden Sie im Fachgeschäft normalerweise eine interessante, breit gefächerte Auswahl an Weinen in den unterschiedlichsten Preisklassen.

Weinläden organisieren ihre Auswahl meist nach Herkunftsländern und – im Fall der klassischen Weinbauländer wie etwa Frankreich – nach den Regionen (Bordeaux, Burgund, Rhône und so weiter). Rotwein und Weißwein sind oft in unterschiedlichen Regalen innerhalb dieser Länderecken einsortiert. Meist gibt es dann noch eine besondere Ecke für Champagner und andere Sekte und eine eigene Abteilung für Dessertweine. Neuerdings gehen einige Läden dazu über, ihre Weine nach Stilen, wie »Aromatische Weißweine« oder »Kräftige Rotweine«, einzuteilen. Einige wenige ordnen die Weine auch nach Rebsorten ein.

Manche Weinläden haben auch noch eine eigene Abteilung (oder sogar einen ganz besonderen, temperierten Raum) für die hochwertigen oder teuren Weine. In manchen Läden ist es ein absperrbares Regal, ein besonderes Kellerabteil oder der rückwärtige Teil des Ladens.

 Vor dem Laden oder nahe der Kasse finden Sie die üblichen Aufsteller für Sonderangebote. Angebotsweine sind häufig solche Weine, die der Händler loswerden möchte, weil er sie schon viel zu lange rumstehen hat oder weil er sie zu einem besonders guten Preis abgenommen hat (da der Lieferant seinerseits versuchte, sie loszuwerden). Wenn Sie nicht ganz sicher sind, dann probieren Sie erst eine Flasche, bevor Sie gleich eine ganze Kiste mitnehmen.

Aufsteller werden meist mit *Tafeln und Postern* beworben. Unsere Warnungen in Bezug auf die Regalschilder gelten natürlich auch hier, aber da die Poster etwas mehr Platz bieten und die Kundschaft in einem Weinladen anspruchsvoller ist, kann man ihnen oft ganz nützliche Information entnehmen.

Suchen Sie sich Ihren Weinhändler

Einen guten Weinhändler wählt man nach den gleichen Kriterien wie andere Fachhändler auch. Die Hauptkriterien sind eines gutes Preis-Leistungs-Verhältnis, große Auswahl, kompetente Beratung und guter Service. Außerdem muss der Händler seine Weine unter optimalen Konditionen lagern.

 Sie haben keinen guten Weinhändler in Ihrer Nähe? In Kapitel 16 lassen wir uns über die Vor- und Nachteile anderer Einkaufsquellen wie den Versandhandel und Online-Wein-Shops aus. Dies kann durchaus eine gute Alternative sein, wenn man dort, wo man lebt, keinen vernünftigen Weinhändler findet.

Sehen Sie die Preise im Zusammenhang

 Als Weinkauf-Anfänger ist die beste Strategie, mal hier, mal da einzukaufen und dabei mehr auf die Beratung und den Service zu achten und weniger auf den Preis. Sobald Sie einen Händler gefunden haben, dessen Empfehlungen immer wieder klasse waren, halten Sie ihn fest, bleiben Sie ihm treu, auch wenn er nicht die günstigsten Preise der Stadt hat. Es ist sinnvoller, mal einen Euro mehr auszugeben und die kompetente Empfehlung eines Fachmanns zu genießen (vor allem, wenn seine Empfehlungen Sie schon oft begeistert haben), als ohne Beratung beim Discounter ein vermeintliches Schnäppchen zu erstehen. Drei Euro in den Ausguss gießen ärgert uns mehr, als sieben Euro für eine anständige Flasche auszugeben.

 Wenn Sie bereits mehr über Wein wissen, haben Sie auch mehr Durchblick, um die günstigsten Quellen zu nutzen, aber auch dann sollte der Preis ein zweitrangiges Argument sein. Achten Sie vor allem auf die Lagerbedingungen beim Händler (mehr dazu im Abschnitt *Die Lagerbedingungen beurteilen* etwas später in diesem Kapitel).

Auswahl und Beratung beurteilen

Sie werden nicht beim ersten Besuch eines Weinladens gleich beurteilen können, ob die Auswahl für Sie passt. Wenn Sie viele verschiedene Weine aus verschiedenen Ländern in den unterschiedlichsten Preisklassen vorfinden, dann geben Sie dem Laden eine Chance. Wenn Sie mit der Zeit dieser Auswahl entwachsen, da Sie inzwischen mehr über Wein wissen, dann können Sie sich immer noch einen anderen Händler suchen.

Seien Sie nicht zu nachsichtig, wenn es um das Fachwissen Ihres Händlers geht. Manche Händler wissen nicht nur über die von ihnen verkauften Weine sehr gut Bescheid, sondern können auch allgemeine Fragen zu Wein kompetent beantworten. Aber manche Verkäufer wissen weniger als ihre Kunden. Und so wie Sie bei Ihrem Metzger erwarten, dass er weiß, wie er sein Fleisch zerlegen muss, können Sie auch bei einem Weinhändler erwarten, dass er sich mit Wein auskennt. Stellen Sie ihm Fragen (wie »Können Sie mir etwas zu diesem Wein sagen?« oder »Worin unterscheiden sich diese beiden Weine?«), und Sie werden sehen, ob er in der Lage und willens ist, die Fragen kompetent zu beantworten.

Erwarten Sie von Ihrem Weinhändler *eigenes Wissen und persönliche Erfahrungen* mit den Weinen, die er anbietet. Viele Weinhändler beten nur die Punktzahlen einiger Weinkritiker herunter und nutzen diese als Verkaufshilfen. Sie versehen ihre Regale und Prospekte mit Kritikerbewertungen (wie etwa 90 von 100 Punkten) und bewerben ihre Weine damit (mehr dazu in Kapitel 18). Es stimmt, auf diese Weise kann man sehr schnell einen gewissen Hinweis auf die Qualität kommunizieren, aber denken Sie daran, es sagt noch nichts darüber, ob Sie diesen Wein *mögen* oder nicht. Das Wissen und die Erfahrung des Weinhändlers mit einem bestimmten Wein sollte sehr viel tiefer gehen und darf sich nicht auf die Bewertung beschränken. Ansonsten ist er in diesem Beruf fehl am Platze.

Erwarten Sie freundlichen Service

Die meisten Weinhändler werben damit, sie würden Sie durch das unübersichtliche Weinangebot führen und Ihnen helfen, den Wein zu finden, der Ihnen schmeckt. Folgen Sie den Empfehlungen mindestens ein oder zwei Mal, und Sie werden sehen, ob seine Angaben für Sie gut waren. Wenn er nicht die entsprechende Auswahl hat oder nicht das notwendige Fachwissen, um Ihnen Weine anzubieten, die Ihren Erwartungen gerecht werden, dann brauchen Sie wohl einen anderen Händler. Alles, was es Sie gekostet hat, war der Preis für ein oder zwei Flaschen Wein. (Erheblich weniger kostspielig, als sich für den falschen Frisör oder Rechtsanwalt zu entscheiden!)

Wenn wir über Service sprechen, dann sollte selbstverständlich sein, dass jeder renommierte Weinhändler anstandslos eine Flasche zurücknimmt, wenn seine Empfehlung nicht gepasst oder der Wein offensichtlich einen Fehler hat. Schließlich will er Sie als Kunden behalten. Mit diesem Recht ist aber auch eine gewisse Verantwortung verbunden: Bleiben Sie nett. Es bietet sich immer an, vor dem Kauf danach zu fragen, ob das Geschäft fehlerhaften Wein und ungeöffnete Flaschen zurücknimmt. Bringen Sie eine offene Flasche nur zurück, wenn Sie sich sicher sind, dass etwas damit nicht stimmt (und die Flasche sollte noch nahezu voll sein!). Denken Sie an den Kassenbeleg. Und warten Sie nicht mehrere Monate, bis Sie eine ungeöffnete Flasche umtauschen wollen. Ansonsten kann der Laden den Wein vielleicht gar nicht mehr anbieten. Eigentlich sollten Sie ja auch nach ein oder zwei Wochen wissen, ob Ihnen der Wein gefällt oder nicht.

Die Lagerbedingungen beurteilen

Hier ist ein Hinweis, den man nicht früh genug lernen kann: Wein ist ein verderbliches Produkt. Wein wird nicht schimmelig wie Käse, und er kann auch nicht faulig werden wie Fleisch. Abgesehen von den üblichen Folgen von Alkohol und den Empfindlichkeiten mancher Menschen geht von Wein keinerlei Gesundheitsgefährdung aus, selbst dann nicht, wenn er abgelaufen ist. Und es stimmt, manche Weine – meist die etwas teureren – können mit der Zeit besser und besser werden. Aber wenn Wein nicht richtig gelagert wird, leidet sein Geschmack. (Für Ratschläge, wie Sie Ihren Wein zu Hause lagern, lesen Sie Kapitel 16.)

Wenn Sie einen Weinladen auswählen, weil Sie eine größere Menge Wein oder aber teure Flaschen kaufen wollen, dann achten Sie auf die Lagerbedingungen im Laden. Was Sie nicht sehen sollten, sind Bereiche, in denen es heiß werden kann – beispielsweise Weine, die neben der Heizung gelagert werden, so dass sie den ganzen Winter fast kochen, oder Weine im Dachgeschoss, wo sie den Sommer über viel von der Sonne mitbekommen.

Die wirklich guten Läden haben klimatisierte Lagerräume für ihre Weine – aber leider sind diese Läden in der Minderheit. Wenn der Laden über ordentliche Lagerbedingungen verfügt, dann ist der Besitzer auch stolz darauf und zeigt sie Ihnen gern. Schließlich hat er viel Geld und Energie hineingesteckt.

In den besseren Weinläden werden Sie die meisten Flaschen *liegend* vorfinden (mit Ausnahme der günstigen, einfachen Literware), damit die Korken feucht und elastisch bleiben und so die Flaschen richtig verschließen. Ein trockener Korken kann brechen oder schrumpfen und lässt Luft in die Flasche eindringen, die dem Wein schadet.

Unglücklicherweise ergibt sich das Problem der falschen Lagerung nicht erst im Laden. Recht häufig verfügen auch die *Großhändler* und *Importeure* – die Zwischenhändler, von denen der Weinhändler seine Weine bezieht – ebenfalls nicht über adäquate Lagerbedingungen. Und auch der Transport kann eine Gefahrenquelle darstellen – wie beim Lastwagen, der im tiefen Winter in den Bergen hängen bleibt, oder beim Schiffscontainer, der im Hafen in der Sonne steht. Ein guter Händler wird auch bei seinen Lieferanten und Transporteuren auf diese Dinge achten und die Qualität seiner Einkäufe regelmäßig überprüfen.

Strategien für den Weineinkauf

Wenn Sie erst mal all die ego-belastenden Einflüsse hinter sich gelassen haben, die mit dem Weinkauf in Verbindung gebracht werden, dann kann das Schlendern durch die Weinläden richtig Spaß machen. Wir erinnern uns, wie uns der Weinvirus das erste Mal erwischte. Wir verbrachten an den Samstagen zahllose Stunden in den verschiedenen Weinläden in unserer Gegend. (80 Kilometer ist für einen passionierten Weinliebhaber ja gar keine Entfernung.) Ausflüge in andere Städte boten nochmals völlig neue Gelegenheiten. So viele Weine, so wenig Zeit ...

Wir entdeckten gute, zuverlässige Läden – und Läden, die wir nur unseren ärgsten Feinden empfehlen würden. Natürlich gab es den ein oder anderen Fehlkauf auf unserem Weg, aber wir haben gerade dadurch viel gelernt.

Lassen Sie sich verführen, experimentieren Sie.

In unseren Anfängen als Weinkäufer war unser Repertoire etwa so umfangreich wie das Vokabular eines Zweijährigen. Wir haben immer und immer wieder die gleichen Weine gekauft, weil wir wussten, was uns dabei erwartete, und die Weine schmeckten uns ja auch – genug gute Gründe, um einen bestimmten Wein immer wieder zu kaufen. Rückblickend ist uns aber klar, dass wir auf den eingefahrenen Gleisen blieben, weil wir uns davor scheuten, etwas Neues auszuprobieren. Irgendwann war klar, wenn Wein richtig Spaß machen soll, müssen wir uns mutiger in dieses Abenteuer stürzen.

 Wenn Sie die wundervolle Welt der Weine entdecken wollen, dann ist Experimentieren ein Muss. Schon das Entdecken neuer Weine ist immer wieder aufregend und interessant. Auch wenn Sie ab und zu eine Niete erwischen, haben Sie zumindest gelernt, diesen Wein in Zukunft zu meiden!

Wie Sie Enttäuschungen mit falsch gelagerten Weinen vermeiden

Wenn Sie nicht wissen, wie ein Wein gelagert wurde (und seien wir uns darüber im Klaren: Meistens wissen wir es nicht), können Sie zwei Dinge tun, um das Risiko zu minimieren, eine schlechte Flasche zu erwischen.

Entweder haben Sie einen umsichtigen Weinhändler, der seine Weine behandelt, als wären es seine eigenen Kinder, und der seine Kunden mit gutem Service verwöhnt. Oder Sie achten entsprechend auf die Jahreszeit, in der Sie Wein kaufen oder sich liefern lassen. Wir sind sehr vorsichtig, wenn es darum geht, im Winter oder während eines heißen Sommers Wein einzukaufen, außer wir wissen, dass der Laden entsprechend klimatisierte Lagerbedingungen hat. Und wir lassen uns niemals im tiefsten Winter oder im heißen Sommer Wein liefern (außer mal eine schnelle Lieferung durch unseren Weinhändler vor Ort).

Um sicher zu sein, keine überlagerten Weine zu bekommen, kann man weiter die gerade beliebten und daher viel verkauften Weine wählen – dafür müssen Sie natürlich die diversen Geschmackstrends mitmachen. Weine, die sich dementsprechend schnell innerhalb der Verteilerkette bewegen, haben keine Gelegenheit, irgendwo Schaden zu nehmen.

Sagen Sie, was Sie wollen

Die folgende Szene – oder eine ähnliche – findet jeden Tag in jedem Weinladen der Welt statt (am Samstag gleich mehrmals):

Kunde: Ich erinnere mich, dass er ein gelbes Etikett hatte. Ich hab' ihn letzte Woche in diesem kleinen Restaurant getrunken.

Weinhändler: Wissen Sie, aus welchem Land er kam?

Kunde: Ich glaube, es war italienischer Wein. Aber ich bin mir nicht sicher.

Weinhändler: Können Sie sich an die Rebsorte erinnern?

Kunde: Nein, aber ich glaub', da war ein Hirsch auf dem Etikett. Vielleicht finde ich ihn, wenn ich mich ein bisschen umschaue.

Überflüssig zu erwähnen, dass dieser Kunde selten findet, wonach er sucht.

 Wenn Sie in einem Restaurant oder bei Freunden einen Wein trinken, dann notieren Sie sich so viele Information dazu, wie Sie auf dem Etikett finden können. Vertrauen Sie nicht Ihrem Gedächtnis. Mit Hilfe Ihrer Notizen kann der Weinhändler den Wein zuordnen, und auch wenn er diesen Wein nicht auf Lager hat, kann er ihn besorgen oder Ihnen etwas Vergleichbares anbieten.

Es ist zu Ihrem Vorteil, wenn Sie dem Weinhändler möglichst detailliert erklären können, welche Art von Wein Sie haben oder probieren wollen. Beschreiben Sie in klaren, einfachen Worten, was Sie mögen. Für Weißweine können Sie beispielsweise Ausdrücke wie »frisch und knackig« oder »fruchtig, reif, mit viel Körper und etwas Holz« verwenden. Beim Rotwein könnten Sie sagen »dicht, kräftig, gehaltvoll« oder »weich und elegant«. Blättern Sie zurück in Kapitel 2, dort finden Sie noch mehr hilfreiche Beschreibungen.

Sagen Sie dem Händler auch, wozu Sie diesen Wein servieren wollen. Das schränkt die Auswahl weiter ein. Den Wein, der zu Ihrer Flunder passt, wollen Sie wahrscheinlich nicht auch zu Ihrem scharfen Chili trinken! Ein guter Weinhändler sollte in der Lage sein, Ihnen beim Abstimmen des Weines mit dem Essen behilflich zu sein. In Kapitel 19 erfahren Sie mehr über das Thema.

Weinverkostungen im Laden

Klar sind wir alle dafür, den Wein zu probieren, bevor wir ihn kaufen. Aber die Weinproben, die in manchen Läden angeboten werden, muss man in ihrer Bedeutung näher beleuchten. Völlig sinnlos sind die angebotenen Kostproben – meist auch noch aus dem Plastikbecher – von irgendwelchen Werbedamen im Supermarkt. Sie haben keine Vergleichsmöglichkeit, Sie probieren nur das, was der Händler oder Lieferant gerade pushen will. Entweder ist es ein Wein, an dem der Händler gerade gut verdient oder den er aus einem anderen Grund gerade verkaufen will. Ob Sie den Wein nun mögen, Sie werden sich danach vielleicht verpflichtet fühlen, etwas zu kaufen, wenn Sie ihn schon probieren durften. Unser Rat lautet, nie einem bewussten oder unbewussten Kaufdruck nachzugeben. Kaufen Sie den Wein nur, wenn er Sie wirklich fasziniert – und auch dann, kaufen Sie für den Anfang nur eine Flasche. Vielleicht schmeckt der Wein am gleichen Abend in einer anderen Umgebung und in einer anderen Stimmung völlig anders. Wenn er Ihnen zu Hause noch besser gefällt, dann können Sie immer noch nachkaufen.

Fünf Fragen, die Sie jedem Weinhändler stellen sollten

✔ Wenn ein Wein mehr als acht Euro kostet: »Wie wurde der Wein gelagert?«

Zögerliches Rumlavieren des Verkäufers bedeutet nichts anderes als »Nachlässig«.

✔ »Wie lang steht der Wein schon in Ihrem Laden?«

Dies ist besonders wichtig, wenn der Laden keine Klimatisierung hat und im Regal steht.

✔ »Welche Weine haben Sie gerade im Angebot?«

(Vorausgesetzt, Sie trauen ihm und gehen nicht davon aus, dass er Ihnen irgendwelche Ladenhüter andreht.)

✔ Wenn angebracht: »Warum wird dieser Wein so günstig angeboten?«

Der Verkäufer weiß schließlich, ob der Wein bereits zu alt ist oder sonst einen Makel hat. Wenn er keine wirklich gute Erklärung liefert, sollten Sie die Finger davon lassen. Es gibt immer einen Grund!

✔ »Passt dieser Wein zu dem Essen, zu dem ich ihn servieren will?«

Je mehr Informationen Sie über das Gericht oder die allgemeine Geschmacksrichtung liefern, desto größer ist die Chance, einen passenden Wein zu bekommen.

Nennen Sie Ihren Preis

Da der Preis einer Flasche Wein von zwei bis zu buchstäblich Hunderten von Euro reichen kann, ist es keine schlechte Idee, sich vorher zu überlegen, wie viel man bereit ist auszugeben, und dies dem Verkäufer auch zu sagen. Sie sollten zwei Arten von Preisrahmen im Kopf haben: einer für den täglichen Genuss und einer für besondere Gelegenheiten. Diese Zahlen werden sich mit der Zeit ändern. Die anfänglichen fünf bis acht Euro steigern sich dann zu neun bis 15 Euro, wenn Sie anfangen, bessere Weine zu genießen. Ein kompetenter Weinhändler mit einer breit gefächerten Auswahl sollte in der Lage sein, Ihnen daraufhin mehrere Weine vorzuschlagen.

 Ein guter Weinhändler ist mehr daran interessiert, Sie als Stammkunden zu gewinnen, als Ihnen eine Flasche aufzudrängen, die Ihnen eigentlich zu teuer ist. Wenn Sie nicht bereit sind, mehr als acht Euro für die Flasche auszugeben, dann sagen Sie es und beharren Sie darauf. Es gibt eine Menge empfehlenswerter, schöner Weine in dieser Preisklasse.

Wie man der Weinkarte die Stirn bietet

In diesem Kapitel

▷ Der Weinkarte zeigen, wer der Boss ist

▷ Den richtigen Wein auswählen

▷ Das Ritual der Weinpräsentation überleben

▷ Weinbars ausprobieren

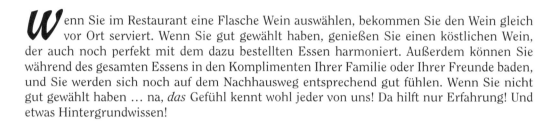

Wenn Sie im Restaurant eine Flasche Wein auswählen, bekommen Sie den Wein gleich vor Ort serviert. Wenn Sie gut gewählt haben, genießen Sie einen köstlichen Wein, der auch noch perfekt mit dem dazu bestellten Essen harmoniert. Außerdem können Sie während des gesamten Essens in den Komplimenten Ihrer Familie oder Ihrer Freunde baden, und Sie werden sich noch auf dem Nachhauseweg entsprechend gut fühlen. Wenn Sie nicht gut gewählt haben … na, *das* Gefühl kennt wohl jeder von uns! Da hilft nur Erfahrung! Und etwas Hintergrundwissen!

Das Weinerlebnis im Restaurant

Ab und zu findet man ein Restaurant mit angeschlossenem Weinladen. Eine angenehme Kombination. Man kann in Ruhe die Flaschen und Etiketten begutachten und in diversen Weinzeitschriften und Büchern blättern. Anschließend wird einem die ausgewählte Flasche Wein am Tisch serviert. Unglücklicherweise sind solche Kombinationen fast so selten wie vierblättrige Kleeblätter. In den meisten Restaurants können Sie Ihren Wein nur aus einer mehr oder weniger umfangreichen Weinkarte wählen, die Ihnen meist nur den Namen des Weins und den Preis pro Flasche verrät – und manchmal hat man den Eindruck, als ob sich die Verantwortlichen bemühen, auch das bisschen noch möglichst unverständlich zu präsentieren. Willkommen im Reich der *Weinkarte*.

Weinkarten sind in vielen Fällen ein großes Ärgernis: Meist bieten sie Ihnen viel zu wenig Information zu den Weinen. Manchmal enthalten sie nichts, was es, zumindest für Ihren Geldbeutel, zu trinken wert wäre. Und dann gibt es wieder solche, bei denen die Auswahl so gewaltig ist, dass man davor zurückschreckt. Und viel zu oft sind die Listen auch nicht auf dem Laufenden. Sie verschwenden zehn Minuten Ihres Lebens, den passenden Wein auszusuchen, nur um die Antwort zu bekommen: »Der ist heute Abend nicht mehr vorrätig« (und wahrscheinlich ist das schon seit Monaten so).

Wenn Sie ins Restaurant gehen, dann haben Sie vielleicht gar keine Lust dazu, sich durch die Weinkarte zu kämpfen, da Sie wissen, dass dabei Ihr Selbstwertgefühl Schaden nehmen kann. Aber geben Sie nicht kampflos auf. Mit ein wenig Hilfe und ein paar Tipps machen Sie die richtigen Tropfen in der Weinkarte ausfindig.

Wie Wein im Restaurant angeboten wird

Glauben Sie es oder auch nicht: Die meisten Restaurants wollen wirklich Wein verkaufen. Sie machen bei jeder Flasche einen anständigen Schnitt, ihre Mitarbeiter bekommen besseres Trinkgeld und sind zufriedener, und Sie genießen Ihr Essen gleich noch mehr und gehen als zufriedener Gast nach Hause.

Aber es hat Tradition (und wir sind sicher, unwissentlich), dass viele Restaurants ihre Gäste eher davon abhalten, Wein zu bestellen, statt sie zu ermutigen. Glücklicherweise ändert sich dabei gerade einiges. (*Un*glücklicherweise ändert sich das aber auch nur sehr langsam.)

Die Weine, die heute im Restaurant verkauft werden, fallen im Allgemeinen in eine der folgenden Kategorien:

✔ der *Hauswein*, meist in Weiß und Rot, und manchmal noch eine Hausmarke als Sekt. Den Wein kann man entweder *glasweise* oder *in der Karaffe* bestellen. Das sind die Weine, die man bekommt, wenn man nur ein Glas Weißwein oder ein Glas Rotwein bestellt.

✔ *Premiumweine*, glasweise ausgeschenkt. Dabei hat man meist eine größere Auswahl als beim Hauswein, und die Qualität ist ebenfalls besser. (Diese Weine sind normalerweise auch als Flaschenweine verfügbar.)

✔ Weine, die nur flaschenweise verkauft werden und in der *Weinkarte* zu finden sind

✔ alte oder seltene Weine, die es auch nur flaschenweise gibt und die oft in einer *Raritätenliste* zusammengefasst sind (so eine Liste findet man nicht in jedem Restaurant.)

Der Hauswein

Die Weinkarte sieht so imposant aus, dass Sie schlussendlich kapitulieren. Sie geben dem Servicepersonal die Karte zurück und sagen (entweder ein wenig unterwürfig, da Sie dabei ertappt wurden, dass Sie mit der Weinkarte nicht klarkommen, oder etwas von oben herab, was signalisieren soll, dass Sie Ihre Zeit nicht mit solchen Nichtigkeiten verschwenden wollen): »Ich nehme nur ein Glas Weißwein (oder ›Rivaner‹)«. Intelligenter Schachzug oder großer Fehler?

Sie wissen vermutlich die Antwort auf diese Frage, sobald der Hauswein Ihre Lippen benetzt. Vielleicht ist es ja genau der Wein, den Sie wollten – und Sie mussten sich nicht erst mühevoll durch die Karte kämpfen. Aber vom theoretischen Ansatz her sagen wir »Fehler«.

Normalerweise ist der *Hauswein* eines Restaurants ein unsägliches Gesöff, das dem Gastronomen einen enormen Verdienst bringt. (Der Preis pro Liter ist meist das Hauptkriterium bei der Wahl des Hausweins.) Oft kostet die ganze Flasche im Einkauf weniger als hinterher ein Glas im Restaurant. Und das bei Preisen von zwei bis acht Euro! Da wundert es nicht, wenn der nette Ober das Glas auch wirklich randvoll macht.

Beachten Sie auch, dass Sie oft Geld sparen, wenn Sie den Hauswein in der Karaffe bestellen – wenn er in größeren Gebinden angeboten wird. Anderseits besteht die berechtigte Frage, ob Sie eine ganze Karaffe vom Hauswein trinken wollen!

Wir haben herausgefunden, dass nur ein kleiner Prozentsatz an besseren Restaurants – und Restaurants mit einem Faible für Wein – einen Hauswein anbietet, der es wert ist, getrunken zu werden. Und es ist nur ganz selten ein gutes Geschäft. Unter normalen Umständen: Meiden Sie den Hauswein. Aus demselben Grund vermeiden Sie möglichst, nach »einem Glas Rivaner« oder »einem Glas Trollinger« zu fragen.

Wenn die Umstände so sind, dass Sie nur ein Glas Wein trinken wollen (wenn Sie zum Beispiel der Einzige sind, der in der ganzen Gruppe Wein zum Essen trinken will), dann muss es ja vielleicht nicht der Hauswein sein. In vielen Restaurants werden auch bessere Weine glasweise ausgeschenkt. Wenn der Hauswein Ihre einzige Chance ist, überhaupt einen Wein zu bekommen, dann fragen Sie den Kellner, um was es sich handelt. Geben Sie sich nicht mit der Antwort »ein Trollinger« zufrieden. Fragen Sie nach Details: Trollinger von wo? Welches Weingut? Fragen Sie nach der Flasche. Entweder werden Ihre schlimmsten Befürchtungen bestätigt (Sie haben noch nie von diesem Wein gehört oder es handelt sich um die Zweiliterflasche Bauernfeind) oder Sie sind angenehm überrascht (Sie *haben* von dem Wein gehört und er hat einen guten Ruf). Auf alle Fälle wissen Sie, was Sie trinken.

Premiumweine

 Der Ausdruck *Spitzenwein* wird von der Weinindustrie sehr großzügig verwendet. Sie denken vielleicht, hinter dem Begriff verbirgt sich ein qualitativ hochwertiger Wein, aber laut der offiziellen Statistik zählt dazu bereits alles, was im Laden mehr als fünf Euro kostet.

So wie im Restaurant der Ausdruck *Premiumweine* glasweise verwendet wird, ist damit meist wirklich eine bessere Qualität gemeint. Es handelt sich um Weine, die in dem Falle nicht aus der Zweiliterflasche, sondern aus 0,75-Liter-Flaschen stammen und die das Restaurant zu einem höheren Preis als seinen Hauswein anbietet. (Aha, wir haben es: Man zahlt einfach mehr!) Die Preise pro Glas sind ganz stark abhängig davon, was wirklich ausgeschenkt wird.

Ein Restaurant bietet vielleicht nur einen besseren Weißen und einen besseren Roten an oder ein anderes wiederum eine ganze Auswahl. Diese Weine sind keine anonymen Getränke wie der Hauswein rot und weiß, sondern werden Ihnen irgendwie vorgestellt – in der Weinkarte, auf einer separaten Liste, als Empfehlung am Tisch oder manchmal auch durch die Flasche auf dem Tisch. (Sie würden ja auch nie auf die Idee kommen, dafür etwas mehr auszugeben, wenn Sie nicht wissen, was es ist, oder?) In Bistro-artigen Restaurants findet man die Weine, die gerade glasweise ausgeschenkt werden, oft auf einer Kreidetafel hinter der Theke.

Spitzenweine glasweise ordern zu können ist eine feine Idee, besonders wenn Sie nur ein oder zwei Gläser trinken oder wenn Sie mit Ihren Freunden unterschiedlichste Weine probieren wollen. Manchmal bestellen wir auch ein Glas Weißwein oder ein Glas Champagner als Aperitif und gehen dann zu einer Flasche Rotwein über.

 Natürlich gibt es einen Haken. Nicht jedes Restaurant bietet überhaupt ein entsprechendes Angebot. Außerdem zahlen Sie am Ende immer mehr für den Wein, als wenn Sie gleich eine ganze Flasche bestellt hätten.

Wenn zwei oder drei am Tisch den gleichen offenen Wein wollen – und wenn man dann auch noch davon ausgeht, dass man noch mal nachbestellt –, dann fragen Sie doch gleich, was eine ganze Flasche kostet. Meist bekommt man für den Preis von drei Gläsern à 0,2 Liter bereits eine ganze Flasche mit 0,75 Liter. Also macht es nichts, wenn man die Flasche am Ende doch nicht schafft.

Warum gibt es nicht mehr Weine auch glasweise?

Mit Freude stellen wir fest, dass viele Restaurants sich inzwischen bemühen, eine interessante Auswahl an Weinen auch glasweise anzubieten. Auch anspruchsvolle Weine glasweise auszuschenken ist, trotz der damit für den Gastronomen verbundenen Herausforderung, ein deutlicher Trend. Das Hauptproblem besteht darin, die Weine in all den geöffneten Flaschen frisch zu halten. Umso mehr Weine ein Restaurant offen anbietet, desto größer ist die Wahrscheinlichkeit, dass am Ende des Abends etliche Flaschen noch halb voll sind. Und nicht alle Weine sind am nächsten Tag noch frisch genug, um weiter ausgeschenkt zu werden. Um dieses Problem zu lösen, braucht der Gastronom eine Möglichkeit, den Wein zu konservieren. Dafür gibt es bereits attraktive Schankanlagen hinter der Theke, bei denen mit Hilfe von Stickstoff gezapft wird und somit kein Sauerstoff an den Wein kommt. Oder auch einfachere Techniken, um den Wein in den geöffneten Flaschen vor dem Sauerstoff zu schützen. Ansonsten – außer der Gastronom kann wirklich jede Flasche jeden Abend leeren – muss er jede Menge Wein wegschütten. Sein Gewinn am Wein geht damit direkt in den Ausguss.

Liste mit Weinraritäten

Manche Restaurants bieten, ergänzend zu ihrer normalen Weinkarte, eine besondere Liste mit seltenen Weinen an. Diese Liste gehört in die Hände von zwei besonderen Gästetypen: absolute Weingenießer und Hochstapler. Wenn Sie zu keiner dieser Kategorien zählen, dann fragen Sie besser gleich gar nicht nach dieser Karte – außer Sie zahlen an diesem Abend nicht oder wollen Ihre Begleitung oder Ihre Kunden mal so richtig beeindrucken, dann werfen Sie mal einen Blick hinein! Lassen Sie sich dabei möglichst vom Weinfachmann des Restaurants beraten. Jede Fehlentscheidung wird so oder so zu einer teuren Angelegenheit!

Die (alles andere als) normale Weinkarte

Die meiste Zeit werden Sie wahrscheinlich wieder bei der normalen Weinkarte landen, um Ihre Wahl zu treffen. Viel Glück!

Wir benutzen den Begriff *normal*, um diese Weinkarte von der Raritätenliste abzugrenzen. Unglücklicherweise ist an Weinkarten nichts normal. Es gibt keine Standards. Es gibt sie in allen Größen und Formen, oberflächlich oder detailliert, schlampig oder aktuell, aber benutzerfreundlich sind sie nie.

Wenn Sie immer noch der Meinung sind, dass Weinkauf psychische Schäden hinterlassen kann, dann nehmen Sie eine Weinkarte gar nicht erst zur Hand. (Blättern Sie stattdessen zurück in Kapitel 6 und lesen noch mal unsere Einleitung in das Thema Weineinkauf.) Wenn Sie fertig sind, dann lesen Sie den folgenden Abschnitt, damit Sie einen Wein bekommen, der Ihnen schmeckt – mit einem Minimum an Befürchtungen vor dem späteren Geschmack.

Wie man eine Weinkarte liest

Bei Ihrem ersten Schritt ins Niemandsland zwischen Ihnen und der Weinkarte geht's darum, den Gegner richtig einzuschätzen. Sie versuchen herauszubekommen, wie die Liste aufgebaut ist.

 Lesen Sie die Überschriften in der Weinkarte, wie Sie die Kapitelüberschriften in einem Fachbuch überfliegen, das Sie kaufen wollen. Versuchen Sie herauszufinden, nach welchen Kriterien die Weine eingeteilt sind und in welcher Reihenfolge sie jeweils aufgelistet werden. Achten Sie darauf, wie viel oder wenig Informationen zu jedem Wein vorhanden sind. Achten Sie auf die Aufmachung der Weinkarte. Schätzen Sie die Zahl der aufgeführten Weine – es können zwölf, aber auch 200 Weine sein. (Ein netter Nebeneffekt dieses Vorgehens ist, dass der prüfende Blick Ihre Gäste sofort davon überzeugt, dass Sie wissen, was Sie tun.)

Manchmal stellen Sie fest, dass die Weinauswahl sehr klein und nichts Anständiges dabei ist. Eine solche Liste auch noch ausführlich zu studieren, ist dann natürlich blöd.

 Fragen Sie gleich zu Anfang nach der Weinkarte. So suggerieren Sie dem Servicepersonal gleich, dass Sie mit Wein vertraut sind (ob es stimmt oder nicht), und Sie haben dadurch auch mehr Zeit, die Weinkarte zu studieren.

Wie ist die Weinkarte aufgebaut?

Man weiß nie im Vorhinein, was man, außer den Preisen, in einer Weinkarte vorfindet. Meist entdeckt man aber, dass die Weine doch wieder nach dem altbekannten Muster in Kategorien zusammengefasst sind:

✔ Champagner, Sekt und sonstige Schaumweine

✔ (trockene) Weißweine

✔ (trockene) Rotweine

✔ Dessertweine

Digestifs wie Cognac, Armagnac, Single-Malt-Whisky, Grappas oder andere Schnäpse und Liköre findet man meist nicht in der Liste. Wenn doch, dann haben sie oft einen eigenen Bereich am Ende.

In vielen Fällen unterteilen die Restaurants nochmals nach der Herkunft, vor allem in der Rot- beziehungsweise Weißweinkategorie: französische Rotweine, italienische Rotweine, deutsche Rote und so weiter. Die LänderKapitel werden dann eventuell noch nach Regionen unterteilt. Frankreich wird oft noch nach Bordeaux, Burgund und vielleicht noch Rhône unterteilt. Zusammen ergeben sie dann das Kapitel _Französische Rotweine_. _Deutsche Rotweine_ könnte man in Badische, Württemberger und Pfälzer unterteilen.

Oder die beiden Kategorien Rotwein und Weißwein sind nach den Namen der Rebsorten gegliedert – beispielsweise ein Kapitel für Riesling, eins für Burgunder und ein mysteriöses für _Andere Weißweine_. Alles unter der Überschrift Weißwein. Ist das Restaurant einer Landes- küche, zum Beispiel der italienischen, verpflichtet, werden die Weine dieses Landes meist als Erstes gelistet (und damit besonders herausgestellt), gefolgt von einer dürftigen Liste weiterer Weine.

Wir haben zwei aktuelle Trends in weinbewussten Restaurants ausgemacht und finden beide toll, da sie das Weinbestellen einfacher und interessanter machen:

✔ **Die so genannte _strukturierte Weinkarte_, in der die Weine in jeder Kategorie in einer aufsteigenden Reihenfolge zu finden sind.** Es werden etwa unter »Riesling« die Weine nach ihrem Körper, ihrer Kraft oder Qualitätsstufe sortiert. Aufsteigend von den leichtesten bis zu den kräftigsten Weinen, unabhängig vom Preis.

✔ **Karten, die _nach dem Weinstil_ organisiert sind.** In diesen Karten sind die Kapitelüber- schriften nicht von Rebsorten oder der Herkunft geprägt, sondern sie beschreiben den Geschmack des Weins der jeweiligen Kategorie, wie etwa »frische, knackige Weißweine ohne Holzton« oder »kräftig-gehaltvolle, traditionelle Rotweine«.

Der Kampf um die Weinkarte

In manchen Restaurants lässt Ihnen der Kellner nicht genug Zeit, um die Weinkarte in Ruhe zu studieren. (In wirklich guten Restaurants weiß man, dass das Auswählen einer Flasche Wein etwas Zeit braucht.) Wenn Ihr Kellner bereits etwas ungeduldig fragt: »Haben Sie Ihren Wein schon gewählt?«, erklären Sie ihm einfach (und bestimmt), dass Sie noch etwas Zeit brauchen. Lassen Sie sich nicht zu einer überstürzten Entscheidung drängen.

Es ist üblich, dass jeder Tisch nur eine Weinkarte erhält. Eine altmodische Regel besagt, dass nur der Gastgeber (es wird stets angenommen, dass dieser männlich ist) die Karte zu sehen bekommt. An unserem Zweiertisch sitzen _zwei_ denkende, ernst zu nehmende und entscheidende Kunden. Wir fragen einfach nach einer zweiten Weinkarte.

Fast zwangsläufig wird die Weinkarte dem ältesten Herrn oder dem, der am Tisch am se- riösesten aussieht, überreicht. Wenn Sie als Frau und Gastgeberin mit Geschäftspartnern essen gehen, kann daraus sehr schnell eine missverständliche und ärgerliche Situation entstehen. Stellen Sie gegenüber dem Servicepersonal klar, dass Sie den Wein auswählen, und lassen Sie sich die Karte reichen. Bei einem wichtigen Geschäftsessen ist es nicht verkehrt, schon bei der Tischreservierung, bei der Begrüßung oder mit einem kurzen Gang an die Theke dem Service zu signalisieren, dass Sie der Gastgeber des Tisches sind.

Preispolitik

In vielen Fällen werden Sie sehen, dass die Weine in den Kategorien nach Preisen sortiert sind – vom billigsten zum teuersten. Viele Gastronomen gehen davon aus, dass Sie aus Angst, als knickrig zu gelten, nicht den billigsten bestellen werden. Sie glauben, Sie nehmen den zweiten, dritten oder vierten oder sogar noch weiter unter auf der Liste, nur weil Sie sich unsicher fühlen und eine Bestätigung dafür brauchen, auch wirklich eine gute Wahl getroffen zu haben. (Dabei wäre der günstigste Wein vielleicht sogar für diesen Anlass perfekt gewesen.)

Wenn Sie ein schönes Erlebnis im Restaurant in Erinnerung behalten möchten, dann fragen Sie sich lieber hinterher nicht, wie die Preiskalkulation der Weinkarte bei den meisten Gastronomen entsteht. Meist ist der Einkaufspreis nur ein kleiner Bruchteil des Preises auf der Weinkarte.

Was die Weinkarte an Informationen enthalten sollte

Je wichtiger ein Restaurant seine Weinauswahl nimmt, desto mehr Informationen wird es Ihnen auch über jeden Wein anbieten.

Hier sind einige Informationen, die in einer Weinkarte zu finden sein sollten:

✔ Eine *Bestellnummer* für jeden Wein. Sie werden manchmal auch *Kellernummern* oder *Lagernummern* genannt, da sie dem Kellner einen Hinweis geben, wo er den jeweiligen Wein findet.

Diese Nummern erleichtern es dem Personal, die Flasche schnell zu finden. Und sie sorgen dafür, dass auch ein Mitarbeiter, der sich beim Wein nicht auskennt, mit der richtigen Flasche zurückkommt. Ganz abgesehen davon ist es auch eine Hilfe für *Sie*, wenn Sie einfach keinen Schimmer haben, wie man den Namen des ausgewählten französischen Weines ausspricht. (Und Sie können trotzdem behaupten, Sie haben nur die Nummer zum Bestellen verwendet, um dem Ober das Leben zu erleichtern.)

✔ Der Name des jeweiligen Weins. Es kann sich dabei um die Rebsorte oder auch um die Herkunft handeln (lesen Sie Kapitel 4), aber er muss fast zwangsläufig durch den Namen des Weinguts ergänzt werden (Château dies-oder-das oder diese-und-jene Kellerei), sonst haben Sie keine Chance festzustellen, um welchen Wein es sich auf der Karte handelt.

✔ Der Jahrgang eines jeden Weins – das Jahr, in dem die Trauben für diesen Wein gelesen wurden. Wenn es sich um einen Verschnitt aus verschiedenen Jahrgängen handelt, findet man oft die internationale Abkürzung NV (für *non vintage*). (In Kapitel 4 wird Ihnen erklärt, warum es solche Weine gibt.) Manchmal geben die Gastronomen auch *keinen* Jahrgang an, damit sie keine Probleme bei Jahrgangsänderungen haben. Man muss dann danach fragen. Für uns ist das aber auch immer ein Zeichen dafür, dass die Weinkarte nicht gepflegt wird.

✔ Manchmal eine kurze Beschreibung des Weines – das ist aber unüblich, wenn es sich um eine umfangreiche Weinkarte handelt.

✔ Gelegentlich finden sich auch Vorschläge des Gastronomen, welcher Wein besonders gut zu bestimmten Gerichten passt. Nach unserer Erfahrung können diese Hinweise sehr hilfreich sein, auch wenn Ihnen der Wein nicht immer gefällt oder Sie nicht immer der gleichen Meinung sind, was die Kombination betrifft.

✔ Der Preis. Es wird *immer* ein Preis für jeden Wein zu finden sein.

Das Sinken der hohen Weinpreise

Unter Gastronomen heißt es: »Verdient wird an den Getränken!« Und so zahlt man in einem typischen Restaurant oft das Zweieinhalbfache (oder gar Fünffache) von dem, was man im Laden für den gleichen Wein bezahlt. Das bedeutet, der Gastronom verdient das *Mehrfache* von dem, was er für die Flasche bezahlt.

Klar, der Gastronom trägt die Kosten für die Bevorratung, die Gläser, den Bruch, den Service, die Pacht und vieles mehr. Aber in den Augen vieler Weintrinker rechtfertigen diese Kosten nicht die hohen Aufschläge, und sie verweigern sich mancher guten Flasche. Ein paar schlaue Gastronomen haben festgestellt, dass sie mit interessanten Weinen zu interessanten Preisen deutlich *mehr* Wein verkaufen und damit trotz niedriger Gewinnspannen *mehr Geld* in der Kasse haben. Gleichzeitig haben sie auch noch zufriedenere Gäste. Wir unterstützen diese Restaurants von ganzem Herzen.

Den Stil der Weinkarte einschätzen

Früher einmal bestanden die schönsten Weinkarten aus handgeschriebenen Blättern, die in einer schweren Ledermappe gebunden waren. Vorne prangten die Worte *Carte des Vins* in Gold. Heute stammen die guten Weinkarten oft aus dem Laserdrucker, was mehr der Funktionalität und weniger dem Sinn für Romantik dient.

 Je älter und unflexibel eine Weinkarte wirkt, desto weniger genau und aktuell ist ihr Inhalt. Manche Weinkarten strahlen schon aus, dass sich im Tagesgeschäft niemand im Restaurant um den Wein kümmert. Die Gefahr, dass viele Weine bereits ausverkauft sind, ist dementsprechend groß.

Manchmal ist die Weinauswahl in die Speisekarte integriert, besonders wenn es sich um eine Speisekarte handelt, die täglich oder von Woche zu Woche neu zusammengestellt wird. Restaurants mit einer solchen ständig aktuellen und gepflegten Weinkarte sind meist eine gute Wahl, um interessante Weine zu trinken.

Die digitale Weinkarte

Es gibt bereits die ersten Restaurants, die auf digitale Weinkarten setzen. Meist sind es kleine tragbare Computer, so genannte Handhelds oder E-Books, auf denen man nicht nur die ständige aktuelle Liste mit Weinen und Preisen findet, sondern dazu auch Hintergrundinformationen zu jedem Wein oder auf Wunsch auch Empfehlungen zu bestimmten Gerichten abrufen kann. Aber auch diese Weinkarten haben natürlich ihre Nachteile: Sie machen so viel Spaß, dass Sie riskieren, beim Spielen mit der Weinkarte Ihre Tischnachbarin zu vergessen!

Viele andere Restaurants veröffentlichen ihre Weinauswahl im Internet. Vor einem besonderen Essen können Sie auf die Internetseite des Restaurants gehen und sich eine kleine Auswahl an Weinen für Ihr Essen zusammenstellen, die Sie interessieren – komfortabel und eine nette Vorfreude. Durch die rasche Entwicklung der Informationstechnologie wird auch bei der Weinkommunikation in Zukunft sicherlich noch vieles Nützliche, aber auch Unnütze zu erwarten sein.

Wein bestellen

Versuchen Sie, den Wein zur selben Zeit wie Ihr Essen oder möglichst noch davor zu bestellen. Andernfalls nippen Sie beim ersten Gang vielleicht immer noch am Wasser. Sollten Sie feststellen, nachdem Sie die Weinkarte begutachtet haben, dass Sie die meisten Weine nicht kennen, dann lassen Sie sich bei Ihrer Auswahl helfen.

Wenn es sich um ein elegantes Restaurant handelt, dann fragen Sie nach dem *Sommelier* – ein besonders ausgebildeter Weinspezialist, der für die Auswahl und den gekonnten Service der Weine zuständig ist und der Sie auch dabei berät, einen passenden Wein zum gewählten Menü auszusuchen. (Leider beschäftigen nicht alle Restaurants einen Sommelier – meist sind es nur die vornehmen oder die besonders weinbewussten.) Aber auch wenn das Restaurant nicht so schick ist, gibt es oft einen Mitarbeiter oder den Chef selbst, der sich gut mit Wein auskennt und Sie entsprechend beraten kann.

Wenn einer der Mitarbeiter einen guten Überblick über die Weinkarte hat, dann sollten Sie sich auch auf seinen Rat verlassen. Er weiß dann sicherlich auch, welcher Wein wiederum gut zu einem bestimmten Gericht passt, und freut sich bestimmt über Ihr Interesse an der Weinkarte. Aus diesem Grund, auch wenn wir uns selbst gut mit Wein auskennen, lassen wir uns oft vom Sommelier, dem Besitzer oder dem Weinspezialisten einen Wein empfehlen.

 Hier sind ein paar Techniken, wie Sie bei der Weinauswahl nach Hilfe fragen können und dabei Ihr Gesicht wahren:

✔ Sind Sie sich nicht sicher, wie der Wein ausgesprochen wird, zeigen Sie einfach mit dem Finger auf den jeweiligen Wein oder nennen Sie die Bestellnummer (wenn es eine gibt).

✔ Zeigen Sie auf zwei oder drei Weine auf der Liste und fragen Sie den Sommelier oder Kellner: »Ich schwanke zwischen diesen Weinen. Welchen würden Sie empfehlen?« Das ist auch eine subtile Möglichkeit, dem Sommelier Ihren Preisrahmen aufzuzeigen.

✔ Lassen Sie sich den einen oder anderen Wein zeigen. Vielleicht hilft Ihnen das Etikett, der Name des Importeurs, dessen Wein Sie schon einmal genossen haben, oder irgendetwas anderes auf dem Schildchen bei der Entscheidung.

✔ Fragen Sie nach halben Flaschen (0,375 Liter) oder auch 0,5-Liter-Flaschen, die oft nicht auf der Karte stehen, aber Ihnen ganz neue Bestellmöglichkeiten eröffnen. So können Sie auch zuerst eine halbe Flasche Weißwein und anschließend eine halbe oder ganze (0,75 Liter) Flasche Rotwein bestellen.

✔ Erläutern Sie Ihrem Ratgeber Ihre Speisefolge und fragen Sie ihn, was er Ihnen dazu an Wein empfehlen würde.

Doppelt so viel zahlen

Einige profithungrige Gastronomen bringen ihren Kellnern bei, wie man den Weinverkauf bei jeder sich bietenden Gelegenheit ankurbelt und dies selbst auf Kosten des Gastes. Einige von ihnen sind beispielsweise darauf trainiert, so großzügig nachzuschenken, dass die Flasche bereits leer ist, ehe das Hauptgericht überhaupt auf dem Tisch steht. (Dies kann ganz leicht passieren, wenn es sich um große Gläser handelt.) Wenn die Flasche zur Neige geht, fragt der Kellner: »Darf ich Ihnen noch eine Flasche vom gleichen Wein bringen?« Je nachdem, wie viel Ihre Gäste noch im Glas haben oder wie viel Wein sie normalerweise konsumieren, *brauchen* Sie vielleicht gar keine zweite Flasche, doch in den meisten Fällen werden Sie hier wohl *Ja* sagen, um nicht knauserig zu wirken.

Noch gerissener ist es, als Erstes dem Gastgeber nachzuschenken, so dass die Flasche schon leer ist, bevor man dazu kommt, bei den Gästen nachzufüllen. Wie könnte man im Hinblick auf seine Gäste da eine zweite Flasche ablehnen? Sie werden einen zweiten Wein bestellen müssen, doch lassen Sie den Restaurantbesitzer beim Verlassen des Lokals von Ihrem Unmut über diese Praxis wissen. (Aber vergessen Sie nicht, solche profithungrigen Restaurants sind eher die Ausnahme denn die Regel.)

Uns ist schon klar, dass Sie sich im Restaurant nicht an *alle* Weine werden erinnern können, die wir in diesem Buch empfehlen. Daher listen wir in Tabelle 7.1 einige Sorten auf, die auf den meisten Weinkarten zu finden sind und die zum Essen eigentlich immer eine gute Wahl sind.

Sie möchten:	Sie bestellen:
spritzigen, trockenen Weißwein, ohne viel Eigengeschmack, zu zart schmeckendem Fisch oder Meeresfrüchten	Rivaner, Silvaner aus Rheinhessen oder Pfalz, Soave, Pinot Grigio oder Sancerre
trockenen Weißwein mit ausgeprägtem Aroma; passend zu Muscheln und anderen Schalentieren	Riesling vom Rheingau oder von der Mosel, Sauvignon Blanc aus Südafrika oder Neuseeland
mittelgewichtigen, charaktervollen, trockenen Weißwein, passend zu einfachen Geflügelgerichten, Risotto und anderen leichten Gerichten	Riesling, Mâcon-Villages, St.-Véran oder Pouilly-Fuissé
kräftigen, körperreichen Weißwein, passend zu Hummer oder herzhaften Hähnchengerichten	kalifornische oder australische Chardonnay, »Großes Gewächs«-Weine aus Deutschland

Sie möchten:	Sie bestellen:
kräftigen Weißwein mit weichem Schmelz und nussigem Charakter, passend zu gehaltvollen Fisch-, Kalbfleisch- oder Schweinefleischgerichten	Meursault
halbtrockenen Weißwein, passend zu asiatischer Küche	Chenin Blanc, Vouvray oder entsprechende deutsche Rieslinge
unkomplizierten, günstigen Rotwein, sehr gut passend zu Brathähnchen	Beaujolais (besonders von einem guten Produzenten wie Louis Jadot, Joseph Drouhin oder Georges Duboeuf)
anpassungsfähigen, geschmacksintensiven, relativ günstigen Rotwein, der zu einem kräftig gewürzten Essen Bestand hat	chilenischen Cabernet Sauvignon
einen leichteren Rotwein, der jung gut schmeckt und zu allen leichten und dezent-eleganten Speisen passt	badischen Spätburgunder oder kalifornischen Pinot Noir
die Basisversion des französischen Pinot Noir; probieren Sie ihn mal zu Steak	Bourgogne Rouge
trockenen, würzigen, aromatischen und vergleichsweise günstigen Rotwein, der gut zu Pizza passt	Barbera oder Dolcetto
einen sehr trockenen Rotwein mit elegantem Körper, der hervorragend zu vielen Gerichten passt	Chianti Classico

Tabelle 7.1: Sichere Weinwahl im Restaurant

In Kapitel 9 bis 13 erfahren Sie mehr über all diese Weine.

Wie Sie das Ritual der Weinpräsentation abwickeln

In vielen Restaurants wird die Weinpräsentation so andächtig und würdevoll zelebriert, dass man gewillt ist zu glauben, man wohne einer geheiligten Handlung bei. Die gesetzte Stimme des Kellners, die einstudierten Handgriffe – all diese Ernsthaftigkeit könnte einen oftmals zum Lachen bringen (aber wie in der Kirche wäre ein Lachen hier nicht angebracht). Aber zumindest könnte man versucht sein, den Kellner darauf hinzuweisen: »Bleiben Sie locker! Es ist nur eine Flasche vergorener Traubensaft!«

Trotz allem gibt es eine gewisse Logik bei diesem Ritual der Weinpräsentation.

Schritt für Schritt läuft das Ritual (und die Logik) wie folgt ab:

1. **Der Kellner oder Sommelier präsentiert Ihnen die Flasche zur Kontrolle (vorausgesetzt, Sie waren derjenige, der den Wein bestellt hat).**

   Der Sinn dieses Schritts ist sicherzustellen, dass es auch der Wein ist, den Sie bestellt haben. Prüfen Sie dieses Etikett sorgfältig. Nach unserer Erfahrung handelt es sich in 15 bis 20 Prozent der Fälle um die falsche Flasche oder nicht um den Jahrgang, der auf der Weinkarte angegeben war. Wenn Sie wollen, berühren Sie die Flasche mit Ihrem Handrücken und prüfen Sie so, ob die Temperatur stimmig ist. (Diese ist auch eine gute Gelegenheit, um Zeit zu schinden und somit das Etikett in Ruhe studieren zu können.) Wenn Sie mit der Flasche zufrieden sind, signalisieren Sie dem Kellner Ihre Zustimmung.

2. Der Kellner entkorkt dann den Wein und präsentiert Ihnen den Korken.

Dieser Schritt gibt Ihnen die Möglichkeit zu prüfen (durch Betrachten und daran Riechen), ob der Kork in einem guten Zustand ist und ob es sich um den Originalkorken handelt.

 In seltenen Fällen ist der Wein so korkig, dass selbst der Korken unangenehm riecht. Und noch seltener findet sich ein Kork, der komplett durchfeuchtet oder vollkommen trocken und eingeschrumpelt ist – beides ein Zeichen dafür, dass Luft in die Flasche gelangen konnte und der Wein höchstwahrscheinlich verdorben ist.

Auch wenn Ihnen der Korken verdächtig erscheint, sollten Sie erst am Wein riechen und ihn verkosten, bevor Sie ihn zurückgehen lassen.

Einer unserer abgedrehten Freunde hat einmal den vom Kellner präsentierten Korken genommen, sich in den Mund gesteckt und darauf rumgekaut. Anschließend hat er dem verdutzten Kellner erklärt, dass er wohl in Ordnung ist!

Übertreiben Sie also diesen Part nicht allzu sehr, denn auch ein wohlriechender Korken kann einen Korkschmecker im Wein verursacht haben.

3. Falls es notwendig ist, den Wein zu dekantieren, wird der Kellner es tun.

Weitere Informationen über das Dekantieren finden Sie in Kapitel 8.

4. Der Kellner gießt Ihnen einen kleinen Schluck ins Glas und wartet.

An dieser Stelle ist es *nicht* angebracht zu fragen: »Ist das alles, was ich bekomme?« Es wird von Ihnen erwartet, dass Sie kurz am Glas riechen, vielleicht einen kleinen Schluck nehmen und dann entweder den Wein ablehnen oder Ihre Zustimmung zum Ausdruck bringen: »Der ist gut.« Aber genau genommen ist es ein ganz wichtiger Zeitpunkt im ganzen Ritual der Weinpräsentation. Denn wenn mit dem Wein etwas *nicht stimmt*, ist *jetzt* der Zeitpunkt, ihn zurückgehen zu lassen (nicht erst, wenn Sie die halbe Flasche geleert haben!). Um sich die Weinverkostungstechnik nochmals ins Gedächtnis zu holen, überfliegen Sie noch mal Kapitel 2, bevor Sie ins Restaurant aufbrechen.

 Wenn Sie sich nicht sicher sind, ob der Wein im passenden Zustand ist, dann fragen Sie einfach nach einer weiteren Meinung am Tisch und entscheiden dann gemeinsam. Andernfalls blamieren Sie sich, wenn die Flasche später doch zurückgeht, weil einer Ihrer Gäste den Wein als fehlerhaft und damit ungenießbar erklärt oder Sie den Wein trinken, obwohl mit der Zeit immer klarer wird, dass mit ihm etwas nicht stimmt. In beiden Fällen sind Sie der Dumme. Nehmen Sie sich also so viel Zeit für diesen Schritt, wie Sie brauchen.

Wenn Sie beschließen, dass die Flasche nicht in Ordnung ist, erklären Sie dem Kellner, was Ihrer Meinung nach mit dem Wein nicht stimmt. Bemühen Sie sich um eine klare Sprache. (*Muffig* oder *abgestanden* sind Beschreibungen, die leicht zu verstehen sind.) Seien Sie freundlich, schließlich halsen Sie ihm gerade Mehrarbeit auf, aber Sie brauchen sich andererseits nicht dafür zu entschuldigen. (Warum sollten Sie auch? Sie haben den Wein nicht gemacht!) Lassen Sie ihn den Wein selbst verkosten, wenn er will. Aber lassen Sie es nicht zu, dass Sie sich dabei schuldig fühlen.

Je nachdem, ob Ihnen der Sommelier oder Kellner zustimmt, dass die Flasche einen Fehler hat oder ob er davon ausgeht, dass Sie den Wein einfach nicht verstanden haben, wird er Ihnen eine weitere Flasche des selbigen oder die Weinkarte bringen, damit Sie einen anderen auswählen können. So oder so, das Ritual beginnt jetzt wieder von vorne.

5. **Wenn Sie den Wein akzeptieren, schenkt der Kellner Ihren Gästen und zuletzt Ihnen ein.**

Jetzt ist es Ihnen erlaubt, sich wieder zu entspannen.

Tipps für das Weintrinken im Restaurant

Im Restaurant Wein zu trinken, verlangt so viele Entscheidungen, dass Sie wirklich ein Handbuch benötigen. Sollen Sie den Wein im Eiskühler lassen? Was sollen Sie tun, wenn der Wein wirklich schlecht ist? Können Sie Ihren eigenen Wein mitbringen? Lassen Sie sich von den folgenden Tipps leiten:

✔ **Darf ich den Eiskühler ablehnen?** Die meisten Mitarbeiter im Restaurant sind der festen Überzeugung, dass ein Eiskühler notwendig ist, um den Weißwein oder den Sekt zu kühlen. Aber manchmal kommt die Flasche bereits so kalt an Ihren Tisch, dass es dem Wein gut tut, wenn er sich am Tisch etwas erwärmt. Wenn Ihr Weißwein wieder in den Eiskühler wandert und Sie sind der Meinung, er ist *zu* kalt, dann nehmen Sie ihn aus dem Kühler oder lassen Sie ihn rausnehmen. Nur weil der Eiskühler auf Ihrem Tisch (oder daneben) steht, heißt das noch lange nicht, dass Ihre Flasche auch darin sein muss!

 Manchmal, wenn ein Rotwein zu warm ist, kann er von fünf oder zehn Minuten im Eiskühler profitieren. (Aber seien Sie vorsichtig! Er kann sehr schnell zu kalt werden.) Wenn sich der Kellner benimmt, als ob Sie etwas verrückt wären, weil Sie einen Rotwein kühlen, ignorieren Sie ihn.

✔ **Was ist mit diesen kleinen Gläsern?** Wenn im Restaurant verschiedene Gläser zur Verfügung stehen, nehmen Sie ruhig Ihr Recht in Anspruch und wählen Sie ein anderes Glas. Wenn die Rotweingläser des Restaurants recht klein sind, kann ein kompaktes Wasserglas für den Rotwein vielleicht besser passen.

✔ **Soll der Wein atmen?** Wenn der bestellte Rotwein Luft braucht, um seine harten Tannine etwas weicher zu machen (mehr dazu in Kapitel 8), wird das Entkorken der Flasche nicht ausreichen (da die Oberfläche des Weines im Hals der vollen Flasche sehr klein ist). Die Flasche zu dekantieren oder den Wein schon mal vorab einzuschenken, ist die beste Taktik.

✔ **Wo ist meine Flasche?** Wir ziehen es vor, unsere Flasche auf dem Tisch oder direkt neben dran und damit in Reichweite zu haben. So können wir das Etikett betrachten, und wir müssen auch nicht warten, bis sich der Kellner daran erinnert, unsere Gläser nachzufüllen. (Nennen Sie uns ruhig misstrauisch.)

✔ **Was, wenn die Flasche nicht in Ordnung ist?** Verweigern Sie jede Flasche, die unangenehm riecht oder schmeckt (außer Sie haben sie selbst mitgebracht!). Ein guter Gastronom wird den Wein immer ersetzen, auch wenn er der Meinung ist, dass ihm nichts fehlt.

✔ **Darf ich meinen eigenen Wein mitbringen?** Manche Restaurants erlauben es durchaus, dass Sie Ihren eigenen Wein mitbringen – vor allem, wenn Sie den Wunsch äußern, einen sehr besonderen oder einen alten Wein mitzubringen. Restaurants verlangen dafür normalerweise ein *Korkgeld* (eine Kostenpauschale für den Service, die Bereitstellung der Gläser und so weiter), das sehr stark variieren kann – zwischen fünf und 20 Euro pro Flasche, je nachdem, wie ambitioniert das Restaurant ist. Sie sollten aber nie einen Wein mitbringen, der sich auch auf der Weinkarte findet. Das ist unhöflich. (Rufen Sie an und fragen Sie im Restaurant, wenn Sie sich nicht sicher sind.) So oder so sollten Sie im Vorfeld abklären, ob es möglich ist, dass Sie Ihren eigenen Wein mitbringen, und wie hoch das Korkgeld ist.

✔ **Was, wenn ich auf Reisen bin?** Wenn Sie in Länder reisen, in denen Wein gemacht wird, wie Frankreich, Italien, die Schweiz, Österreich, Spanien, Griechenland oder Portugal, probieren Sie immer die regionalen Weine. Sie sind frischer, in gutem Zustand, und meist haben sie auf der Weinkarte das beste Preis-Qualitäts-Verhältnis. Es ist nicht sehr sinnvoll, in Italien einen französischen Wein (etwa einen Bordeaux oder einen Burgunder) oder einen kalifornischen Cabernet in Paris zu bestellen.

 Sollten Sie einmal in einer Weinbauregion unterwegs sein, dann halten Sie Ausschau nach Besen-/Straußwirtschaften oder Gutschänken. Dort werden oft in Weingutsnähe kleinere Speisen mit einer Vielzahl von offenen Weinen in lockerer Atmosphäre angeboten.

Weinbars

Weinbars oder Vinotheken (Weinbars mit Möglichkeit zum Direktkauf) werden überall eröffnet, nicht nur in London, Paris oder Berlin, auch in vielen kleineren Städten und Gemeinden. Dies sind Lokalitäten, die eine große Auswahl an offenen Weinen – von 12 bis 100 – und dazu einfache Gerichte passend zum Wein anbieten. Die einzelnen Weinflaschen befinden sich entweder in einer Stickstoff-Zapfanlage, die dafür sorgt, dass der Wein frisch bleibt, oder es wird jeweils am Geschäftsschluss mittels eines separaten Gerätes wieder Stickstoff in die Flasche geblasen. Eine entsprechende Zapfanlage ist oft eine beeindruckende Dekoration hinter der Bar.

In Weinbars haben Sie oft die Wahl zwischen 0,1 oder 0,2 Liter. Sie können somit entweder einen Wein *probieren* oder für etwas mehr Geld auch ein ganzes Glas genießen. Und manchmal können Sie auch gleich eine kleine Weinprobe (einen *Flight*) bestellen – verschiedene Weine zu einem Thema, die zusammen serviert werden, damit Sie vergleichen können.

Weinbars sind eine tolle Gelegenheit, viele verschiedene Weine glasweise probieren zu können – sehr lehrreich und eine tolle Erfahrung. Hoffentlich steigt ihre Zahl in den nächsten Jahren noch weiter.

Insiderwissen über den Umgang mit Wein

8

In diesem Kapitel

▷ Korkenphobie und andere Hindernisse, d en Wein aus der Flasche zu bekommen

▷ Atemübungen für Ihren Wein

▷ Tulpen, Flöten und andere Weingläser

▷ Überlebenstaktik für übriggebliebene Weine

*H*aben Sie schon mal einen Korken beim Rausziehen aus der Flasche abgebrochen oder ewig gebraucht, einen brüchigen Korken rauszupopeln, während Ihnen Ihre Gäste gespannt zugesehen haben? Uns passiert das immer wieder und wahrscheinlich auch jedem anderen, der je einen Korken aus einer Flasche ziehen wollte. Es reicht für jeden von uns für eine ausgewachsene Korkphobie!

Den Korken aus der Flasche zu bekommen, ist die erste Herausforderung, der Sie sich stellen müssen, wenn Sie Wein genießen wollen. Und es ist keine geringe. (Wenn man es mal raushat, ist es glücklicherweise ganz einfach – jedenfalls meistens.) Und dann gibt es noch all die quälenden Details zum Thema Wein wie etwa die verschiedenen Typen von Weingläsern und was zu tun ist, wenn die Flasche mal nicht leer wird. Aber kompetente Hilfe für diese Herausforderungen ist in Sicht!

Den Korken rauskriegen

Bevor Sie auch nur darüber nachdenken können, den Korken aus der Flasche zu kriegen, müssen Sie sich mit dem beschäftigen, was den Korken abdeckt. Die meisten Weinflaschen haben eine farbige Abdeckung über dem Flaschenhals, die den Korken verdeckt. Sie wird *Kapsel* genannt. Weingüter verdecken den Korken aus zwei Gründen mit einer Kapsel: um den Korken sauber zu halten und um ihren Flaschen ein individuelles Image zu verleihen.

Mittlerweile verwenden die meisten Kellereien farbige Folien- oder Kunststoffkapseln und nur noch selten die traditionellen Bleikapseln. Im Trend liegen auch die durchsichtigen Zellophan-Kapseln, damit man den Korken sehen kann. Manchmal wird diese Technik bei den Flaschen mit dem Wulst am Flaschenhals verwendet – der für tropffreies Einschenken sorgen soll – und ist in erster Linie bei Weinen aus Übersee zu finden. Manchmal wird bei diesen modischen Flaschen aber auch nur ein kleines Kunststoffblättchen auf den Korken aufgeklebt.

Ob die Kapsel jetzt aus Kunststoff, Folie oder Zellophan ist, wir entfernen sie normalerweise gleich ganz, so kann der Wein beim Einschenken damit nicht in Berührung kommen. (Wir benutzen das kleine Messer, das man an jedem *Kellnermesser* findet.) Wenn wir statt der Kapsel nur ein Kunststoffblättchen vorfinden, dann entfernen wir es mit der Spitze des Messers.

Nachdem wir die Kapsel oder das Blättchen entfernt haben, wischen wir den Flaschenhals mit einem feuchten Tuch ab. Manchmal ist das sichtbare Ende des Korkens unter der Kapsel ganz schwarz und vergammelt. In diesem Fall säubern wir den Flaschenhals noch etwas sorgfältiger. (Lassen Sie sich von diesem schwarzen Belag auf dem Korken nicht irritieren, es ist eigentlich ein gutes Zeichen: Es zeigt, dass der Wein unter sehr feuchten Bedingungen gelagert wurde. In Kapitel 16 finden Sie Informationen zur Luftfeuchtigkeit und anderen wichtigen Aspekten bei der Weinlagerung.)

Manchmal bringen es Weinliebhaber aus Respekt vor der Flasche Wein vor sich nicht übers Herz, die Kapsel vollständig zu entfernen. (Tatsächlich entspricht es nicht der Weinetikette, die Kapsel vollständig zu entfernen. Ein Sommelier im Restaurant wird dies niemals tun, außer er will den Wein dekantieren.) Viele Weintrinker verwenden ein kleines Werkzeug, genannt Kapselschneider, mit dem man nur den oberen Teil der Kapsel gekonnt entfernt. Dieses praktische Werkzeug bekommen Sie in vielen Wein- oder Haushaltsläden und über den spezialisierten Versandhandel. Unserer Meinung nach setzt der Kapselschneider aber nicht tief genug an, und so ist nicht sichergestellt, dass der Wein beim Einschenken nicht mit der Kapsel in Berührung kommt. Wenn Sie die Kapsel nicht ganz entfernen wollen, dann schneiden Sie sie mit dem kleinen Messer am Kellnermesser unterhalb der zweiten Kante des Flaschenhalses ab.

Ein unmöglicher Korkenzieher

Der Korkenzieher, den wir möglichst meiden, ist genau der, den man am häufigsten antrifft. Es gibt einen simplen Grund dafür, dass wir ihn nicht mögen: Er verstümmelt den Korken, und kleine Korkstücke im Wein sind nahezu garantiert. (Außerdem können wir nicht verstehen, dass ein so minderwertiges Teil sich so durchsetzen konnte.)

Wir meinen den unmöglichen Flügelkorkenzieher, ein silberfarbiges, metallenes Teil, das aussieht wie eine Kreuzung aus einer Zange und einem Bohrer. Wenn Sie ihn in den Korken drehen, heben sich zwei Flügel links und rechts, die man dann herunterdrückt und so den Korken aus der Flasche zieht. Mangelhaft ist in erster Linie der kurze Bohrer (von einer Spindel kann man in diesem Fall noch nicht sprechen). Er ist einfach für die meisten Korken zu kurz und vor allem zu brutal.

Anstatt auf die harte Tour herauszufinden, wie schlecht dieser Korkenzieher in den Korken dringt (oder besser gesagt: ihn zerhackt!), wie wir es getan haben, sollten Sie lieber gleich ein paar Euro mehr in einen anständigen Korkenzieher investieren. Zeit und Ärger, den Sie sich damit sparen, ist die Investition allemal wert. Aus der großen Zahl an Weinflaschenöffnern wollen wir Ihnen im folgenden Abschnitt drei empfehlen.

Empfehlenswerter Korkenzieher

Der unentbehrliche Helfer für jeden Haushalt ist der Screwpull. Er wurde Anfang der 80er-Jahre von einem amerikanischen Ingenieur erfunden, der es leid war, dass ihn ein kleines Stück Kork immer wieder zum Narren hielt.

Der Screwpull ist etwa 15 Zentimeter lang. Er besteht aus einem Kunststoffbügel, der eine extrem lange, mit Teflon beschichtete Spirale führt (Abbildung 8.1).

Um ihn zu benutzen, steckt man den Kunststoffbügel auf den Flaschenhals (die Kapsel muss man vorher entfernen), bis er sauber aufsitzt. Stecken Sie jetzt die Spindel durch den Bügel, bis die Spitze den Korken mittig trifft. Halten Sie das Kunststoffteil fest und drehen Sie die Spindel im Uhrzeigersinn. Die Spindel gleitet sanft in den Korken. Drehen Sie einfach weiter, bis sich der Korken sanft wie mit Zauberhand aus der Flasche hebt. Um den Korken wieder aus dem Screwpull zu entfernen, einfach in die entgegengesetzte Richtung drehen und dabei den Korken festhalten.

© Akira Chiwaki

Abbildung 8.1: Der Screwpull-Korkenzieher

Den Screwpull gibt es in vielen Farben und er kostet ab etwa 15 Euro. Es gibt ihn im Weinhandel, in Küchenläden und in Spezialkatalogen. Er ist sehr einfach zu handhaben, man braucht keine Kraft, und in 95 Prozent der Fälle ist er unsere Wahl.

Einen Nachteil hat der Screwpull allerdings: Da er aus Plastik ist, kann er brechen. Doch neuerdings gibt es ihn für ungefähr 25 Euro auch aus Stahl. Dieser Screwpull sollte ewig halten.

Weitere empfehlenswerte Korkenzieher

Obwohl wir den Screwpull am besten finden, gibt es noch zwei weitere Korkenzieher, mit denen wir Korken angehen, mit denen der Screwpull Probleme hat. Die Flaschen mit dem Wulst am Flaschenhals können den Screwpull überfordern, da sie oben deutlich breiter sind.

Unsere beiden Favoriten unter den Korkenziehern sind – außer dass sie in bestimmten Fällen besser funktionieren – auch kleiner und passen problemlos in die Hosen- oder Schürzentasche. Die Größe ist ein Grund, warum sie von Kellnern im Restaurant bevorzugt werden.

Der Federkorkenzieher, den man in Kalifornien benutzt

Früher wurde er gern auch »Ach-so«-Korkenzieher genannt (so heißt es jedenfalls), da der typische Spruch lautete »Ach, so funktioniert der!«, sobald man seine Handhabung miterlebt hatte. (Er ist auch unter *Butler's Friend* bekannt – aber wo gibt es heute noch Butler?)

Er ist ein einfaches Werkzeug mit zwei dünnen Metallfedern, eine etwas länger (schön zu sehen in Abbildung 8.2) als die andere. Führen Sie die beiden Metallzinken vorsichtig in den schmalen Spalt zwischen Korken und Flaschenhals ein (die längere zuerst) und schieben Sie die beiden Federn abwechselnd bis zum Anschlag ein. Jetzt ziehen Sie mit einer Drehbewegung den Korken vorsichtig aus der Flasche.

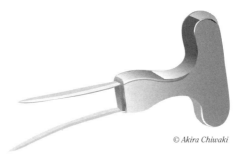

© Akira Chiwaki

Abbildung 8.2: Der »Ach-so«-Korkenzieher

Ein Vorteil ist, dass der »Ach-so-Korkenzieher« einen intakten Korken ohne Loch liefert, mit dem Sie eine Flasche Essig verschließen oder Ihren Swimmingpool abdichten können.

 Er ist zwar etwas schwieriger zu handhaben als der Screwpull, dafür läuft er zur Höchstform auf, wenn es darum geht, besonders fest sitzende Korken herauszuziehen, die kein anderer Korkenzieher, einschließlich des Screwpulls, so richtig schafft. Auch bei alten, bröseligen Korken, bei denen andere Korkenzieher keinen richtigen Halt finden, ist der Federkorkenzieher eine gute Empfehlung.

 Bei locker sitzenden Korken, die sich bereits im Flaschenhals drehen, ist der Federkorkenzieher fehl am Platz. Solche Korken drücken Sie damit nur in die Flasche. In diesem Fall greifen Sie am besten zu einem Trick. Wir beschreiben ihn etwas weiter hinten im Kapitel.

Der Federkorkenzieher kostet etwa vier bis sieben Euro. Er ist gerade in Kalifornien besonders beliebt, wobei wir dafür keinen besonderen Grund finden konnten.

Der professionellste Korkenzieher

Der letzte Korkenzieher, den wir empfehlen wollen, ist unter dem Namen *Kellnermesser* bekannt. Kellner und Sommeliers rund um die Welt arbeiten fast ausschließlich mit diesem Werkzeug. Eine gerade oder leicht gewölbte Schiene hält wie ein Schweizermesser drei Funktionsteile, die einklappbar sind: einen Hebel, eine Spirale und ein kleines Messer (Abbildung 8.3). Letzteres ist insbesondere dafür gedacht, die Kapsel zu entfernen.

© *Akira Chiwaki*

Abbildung 8.3: Das Kellnermesser

Der Gebrauch des Kellnermessers verlangt etwas Übung. Zuerst umfassen Sie fest den Flaschenhals mit einer Hand. Der Trick ist, die Spirale nun durch die Öffnung Ihrer Faust gerade in den Korken reinzudrehen. Drehen Sie langsam, bis Sie sicher sind, dass Sie den Korken auch wirklich mittig erwischt haben und mit der Spirale nicht irgendwo an der Seite herumbohren. Wenn die Spirale tief genug sitzt – je nach der Länge des Korkens –, setzen Sie den Hebel auf den Flaschenhals und ziehen Sie den Korken langsam heraus.

Wenn man nicht gleich 100 Euro oder mehr für ein Laguiole-Kellnermesser ausgeben möchte, findet man bei dem Pulltaps-System mit einem doppelten Hebel und einer drehfreudigen fünfwindigen Spirale eine gute und preiswerte Einstiegslösung (ungefähr zehn Euro).

Warum ist mein Korken blau?

Haben Sie schon mal eine Flasche Wein geöffnet und entdeckt, dass der Korken nicht aus Kork, sondern aus Kunststoff ist – und vielleicht sogar noch bunt?

Obwohl wir etwas Farbe im Spiel durchaus witzig finden, sind wir keine Anhänger der Kunststoffkorken. Weinproduzenten sind verständlicherweise verärgert über echte Korken, da diese dem Wein oft einen muffigen Geschmack verleihen können, der nicht unbedingt dem Kork zugeordnet werden kann. Aber wenn wir schon nach einer Alternative zum Korken suchen, warum dann einen anderen Flaschenverschluss, der als unüberwindliche Barriere zwischen Weintrinker und seinem Wein im Flaschenhals steckt und das gleiche komplizierte Werkzeug notwendig macht wie der Korken? Ein Schraubverschluss, Kronkorken, oder seit kurzem sehr beliebt, der Glasverschluss wäre erheblich anwenderfreundlicher.

Sollte Ihnen einmal ein Korken abbrechen und ein Teil steckt noch im Flaschenhals, dann ist das Kellnermesser unersetzlich. Nutzen Sie das Kellnermesser wie oben beschrieben, aber drehen Sie die Spindel vorsichtig in einem 45-Grad-Winkel rein. In den meisten Fällen können Sie so den abgebrochenen Teil erfolgreich entfernen.

Ein Kellnermesser gibt's bereits für fünf Euro, aber richtig gute kosten das Zehnfache. Entsprechende Designerversionen können noch erheblich darüber liegen. Natürlich ist dieses Accessoire immer ein schönes Geschenk für einen Weinkenner.

Korkenzieher als Statussymbol

 Es gibt auch ausgefallene Korkenzieher zu kaufen, von denen einige an der Theke oder Bar befestigt werden können. Sie sind für 75 Euro aufwärts zu haben. Wenn man erst einmal gelernt hat, damit umzugehen, funktionieren die meisten von ihnen sehr gut. Aber wir sehen ehrlich gesagt keinen Sinn darin, so viel für einen Korkenzieher auszugeben. Das Geld investieren wir lieber in Wein!

Das Comeback des Schraubverschlusses oder etwa Glas?

Statt eines imitierten Korkens (lesen Sie auch den Abschnitt *Warum ist mein Korken blau?*) würden wir bei den meisten Weinflaschen einen Schraubverschluss vorziehen. Sie sind, um in der Sprache des Fachmanns zu sprechen, absolut luftdicht. Und sie verhindern Korkschmecker. Ein gewisser Prozentsatz aller Korken enthält einen chemischen Stoff, der den damit in Berührung kommenden Wein ungenießbar macht. Im schlimmsten Fall verströmt ein *korkiger Wein* einen kräftigen modrig-muffigen Geruch, der an nassen Pappkarton erinnert.

Früher hatten nur billige, einfache Weine einen Schraubverschluss. Aber in den letzten Jahren haben immer mehr Weinmacher auf Schraubverschlüsse umgestellt. Eine ganze Reihe renommierter Weingüter in Neuseeland und Australien beispielsweise verwendet gerade für ihre Weißweine inzwischen Schraubverschlüsse. Viele Schweizer Produzenten versehen seit Jahren auch ihre Qualitätsweine nur noch mit diesen Verschlüssen. Auch in Deutschland experimentieren inzwischen einige Winzer unter der wissenschaftlichen Begleitung der Forschungsanstalt für Weinbau in Geisenheim mit besonders langen und damit attraktiveren Formen des Schraubverschlusses.

Seit ein paar Jahren setzen auch renommierte Weingüter (beispielsweise Schloss Vollrads im Rheingau) auf den neuen VINOLOK-Glasverschluss von Alcoa. Dieser Verschluss sieht elegant aus, öffnet mit einem vornehmen Knack und man kann die Flasche anschließend wieder verschließen. Sollte sich hier ein neuer Trend abzeichnen? Gerne!

Herr Ober, da schwimmt Kork in meinem Wein!

Immer wieder, auch wenn Sie den richtigen Korkenzieher verwenden und damit umgehen können, haben Sie kleine Korkstückchen in Ihrem Wein. Es kann etwas Korkstaub sein, kleine Korkbrösel oder auch der ganze Korken.

Bevor Sie anfangen, sich selbst als unfähigen Tölpel zu beschuldigen, sollten Sie wissen, dass Korkbrösel im Wein das ein oder andere Mal einfach passiert, und zwar jedem von uns, egal wie viel Erfahrung wir mitbringen. Aber der Kork tut dem Wein nichts.

Entfernen Sie die Korkstückchen einfach mit einer Gabel oder einem Löffel, nachdem Sie sich den Wein eingegossen haben. (Das ist eine der Gelegenheiten, wo Sie nicht zuerst Ihren Gästen eingießen, da im ersten Glas am meisten Kork zu finden sein wird.) Sie können den Wein auch durch eine Filtertüte, wie man sie für Kaffee verwendet, in eine Karaffe gießen, aber das ist eine Frage der Ästhetik und meist nicht notwendig.

Ein Sonderfall: Das Öffnen von Champagner oder Sekt

Eine Flasche Sekt oder Champagner zu öffnen, ist immer eine besondere Gelegenheit. Wer genießt nicht die Zeremonie eines kalten Glases Champagners? Aber Sie brauchen eine völlig andere Technik, um an den Inhalt zu gelangen als bei einer normalen Weinflasche. Der Korken bei einem Sekt hat die Form eines Pilzes, dessen Pilzkopf aus der Flasche ragt und mit einem Drahtkörbchen (*Agraffe*, französisch: *Muselet*) gesichert ist, damit der Überdruck in der Flasche den Korken nicht vorzeitig knallen lässt.

 Verwenden Sie bei einer Sektflasche nie einen Korkenzieher. Durch den Überdruck in der Flasche könnte Ihnen der Korken samt Korkenzieher entgegenkommen. Das kann böse ins Auge gehen.

Nehmen Sie sich nicht die Sieger in der Formel 1 zum Vorbild

 Wenn Ihre Flasche mit Spritzigem eben noch transportiert wurde, lassen Sie diese erst mal ruhen – am besten einen ganzen Tag. Es ist einfach schwierig, den Korken unter Kontrolle zu halten, wenn die Kohlensäure gerade noch aufgeschüttelt wurde. (Sie würden ja auch keine große Flasche Limonade öffnen, die warm ist und gerade geschüttelt wurde, oder? Schaumwein hat deutlich mehr Kohlensäuredruck als Limonade und braucht deshalb auch mehr Zeit, um sich zu beruhigen.)

 Manchmal hat man einfach einen Notfall und braucht auf der Stelle etwas nettes Sprudelndes. Sie müssen die Flasche irgendwie öffnen. Da hilft nur eins: ein Eiskühler oder ein Rapidice-Kühler! Beim Eiskühler reichen 20 Minuten, um die Flasche kalt zu kriegen, und die Kohlensäure beruhigt sich durch den Kälteschock auch so einigermaßen. (Füllen Sie den Eiskühler etwa zur Hälfte mit Eiswürfeln und die andere Hälfte mit kaltem Wasser. Mit einer ordentlichen Prise Salz wird's gleich noch um ein paar Grad kälter.) Der Rapidice-Kühler schafft das Ganze schon in fünf Minuten.

Seien Sie auf jeden Fall vorsichtig, wenn Sie das Drahtkörbchen entfernen, und halten Sie immer eine Hand fest auf dem Korken. (Seit einem Abenteuer mit einem fliegenden Korken haben wir ein Loch in der Küchendecke.) Achten Sie darauf, dass Sie die Flasche nicht auf Menschen oder zerbrechliche Gegenstände richten. Nehmen Sie möglichst auch keinen Säbel, wie es einige erfahrene Sekt-Kellermeister machen, denn da bricht meistens beim Anfänger der ganze Flaschenhals ab.

Nicht knallen, sondern nur zischen lassen

 Wenn Sie den Korken knallen lassen wollen, brauchen Sie Ihren Sekt nur kurz zu schütteln. Aber seien Sie sich im Klaren darüber, dass dabei auch eine ganze Menge von dem köstlichen Nass verloren geht. Ob der Knall zur Unterhaltung Ihrer Gäste passt, ist die andere Frage. Außerdem outen Sie sich damit als Prolet.

Den Korken aus einer Flasche Sekt zu kriegen, ohne dass es knallt, ist eigentlich ganz einfach. Halten Sie die Flasche in einem 45-Grad-Winkel (setzen Sie die Flasche ruhig auf Ihrem Hüftknochen auf). Wenn sie feucht und kalt ist, wickeln Sie sie vorher in eine Stoffserviette. Drehen Sie vorsichtig die Flasche, während Sie den Korken mit der anderen Hand festhalten und kontrollieren. Wenn Sie spüren, dass er sich bewegt, _halten Sie dagegen_. Lassen Sie ihn nur ganz langsam aus der Flasche gleiten. So hören Sie nur ein leichtes Zisch und keinen lauten Knall.

 Ab und zu erwischen Sie einen Korken, der richtig fest sitzt und sich nun gar nicht bewegen will. Greifen Sie die Flasche so von unten, dass Sie den Flaschenboden in Ihrer Hand haben. So haben Sie viel mehr Kraft. Halten Sie die Flasche mal kurz unter warmes Wasser oder wickeln Sie ein Handtuch um den Korken, um Reibung zu erzeugen. Einer von diesen Tricks hilft normalerweise immer, um den Korken rauszukriegen.

Eine andere Möglichkeit ist, Sie kaufen sich die passenden Gimmicks (aktuell gibt es drei passende Spielzeuge: die Champagner-Zange, den Champagner-Stern und den Champagner-Schlüssel), die man alle irgendwie auf den Korken aufsetzt und damit einfach mehr Kraft hat. Sie können auch eine normale Rohrzange zur Hilfe nehmen, wobei das Rumkramen in der Werkzeugkiste meist nicht zur jeweiligen Stimmung passt.

Atmet Wein wirklich?

Die meisten Weine sind in dem Sinne lebendig, dass sie sich chemisch verändern, wenn sie langsam älter werden. Wein reagiert auf Sauerstoff und oxidiert, wie auch unsere eigenen Zellen. Und während die Trauben zu Wein vergären, geben sie Kohlendioxid von sich, so wie wir. Somit könnte man behaupten, der Wein atmet. Das ist es aber nicht, was der Kellner meint, wenn er die Frage stellt: »Soll ich die Flasche bereits öffnen, damit der Wein atmen kann?«.

Der Begriff *Atmen* wird hier für den Prozess des Lüftens verwendet. Man lässt den Wein mit dem Sauerstoff aus der Luft reagieren. Die Aromen und der Geschmack mancher Weine, vor allem vieler junger Weine, können sich erst dadurch richtig entfalten. Aber sie nur zu entkorken und dann stehen zu lassen, ist ein ziemlich ineffektiver Weg, den Wein atmen zu lassen. Die kleine Weinoberfläche im Flaschenhals beengt die Atmung gewaltig.

Wie Sie Ihren Wein atmen lassen

Wenn Sie Ihren Wein atmen lassen wollen, greifen Sie auf eine der beiden Möglichkeiten zurück:

✔ Gießen Sie den Wein in eine *Karaffe* (ein eleganter Glaskrug, der groß genug ist, eine ganze Flasche Wein aufzunehmen).

✔ Gießen Sie den Wein in ein großes Glas und lassen Sie ihm einfach noch mindestens zehn Minuten Zeit, bis Sie das Glas an die Nase führen.

 Es ist völlig egal, wie Ihre Karaffe geformt ist und was sie kostet. Eine günstige Karaffe mit ausreichend Volumen und einer großen Öffnung reicht vollkommen.

Welche Weine müssen atmen?

Viele Rotweine, aber nur ein paar wenige Weißweine – und einige Dessertweine – ziehen einen Vorteil aus dieser Behandlung. Die meisten Weißweine kann man aufmachen, einschenken und genießen, außer sie sind zu kalt, aber diese Diskussion kommt später.

Junge, tanninreiche Rotweine

 Junge Rotweine (in Kapitel 2 finden Sie mehr zu Tannin) – wie Cabernet Sauvignon, Bordeaux, viele Weine aus dem nördlichen Rhône-Tal und auch viele Italiener – schmecken meist besser, wenn sie vorher etwas Zeit zum Atmen haben. Die Tannine werden weicher, die Aromen können sich besser entfalten, und der Wein wird damit deutlich harmonischer.

Je jünger der Wein ist und je mehr Tannin er hat, desto länger sollte man ihn atmen lassen. Als Faustregel gilt, dass die meisten jungen, tanninreichen Rotweine bereits nach einer Stunde in der Karaffe deutlich gewonnen haben. Eine typische Ausnahme sind junge Barolos und Barbarescos (Rotweine aus dem Piemont, zu denen Sie in Kapitel 11 noch weitere Informationen finden). Diese Weine sind meist so tanninbetont, dass es Ihnen den Mund förmlich zusammenziehen kann. Sie müssen oft drei bis vier Stunden atmen, bis sie sich öffnen.

Alte Rotweine mit Bodensatz (Depot)

Viele Rotweine entwickeln *Sedimente* (Tannin, Farbe und andere Partikel, die sich mit der Zeit zu schwereren Molekülen zusammenklumpen und absinken), meist nach einer Zeit von acht Jahren. Dieser körnige Bodensatz schmeckt meist etwas bitter (Sie erinnern sich, es ist Tannin) und daher werden Sie ihn sicher gerne entfernen wollen. Außerdem wirken diese dunklen Partikel, die in Ihrem Glas herumschwimmen, immer etwas unappetitlich.

Um die Sedimente zu entfernen, lassen Sie die Flasche mindestens ein oder zwei Tage aufrecht stehen, damit sich die Sedimente am Boden der Flasche sammeln können. Dann dekantieren Sie den Wein: Gießen Sie den Wein vorsichtig in eine Karaffe und achten Sie dabei auf den Wein im Flaschenhals. Sie beobachten den Wein, damit Sie sofort aufhören können, wenn sich die ersten wolkigen Schlieren vom Flaschenboden auf den Weg in den Flaschenhals machen. Wenn Sie im richtigen Moment aufhören, bleibt der Bodensatz mit einem kleinen Rest trüben Weins in der Flasche zurück.

Um den Wein im Flaschenhals richtig sehen zu können, brauchen Sie ein Licht, das von hinten durch das Glas scheint. Meist werden dafür Kerzen genommen, weil sie so schön romantisch sind, aber eine Taschenlampe, die senkrecht steht, funktioniert besser. (Sie ist heller und sie flackert nicht.) Oder halten Sie die Flasche einfach gegen das Licht und gießen Sie vorsichtig. Hören Sie auf, den Wein weiter in die Karaffe zu gießen, wenn das Sediment den Flaschenhals erreicht. Wenn Sie eine ruhige Hand haben, bleibt nur ein kleiner Rest Wein in der Flasche.

Je älter der Wein ist, desto empfindlicher ist er. Geben Sie alten, zerbrechlich wirkenden Weinen nicht zu viel Luft. (Achten Sie auf die Farbe des Weins in der noch ungeöffneten Flasche. Sieht er schon recht hell aus, ist er auf seiner Entwicklungskurve bereits sehr weit fortgeschritten.) Die Aromen in wirklich alten Weinen können schon nach zehn oder 15 Minuten an der Luft deutlich verlieren.

Wenn der Wein nach dem Dekantieren doch noch Luft braucht (das ist der Fall, wenn er noch hart schmeckt), lassen Sie ihn einfach in der Karaffe atmen. Wenn der Wein noch eine dunkle, kräftige Farbe hat, dann ist er meist durchaus noch jugendlich und braucht noch etwas Luft. Umgekehrt, wenn der Wein schon ziegelrot oder gar bräunlich ist, dann ist er bereits sehr reif und verträgt keine weitere Luft.

Ein paar wenige Weißweine

Einige sehr gute, trockene Weißweine – wie etwa körperreiche weiße Burgunder und Bordeaux sowie die besten Elsässer Weißweine – werden durch das Lüften besser. Wenn Sie beispielsweise einen jungen Corton-Charlemagne (ein großer weißer Burgunder) probieren und er nicht viel von seinen Aromen und seinem Geschmack zeigen will, dann geben Sie ihm einfach etwas Zeit zum Atmen. Dekantieren Sie ihn und probieren Sie ihn in einer halben Stunde erneut. In den meisten Fällen verbessert sich Ihr Wein deutlich.

Vintage Port

Einer der berühmtesten Dessertweine ist der Vintage Port (nicht mit den einfachen Ports anderer Qualitätsstufen zu verwechseln). Diese und vergleichbare Weine stellen wir in Kapitel 15 vor.

An dieser Stelle verraten wir nur, ja, der Vintage Port braucht Zeit zum Atmen, sogar jede Menge davon! Junge Vintage Ports haben ein solch gewaltiges Tanningerüst, dass sie viele Stunden des Lüftens brauchen (acht sind nicht unbedingt zu viel). Sogar alte Ports brauchen oft noch vier und mehr Stunden Luft. Alte Vintage Ports müssen auch aus einem anderen Grund dekantiert werden: Sie haben jede Menge Depot. (Oft füllen große Stücke an Bodensatz fast zehn Prozent der Flasche.) Lassen Sie den Vintage Port für einige Tage aufrecht stehen, bevor Sie die Flasche öffnen.

Nicht alle Rotweine und Ports wollen dekantiert werden

Ausnahmen bestätigen die Regel. Die Mehrzahl der Rotweine, die Sie trinken, müssen weder dekantiert werden noch brauchen sie zu atmen. Außer dass Sie die Flasche entkorken und dass Sie ein Glas zur Hand haben, brauchen sie keinerlei besondere Behandlung.

Die folgenden Rotweine sollten Sie *nicht* dekantieren:

✔ leichte Rotweine mit wenig oder keinem Tannin wie die meisten Pinot Noir (Spätburgunder), Beaujolais und Côtes du Rhône, leichte italienische Rotweine wie Dolcetto, Barbera und die leichten Chiantis. Diese Weine haben wenig Tannin, und deshalb brauchen sie kaum Luftkontakt.

✔ günstige Rotweine (unter neun Euro). Aus denselben Gründen wie oben.

✔ Tawny Ports – eigentlich alle Ports außer Vintage Port. Diese Weine haben kein Depot (der Bodensatz bleibt in den Fässern zurück, in denen der Wein reift) und sind trinkfertig, wenn Sie diese ins Glas gießen.

Ist das Glas wirklich wichtig?

Wenn Sie Wein nur als Erfrischung zum Essen trinken und ihn schon vergessen haben, bevor er unten ist, spielt das Glas, das Sie benutzen, keine Rolle. Ein Senfglas? Warum nicht? Ein Plastikbecher? Wir haben sie schon x-mal bei Picknicks oder im Flugzeug (wo die Weinqualität normalerweise nicht nach einem großen Glas verlangt) verwendet.

Aber wenn Sie einen guten Wein, einen besonderen Anlass, Freunde, die mit Ihnen über den Wein diskutieren wollen, oder den Chef zum Abendessen dahaben, dann sollten Sie schon anständige Weingläser (auch *Stielgläser* genannt, weil sie einen Stiel haben) auf den Tisch stellen. Aber es ist nicht nur eine Frage der Etikette und des gesellschaftlichen Status: Erst aus guten Gläsern schmeckt ein guter Wein wirklich gut. Wirklich.

Stellen Sie sich Weingläser wie die Boxen Ihrer Stereoanlage vor. Jeder beliebige alte Lautsprecher bringt die Musik an Ihre Ohren, so wie jedes beliebige Glas den Wein an Ihre Lippen befördert. Aber (vorausgesetzt, es ist Ihnen wichtig) genießen Sie nicht den kristallklaren, ausgewogenen Klang aus guten Boxen? Das Zusammenspiel von Wein und Weingläsern funktioniert nicht anders. Sie können die Weinaromen und die Komplexität des Geschmacks aus einem guten Weinglas viel deutlicher wahrnehmen und daher besser genießen. Das Medium Glas enthält bereits einen Teil der Botschaft Wein.

Die richtige Farbe: keine

Gute Weingläser sind immer klar und schnörkellos. (Senfgläser dürfen ruhig mit Asterix und Obelix verziert sein, solange das Glas klar ist.) Diese schönen blauen oder grünen Gläser machen sich zwar gut in Ihrer Vitrine, aber die Farbe des Weins damit zu bestimmen, ist nicht möglich.

Dünn, aber nicht klein

Ob Sie es glauben oder nicht (wir glaubten es anfangs nicht), der Geschmack eines Weines verändert sich, je nachdem, aus welchem Glas Sie ihn trinken. Bei einer unserer Weinverkostungen gab es fast einen Aufstand, weil die Teilnehmer nicht glauben wollten, dass Wein aus zwei verschiedenen Gläsern so unterschiedlich schmecken kann. Sie dachten, wir hätten ihnen zwei verschiedene Weine eingeschenkt und würden jetzt nur behaupten, es war der gleiche, um sie an der Nase herumzuführen. Wir haben gelernt, dass drei Faktoren eines Glases von Bedeutung sind: seine Größe, die Form und die Dicke des Glases.

Größe

Für trockene Rot- und Weißweine sind kleine Gläser genau das Falsche – ganz abgesehen davon, dass sie einem auf die Nerven gehen. Sie können den Wein im Glas nicht schwenken, ohne die Hälfte zu verschütten, und so die Aromen nicht wirklich wahrnehmen. Wer möchte außerdem auch ständig nachgießen müssen? Kleine Gläser sind nur bei Sherry und anderen Dessertweinen von Vorteil, die kräftigere Aromen haben und in kleineren Mengen als Tischweine genossen werden. In den meisten Fällen gilt: Größer ist auch besser.

Form und Glasstärke

Ein hauchdünnes, zartes Kristallglas kostet mehr als ein normales Glas. Das ist einer der Gründe, warum diese von manchen Weintrinkern nicht benutzt werden und andere darauf Wert legen. Der wichtigere Grund zur Verwendung feiner Kristallgläser ist der, dass Weine daraus einfach besser schmecken. Wir sind uns nicht sicher, ob das edle Kristall nur das ästhetische Empfinden fördert oder ob es auch andere, wissenschaftlich belegbare Gründe gibt.

Die Form des Kelchs ist ebenfalls von Bedeutung. Manche Weingläser ähneln mehr einer oben aufgeschnittenen Kugel, während andere eine sich nach oben verengende Tulpenform haben.

Wenn wir zu Hause essen, reizt es uns oft, den gleichen Wein aus verschiedenen Glasformen zu probieren, nur um zu sehen, welches Glas für diesen Wein am besten passt. Im nächsten Abschnitt diskutieren wir die Funktion der verschiedenen Glasformen.

Tulpen, Flöten, Ballons und andere Weingläser

Sie dachten, eine Tulpe ist eine Blume und eine Flöte ist ein Musikinstrument? Stimmt, aber es sind auch zwei Glasformen, die für den Genuss von Sekt und Champagner entwickelt wurden. Das Tulpenglas ist die ideale Form für alles, was sprudelt (Abbildung 8.4). Es ist schlank, mit einem dezenten Bauch in der Mitte und läuft oben wieder eng zu. Diese Form hält die Perlage länger im Wein, da die Kohlensäure nicht frei entweichen kann (im Gegensatz zu den breiten, flachen Champagnerschalen).

© Akira Chiwaki

Abbildung 8.4: Gläser für Sekt und Champagner (von links nach rechts): Tulpe, Flöte, Trompete

Die Flöte ist ein weiteres Glas, das sehr gut für Schaumweine geeignet ist (Abbildung 8.4), aber sie ist weniger ideal als das sich nach oben verjüngende Tulpenglas. Die Trompete sieht sehr elegant aus, aber sie öffnet sich nach oben sogar noch (Abbildung 8.4). Ein weiterer Nachteil der Trompete ist, dass sich, je nach Design, der Stiel des Glases mit Sekt füllt und durch die Hand erwärmt wird. Wir vermeiden es nach Möglichkeit, aus Trompeten zu trinken.

Ein oval geformtes Glas, das sich nach oben verjüngt (in Abbildung 8.5 sehen Sie, was wir meinen), ist für viele Rotweine wie Bordeaux, Cabernet Sauvignon, Merlot, Chianti und Zinfandel ideal. Manche Rotweine wie die klassischen Burgunder, Pinot Noir (Spätburgunder) und Barolos bevorzugen wiederum die breiteren, mehr wie eine Kugel geformten Gläser (auch in Abbildung 8.5 zu sehen). Welche Form und welche Größe für einen bestimmten Wein ideal ist, hat mit unterschiedlichen Faktoren zu tun. Wichtig ist unter anderem, wie der Wein auf Ihrer Zunge auftrifft. Die Glashersteller Zwiesel Kristallglas oder Riedel Kristall haben für jeden nur denkbaren Weintypus das jeweils passende Glas! Hochwertige mundgeblasene Gläser sind sehr elegant und haben ein sehr gutes »mouthfeeling«, können aber auch sehr leicht zerbrechen.

Abbildung 8.5: Das Bordeauxglas (links) und das Burgunderglas

Halb voll oder halb leer?

»Am besten randvoll« ist zwar eine gute Devise für Ihren Benzintank, aber nicht für denjenigen, der gerade Ihr Glas füllt. Es ärgert uns, wenn ein Kellner unser Glas bis zum Rand füllt. Wir vermuten, dass er entweder nicht so oft nachschenken will oder uns einfach einen Gegenwert für unser Geld bieten möchte.

Aber wie sollen wir unsere Nase in ein volles Weinglas stecken, ohne uns dabei zu Idioten zu machen? Um zum Schwenken des Glases einen gewissen Sicherheitsspielraum zu haben, füllen Sie das Glas nur zum Teil. Eine Füllhöhe von maximal einem Drittel des Glasvolumens ist für vernünftige Rotweingläser ein gutes Maß. (Denken Sie dabei auch daran, dass Wein atmen muss.) Weißweingläser kann man auch bis zur Hälfte und Sektgläser etwa zu drei Viertel füllen.

Wie viele Gläser brauche ich?

Was muss ein Weinliebhaber also tun? Muss er für jede Art von Wein das passende Weinglas kaufen? Glücklicherweise gibt es einige Gläser, die aus vielen der oben beschriebenen Eigenschaften einen guten Kompromiss zustande bringen, und daher sehr gut als Allround-Gläser empfohlen werden können. Und Sie müssen dafür auch kein Vermögen ausgeben. Die Diva-,

Top-Ten- oder Fine-Serie von Schott Zwiesel ist durch den Einsatz von Tritan-Kristallglas besonders stabil und günstig.

Wenn Sie wirklich gute Weingläser haben wollen, dann schauen Sie nach Weingläsern von Zwiesel, Riedel oder Spiegelau. Die verschiedenen Glashersteller haben sich schon seit Jahrzehnten darauf spezialisiert, den Weingenuss mit perfekten Gläsern zu unterstützen. Die Gläser gibt es als mundgeblasene Kunstwerke oder auch als günstigere, maschinengeblasene Variante. Eine gute Alternative ist die Serie »Vino Grande« von der Firma Spiegelau, die mittlerweile Teil von Riedel ist. Die Auswahl an unterschiedlichen Formen ist nicht ganz so groß, aber dafür sind die Gläser deutlich günstiger. Mit der Serie »Enoteca« bietet zudem die Firma Zwiesel Kristallglas, die wie die Firma Spiegelau im Bayerischen Wald beheimatet ist, ein hochwertiges mundgeblasenes Glas für allerhöchsten Weingenuss zu moderaten Preisen. Regelmäßig erscheinen von allen Glasherstellern neue Serien, die oft mit Hilfe von Önologen oder Sommeliers entwickelt werden

Für den Anfang reicht jeweils ein Allround-Glas. Wir empfehlen das Bordeaux-Glas (bei Spiegelau heißt es Bordeaux Magnum) für Rotwein und das Chardonnay-Glas (bei Spiegelau heißt es »Weißweinkelch«) für Weißwein. Schott-Zwiesel bietet mit dem »Sensus«-Glas ein robustes und zweckmäßiges Glas an, das auch als Referenzglas bei offiziellen Weinverkostungen in Deutschland genutzt wird.

Je mehr Beachtung Sie den Aromen und dem Geschmack eines Weines schenken, umso mehr werden Sie es genießen, ein gutes Glas in der Hand zu haben. Es ist aber auch in Ordnung, wenn Ihnen der Klang der Musik und die Feinheiten des Aromas nichts bedeuten.

Wie Sie Ihre Weingläser reinigen

Spülmittel hinterlassen oft einen leichten Film auf der Oberfläche. Diese Rückstände können die Aromen und den Geschmack des Weines beeinflussen. Auch wenn alle modernen Weingläser spülmaschinengeeignet sind, empfehlen wir Ihnen, Ihre Weingläser mit der Hand zu spülen, es sei denn, Sie verfügen über eine Profi-Glasspülmaschine beispielsweise von Winterhalter, Meiko oder Bosch. Diese Maschinen liefern saubere, geruchsneutrale und trockene Gläser direkt nach dem Spülgang ohne zu polieren Sind Sie noch dabei, für solch ein System zu sparen, dann nehmen Sie zum Spülen am besten einfach heißes Wasser statt der üblichen Spülmittel, da es keinen seifigen Film auf den Gläsern hinterlässt. Das Nachspülen mit klarem Wasser und das Polieren mit einem trockenen, sauberen Geschirrtuch schließt die Zeremonie ab.

Nicht zu warm und nicht zu kalt

So wie das richtige Glas den Weingenuss erst möglich macht, ist auch die richtige Weintemperatur ein ausschlaggebender Faktor für Ihren Weingenuss. Regelmäßig probieren wir den gleichen Wein mit unterschiedlichen Temperaturen (und ob Sie es glauben oder nicht, bei unterschiedlichem Luftdruck), und bei der einen Gelegenheit fasziniert er uns und bei einer anderen nicht!

Die meisten Rotweine präsentieren sich bei kühlen Raumtemperaturen von 16 bis 18 Grad Celsius am besten. Früher war das in zugigen englischen und schottischen Burgen die normale Zimmertemperatur. (Wahrscheinlich stellte es damals eine warme, angenehme Mittagstemperatur dar!) Heute denken Sie bei dem Begriff Zimmertemperatur eher an einen Raum mit knapp über 20 Grad Celsius. Rotweine können bei diesen Temperaturen schon flach, labberig, leblos und oft scharf schmecken – ein beißender, brennender Alkohol steht dann im Vordergrund.

Zehn oder 15 Minuten im Kühlschrank können bei einem leblosen, schlappen Rotwein wahre Wunder wirken. Aber lassen Sie den Wein nicht zu kalt werden. Das Tannin in zu kalten Rotweinen wird bitter und säuerlich, auf jeden Fall unangenehm. Leichte, fruchtige Rotweine ohne Tannin wie etwa ein einfacher Beaujolais oder leichte Chiantis schmecken dagegen leicht gekühlt (14 bis 15 Grad Celsius) hervorragend.

 Fragen Sie sich jetzt, wie Sie rauskriegen sollen, wann Ihr Wein 14 bis 15 Grad Celsius hat? Sie kaufen sich entweder ein Flaschenthermometer, das man auf die Flasche klemmt und bei dem man nach kurzer Zeit die Temperatur ablesen kann, oder Sie kaufen ein Weinthermometer, das ein bisschen wie ein Fieberthermometer aussieht und einfach in die offene Flasche gesteckt wird. Wir haben beide, benutzen sie aber nie. Fühlen Sie einfach mit dem Handrücken und probieren Sie einen Schluck. Übung macht den Meister.

So wie viele Rotweine zu warm serviert werden, kommen die meisten Weißweine definitiv zu kalt auf den Tisch. Das ist jedenfalls unsere Erfahrung aus vielen Restaurantbesuchen. Je besser die Qualität eines Weißweins, desto weniger kalt sollte er sein, damit sich seine Aromen entfalten können. Tabelle 8.1 zeigt unsere Empfehlungen für die Serviertemperatur der verschiedenen Weinarten:

Weintypus	Temperatur
normaler Champagner und Sekt	7 Grad Celsius
alte oder teure, komplexe Champagner	11 bis 12 Grad Celsius
günstige, süße Weine	10 bis 12 Grad Celsius
Rosé und Weißherbst	10 bis 12 Grad Celsius
einfache, günstige Weißweine	10 bis 12 Grad Celsius
trockene Sherrys wie Fino oder Manzanilla	12 bis 13 Grad Celsius
gute, trockene Weißweine	12 bis 16 Grad Celsius
gute Dessertweine, wie etwa ein guter Sauternes	14 bis 16 Grad Celsius
leichte, fruchtige Rotweine	14 bis 15 Grad Celsius
die besseren Rotweine	16 bis 18 Grad Celsius
alle anderen Sherrys außer Fino und Manzanilla	16 bis 18 Grad Celsius
Portwein	16 bis 18 Grad Celsius

Tabelle 8.1: Serviertemperatur für Weine

Um der Gefahr eines warmen, laschen Sekts zu entgehen, sollten Sie immer einen Eiskühler oder einen Rapidice-Kühler zur Hand haben. Oder Sie stellen die Flasche zwischendurch einfach wieder in den Kühlschrank.

Ein Nebensatz zum Luftdruck

Nehmen Sie es als Spezialwissen oder legen Sie es unter »Kaum zu glauben!« ab.

Vor einigen Jahren genossen wir in den Alpen einen unserer Lieblingsweine, einen Barbera aus Italien. Es war ein perfekter Sommertag in den Bergen – erfrischend, klar und kühl. Auch der Wein war perfekt – absolut köstlich zu unserer kleinen Brotzeit mit Salami und Käse. Ein paar Tage später tranken wir genau den gleichen Wein an der Küste. Es war bewölkt, feucht und richtig drückend. Der Wein war schwer, flach und leblos. Was war mit unserem herrlichen Wein aus den Bergen passiert? Wir haben unter unseren Weinfreunden rumgefragt, und es stellte sich heraus, dass diese bereits ähnliche Erfahrungen gemacht haben. Zumindest Rotwein wird durch den Luftdruck im Geschmack beeinflusst: Trockene Hochdruckluft macht ihn besser, feuchte, schwere Tiefdruckluft macht ihn schlechter. Falls Ihnen beim nächsten Mal einer Ihrer Lieblingsweine nicht recht schmeckt, achten Sie einmal auf den Luftdruck. Glauben Sie es oder nicht.

Ein Rest in der Flasche

Ein Sektverschluss (ein Verschluss, den man auf eine offene Sektflasche steckt) kann Champagner oder Sekt noch tagelang im Kühlschrank frisch halten. Aber was machen Sie, wenn in der Flasche Rotwein oder Weißwein noch ein Rest verblieben ist?

Sie können einfach den Korken wieder in die Flasche stecken, wenn er passt, und ihn in den Kühlschrank stellen. (Auch Rotwein bleibt dort frischer. Nehmen Sie einfach die Flasche rechtzeitig vor dem Genuss heraus, damit er wieder die richtige Trinktemperatur hat.) Es gibt aber noch vier andere Methoden, um den übriggebliebenen Wein vor der Oxidation zu schützen. Diese Techniken sind alle noch effektiver, wenn Sie den Wein anschließend in den Kühlschrank stellen:

✔ Wenn Sie noch etwa eine halbe Flasche übrig haben, können Sie den Rest einfach in eine saubere, leere 0,375-Liter-Flasche umfüllen und diese kleine Flasche verkorken. Wir kaufen manchmal Wein in halben Flaschen, damit wir immer entsprechende leere Flaschen zur Verfügung haben.

✔ Benutzen Sie eine dieser kleinen, günstigen Vakuumpumpen mit passenden Gummiverschlüssen, die man in den meisten Weinläden kaufen kann. Mit dieser Pumpe können Sie den Sauerstoff aus der Flasche ziehen und die Gummiverschlüsse sorgen dafür, dass kein neuer eindringen kann. Es heißt, dass der Wein damit für etwa eine Woche frisch bleibt, aber unserer Erfahrung nach funktioniert es nicht immer so gut.

✔ In manchen Weinläden können Sie auch kleine Dosen mit Stickstoff kaufen. Mit dem mitgelieferten Strohhalm brauchen Sie nur etwas davon in die Flasche zu sprühen. Das Gas drückt den Sauerstoff aus der Flasche und schützt den Wein so vor der Oxidation – einfach und effektiv. *Private Preserve* ist die bekannteste Marke und sehr zu empfehlen.

✔ Ein neues Teil heißt *WineSavor*. Es ist eine flexible Kunststoffscheibe, die Sie zusammenrollen und in die Flasche stecken. In der Flasche entfaltet sie sich, schwimmt auf dem Wein und verhindert so die Oxidation des Weines.

Oder Sie trinken den Wein einfach aus und sparen sich all die Mühe! Wenn Sie das trotz allem nicht mehr schaffen, dann stellen Sie die Flasche einfach in den Kühlschrank und trinken Sie den Rest am nächsten oder übernächsten Tag – bevor der Wein Schaden nimmt.

Wein und Gäste

Wenn Sie Gäste zum Essen einladen, dann ist das eine schöne Gelegenheit, mehrere verschiedene Weine zu servieren. Anstatt eines Weins zu den verschiedenen Gängen des Menüs bietet es sich an, jeweils den passenden Wein auszusuchen. Viele Gastgeber servieren zwei Weine am Tisch: einen Weißwein zur Vorspeise und einen Rotwein zum Hauptgang. (Und wenn der Gastgeber ein Faible für Wein hat, serviert er am Schluss noch Käse, um einen Grund für einen zweiten Rotwein als Absacker zu haben.)

Da Sie ja wollen, dass jeder Wein – außer dass er perfekt mit dem Essen harmoniert – auch nochmals eine Steigerung zum Vorgänger darstellt, sollten Sie sich auch über die Reihenfolge der Weine ein paar Gedanken machen. Die klassischen Grundregeln lauten wie folgt:

✔ Weißwein vor Rotwein

✔ leichte Weine vor kräftigen Weinen

✔ trockene Weine vor süßen Weinen

✔ einfache Weine vor komplexen, aromatischen Weinen

 Jedes dieser Prinzipien funktioniert unabhängig. Machen Sie sich nicht verrückt dabei, alle Regeln unter einen Hut zu bekommen, sonst können Sie nur leichte, trockene, möglichst einfache Weißweine, gefolgt von schweren, komplexen Rotweinen mit Restsüße trinken! Ein sehr leichter Rotwein vor einem kräftigen, dichten Weißwein serviert, kann durchaus sehr gut funktionieren. Wenn zu den Speisen, die Sie servieren wollen, Weißwein einfach besser passt, dann gibt es keinen Grund, warum nicht beide Weine weiß sein sollen: zuerst ein einfacher, leichter Weißer gefolgt von einem kräftigeren, gehaltvolleren Weißen. Umgekehrt können auch beide Weine rot sein oder Sie servieren einen trockenen Rosé und anschließend einen richtigen Rotwein.

Ein netter Anfang

Auch wenn Sie kein Hors d'Oeuvres servieren, wollen Sie vielleicht Ihren Gästen einen Begrüßungsschluck anbieten, um sie auf den Abend einzustimmen.

 Wir servieren gerne Champagner (denken Sie an die Einleitung) als Aperitif, weil das Öffnen einer Flasche Champagner eine Zeremonie ist, die unterschiedlichste Menschen zu einer Gruppe vereint. Champagner schmeichelt Ihren Gästen. Und ein Glas Champagner ist immer noch etwas Besonderes. Es lässt auch die Gäste kurz innehalten und mit Andacht verkosten, die es ansonsten für absurd halten, sich über Wein zu unterhalten. Champagner kann man auch hervorragend ohne Essen so trinken.

Wie viel Wein ist nötig?

Die notwendige Menge für jeden Wein hängt von verschiedenen Faktoren ab. Wie viele verschiedene Weine wollen Sie anbieten (je mehr Sorten, desto weniger brauchen Sie von dem einzelnen) und wie lange dauert der Abend (wenn Sie ein langes, entspanntes Essen planen, brauchen Sie mehr von jedem Wein)? Und letztendlich ist auch die Größe Ihrer Gläser entscheidend. Wenn Sie überdimensionierte Gläser verwenden, dann brauchen Sie auch mehr Wein, da Sie automatisch mehr davon eingießen.

 Gehen wir von einer umfangreichen Einladung aus mit einem Aperitif, zwei Weinen zum Essen und einen weiteren zum Käse – und Gästen, die alle moderat trinken –, dann müssen Sie pro Sorte mit einer Flasche für jeweils vier Personen rechnen. Das gibt für jeden ein Glas, und Sie haben noch etwas in Reserve zum Nachschenken. Wenn Sie nur zwei Weine servieren, dann gehen Sie von einer Flasche pro Pärchen aus.

 Eine einfache Regel, die Sie immer als Gegenrechnung verwenden können: eine Flasche Wein pro Gast und Abend! Diese Menge klingt vielleicht hoch, aber wenn sich ein Abendessen über mehrere Stunden hinzieht und Sie eine Menge zu essen servieren, ist es gar nicht sonderlich viel. Wenn Sie Bedenken haben, dass Ihre Gäste zu viel trinken, dann achten Sie darauf, dass die Wassergläser immer gefüllt sind und Ihre Gäste so eine Alternative haben und nicht automatisch zum Wein greifen.

Wenn Ihre Einladung so hochkarätig ist, dass es verschiedene Gänge und dazu jeweils passende Weine gibt, dann empfehlen wir, auch für jeweils frische Gläser für jeden Wein zu sorgen. Sie können verschiedene Gläser für die verschiedenen Weine verwenden oder einfach nur neue Gläser der gleichen Form eindecken. All diese Gläser auf der Tafel hinterlassen einen festlichen Eindruck. Und mit einem frischen Glas für jeden Wein muss sich kein Gast gedrängt fühlen, den vorherigen runterzuschütten, wenn der neue Wein serviert wird. (Sie können mit einem Blick sehen, wer den Wein trinkt und wer nicht wirklich daran interessiert ist und sich beim Einschenken darauf einstellen.)

Teil III

Die Weinanbaugebiete der Welt

The 5th Wave By Rich Tennant

»Na ja, ich bin zwar kein Weinexperte, aber eines weiß ich: Wenn dieses
Schiff untergehen sollte, werd' ich dafür sorgen, dass statt dir ein paar
Kisten von diesem Wein ins Rettungsboot kommen.«

In diesem Teil ...

Wir haben mit uns gehadert, ob Sie, wenn Sie an diesem Punkt des Buches ankommen, wirklich jedes Wort gelesen haben werden, das wir bisher geschrieben haben. Vielleicht haben Sie ja auch alles Unwichtige einfach übersprungen. Für uns wäre das in Ordnung – denn erst ab hier kommt Fleisch auf die Knochen!

Die fünf Kapitel in diesem Teil sind randvoll mit Informationen über die traditionellen Weinregionen der Welt: die in Deutschland, Frankreich, Italien, Spanien und anderen europäischen Ländern. Anschließend setzen wir wie einst Kolumbus 1492 Segel und machen uns auf ins Land der unbegrenzten Möglichkeiten und andere Gegenden, wo Winzer die Rebsorte anbauen, die ihnen gerade gefällt und frische, moderne, aromatische Weine herstellen, die Weintrinker begeistern.

Wir erklären Ihnen die klassischen Rebsorten für jede Region und beschreiben die Weine. Außerdem machen wie Sie mit ein paar der berühmtesten Marken bekannt.

Deutschland, Österreich, Schweiz

In diesem Kapitel

▷ Riesling, der König

▷ In Deutschland gibt es viel zu entdecken

▷ Edler Schimmel und gefrorene Trauben

▷ Österreich mit neuer Kultur

▷ Chasselas – ein Schweizer Nationalwein

*W*ir möchten Ihnen in dieser deutschsprachigen Ausgabe von *Wein für Dummies* gerne jene Länder in einem eigenen Kapitel vorstellen, in denen ganz oder teilweise Deutsch gesprochen wird, ohne dass diese jedoch eine enge weinbauliche Gemeinsamkeit verbinden würde. Dafür sind Größe und geografische Lage auch einfach zu unterschiedlich.

Deutschland: Europas Individualist

Deutschlands Weine marschieren nach einem eigenen Rhythmus. Es gibt sie hauptsächlich in Weiß, sie sind unglaublich fruchtig im Stil, niedrig im Alkohol, selten im Barrique ausgebaut und nicht nur ganz trocken. Es sind fast ausschließlich rebsortenreine Weine, und die Rebsorte wird auch auf dem Etikett genannt, was in Europa ungewöhnlich ist.

Deutschland ist das nördlichste von den wichtigen weinproduzierenden Ländern in Europa – was bedeutet, dass wir es mit einem kühleren Klima zu tun haben. Ein Grund dafür, dass ein Großteil der deutschen Weine weiß ist. Das Klima schwankt sehr stark von Jahr zu Jahr, was bedeutet, dass dem Jahrgang bei deutschen Weinen eine große Bedeutung zukommt (Jahrgangsweine). Die guten Weinlagen Deutschlands liegen alle an Flüssen wie dem Rhein oder der Mosel und dort an steilen, sonnigen Berghängen, – der Ausdruck Wein*berg* kommt nicht von ungefähr –, da diese die Extreme des Wetters abfedern und so mithelfen, dass die Trauben ausreifen können.

Deutschland hat eine erfolgreiche, 2000-jährige Weinkultur, die schon seit jeher von Kaisern und Königen sehr geschätzt wurde. Die englische Königin Victoria prägte Mitte des 18. Jahrhunderts den Satz »Good Hock keeps off the doc«, worin ihre Wertschätzung für einen Hochheimer (The Hock) Riesling vom Rheingau zum Ausdruck gebracht wurde.

Der deutsche Weinmarkt ist sehr vielschichtig. Etwa 70.000 Winzer bauen auf ungefähr 100.000 Hektar Reben an, dabei haben 50.000 Winzer weniger als ein Hektar. Sie ernten dabei pro Jahrgang durchschnittlich neun Millionen Hektoliter Wein. Aber das reicht bei Weitem nicht aus: Die Deutschen trinken pro Jahr doppelt so viel Wein, was zeigt, dass die deutschen

Weintrinker sehr international aufgestellt sind. Es gibt rund 3.000 geschützte Weinberglagen, die im Weingesetz von 1971 festgelegt wurden.

Neben den kleinen Familienweingütern mit meist nur wenigen Hektar Rebfläche gibt es auch hervorragende Genossenschaften (zum Beispiel Moselland, Badischer Winzerkeller, WZG Möglingen), die vor allem in südlicheren Gebieten angesiedelt sind.

An der Mosel, die schon zur Zeit der Römer für einen guten Weinanbau bekannt war, haben sich zudem viele große Kellereien (unter anderen ZGM, Peter Mertes) angesiedelt, die mit modernsten önologischen Technologien große Mengen nationaler, aber auch internationaler Weine ausbauen und abfüllen.

 Auch wenn große Kellereien an der Mosel heimisch sind und diese auf deren Weinetikett als Abfüllort manchmal den Zusatz »Mosel« führen, so hat dies oft nur wenig oder gar nichts mit dem Gebietsweinbau der Moselwinzer gemein. Die Kellerei könnte auch in Castrop-Rauxel stehen.

Wie in jeder Kultur mit einer langen Vergangenheit unterliegt auch die Weinkultur in Deutschland einem stetigen Wandel. Die letzten 20 Jahre waren für den deutschen Weinbau leider eine eher schwierige Zeit. Wachsender internationaler Preisdruck, steigende Bürokratie und zudem Konsumenten und Handel mit wenig ausgeprägtem Nationalstolz, hatten die Weinwirtschaft in eine große Sinnkrise gebracht – Masse statt Klasse war dabei jedoch die falsche Antwort auf »Geiz ist geil«.

Seit einigen Jahren zeichnen aber auch in Deutschland wieder junge und motivierte Weinmacher mit modernen Konzepten neue önologische Wege auf, die bereits bei vielen internationalen Weinmessen großes Aufsehen erregt haben.

 Mit dem Riesling als noble Rebsorte, der nirgendwo anders auf der Welt eine solch feine Frucht, Mineralität und filigrane Säurestruktur erlangt, starten unter anderem Winzer wie Philipp Wittmann (Rheinhessen), Armin Diel (Nahe), Andreas und Bernd Spreitzer (Rheingau) oder Ernie Lossen (Mosel) einen Siegeszug auf der ganzen Welt.

Riesling und sein Gefolge

Das kühle deutsche Klima ist wie geschaffen für den noblen Riesling. Nirgends auf der Welt gibt es in größerem Umfang ein vergleichbares Terroir für Riesling wie an Mosel, Saar und Rhein. Und doch werden nur etwas über 20 Prozent der deutschen Weinberge mit Riesling bepflanzt, denn der Riesling hat allerhöchste Ansprüche an den Standort. Daher ist er auch so besonders.

Die am zweithäufigsten angebaute deutsche Rebsorte ist der Müller-Thurgau (Rivaner), eine Kreuzung aus Riesling und Silvaner, wie es lange hieß. Inzwischen ist klar, dass Madeleine Royale die Vaterrolle (oder muss man »Mutterrolle« sagen?) zugesprochen werden muss. Die Wissenschaft hat lange gebraucht, diesen Anfangsverdacht des Züchters Hermann Müller aus dem Kanton Thurgau in der Schweiz, der die Sorte 1882 an der damaligen Königlichen Lehranstalt für Weinbau in Geisenheim kreuzte, zu erhärten.

Man kann aus dem Müller-Thurgau fruchtige und moderne Weine erzeugen, auch wenn die Weine grundsätzlich weicher sind als Rieslinge, weniger Charakter haben und es ihnen an Potenzial zu wirklicher Größe fehlt. Es ist eine genügsame, frühreifende Rebsorte mit gutem Ertrag, die die ideale Voraussetzung für leichte Sommerweine mitbringt, die gut gekühlt jeden Sonnenuntergang auf der Terrasse verzaubern können. Kein Wunder, dass Italien derzeit große Flächen mit der Müller-Thurgau-Rebe bepflanzt, um neben Chardonnay, Pinot Grigio oder Prosecco eine neue Alternative zu entwickeln.

Nach Riesling und Müller-Thurgau sind die meistgepflanzten weißen Rebsorten Silvaner, Kerner, Grauburgunder (Pinot Gris) und Weißburgunder (Pinot Blanc), wobei sich gerade die beiden letzteren einer wachsenden Beliebtheit erfreuen.

Die geachteten aromatischen Neuzüchtungen wie Scheurebe, Faberrebe, Huxelrebe oder Ortega bilden nur ein kleines Spezialsegment und eignen sich vor allem als Aperitif- oder Dessertweine.

Der Anteil an roten Rebsorten ist in den letzten Jahren sehr stark angestiegen und liegt inzwischen bei etwa 30 Prozent der bestockten Fläche. Zum größten Teil wird Spätburgunder (Pinot Noir) angebaut, eine hochkarätige Rebsorte, die kühles Klima bevorzugt und sich somit in Deutschland sehr wohl fühlt und hervorragende Ergebnisse liefert. Auf Platz zwei liegt bereits die Neuzüchtung Dornfelder (lesen Sie den Kasten *Der Dornfelder – eine deutsche Erfolgsstory* weiter vorne in diesem Kapitel), gefolgt vom relativ farblosen Portugieser auf Platz drei, der daher vorwiegend zur Produktion leichter Weißherbstweine in der Pfalz und in Rheinhessen eingesetzt wird.

Deutsche Weingesetze und Weinstile

Das deutsche Klassifizierungssystem basiert nicht auf dem französischen AOC-System, wie es in den meisten anderen europäischen Weinbauländern der Fall ist. Wie bei der Mehrzahl der europäischen Weine wird bei den deutschen Erzeugnissen wirklich die Herkunft genannt. Bei den feineren Weinen findet man auf dem Etikett sowohl die Region und meist auch noch den Ort, gefolgt vom Namen des Weinbergs wie bei Ellerer (Ort) Höll (Weinbergslage) oder Wehlener (Ort) Sonnenuhr (Weinbergslage).

Im Gegensatz zu den meisten anderen europäischen Weinen ist jedoch die Rebsorte ein wesentlicher Teil des Namens (wie in Ellerer Höll Riesling). Und die besseren deutschen Weine haben ein weiteres Element in ihrem Namen – ein *Prädikat*, das die Reife der Trauben bei der Lese angibt (wie in Ellerer Höll Riesling *Spätlese*). Weine mit Prädikat haben die höchste Stellung im deutschen Weinsystem.

Das deutsche System, die Qualitätseinstufung am Reifegrad der Trauben festzumachen, unterscheidet sich total von dem reinen Herkunftsprinzip, das den anderen europäischen Weingesetzen zugrunde liegt. Dort wird der höchste Status nur an die besten Weinberge oder an bestimmte Regionen vergeben. Im deutschen System spielt die Herkunft der Trauben, die eigentlichen Wachstumsbedingungen und damit das Terroir in Verbindung mit dem Reifegrad der Trauben eine wichtige Rolle.

So ist auch zu erklären, warum immer so viel über *Öchsle-Werte* gesprochen und geschrieben wird. In *Öchsle* wird die Zuckerkonzentration (und so der mögliche spätere Alkoholgehalt) in der Traube angegeben. Für ein bestimmtes Prädikat ist nämlich ein gewisser Mindest-Öchsle-Wert notwendig. Der Öchsle-Wert heißt so, weil ein gewisser Herr Öchsle die Mostwaage (zur Dichtemessung) erfunden hat, mit der man bereits im Weinberg ganz einfach den Zuckergehalt in der Traube bestimmen kann.

Dieser Denkansatz funktioniert aber nur in einem Weinbauland in nördlichen Gefilden, in denen normalerweise bloß in guten Lagen eine entsprechende Vollreife der Trauben gewährleistet ist. In südlicheren Weinbauländern spielt der Zuckergehalt der Traube eine eher unwichtige Rolle, da durch die hohe Sonneneinstrahlung der notwendige Zucker von der Rebe sowieso gebildet wird. Je reifer die Trauben, desto geringer wird aber auch der Säureanteil, so dass die Balance zwischen Säure und Süße eine wichtige Charaktereigenschaft eines Weines beschreibt. Die Kunst des Weinmachers besteht also darin, den Zeitpunkt der Lese so zu bestimmen, dass er im Keller die besten Voraussetzungen für einen großen Wein vorfindet. Heute sieht man viele Weinmacher im Herbst im Weinberg umherlaufen, wo sie von Stock zu Stock gehen, um Trauben zu probieren. Dieses *Traubenschmecken* ist neben den analytischen Öchsle-Messungen ein wichtiges Entscheidungskriterium für den richtigen Zeitpunkt der Traubenlese (physiologische Reife).

Das deutsche Weingesetz vergibt das *Prädikat* (früher: Qualitätswein mit Prädikat, QmP; heute: Prädikatswein) in sechs Abstufungen. Von am wenigsten reif bis zu sehr reif (je reifer, desto höher ist der Zuckergehalt beziehungsweise der Öchsle-Wert). Je nach Anbaugebiet und Rebsorte gibt es verschiedene Bereiche für eine Qualitätseinstufung:

✔ **Kabinett** (mindestens 67 bis 82 Grad Öchsle)

✔ **Spätlese** (mindestens 76 bis 90 Grad Öchsle)

✔ **Auslese** (mindestens 83 bis 100 Grad Öchsle)

✔ **Beerenauslese (BA)** (mindestens 110 bis 128 Grad Öchsle)

✔ **Trockenbeerenauslese (TBA)** (mindestens 150 bis 154 Grad Öchsle)

✔ **Eiswein** (110 bis 128 Grad Öchsle)

110 Grad Öchsle entsprechen ungefähr 263 Gramm Zucker auf einem Liter. Sofern Weinhefen es schaffen würden, diesen voll zu vergären, würden 122,3 Gramm Alkohol in einem Liter sein, also etwa 15,49 Volumprozent entstehen. Hefen sind aber sehr empfindlich gegenüber niedrigen oder hohen Temperaturen, Alkohol und Kohlendioxid und stellen ab bestimmten Grenzen ihre Tätigkeit ein oder sterben sogar ganz ab.

Bei den drei höchsten Prädikatsstufen muss der natürliche Zuckergehalt in den Trauben also sehr hoch sein, und dadurch bleiben die Weine zwangsläufig meist süß. Viele Menschen glauben deshalb fälschlicherweise, dass die Prädikatsstufen die Süße des Weins angeben. Tatsache ist, dass das Prädikat aber nur den Zuckergehalt der Trauben *zum Lesezeitpunkt* angibt und nicht den Zuckergehalt des Weines. Bei den Einstiegsprädikatsstufen kann der Zucker komplett vergären und somit einen trockenen Wein ergeben. Es gibt *keinen direkten Zusammenhang zwischen der Prädikatsstufe und der Süße des Weins.*

Weine, deren (Trauben-)Reife ein Prädikat verdient, werden in der Kategorie *Prädikatswein* (früher *QmP, Qualitätswein mit Prädikat*) zusammengefasst. Es handelt sich um Qualitätsweine im Sinne der EU-Vorschriften (mehr dazu in Kapitel 4). Wenn die Reife der Trauben in einem bestimmten Weinberg nicht für ein Prädikat ausreicht, kann sich der Wein trotzdem als Qualitätswein im Sinne der EU-Vorschriften qualifizieren. Es gibt in Deutschland noch die unter den QmP angesiedelte Kategorie der *QbA* (*Qualitätswein bestimmter Anbaugebiete*). Oft erscheint lediglich der Ausdruck *Qualitätswein* auf dem Etikett eines QbA-Weins. Die Worte *bestimmter Anbaugebiete* werden weggelassen. Allerdings steht der Name der Region immer auf der Flasche.

Für unter zehn Prozent der deutschen Weinproduktion reicht es nicht in diese beiden Qualitätskategorien. Sie werden als *Landwein* (Tafelwein mit einer geografischen Herkunftsbezeichnung) oder als *Deutscher Tafelwein* abgefüllt.

In Frankreich und Italien erreichen nicht einmal die Hälfte der Weine den Status *Qualitätswein*. Viele der günstigen deutschen Weine, die man im Weinladen findet, fallen aber dagegen bei uns in die QbA-Kategorie. An diesem Beispiel erkennt man, dass bei der europäischen Weingesetzgebung noch einiges zu tun ist, bis europaweit die gleiche Aussagekraft erreicht ist.

Bereich – Großlage – Einzellage

In Burgund oder auch in Italien werden manche Lagen, die als besonders gut gelten, auf dem Etikett erwähnt beziehungsweise die Weine dieser Lagen werden aufgrund ihrer Herkunft höher bewertet (lesen Sie dazu auch die Kapitel 10 und 11). Alle anderen Weine werden ohne Lagenbezeichnung abgefüllt. Auch in Deutschland haben einzelne Lagen schon immer eine besondere Wertschätzung genossen (unter anderen Ürziger Würzgarten, Wehlener Sonnenuhr, Assmannshäuser Höllenberg). Berechtigterweise, denn sie waren auch hier der Garant für besondere Qualitäten! 1971 hat man dann Bereiche und Großlagen geschaffen, um größeren Gemeinschaften die Möglichkeit zu geben, ihre Weine unter einem einheitlichen Namen zu vermarkten. Verwirrend ist, dass die Bereichsnamen und Großlagen oft nach einer Einzellage benannt wurden. Da es für den Verbraucher schwierig zu erkennen ist, ob es sich um eine Einzellage, Großlage oder einen Bereich handelt, versucht man diese Bezeichnung heute wieder zu reduzieren.

Trocken, halbtrocken oder lieblich

Es ist noch gar nicht so lange her, da hat jeder, vor allem im Ausland, deutschen Wein mit süßem Wein gleichgesetzt. Wahrscheinlich, weil im Weinladen um die Ecke nur große Markenweine aus Deutschland gelistet wurden. Liebfrauenmilch, auch unter zum Beispiel »Black Tower«, »Blue Nun« und »Madonna« bekannt, standen dabei plakativ als Synonym für den gesamten deutschen Weinanbau. Dabei sind viele deutsche Weine *trocken* oder *relativ trocken* (was man heute international auch als trocken bezeichnet). Zusätzlich gibt es sehr interessante *halbtrockene* und *süße* Spezialitäten in Deutschland, die – zum passenden Anlass – unglaublich viel Spaß machen können.

Die Stärke der deutschen Weine ist, dass sie meist sehr leicht sind, wenig Alkohol haben und trotzdem mit einer großartigen Mineralität und filigranen Säure betörend aromatisch sein können. Die gerade für den deutschen Riesling prägnante Säure ist zwar für diese Frische mitverantwortlich, sie ist aber in höherer Ausprägung nicht jedermanns Sache. Und deshalb war es in Deutschland traditionell üblich, höhere Säure mit etwas höheren Werten an Restzucker zu puffern, denn eine gute Harmonie hängt weitgehend von der Balance von Süße und Säure ab. Heute versucht man europaweit, die Säurewerte bereits im Weinberg in den Griff zu bekommen. Durch geeignete Anbaumaßnahmen soll in nördlichen Anbaugebieten der Säurewert gesenkt und in südlicheren Regionen (zum Beispiel in Griechenland) erhöht werden.

 Ein halbtrockener Riesling zu reifem Weichkäse schmeckt hervorragend. Oder probieren Sie einmal einen reifen, halbtrockenen Riesling Spätlese zu frischen Austern – ein Gedicht! Die dezente, cremige Süße des Weins zur salzigen Note der Auster – da verzichten wir sogar auf unseren geliebten Champagner.

Obwohl wir normalerweise trockene Weine bevorzugen, kann diese leichte Restsüße bei einem deutschen Wein sehr angenehm sein – und in vielen Fällen kommen die Aromen dadurch sehr viel schöner zum Ausdruck. Die kräftige Säure wird abgemildert und, da der Alkoholgehalt teilweise sehr niedrig ist, übernimmt der Zucker die Rolle des Geschmacksträgers, der die Aromen stützt. Häufig kann man dank der Säure die tatsächliche Süße in vielen deutschen Weinen kaum wahrnehmen.

 Bei trockenen und halbtrockenen Weinen steht dies meist auf der Flasche. Ist kein solcher Hinweis zu finden, handelt es sich meist noch um einen *lieblichen* Wein. Ein weiteres Indiz ist die Angabe des Alkoholgehalts auf dem Etikett. Ist dieser sehr niedrig – etwa neun Volumprozent oder weniger –, dann enthält der Wein wahrscheinlich noch unvergorenen Traubenzucker und ist deshalb süß. Ein höherer Alkohol suggeriert, dass der gesamte Zucker vergoren wurde und der Wein deshalb trocken ist.

Die meisten Premiumweine in Deutschland, die auch in der Sterne-Gastronomie zu finden sind, werden heute auch *trocken* ausgebaut. Man sieht: Die deutsche Weinszene ist im Wandel.

 Es gibt in Deutschland vier Möglichkeiten, süße Weine herzustellen:

✔ ein ungemein hoher Zuckergehalt in der Traube wie bei den Beerenauslesen und Trockenbeerenauslesen (wird im nächsten Abschnitt näher erläutert)

✔ der Einsatz von Kälte beim Eiswein (Näheres im nächsten Abschnitt)

✔ Man stoppt bei einem gewissen Restzuckergehalt die Gärung. Dies kann durch Kälte und/oder Filtration geschehen. Die Weine sind etwas niedriger im Alkohol und haben noch eine gewisse Restsüße.

✔ Man lässt den Wein komplett durchgären und setzt dem trockenen Wein im Nachhinein eine so genannte *Süßreserve* zu (Traubenmost, den man vorher beiseite gelegt und sterilisiert hat, damit er nicht gären kann).

Qualitätsstreben – Der Erfolg ist zurück

Der deutsche Wein steckte lange Jahre in der Krise. Die jüngsten Erfolge deutscher Winzer auf dem internationalen Parkett haben allerdings endlich eine neue Epoche eingeläutet und animieren immer mehr Weinmacher, neue und teilweise unkonventionelle Wege zu gehen. Alle regionalen Weinbauverbände, der deutsche Weinbauverband, das deutsche Weininstitut, Weinbauministerien und Verbände in Deutschland haben lange Jahre versucht, die Weinwirtschaft in Deutschland zu reformieren. Fragt man deutsche Winzer nach dem Ergebnis, so sprechen diese vor allem von mehr Bürokratie, eng geschnürten gesetzlichen Regelungen und »Zwangsabgaben« für ein fragwürdiges deutsches Weinmarketing.

Ein Beispiel für eine halbherzig eingeleitete und nicht gelebte Reform war die zum Jahrgang 2000 eingeführte Bezeichnungen *Classic* und *Selection*. Auch Fachleute sind sich nicht sicher, was man darunter jeweils verstehen soll. Oder haben Sie bei dieser Beschreibung eine klare Vorstellung? »Der Wein muss einem gehobenen Anspruch genügen und gehaltvoll, kräftig und aromatisch schmecken sowie dem Geschmacksprofil ›harmonisch trocken‹ entsprechen.« Alles klar, oder?

Eine deutlich klarere Sprache wird bei dem 1999 im Rheingau eingeführten Gütezeichen *Erstes Gewächs* gesprochen. Diese Klassifizierung entspricht dem französischen System der Grand-Crû-Lagen. Die Qualitätsvorgaben sind streng und können auch im Nachhinein überprüft werden, was jederzeit den Entzug des Gütesiegels zur Folge haben kann. Aber auch hier insgesamt mehr Verwirrung als Aufklärung, da in anderen Regionen Begriffe wie *Erste Lage* und *Großes Gewächs* genutzt werden müssen.

Und so ist der neuerliche Erfolg deutscher Winzer also nicht der Lohn politischer Arbeit, sondern liegt vielmehr an der Einzigartigkeit individueller Konzepte von motivierten Weinmachern. Mit einer guten önologischen Ausbildung in Weinsberg, Bad Kreuznach oder der Hochschule in Geisenheim und einer guten Portion unternehmerischer Freiheit entwickelt sich derzeit ein neues Bild vom deutschen Wein – wir können gespannt sein!

Ein edler Pilz oder endlich die ersehnte Kälte

Die edelsüßen Weine aus deutschen Landen werden von Kennern überall auf der Welt geschätzt. Die süßen deutschen Spezialitäten zählen zu den großen Weinen auf dieser Welt. Die meisten dieser legendären Dessertweine verdanken ihre Süße einem kleinen magischen Schimmelpilz, bekannt als *botrytis cinerea,* auch *Edelpilz* genannt.

Dieser Edelpilz befällt die reifen Trauben im Spätherbst, wenn eine bestimmte Kombination aus Feuchtigkeit und Sonne gegeben ist. Der Pilz perforiert die Beerenhaut und lässt das Wasser verdunsten, wodurch die Beeren zu Rosinen schrumpfen, und konzentriert somit Zucker und Geschmacksstoffe. Die Weine aus solch infizierten Trauben sind süß, ganz besonders cremig, und ihre Komplexität widersteht jeder Beschreibung. Sie können auch sehr teuer sein – 100 Euro und mehr für eine Flasche.

 Weine wie eine Beerenauslese oder Trockenbeerenauslese werden normalerweise vollständig aus mit dem Edelpilz infizierten Trauben gekeltert (auch *Botrytis-Trauben* genannt). Sie haben eine kräftige Textur und sind sehr süß. *Auslesen* werden oft nur zum Teil aus infizierten Trauben gemacht – und wenn, dann können auch sie angenehm süß sein, wenn sie auch nie so ausladend und cremig sind wie eine Beerenauslese oder Trockenbeerenauslese.

Eine weitere Möglichkeit, wie Mutter Natur für eine exotische Süße in deutschen Weinen sorgt, ist die Kälte. Man wartet auf den ersten kräftigen Frost und hofft, dass die Trauben bis dahin gesund bleiben. Dann werden die gefrorenen Trauben gelesen (man braucht eine Temperatur von mindestens -7 Grad Celsius) und im gefrorenen Zustand abgepresst. Das meiste Wasser bleibt als Eis in der Presse zurück. Was herausläuft und vergoren wird, ist ein dicker, hochkonzentrierter Most mit extremen Zuckerwerten. Das Ergebnis ist die Prädikatsstufe *Eiswein*. Eiswein unterscheidet sich geschmacklich deutlich von einer Beerenauslese oder Trockenbeerenauslese, da ihm ein bestimmter Geschmack fehlt, der vom Botrytis kommt und oft als Honignote beschrieben wird.

Die Eisweinproduktion ist sehr aufwendig und riskant, denn nicht jedes Jahr wird es so kalt, und dann verfaulen die Trauben am Rebstock. Daher sollte man »Icewine« aus Kanada (teilweise im Kühlhaus gelagert) anders werten als einen Eiswein aus Deutschland, auch wenn diese sich nicht zwangsläufig qualitativ unterscheiden müssen. Dieses »Problem« ist zu vergleichen mit dem bei der Bewertung des Barriqueausbaus in Eichenfässern oder in Stahltanks mit Eichenholzchips.

 Die beiden Botrytis-Weine und der Eiswein werden auch als *spätgelesene Weine* bezeichnet, nicht nur in Deutschland, sondern überall auf der Welt, denn der besondere Charakter dieser Weine entwickelt sich erst unter bestimmten Bedingungen, wenn man die Trauben weit über den normalen Lesezeitpunkt hinaus am Rebstock belässt. Eine nette Geschichte hierzu ist die des »Spätlesereiters«, die auf Schloss Johannisberg im Rheingau erzählt wird. Der Wein-Comic *Karl, der Spätlesereiter* des Wein-Künstlers Michael Apitz garantiert Spannung und Aufklärung zu diesem Thema.

Rotwein in Deutschland

Deutschland ist in erster Linie Weißweinland und wird dies vorerst auch bleiben, sofern die globale Klimaerwärmung nicht kurzfristig große Veränderungen mit sich bringen wird. Vor der vorletzten Jahrhundertwende wurden manche deutsche Rieslinge höher gehandelt als die Spitzenweine aus Bordeaux. Rotwein hat jedoch, im Gegensatz zu Frankreich, Italien und Spanien, in Deutschland immer eine untergeordnete beziehungsweise nur eine regionale Rolle gespielt.

Der Anbau von roten Reben konzentriert sich traditionell auf den Süden beziehungsweise Südwesten Deutschlands und zwei kleine, klimatisch bevorzugte Inseln am Rhein und an der Ahr. Aber da Rotwein boomt, werden inzwischen in allen 13 deutschen Weinbaugebieten auch vermehrt Rotweine erzeugt, und so ist die mit Rotweinreben bestockte Fläche auf fast 30.000 Hektar und damit auf fast 30 Prozent der Gesamtfläche angestiegen.

Die Rebsorte, die unter dem Namen *Blauer Spätburgunder* (Pinot Noir) bekannt ist, nimmt mit knapp 10.000 Hektar und zehn Prozent der Gesamt-Rebfläche den ersten Platz unter den roten Sorten ein. Die zu großen Weinen fähige Rebsorte – man denke nur an den Anbau in Burgund – bringt auf den verschiedenen Böden der Anbaugebiete die unterschiedlichsten Geschmackserlebnisse hervor.

Man muss sich aber vor Augen führen, dass alleine in Bordeaux etwa die dreifache Fläche für Rotwein zur Verfügung steht und dass Deutschland insgesamt kaum mehr Rotwein zur Verfügung hat als das kleine Burgund. Rotwein bleibt in Deutschland also vorerst eine Spezialität, auch wenn man mancherorts schon Cabernet Sauvigon, Shiraz oder Merlot wachsen sieht und sarkastischerweise unter Rotwein-Freaks von den Vorzügen einer Klimaerwärmung gesprochen wird.

Nur in zwei Anbaugebieten in Deutschland dominieren die roten Reben:

✔ Ahr

✔ Württemberg

Dazu gibt es noch Regionen, in denen die Rotweine traditionell und qualitativ eine wichtige Rolle spielen:

✔ Baden

✔ Rheingau

✔ Pfalz

 Nach Qualitätskriterien sortiert, sieht die Reihenfolge allerdings anders aus. Da liegt Baden mit den meisten Spitzenbetrieben (zum Beispiel Weingut Dr. Heger, Weingut Stigler) für deutsche Rotweine an vorderster Stelle, gefolgt von Ahr (zum Beispiel Weingut Meyer-Näkel) und Rheingau (zum Beispiel Weingut August Kesseler, Weingut Kloster Eberbach) mit ein paar Topnamen, und dann kommt sicherlich noch Franken mit wenigen, aber sehr guten Rotweinwinzern vor der Pfalz oder Württemberg.

Deutschlands Weinregionen

Deutschland hat 13 Weinregionen – elf im Westen und zwei im östlichen Teil des Landes (gut zu sehen in Abbildung 9.1).

Die berühmtesten sind sicherlich der Rheingau, der sich fast komplett dem Riesling verschrieben hat, und die Mosel, deren Steilhänge entlang der drei Flüsse (Mosel, Saar und Ruwer) schon seit Jahrhunderten legendäre Weine hervorbringen. Vater Rhein fungierte als Namensgeber für drei weitere deutsche Weinregionen: Rheinhessen, die Pfalz und die sehr kleine Region Mittelrhein.

Abbildung 9.1: Die Weinregionen Deutschlands

Rheingau

Der Rheingau zählt zu den kleineren deutschen Weinregionen. Hier könnte man auch von »klein, aber fein« sprechen, denn fast 80 Prozent der Rebfläche sind dem Riesling gewidmet, und somit ist es das einzige deutsche Weingebiet, das ein klares Profil hat: klar strukturierte, kräftige, mineralische Rieslinge, sowohl trocken als auch halbtrocken, die zu den besten auf der Welt zählen. Auf der anderen Seite ist der Rheingau bekannt für seine herausragenden spätgelesenen, süßen Dessertweine.

Der Rheingau ist eine herrliche, alte Naturlandschaft entlang des hier flächenmäßig sehr breiten Rheins. Der Fluss, von Hochheim bis Rüdesheim in Ost-West-Richtung fließend, wirkt temperaturregulierend, spiegelt das Sonnenlicht und begünstigt im Herbst mit seinem Nebel die Edelfäule. Der Weinbau wurde im Mittelalter sehr stark von den Mönchen des Zisterzienser-Ordens geprägt, die wahrscheinlich auch den Riesling für diese Region entdeckt haben. Der Weinbau konzentriert sich in erster Linie auf Südhanglagen. Der Rheingau besteht aus 11 Großlagen und 120 Einzellagen. In Geisenheim wurde 1872 die Forschungsanstalt für Wein-, Obst- und Gartenbau gegründet, die noch heute zu den weltweit führenden Ausbildungsstätten für Weinbau zählt.

Die Rheingauer Rieslinge sind sensationell und auf ihre Art einzigartig auf der Welt. Und somit ist es auch nicht verwunderlich, dass fast 80 Prozent der Rebfläche mit Riesling bestockt ist und kaum einer weiß, dass der Rheingau auch eine kleine, aber feine Rotwein-Enklave hat: Assmannshausen mit seinem Höllenberg, die nördlichste Weinbaugemeinde im Rheingau. Ein Ort, eine Lage, eine Rebsorte! Von hier kommen die besten Rotweine des Rheingaus, selbstverständlich Spätburgunder.

Merken Sie sich hier vor allem einen Namen: August Kesseler. Er macht zwar auch gute Weißweine, aber seine Rotweine sind beispiellos. Leider zählen sie auch zu den teuersten Rotweinen Deutschlands.

Mosel (früher Mosel-Saar-Ruwer)

Die Steilhänge entlang der Mosel und ihren beiden Nebenflüssen, der Saar und der Ruwer, bilden eine dramatisch schöne Landschaft. Die Weinberge steigen steil von der sich dahinschlängelnden Mosel auf. An der oberen Mosel liegen die ältesten Weinberge Deutschlands. Hier betrieben schon die Römer im ersten Jahrhundert vor Christus Weinbau und gründeten auch die heutige Stadt Trier.

Der Weinbau profitiert von der idealen Kombination aus extrem steilen Hängen mit optimaler Sonneneinstrahlung, dem reflektierenden Schieferboden und ausreichenden, aber spärlichen Niederschlägen. Es gibt fünf Bereiche mit 20 Großlagen und insgesamt 507 Einzellagen. Es werden zu 95 Prozent weiße Rebsorten angebaut, wobei auch hier der Riesling die Hauptrolle spielt.

Die Weine zählen zu den leichtesten in Deutschland. Nirgends auf der Welt schafft man es, Weine mit so wenig Alkohol (oft unter zehn Volumprozent) und gleichzeitig so feinem Säurespiel und Frucht zu keltern.

Verband Deutscher Prädikatsweingüter (VDP)

Der Verband Deutscher Prädikats- und Qualitätsweingüter e.V. wurde im Jahre 1910 auf Initiative des Bürgermeisters von Trier (Mosel) Albert von Bruchhausen (1859 bis 1948) gegründet. Dieser Verband hat ca. 200 Mitgliedsbetriebe. Sie sind in regionalen Verbänden zusammengefasst. Die Mitgliedschaft gilt als absolute Auszeichnung im deutschen Weinbau und wird erst nach einer längeren Prüfungsphase verliehen. Die Mitglieder müssen sich zur Einhaltung von strengen Qualitätsstandards verpflichten, dafür dürfen sie das VdP-Zeichen tragen, das einerseits wirklich für Qualität bürgt und andererseits bezeugt, dass die Mitglieder renommierte Weinbergslagen besitzen und traditionelle, gebietstypische Rebsorten ausbauen.

Mit ca. 50 Mitgliedern und ca. 1.000 Hektar, auf denen fast ausschließlich Riesling und Spätburgunder angebaut werden, ist die Sektion Rheingau der größte und aktivste regionale Teil dieses Verbands.

Die VDP-Weingüter verstehen sich als Elite der deutschen Weinmacher. Es werden Weine mit besonderem, eigenständigem Charakter ausgebaut, die das jeweilige Terroir ihrer Herkunft widerspiegeln. Die VDP-Klassifikation mit »Erste Lage« (Mosel), »Erstes Gewächs« (Rheingau) und »Großes Gewächs« (alle anderen) sind konsequent umgesetzte Qualitätsstandards.

Die Liste der guten oder gar herausragenden Weingüter in diesem Gebiet ist lang, daher hier nur die bekanntesten Namen in alphabetischer Reihenfolge:

✔ Weingut Georg Breuer

✔ Weingut Kloster Eberbach, Hessische Staatsweingüter

✔ August Eser

✔ Johannishof Eser

✔ Weingut August Kesseler

✔ Weingut Peter Jacob Kühn

✔ Weingut Franz Künstler

✔ Johannes Leitz

✔ Weingut Spreitzer

✔ Schloss Johannisberg

✔ Schloss Reinhartshausen

✔ Schloss Vollrads

✔ Weingut Robert Weil

✔ Geheimrat J. Wegeler Erben

Eine Besonderheit ist die alte Rebsorte Elbling, die ausschließlich an der Obermosel kultiviert wird. Sie ergibt angenehm frische, leichte Weine, die sich hervorragend als Sommerwein eignen. Auch der Elbling-Sekt ist eine Entdeckung. Die Qualitäten, die wir hier erwähnen, finden Sie bei Jürgen Weber im Margarethenhof in Ayl.

Zwischen den Weinorten Bremm und Eller liegen die steilsten Weinberge Europas – auf dem Calmont (lateinisch *caldius mons* = heißer Berg). Etwa 290 Meter (380 Meter über NN) erhebt sich der Calmont über die Mosel, mit zum Teil 60 Grad Hangneigung. Ein alpiner Klettersteig, der sogar vom Alpenverein gepflegt wird, eröffnet dem Besucher einen Eindruck von der Arbeit der Winzer in Steillagen. »In diesem extremen Weinberg, wo Sie den Schiefer riechen, die gespeicherte Wärme spüren und den Stein auf der Zunge schmecken, wachsen unsere Rieslingreben«, so die Einschätzung von Weinmacher Ulrich Franzen vom bekannten Weingut Franzen in Bremm. Unser Tipp: Es lohnt sich, einen solchen »Extremwein« einmal zu verkosten.

Die Mosel hat Dutzende von exzellenten Weinmachern, die absolut faszinierende Terroir-Rieslinge produzieren. Hier seien nur einige unserer Favoriten genannt:

✔ Weingut Grans-Fassian

✔ Friedrich Wilhelm Gymnasium

✔ Weingut Fritz Haag – Dusemonder Hof

✔ Weingut Heymann-Löwenstein

✔ Weingut Albert Kallfelz

✔ Weingut Karthäuserhof

✔ Weingut Reichgraf von Kesselstatt

✔ Weingut Dr. Loosen

✔ Maximin-Grünhäuser

✔ Weingut Markus Molitor

✔ Weingut Egon Müller

✔ Weingut J. J. Prüm

✔ Weingut Andreas Schmitges

✔ Weingut Selbach-Oster

✔ Weingut St. Urbans-Hof

Der Dornfelder – eine deutsche Erfolgsstory

Nirgends auf der Welt gibt es eine solche Sehnsucht, die perfekte Rebsorte zu erschaffen. Und so wird nirgendwo sonst so viel an Rebsorten geforscht und gekreuzt wie in Deutschland. Um hier nur die bekanntesten aufzuzählen: Müller-Thurgau, Scheurebe, Huxelrebe, Domina, Optima, Regent und der Star von allen: *Dornfelder*. Es ging immer wieder darum, eine Rebsorte zu erschaffen, die unkompliziert im Anbau ist, große Mengen produziert und möglichst – das lange schwierige Thema bei den deutschen Rotweinen – auch noch eine kräftige Farbe hat. Am nächsten kam man diesen Zielen mit dem Dornfelder, einer Kreuzung aus Heroldrebe × Helfensteiner. Beide sind selbst auch schon Kreuzungen, die erstere Portugieser × Blaufränkisch und die andere Frühburgunder × Trollinger. Man hat also auch da schon versucht, eine qualitativ hochwertige Rebsorte mit einer unkomplizierten, reich tragenden Rebsorte zu kombinieren. Die Kreuzung des Dornfelder erfolgte bereits 1955 in Weinsberg und seit 1979 ist sie zum Anbau zugelassen, aber der eigentliche Boom kam erst Anfang der 90er-Jahre.

Zuerst war die Rebsorte nur als *Deckrotwein* (das heißt zum Einfärben von anderen, zu blassen Rotweinen) vorgesehen, bis die ersten Weinmacher entdeckten, dass sich diese Rebsorte sehr gut im Barrique ausbauen ließ und dabei tiefdunkle, aromatische Rotweine mit weichen Tanninen ergab, die man so aus Deutschland nicht kannte. Der Boom konnte beginnen. Angebaut wird der Dornfelder in erster Linie in der Pfalz, in Rheinhessen und in Württemberg.

Die Sorte wird vornehmlich als trockener Rotwein, teilweise auch halbtrocken ausgebaut. Der erste betont die intensiven Fruchtaromen wie Sauerkirsche, Brombeere und Holunder und wird jung auf den Markt gebracht. So ist teilweise der neue Jahrgang bereits als Primeur zu kaufen. Andere Winzer bauen den Dornfelder im großen oder kleinen Holzfass (Barrique) aus, betonen mehr die Gerbstoffe und die Struktur des Weins und nehmen die Fruchtaromen zurück. Meist handelt es sich um gehaltvolle, geschmeidige und harmonische Weine.

Pfalz

Das zweitgrößte deutsche Anbaugebiet nennt man oft scherzhaft die Toskana Deutschlands. Dass in einer Region, in der Mandeln und Feigen wachsen, auch Trauben bestens gedeihen, haben bereits die Römer erkannt, und so ist es auch nicht verwunderlich, dass es eines der ältesten deutschen Weinbaugebiete ist. Die südliche Pfalz ist auch die am intensivsten genutzte Weinregion Deutschlands. Ein Drittel der erzeugten Weine stammt aus roten Trauben, vorwiegend aus Portugieser und Dornfelder, aber auch mit den neuen Sorten wie Cabernet Sauvignon, Merlot und Syrah wird hier experimentiert. Etwa 20 Prozent sind mit Riesling bestockt. Die Pfälzer Rieslinge sind im Allgemeinen etwas kräftiger und stoffiger als die von der Mosel oder aus dem Rheingau. Ansonsten werden in der Pfalz auch noch sehr viele Weine für den einfachen Konsum produziert. Ähnlich wie in Italien wird in der Pfalz der einfache Tageswein geschätzt, der dann auch gerne einmal in einem *Pfälzer-Schoppenglas* (das ist ein 0,5-Liter-Becherglas) getrunken wird. Daneben existiert aber ein sehr stark wachsender Premiumbereich mit hochklassischen Weinen.

Die Szene ist hier so in Bewegung, dass jede Empfehlung innerhalb kürzester Zeit wieder hinfällig wäre, somit hier nur die Namen der etablierten Winzer und die Empfehlung, selbst zu probieren. Vielleicht lässt sich dies ja auch mit einem verlängerten Wochenende verbinden? Die Preise sind hier noch sehr angenehm. Bereits für vier bis fünf Euro bekommt man Weine, die Spaß machen. Aber vielleicht sind Sie ja auch bereit, den ein oder anderen Euro mehr auszugeben.

DC Pfalz (Districtus Controllatus Pfalz)

Als erstes deutsches Weinbaugebiet führte die Pfalz ein neues Gütezeichen ein: *DC Pfalz*. Es wird für fünf klassische Rebsorten vergeben, die das Profil der Pfalz beim Verbraucher bestimmen. Alle Weine mit dem Zeichen DC Pfalz zeichnen sich durch ein gebietstypisches, sensorisch eingegrenztes Geschmacksbild aus. Erstmals konnten 2005 Pfälzer Weine mit dem Gütezeichen ausgestattet werden.

- ✔ Weingut Bassermann-Jordan
- ✔ Weingut Dr. Bürklin-Wolf
- ✔ Weingut A. Christmann
- ✔ Weingut Fuhrmann-Eymael
- ✔ Weingut Knipser
- ✔ Weingut Koehler-Ruprecht
- ✔ Weingut Lergenmüller
- ✔ Weingut Müller-Catoir
- ✔ Weingut Münzberg
- ✔ Ökonomierat Rebholz

Rheinhessen

Rheinhessen, das größte deutsche Anbaugebiet mit etwa 26.300 Hektar Rebfläche, liegt in dem weiträumigen Dreieck zwischen Mainz, Worms und Bingen. Im Norden und Osten ist es vom großen Weinbogen umschlossen. Es wird auch als *Land der tausend Hügel* bezeichnet. Es gibt 24 Groß- und 442 Einzellagen. Nierstein gilt als die rheinhessische Weinhauptstadt. In ihrem Umkreis liegt etwa ein Drittel der Rebfläche dieses Gebietes. Die Liebfrauenmilch (der Name geht auf die Liebfrauenkirche in Worms zurück) war über Jahrzehnte der wichtigste Wein im Export.

Die dominierende Rolle in Rheinhessen gehört dem Müller-Thurgau, der Riesling spielt mit etwa zehn Prozent nur eine geringe Rolle. In Alzey befindet sich die Landesanstalt für Rebenzüchtung, und einige der Neuzüchtungen, die in Rheinhessen immerhin 40 Prozent ausmachen, sind hier entstanden.

 Der *Rheinhessen Silvaner* (RS) war einer der ersten profilierten Gebietsweine in Deutschland. Es handelt sich um einen gebietstypischen, klassisch-trockenen Silvaner von Weingütern des Anbaugebietes Rheinhessen. Durch seine belebende Fruchtsäure unterscheidet er sich vom breiten, erdigen Silvaner herkömmlicher Art.

Auch wenn Rheinhessen in den letzten Jahrzehnten in erster Linie der Lieferant für einfache, günstige Weine war, gibt es dort ambitionierte Winzer. Gerade in den letzten Jahren hat sich eine Reihe sehr junger Winzer und Winzerinnen mit sehr guten Qualitäten zu Wort gemeldet. Gerade die beiden Erstgenannten bilden eine Klasse für sich:

✔ Weingut Keller

✔ Weingut Wittmann

✔ Weingut Dreissigacker

✔ Weingut Gunderloch

✔ Freiherr Heyl zu Herrnsheim

✔ Weingut Kühling-Gillot

✔ Weingut Manz

✔ Weingut Winter

Junge Weinmacher – Moderne Weine

Seit einigen Jahren fällt es besonders ins Auge, dass sich in der deutschen Weinszene viele innovative junge Weinmacher zusammentun. Man möchte denken, dass dies nur eine bekannte Form der Rebellion der Jungen gegen alte Traditionen sei, die sich irgendwann wieder legen würde, aber dies ist nur zum Teil der Fall und viele Koalitionen halten und sind sehr erfolgreich. Hier ein paar interessante Beispiele:

✔ Die junge Pfalz

✔ Message in the Bottle (Rheinhessen)

✔ Rheingauer Leichtsinn (www.rheingau.de/jungwinzer/index.htm)

✔ Rheinhessen Five (www.rheinhessen-five.de)

✔ Wine on the Rock (Rheinhessen und Pfalz; www.wine-on-the-rock.de)

Baden

Es ist die südlichste und wärmste Region, und so ist es nicht verwunderlich, dass ein Drittel der Rebfläche dem Spätburgunder gewidmet ist und somit jede zweite Flasche deutscher Spätburgunder aus dem tiefen Süden kommt. Aber dieses Anbaugebiet erstreckt sich von der Tauber bis an den Bodensee über eine Fläche von mehr als 400 Kilometern, dementsprechend vielgestaltig sind auch die Anbaubedingungen. Neben dem Spätburgunder sind es die weißen Burgundersorten, die den Rebsortenspiegel von Baden prägen: Weißburgunder und Grauburgunder, daneben aber auch Riesling, Müller-Thurgau und als badische Spezialität Chasselas.

Auch Baden selbst unterteilt man nochmals in Südbaden und Nordbaden. Die besten Weine, wen wundert's, kommen aus der Region Kaiserstuhl in Südbaden, der wärmsten Ecke Deutschlands. Die Genossenschaften haben eine unheimlich starke Stellung in Baden. Nahezu 85 Prozent der Lese wird von den Genossenschaften und allen voran dem badischen Winzerkeller (die größte Winzergenossenschaft Europas) verarbeitet. Die Badenser hatten schon immer ein Faible für Größe: In Heidelberg, der berühmtesten Stadt Deutschlands mit der ältesten Universität des Landes, steht auch das größte noch erhaltene Holzfass der Welt.

 Für uns kommen einige der schönsten Rotweine Deutschlands aus Baden, und bevor wir Ihnen im nächsten Abschnitt unsere Lieblingswinzer vorstellen, geben wir Ihnen eine praktische Orientierungshilfe an die Hand, damit Sie auch selbst auf die Suche gehen können. *Baden Selection* ist ein Gütezeichen des badischen Weinbauverbandes. Mindestens 15 Jahre alte Rebstöcke, ein Höchstertrag von 60 Hektolitern pro Hektar, alle Weine werden als QbA definiert, keine Lagennamen, nur Sorte und Bereich. Jeder Wein muss sich einer sensorischen Prüfung unterziehen und kommt frühestens ein Jahr nach der Abfüllung auf den Markt.

Hier eine Auswahl an empfehlenswerten Winzern zu treffen, fällt uns besonders schwer. So wollen wir nur ein paar Namen herausgreifen und ansonsten an Ihren Entdeckerinstinkt appellieren. Achten Sie auf das Zeichen *Baden Selection* und seien Sie sich bewusst, dass es nirgends so einen harten Wettbewerb zwischen den Genossenschaften gibt, der zunehmend über die Qualität ausgetragen wird, wie hier in Baden. Welch ein Glück für uns Weingenießer! Als besonders gelungenes Beispiel sei hier die Winzergenossenschaft Pfaffenweiler erwähnt.

 Aber jetzt zu den Weinen beziehungsweise den Winzern. Es sind fast durchweg die Burgundersorten, rot wie weiß, von normalem QbA bis hin zu Spätlesen, teilweise im Barrique ausgebaut, zu nennen. Bei den guten Winzern sind normalerweise alle gut, so dass man je nach Gusto beziehungsweise Geldbeutel (ein guter Spätburgunder kostet mindestens acht Euro, die der Topwinzer beginnen bei etwa 13 Euro) aussuchen kann:

✔ Weingut Bercher

✔ Weingut Duijn

✔ Weingut Dr. Heger

✔ Weingut Bernhard Huber

✔ Weingut Karl Heinz Johner

✔ Franz Keller, Weingut Schwarzer Adler

✔ Weingut Andreas Laible

✔ Weingut Gebrüder Müller

✔ Winzergenossenschaft Pfaffenweiler

✔ Weingut Salwey

✔ Weingut Reinhold und Cornelia Schneider

✔ Weingut Andreas Stigler

✔ Affentaler Winzergenossenschaft

✔ Durbacher Winzergenossenschaft

Ahr

Klein, aber fein! So müsste man dieses Paradies für Genießer nennen. Nein, es ist nicht das kleinste deutsche Anbaugebiet, aber es ist *die* Rotweinregion Deutschlands, denn von seinen 519 Hektar sind 85 Prozent mit roten Sorten bestockt, allen voran der Spätburgunder. Das Weinbaugebiet umfasst nur etwa 25 Kilometer des tief eingeschnittenen unteren Flusstals der Ahr, bevor diese südlich von Bonn in den Rhein mündet. Mit Werner Näkel vom Weingut Meyer-Näkel hat man einen der umtriebigsten Weinmacher Deutschlands für hochwertige Rotweine in den eigenen Reihen.

 Die Weingüter Meyer-Näkel und Deutzerhof haben ganz klar die Vorreiterrolle in diesem kleinen Anbaugebiet übernommen, und sie bilden auch heute noch eine erfolgreiche Doppelspitze. Die Weine von Werner Näkel haben nur einen Nachteil (der sogar schwerer wiegt als die stolzen Preise): Sie sind immer bereits Jahre im Voraus ausverkauft.

✔ Weingut J. J. Adeneuer

✔ Weingut Deutzerhof

✔ Weingut Kreuzberg

✔ Weingut Meyer-Näkel

✔ Weingut Jean Stodden

✔ Winzergenossenschaft Mayschoss-Altenahr

Württemberg

Neben der Ahr ist Württemberg das einzige deutsche Weinbaugebiet, in dem mehr Rot- als Weißwein erzeugt wird. Aber es ist fast 20 Mal so groß wie die Ahr und produziert damit ein Vielfaches der Menge. Noch vor Baden ist es mengenmäßig die Rotweinhochburg in Deutschland. Und es ist vor allem die Bastion der Rotweintrinker. Es heißt, dass der Weinkonsum pro

Kopf hier gut doppelt so hoch ist wie im restlichen Deutschland. Bereits der erste Bundespräsident, Theodor Heuss, und auch Friedrich Schiller und Friedrich Hölderlin, ebenfalls Söhne des Landes, gingen hier mit gutem Beispiel voran. Somit ist es nicht verwunderlich, dass die Württemberger Weine weder im Export noch im Rest der Republik eine Bedeutung haben. Vier von fünf Flaschen werden von den Schwaben selbst getrunken. Bei manchem einfachen Trollinger, dem Haustrunk der Schwaben, könnte man behaupten, das sei auch gut so, aber bei einigen der ambitionierten Lemberger oder Schwarzriesling ist es schon schade, dass für uns Nichtschwaben kaum etwas überbleibt.

 Gerade die verschiedenen Cuvées und Experimentierweine, ob mit Cabernet Sauvignon, Syrah oder den bodenständigen Rebsorten Lemberger und Schwarzriesling, haben es in sich. Viele dieser Topweine werden im Barrique ausgebaut. Aber auch hier gilt: Selbst probieren! Kleine Winzer und die allgegenwärtigen Genossenschaften warten mit recht anständigen und günstigen Rotweinen auf. Deshalb hier nur eine Auswahl der Crème de la Crème:

- ✔ Weingut Graf Adelmann
- ✔ Weingut Gerhard Aldinger
- ✔ Weingut Ernst Dautel
- ✔ Weingut Drautz-Able
- ✔ Weingut Ellwanger
- ✔ Weingut Kern
- ✔ Weingut Graf Neipperg
- ✔ Weingut Albrecht Schwegler
- ✔ Staatsweingut Weinberg
- ✔ Staatsweingut Weinsberg
- ✔ Weingut Herzog von Württemberg

Franken

Die Franken sind stolz auf ihren Bocksbeutel, eine eigenwillig-bauchige Flasche, die das augenfällige Markenzeichen für fränkische Weine ist. Es liegt im nördlichen Teil von Bayern zwischen Aschaffenburg und Schweinfurt, und die meisten Weinberge finden sich entlang des Mains, der hier in großen Schleifen verläuft. Franken hat neben seiner beschaulichen Landschaft vom mittelalterlichen Miltenberg bis hin zur Barockstadt Würzburg auch sehr viel Geschichte zu bieten. In Würzburg befinden sich auch die drei Stiftungen, die im fränkischen Weinbau eine so große Rolle spielen: das Juliusspital, das Bürgerspital und der Staatliche Hofkeller.

Der unumstrittene König in Franken ist der Silvaner. Aber auch fruchtige, moderne Müller-Thurgau machen Furore. Weitere Klassiker sind Riesling, Weißburgunder und Bacchus.

Eine Spezialität sind die fränkischen Rotweine, wobei hier gerade einem Winzer eine besondere Ehrung gebührt: Paul Fürst aus Bürgstadt, der den fränkischen Rotwein fast im Alleingang wieder salonfähig gemacht hat. Seine Früh- und Spätburgunder zählen zu den besten Rotweinen Deutschlands, wobei die Weine aus Toplagen in einem Preisbereich von 30 bis 55 Euro liegen.

Zu den qualitativ wichtigsten Winzern zählen:

✔ Bürgerspital Zum Heiligen Geist

✔ Fürstlich-Castellsches Domänenamt

✔ Weingut Rudolf Fürst

✔ Staatliche Hofkeller

✔ Juliusspital

✔ Weingut Fürst Löwenstein

✔ Weingut Johann Ruck

✔ Weingut Horst Sauer

✔ Weingut Schloss Sommerhausen

✔ Weingut Schmitt's Kinder

✔ Weingut am Stein

✔ Weingut Hans Wirsching

✔ Weingut Zehnthof

Nahe

Dies ist eine weitere Region, die für ihre qualitativ hochwertigen Weine bekannt ist. Sie ist westlich von Rheinhessen gelegen. Das Anbaugebiet Nahe ist nach dem gleichnamigen Fluss benannt, der im Hunsrück entspringt und bei Bingen in den Rhein mündet. Mit über 80 Prozent dominieren die weißen Rebsorten absolut. Riesling aus dieser Gegend ist ziemlich kräftig und dicht.

Zu den qualitativ wichtigsten Winzern zählen:

✔ Schloßgut Diel

✔ Weingut Hermann Dönnhoff

✔ Weingut Emrich-Schönleber

✔ Weingut Prinz zu Salm-Dahlberg

✔ Weingut Bürgermeister Schweinharth

✔ Weingut Tesch

Hessische Bergstraße

Mit 456 Hektar ist es das zweitkleinste Anbaugebiet nach Sachsen. Das Gebiet liegt zwischen Neckar, Rhein und Main im Schutz des Odenwaldes. Die Mengen sind gering, der Riesling ist die vorherrschende Rebsorte, gefolgt vom Müller-Thurgau. Das meiste wird vor Ort getrunken, so dass man wie bei Schweizer Weinen Glück haben muss, eine Flasche im Weinhandel zu erwischen.

✔ Weingut Simon-Bürkle

✔ Weingut Kloster Eberbach, Domäne Hess. Bergstraße

✔ Bergsträßer Winzer eG

Mittelrhein

Mit 526 Hektar ist dieses Gebiet nicht viel größer als die hessische Bergstraße. Es erstreckt sich von Oberdollendorf bei Königswinter (gegenüber von Bonn) bis Bingen und gilt als eine der schönsten Flusslandschaften der Welt. Mit seinen vielen Burgen und dem berühmten Loreleyfelsen ist es inzwischen als UNESCO-Weltkulturerbe anerkannt. Die Weinberge erheben sich links und rechts des Rheins im schmalen Band an Steil- und Steilstlagen.

✔ Weingut Toni Jost – Hahnenhof

✔ Weingut Dr. Kauer

✔ Weingut Matthias Müller

✔ Weingut Florian Weingart

Saale-Unstrut

Auch hier sind es zwei Flüsse, die diesem kleinen Anbaugebiet im Osten seinen Namen geben. Saale-Unstrut ist das nördlichste Anbaugebiet Europas. In engen Tälern liegen die Terrassen-Weinberge meist mit Südost- und Südwesthängen. Die Rebflächen verteilen sich auf drei Bereiche, fünf Großlagen und 21 Einzellagen.

✔ Thüringer Weingut Bad Sulza

✔ Winzervereinigung Freyburg/Unstrut eG

✔ Weingut Lützgendorf

✔ Weingut Pawis

Sachsen

Es ist das kleinste und das am weitesten östlich gelegene Anbaugebiet. Hier gibt es bereits ein kontinentales Klima, und die Region wird auch gerne als »Elb-Florenz« bezeichnet. Die zumeist terrassierten Weinberge erstrecken sich über etwa 50 Kilometer entlang der Elbe. Hier herrscht der Müller-Thurgau vor, gefolgt vom Riesling. Das Anbaugebiet Sachsen besteht aus zwei Bereichen, vier Großlagen und 16 Einzellagen.

✔ Weingut Schloss Proschwitz – Prinz zu Lippe

✔ Sächsisches Staatsweingut – Schloss Wackerbarth

✔ Sächsische Winzergenossenschaft Meißen eG

Zum guten Schluss

Deutschland als großartige Wein- und Fußballnation pflegt diese Beziehung sogar mit einer eigenen Fußballnationalmannschaft der Winzer. Die *WEINELF Deutschland* spielt europaweit große Benefiz-Turniere auch gegen renommierte Mannschaften, wie das ZDF-Sportstudio, das DFB-WM 2006-Organisationskomitee oder Sönke Wortmanns Filmteam *Das Wunder von Bern*. Man hat es sogar schon bis ins Münchner Olympiastation gebracht, wo man 2007 gegen das »Deutsche Brauwesen« für einen guten Zweck angetreten ist. Einige Spieler: Armin Diel, Schloßgut Diel (Nahe) mit Andreas und Bernd Spreitzer (Rheingau) und Top-Winzer Philipp Wittmann (Rheinhessen) im kreativen Mittelfeld. Stefan Knipser (Pfalz) und Stefan Winter, gemeinsam mit Michael Gutzler (beide Rheinhessen) werden vom Flankengott Joachim Heger (Weingut Dr. Heger aus Baden) vorbildlich bedient. Dr. Rowald Hepp, als Gutsdirektor des ältesten Weinguts Deutschlands, spielt ebenso wie eine ausgesuchte Auswahl von Weinjournalisten und Weinwissenschaftlern. Team-Chef ist natürlich der Präsident des Deutschen Weinbauverbandes – Norbert Weber. Weitere Informationen, auch zur Genuss-Allianz mit dem Team der Deutschen Sterneköche, finden Sie unter: www.weinelf-deutschland.de.

Österreich – Auferstanden aus Glykol

Ein kleines Land, das zwar nicht mit großen Mengen, dafür aber seit Jahren mit hervorragenden Qualitäten von sich reden macht. Dieses Weinland hat sich seit dem großen Glykol-Skandal 1985 wie ein Phönix aus der Asche erhoben. Obwohl es nicht einmal halb so viel Rebfläche wie Deutschland aufweist, zählt man es mittlerweile zu den großen Weinbaunationen der Welt. Jahr für Jahr überzeugt es mit frischen, innovativen Konzepten und Qualitäten, die Spaß machen.

Nach dem Glykol-Skandal wurden die entsprechenden Weingesetze in Österreich verschärft, und was noch wichtiger ist: Sie werden seitdem auch kontrolliert. Die guten Winzer gab es auch vorher schon, aber mit der Qualitätsoffensive bekamen sie Aufwind und genossen die volle Unterstützung. Man wollte beweisen, dass der österreichische Wein besser ist als sein Ruf, und das ist hervorragend gelungen.

Der Weinbau in Österreich konzentriert sich auf den östlichen Landesteil. Geprägt wird die Weinszene von gut ausgebildeten jungen Weinmachern, vielen kleinen Familienbetrieben und einer hohen Qualität sowohl bei den Weiß- wie auch bei den Rotweinen. Österreich ist heute eins der interessantesten Weinländer der Welt.

Neben den herrlichen Weinbergen, der Herzlichkeit der Menschen und der klassischen Schönheit Wiens lieben wir die Mehrzahl der Weine. Österreichische Weine sind umso interessanter, da sie sich weiterentwickeln. Die Winzer entdecken Schritt für Schritt, wie sie ihr Land und ihre Rebsorten durch das Medium Wein repräsentieren können.

Österreich stellt weniger als ein Prozent des Weins auf der Welt her. Das sind etwa 440 Millionen Liter pro Jahr. Der größte Teil kommt von kleinen Weingütern. Österreichs Weine sind als qualitativ hochwertig bekannt und daher dementsprechend hochpreisig. Es werden aber auch einige preiswerte Weine durch Kellereien exportiert.

Einen Weißen oder einen Roten?

Während Österreichs Dessertweine schon seit langer Zeit Beachtung erlangt haben, ist dies den trockenen Weiß- und Rotweinen erst in den letzten zwei Jahrzehnten gelungen. Da viele der Weinregionen zu kühl sind, um rote Rebsorten anzubauen, werden verständlicherweise weniger Rot- als Weißweine produziert, nämlich nur ein Viertel der landesweiten Produktion. Die Rotweine kommen hauptsächlich aus dem wärmeren, östlichsten Teil des Landes. Es gibt leichte, verspielte, aber auch hochkonzentrierte, dichte Vertreter. Oft sehr würzig, mit einem pfeffrigen Charakter und einer ausgeprägten Frucht – und oft mit dem internationalen Touch von frischem Eichenholz. Viele von ihnen basieren auf unbekannten, aber alteingesessenen Rebsorten wie dem würzigen Blaufränkisch (Lemberger), dem sanften St. Laurent oder dem Blauen Zweigelt (einer Kreuzung aus den beiden). Große Erfolge feiert man aber auch mit den internationalen Stars wie Cabernet Sauvignon, Merlot und auch Syrah.

In Österreich gibt es neben den köstlichen spätgelesenen Weißweinen, die entweder aus botrytisbefallenen, extrem reifen oder auch getrockneten Trauben gemacht werden, auch trockene, feste und meist nicht im Holz ausgebaute Weine, die von federleicht bis sehr gehaltvoll reichen können.

 Die wichtigste weiße Rebsorte ist der Grüne Veltliner, den es nur in Österreich gibt, also eine autochthone Sorte darstellt. Seine Weine sind körperreich und doch knackig, mit einer kräftigen Textur und würzigen, manchmal auch scharf-vegetalen Aromen (besonders grüner Pfeffer). Der Grüne Veltliner ist ein ausgezeichneter Essensbegleiter, und man findet eine ganze Reihe hervorragender Qualitäten.

Riesling, der in erster Linie in Niederösterreich, also im Nordosten, angebaut wird, ist eine weitere wichtige Rebsorte (nur 3,4 Prozent der Gesamtrebfläche) für qualitativ hochwertigen Wein. Es gibt viele Experten, die davon überzeugt sind, dass die besten Weine Österreichs aus Riesling gemacht werden (während andere den Grünen Veltliner bevorzugen).

Weitere Rebsorten, die Sie auf österreichischen Flaschenetiketten finden können, sind Müller-Thurgau bei charaktervollen, trockenen Weißweinen und Welschriesling, eine Rebsorte, die in ganz Osteuropa für einfache, günstige Weine beliebt ist. Auch Pinot Blanc kann hier zur Höchstform auflaufen. Muscat wird ebenfalls angebaut. In der Steiermark im Süden des Landes wird besonders gerne Sauvignon Blanc angebaut.

Eine völlig neue Weingesetzgebung

Das österreichische Weingesetz ist vom deutschen Modell abgeleitet. Es gibt auch hier die Unterscheidung zwischen *Qualitätsweinen* und *Prädikatsweinen*. (Ein Unterschied besteht darin, dass der *Kabinett* zu den *Qualitätsweinen* zählt.)

Aber viele Menschen glauben, dass ein Herkunftssystem, das auf dem Terroir beruht (und weniger auf dem Reifegrad), die Vielfalt der österreichischen Weinregionen besser zum Ausdruck bringt. Anfang 2003 wurde mit dem ersten Herkunftswein nach italienischem beziehungsweise französischem Vorbild, dem *DAC Weinviertel*, die erste Stufe dieser Qualitätsbemühungen in die Tat umgesetzt. DAC ist die Abkürzung für *Districtus Austria Controllatus*. Der DAC Weinviertel muss ein Grüner Veltliner im gebietstypischen frischen Stil sein und gewisse Qualitätsstandards zwingend erfüllen. Ein erster Schritt, wie er auch in Deutschland gegangen beziehungsweise gesucht wird – lassen wir uns überraschen, was noch folgt!

Kurzporträt der österreichischen Regionen

In Österreich konzentriert sich der Weinbau auf den Osten des Landes. Man unterscheidet vier Regionen:

✔ Niederösterreich

✔ Burgenland

✔ Steiermark

✔ Wien

 Wien bleibt Wien! Ja, Wien ist die einzige Hauptstadt der Welt, die über ein eigenes, abgeschlossenes Weinbaugebiet innerhalb der Stadtmauern verfügt. Mit seinen 680 Hektar und über 300 Winzern ist es größer als das deutsche Weinanbaugebiet Hessische Bergstraße oder der Mittelrhein. Der Schwerpunkt liegt hier bei den Weißweinen.

So weit ist es ja noch recht übersichtlich, aber dann geht's los! Niederösterreich hat acht extra ausgewiesene Weinbaugebiete, Burgenland derer vier, und die kleine Steiermark wird nochmals in drei Gebiete unterteilt. Alles zusammen hat das kleine Österreich 19 Weinbaugebiete!

Burgenland – das Land der Rotweine

Hier wird die Hauptmenge des österreichischen Rotweins erzeugt. Das Burgenland unterteilt man in:

✔ Mittelburgenland

✔ Südburgenland

✔ Neusiedlersee

✔ Neusiedlersee-Hügelland

Mit Abstand das größte Gebiet mit über 8.000 Hektar ist das Anbaugebiet Neusiedlersee. Die besten Roten, meist Zweigelt und Blaufränkisch, wachsen im heißen Norden um die Gemeinde Gols. Eine junge und innovative Winzergarde sorgte die letzten Jahre für Furore, viele Preise und Auszeichnungen und für viele interessante, feine Rotweine.

Zweigelt – Eine österreichische Spezialität

Was kaum einer weiß, der Zweigelt ist keine der alten, klassischen Rebsorten, sondern eine ureigene Züchtung der Österreicher. Sie entstand bereits 1922 in Klosterneuburg aus der Kreuzung von St. Laurent und Blaufränkisch. Sie gilt als genügsam, ist vergleichsweise früh reif und bringt regelmäßige, hohe Erträge. Wenn man aber für eine entsprechende Ertragsreduzierung sorgt und auf alte Rebstöcke in guten Lagen zurückgreifen kann, entstehen daraus außergewöhnliche und absolut eigenständige Qualitäten.

Angebaut wird der Zweigelt in fast allen österreichischen Regionen, wobei die interessantesten Beispiele aus dem Burgenland, Carnuntum und der Region um den Neusiedlersee kommen.

Das Mittelburgenland hat eine exponierte Stellung. Es wird auch als »Blaufränkischland« bezeichnet. Der Blaufränkisch – mit einer perfekten Struktur, rassiger Säure und überbordender Frucht – ist mit Abstand die wichtigste Rebsorte und die Basis vieler Cuvées, wobei auch Zweigelt, Cabernet Sauvignon und Merlot hervorragende Ergebnisse bringen.

Das Südburgenland ist klein, ursprünglich und mit vielen uralten Rebbeständen (in erster Linie Blaufränkisch) gesegnet. Gerade der schwere, eisenhaltige Boden rund um Deutsch-Schützen und Eisenberg bringt unheimlich dichte, mineralische, absolut eigenständige Weine hervor. Die produzierten Mengen sind allerdings gering, und somit ist es nicht einfach, die großen Weine der Gegend ausfindig zu machen, bevor sie ausverkauft sind.

 Die österreichischen Weinbaugebiete liegen ungefähr auf demselben Breitengrad wie Burgund in Frankreich, und sie haben meist ein ausgeprägt kontinentales Klima, also heiße, trockene Sommer und kalte Winter. Naturgemäß spielt der Witterungsverlauf eine große Rolle, und so schwanken die Qualitäten von Jahrgang zu Jahrgang.

Hier ein paar Winzer, die wir Ihnen empfehlen möchten:

✔ Arachon T-FX-T

✔ Feiler-Artinger

✔ Gesellmann

✔ Engelbert Prieler

✔ Josef Umathum

✔ Franz Weninger

Niederösterreich – die großen Weißweine

Die bekannten Weinbauregionen in Niederösterreich (mit ca. 30.000 Hektar das größte Weinbaugebiet) sind die Wachau und das Krems- beziehungsweise Kamptal. Die Wachau ist fest in der Hand der weißen Sorten, und auch in den beiden anderen spielt der Rotwein nur eine untergeordnete Rolle.

Nur Carnuntum und die Thermenregion haben sich in den letzten Jahren als Rotweingebiete einen Namen gemacht.

Im Donauland finden wir Klosterneuburg, die wichtige Lehranstalt für Wein- und Obstbau. Hier wurden auch der Zweigelt und der Blauburger aus der Taufe gehoben.

 Die Weine aus der Wachau sind legendär. Die Grünen Veltliner und die Rieslinge zählen nicht nur zum Feinsten, was Österreich hervorbringt, sondern darunter sind einige der feinsten Weißweine der Welt.

Das Weinviertel war über Jahrzehnte der Lieferant für einfache Zechweine, aber auch hier hat in den letzten Jahren ein Umdenken stattgefunden, und die Qualitäten haben sich gewandelt. Der Schwerpunkt liegt allerdings immer noch beim Grünen Veltliner, und es bleibt beim leichten, schlanken Stil – somit weiterhin gute Zechweine, aber eben mit deutlich besserer Qualität.

Die extremen Steillagen entlang der Donau werden oft mit dem Rheingau oder der Mosel verglichen. Und genauso wie dort wachsen hier in der Wachau einige der besten Rieslinge der Welt. Und doch sind sie einen Tick anders! Ob es an den Urgesteinsböden, an dem etwas anderen Mikroklima liegt? Egal, es sind hochkarätige, langlebige Weine, es sind Weine aus einem erstklassigen Terroir.

Auch wenn es nicht ganz einfach ist, sich mit all diesen Bezeichnungen zurechtzufinden, und man dann noch feststellen muss, dass neben der Wachau auch noch sehr gute Winzer im Kamptal und Kremstal zu finden sind, gibt es doch eine gute Nachricht. Die nachfolgenden Winzer sind zwar allesamt nicht billig, aber es ist eigentlich egal, ob man einen Federspiel, einen Steinfeder oder einen Smaragd trinkt und aus welcher Lage er stammt. Jeder ist auf seine Art einzigartig!

 Die drei Qualitätskategorien Steinfeder, Federspiel und Smaragd dürfen nur von den Mitgliedsbetrieben der Vinea Wachau Nobilis Districtus verwendet werden. Für alle drei Weintypen gelten die Bestimmungen, dass es trockene (maximal neun Gramm pro Liter Restzucker), unaufgebesserte Qualitätsweine aus der Wachau sein müssen. Mitglieder erklären verbindlich, der Wachauer Weinkultur zu dienen und ausschließlich Weine aus der Wachau zu führen.

✔ **Steinfeder:** Die Steinfeder (lateinisch *stipa pennata*), die in unmittelbarer Nähe der terrassierten Weingärten auf Felsen wächst, gab den Namen. Vorgeschrieben für einen leichten, duftigen und spritzigen Wein mit einem Mostgewicht von 15 bis 17 Grad KMW und maximal elf Volumprozent Alkohol-Gehalt. Es handelt sich um die leichtesten Weine, sie sind unglaublich frisch und haben wenig Alkohol.

✔ **Federspiel:** Der Name Federspiel stammt aus der Falkenjagd, die früher in der Wachau sehr beliebt war. Die Bezeichnung soll eine rassige Eleganz dieser trockenen Weißweine symbolisieren. Das Mostgewicht muss mindestens 17 Grad KMW (entspricht 85 Grad Öchsle), der Alkohol-Gehalt darf zwischen 11,5 und maximal 12,5 Volumprozent betragen. Der Federspiel zeichnet sich durch einen mittleren Körper und viel Frucht aus und ist meist ein sehr guter Essensbegleiter.

✔ **Smaragd:** Abgeleitet von den sich auf den steilen Steinterrassen der Wachau sonnenden Smaragdeidechsen. In dieser Stufe sind die wertvollsten und reifsten Weißweine aus den besten Lagen zu finden, die nur in den besten Jahren gekeltert werden. Sie müssen ein Mindestmostgewicht von 18,2 Grad KMW und zumindest 12,5 Volumprozent Alkohol-Gehalt aufweisen. Smaragde sind gehaltvoll, haben viel Körper, sind rassig-elegant mit perfekter Struktur, aber deutlich höher im Alkoholgehalt. Sie benötigen meist einige Zeit, bis sie sich voll entfalten.

 In Österreich nutzt man nicht die in Deutschland übliche Reifemessung in *Öchsle-Grade*, sondern die *Klosterneuburger Mostwaage* (KMW); ein Grad KMW entspricht 4,98 Grad Öchsle. Weitere gebräuchliche Maßeinheiten weltweit sind: Brix (Bx) oder Baumé (Bé).

Kamptal

✔ Willi Bründlmayer

✔ Schloss Gobelsburg

✔ Weingut Sonnhof-Jurtschitsch

✔ Fred Loimer

✔ Johann Topf

Kremstal

✔ Mantlerhof

✔ Gerald Malat

✔ Martin Nigl

✔ Weingut Stadt Krems

Wachau

✔ Leo Alzinger

✔ Freie Weingärtner Wachau

✔ Franz Hirtzberger

✔ Emmerich Knoll

✔ F.X. Pichler

✔ Weingut Prager

Steiermark – innovative Winzer

Im südlichsten Anbaugebiet von Österreich, in der Steiermark, hat sich eine ganz eigene Weinkultur entwickelt. Moderne Rebsorten, allen voran der Sauvignon Blanc und der Chardonnay, entwickeln sich unter den Händen von innovativen, selbstbewussten Winzern. Das Ergebnis sind frische, fruchtige Weißweine, wie man sie ansonsten eher aus Neuseeland oder Südafrika kennt und doch mit einer unnachahmlichen Mineralität – eben typisch Steiermark (die meisten kommen aus der kleinen Region Südsteiermark)!

Außer dem Sauvignon Blanc und den fleischigen Chardonnay (der hier _Morillon_ heißt) wird hier ein einfacher, aber perfekter Welschriesling gemacht, der hervorragend zur Brettljause passt.

 Unter dem Begriff »Steirische Klassik« vermarkten die Winzer gemeinsam einen gewissen Stil. Die Weine stammen meist aus mehreren Lagen, sind schlank, rassig und fruchtbetont. Zusammen mit der jeweiligen Rebsorte findet man den Begriff auf dem Etikett.

Ergänzt wird diese Linie bei den meisten Winzern durch einige besondere Weine aus Einzellagen, die noch besser die Eigenarten der einzelnen Lagen, aber auch der Rebsorten zum Ausdruck bringen.

 In den besonders guten Jahren werden aus diesen Lagen nochmals die besten und reifsten Trauben ausgesucht und als Selektion besonders sorgfältig ausgebaut. Diese Weine, insbesondere Sauvignon Blanc und Morillon, bestehen mit ihrer perfekten Struktur, ihrer mit ausreichend Säure gepufferten, ausladenden Frucht neben den besten Weißweinen der Welt. Diese Weine brauchen oft eine Reifezeit von zwei bis drei Jahren, bis sie wirklich zeigen, was in ihnen steckt.

Wenn Sie sich auf die Suche nach solchen Weinen machen, sollten Sie auf die folgenden Winzer achten:

✔ Alois Gross

✔ Melcher – Schloss Gamlitz

✔ Erich und Walter Polz

✔ Sattlerhof

✔ Walter Skoff

✔ Manfred Tement

Wien – Nur ein Buchstabendreher?

Wein und Wien bestehen aus den gleichen vier Buchstaben, nur in geänderter Reihenfolge. Ist das Zufall oder sind historische Hintergründe für diese Wortnähe zu finden? Man weiß es nicht genau, aber die Liebe der Stadt zum Wein ist geschichtlich belegt. Die Rebflächen der österreichischen Hauptstadt erstrecken sich auf insgesamt 680 Hektar. Die Winzer betreiben hauptsächlich im Westen und Norden der Stadt Weinbau. Zu den bekanntesten Weinmachern mit zumeist angeschlossenem Heurigen-Betrieb zählen:

✔ Bernreiter

✔ Fuhrgassl-Huber

✔ Hengl-Haselbrunner

✔ Kattus (Sekthaus)

✔ Winzerhof Leopold

✔ Petritsch

Schweiz: Hier ticken die Uhren anders

Umgeben von den Weinnationen Deutschland, Österreich, Frankreich und Italien liegt die Schweiz in einer herausragenden Position, um ebenfalls Wein anzubauen und zu keltern. Aber kaum jemand außerhalb der Schweiz kennt die Weine, denn die Produktion ist gering und das meiste davon wird in der Schweiz getrunken.

Die Schweiz ist eines der Länder, die viel Weißwein produzieren, knapp die Hälfte sind weiße Sorten. Mit 36 Prozent ist der Chasselas die dominierende Sorte, gefolgt von fünf Prozent Müller-Thurgau und vereinzelt Chardonnay, Grauburgunder, Silvaner und mehr als 40 anderen, heimischen Rebsorten in Mini-Mengen. Die Weißweine werden fast durchweg ohne Holzeinsatz ausgebaut und sind von feiner Säurestruktur geprägt, schlanke bis mittelgewichtige Weine, fruchtig und mineralisch, allesamt feine Essensbegleiter oder Weine für jeden Tag. Merlot ist eine der wichtigen roten Sorten (insbesondere in der italienischsprachigen Region Ticino), dazu Pinot Noir und Gamay.

Durch die Mannigfaltigkeit der Schweizer Landschaft (Hügel und hohe Berge, große Seen und entlegene Täler) gibt es gewaltige Unterschiede in den klimatischen Bedingungen. Deswegen variieren auch die Weinstile von relativ dichten, kräftigen Rotweinen bis hin zu spritzigen, leichten Weißweinen.

Die Dreisprachigkeit des Landes findet man auch in den Weinregionen.

In der *französischen Schweiz* wachsen hauptsächlich Weißweine. Die meisten in der Gegend des Genfer Sees, Neuenburg (Neuchatel) und entlang der Rhône. Die wichtigsten Weinregionen hier heißen:

✔ Wallis (Valais)

✔ Waadt (Vaud)

Die Hauptsorte ist Chasselas, der hier auch *Fendant* heißt. Die besten Weine findet man um Sion und Sierre. Die viel geschmähte Sorte liefert hier feinmineralische Weine mit Struktur, Frucht und Tiefe, wie man es sonst von Chasselas nicht kennt.

Einige bekanntere Weinmacher:

✔ Jean-René Germanier – Vins et Spiritueux

✔ Cave »la Siseranche« – Maurice et Xavier Giroud

✔ Domaine la Colombe – Raymond Paccot

✔ St. Jodernkellerei

In der *italienischen Schweiz*, im Tessin (Ticino), wird mehr als 90 Prozent Merlot angebaut, der hier runde, volle Weine hervorbringt.

✔ Cantina Pian Marnino

Die *deutschsprachige Schweiz* ist aufgeteilt in:

✔ den westlichen Teil mit Basel und Aargau

✔ den mittleren Bereich mit Zürich, Thurgau und St. Gallen

✔ den östlichen Bereich mit St. Gallen und Graubünden

Drei Viertel der Fläche ist mit Pinot Noir bestockt, der Rest ist Weißwein, meist Müller-Thurgau, der hier noch meist als Riesling x Sylvaner bezeichnet wird.

Einige gute Weinmacher der deutschsprachigen Region:

✔ Weinbau Eric und Susan Lüthi

✔ Weingut Pircher

✔ Weinbau Tschanz

Wenn Sie eine Flasche Schweizer Wein finden, werden Sie sich vielleicht wundern, wie teuer sie ist, denn sie kostet kaum unter 23 Euro (allerdings ist die Qualität auch ziemlich hoch und das Land einfach schön).

Das Weingesetz basiert auf der Lebensmittelverordnung

Der Begriff *Wein* muss genau definiert sein – Perlwein, Schaumwein, Süßdruck (Rosé) oder Luxuswein. In den 1990er-Jahren beschlossen einige Kantone so genannte AOC-Statute, die aber je Kanton sehr unterschiedlich ausgelegt wurden. Ein Ertrag zwischen 84 und 110 Hektoliter pro Hektar ist auf den Rebflächen erlaubt. Die Anreicherung mit Trockenzucker zur Alkoholerhöhung ist allgemein üblich. Die Bezeichnungen »leicht süß« und »mit Restzucker« auf dem Etikett gelten für Weine, deren Gärung künstlich gestoppt wurde und die mehr als vier Gramm pro Liter Restzuckergehalt haben. Weißwein darf nur mit inländischen Weinen, Rotwein aber auch mit ausländischen Weinen verschnitten werden. Übersteigt der Anteil allerdings 30 Prozent, dann muss er als ausländischer Wein bezeichnet werden.

Frankreich – das Maß aller Dinge

In diesem Kapitel

▷ Crûs, klassifizierte Gewächse, Château und Domaine

▷ Warum ist Bordeaux so legendär?

▷ Gute Burgunder – knapp und teuer

▷ Robuste, rote Rhône-Weine

▷ Weiße Stars von der Loire und aus dem Elsass

▷ Das Languedoc und die Provence

*F*rankreich. Woran denken Sie, wenn Sie dieses Wort hören? Daran, über die großen Boulevards von Paris zu schlendern, die Champs-Élysées? Die Liebe? Das blaue Meer und die goldene Sonne über der französischen Riviera?

Wenn wir an Frankreich denken, dann denken wir an Wein. Bordeaux, Burgund, Beaujolais, Chablis, Champagne und Sauternes sind nicht nur berühmte Weine – es sind auch Gegenden in Frankreich, in denen Menschen leben, arbeiten, essen und Wein trinken. Frankreich erreicht auf der ganzen Welt einen der höchsten Werte beim Pro-Kopf-Verbrauch an Wein. Die Franzosen haben für den Rest von uns die Standards gesetzt.

Das französische Modell

Warum wurde gerade Frankreich zum berühmtesten Land für Wein auf der ganzen Welt? Zum einen machen ihn die Franzosen schon eine geraume Zeit – sie leben einfach für den Wein. Noch bevor die Römer Gallien erobert und Weinberge angelegt haben, waren bereits die Griechen mit ihren Rebstöcken im Land.

Genauso wichtig ist das französische *Terroir*, die magische Kombination aus Klima und Boden. Wenn alles zusammenpasst, wachsen Trauben, aus denen man atemberaubende Weine machen kann. Und was für Trauben! Frankreich ist die Heimat vieler bekannter Rebsorten dieser Welt – Cabernet Sauvignon, Chardonnay, Merlot, Pinot Noir, Syrah und Sauvignon Blanc, um nur ein paar zu nennen (in Kapitel 3 finden Sie mehr Informationen zu diesen Rebsorten).

Frankreich ist das Vorbild, es stellt die Messlatte für all die anderen Weine dieser Welt dar: Die meisten Weinbauländer keltern – dank des Erfolges dieser Rebsorten in Frankreich – inzwischen ihre eigene Version eines Cabernet Sauvignon, Chardonnays, Merlot, Pinot Noir und so weiter.

Das französische Weingesetz verstehen

Das französische System, die einzelnen Weinregionen festzulegen und jeweils mit einem eigenen Reglement auszustatten – das System der *Appellation d'Origine Contrôlée* oder AOC (übersetzt: die *kontrollierte Herkunftsbezeichnung*) –, wurde bereits 1935 eingeführt und hat seitdem für viele andere Weingesetze in Europa Pate gestanden. Auch das inzwischen allen europäischen Weingesetzen, also auch dem französischen AOC-System, zugrunde liegende Weinrecht der Europäischen Union basiert auf dem französischen Modell.

Um die französischen Weine und Weingesetze zu verstehen, müssen Sie die folgenden vier Dinge wissen:

✔ Die meisten französischen Weine werden nach ihrer Herkunft benannt. (Dabei handelt es sich nicht um beliebige Orte und Namen, sondern um jeweils genau festgelegte Weinbaugebiete und festgelegte Herkunftsbezeichnungen.) Wenn wir von französischen Weinen sprechen, ist der Name des Weins oft identisch mit dem Namen der Region, aus der er stammt (ein Burgunder kommt aus Burgund).

✔ Das französische Weinsystem ist hierarchisch aufgebaut. Manche Weine (das heißt Weine aus einer bestimmten Region) werden höher bewertet als andere Weine.

✔ Im Allgemeinen gilt, je kleiner ein Gebiet ist, aus dem der Wein stammt, desto höher ist seine Einstufung im System.

✔ Nur weil ein Wein eine höhere Einstufung hat, heißt das nicht unbedingt, dass er besser ist als der niedriger eingestufte. Es heißt nur, er sollte besser sein. Das Gesetz bewertet nur das Potenzial, das in der Herkunft des Weins steckt, und kümmert sich nicht um die tatsächliche Qualität des jeweiligen Weins.

Nach dem französischen Weingesetz gibt es vier Kategorien. Mit Hilfe der folgenden Begriffe, die Sie dort auf jedem Weinetikett finden, können Sie auf einen Blick jeden Wein seiner jeweiligen Kategorie zuordnen. (Weine mit einer höheren Einstufung sind meist auch teurer.) Von oben nach unten, lautet die Einstufung:

✔ **Appellation Contrôlée** oder AOC (oder AC), die höchste Einstufung. Auf dem Etikett wird die Herkunft normalerweise zwischen den beiden französischen Begriffen genannt – wie *Appellation Bordeaux Contrôlée*.

✔ **Vin Délimité de Qualité Supérieure** oder kurz VDQS-Wein (übersetzt so viel wie *definierter Wein mit hervorragender Qualität*). Diese Worte erscheinen auf dem Etikett direkt unter dem Namen des Weins. In diese Kategorie fallen nicht sehr viele Weine.

✔ **Vin de Pays**, sprich *Landwein*. Auf dem Etikett muss diesem Ausdruck immer die Region folgen – wie etwa *Vin de Pays de l'Hérault*. Damit wird die Herkunftsregion festgelegt. Diese ist erheblich weiter gefasst als bei den beiden höheren Einstufungen.

✔ **Vin de Table**, einfacher französischer Tafelwein, der keine geografische Herkunft aufweist, außer »France«. Laut Gesetz dürfen bei diesen Weinen auch die Rebsorte(n) und der Jahrgang nicht genannt werden. (In Kapitel 4 finden Sie mehr Information zu den Tafelweinen.)

Hier sehen Sie, wie diese vier Kategorien der französischen Weine in das zweistufige System der Europäischen Union passen, das wir in Kapitel 4 beschrieben haben:

✔ **Alle AOC- und VDQS-Weine** fallen in die obere Kategorie der EU (*Qualitätsweine aus einem bestimmten Anbaugebiet* oder einfach nur *Qualitätswein*).

✔ **Alle Vins de Pays und Vins de Table** gehören in die untere Kategorie der EU, die Tafelweine.

Feine Unterschiede in der Hierarchie

Das französische System der Herkunft ist etwas komplexer, als die Beschreibung der vier oben genannten Kategorien suggeriert. Obwohl alle AOC-Weine/Herkunftsregionen denselben gesetzlichen Status haben – sagen wir, es sind alles Generäle der französischen Weinarmee –, bewertet der Markt basierend auf den Eigenheiten ihrer Herkunft manchen AOC deutlich höher (was auch höhere Preise bedeutet) als einen anderen.

Manche der großen AOC-Gebiete enthalten kleinere AOC-Gebiete, wobei diese wiederum mehrere noch kleinere AOC-Gebiete enthalten können. Wenn sich Gebiete überschneiden, dürfen alle Weine, die innerhalb des Gesamtgebietes produziert werden, den Namen der entsprechenden AOC-Herkunft tragen, wie Bordeaux (Voraussetzung ist, dass nur die zugelassenen Rebsorten verwendet wurden und der Wein auch in allen anderen Punkten dem vorgegebenen Reglement von Bordeaux entspricht). Aber die Weine, deren Trauben aus einer der Unterregionen des größeren Gebietes stammen, können auch die abweichende und genauere AOC-Bezeichnung dieser Unterregion tragen, wie etwa Haut-Médoc. Diese Unterregion kann nun wiederum in noch kleinere AOC-Gebiete – zum Beispiel Pauillac, ein Dorf – unterteilt werden. Das Gemeine ist, dass Sie das helfende Wörtchen Bordeaux dann nicht mehr auf der Flasche finden. Die Franzosen gehen davon aus, dass Sie wissen, dass Pauillac ein Dorf im Haut-Médoc und dass Haut-Médoc ein Teil von Bordeaux ist. (Es sind alles Generäle, aber manche haben noch silberne Sterne als Rangabzeichen.)

Je enger die Herkunft eines Weines gefasst ist, desto besser ist der Wein, jedenfalls sieht das der Markt so, und desto höher ist der Preis, den der Weinmacher verlangen kann. Deshalb wird ein Weinmacher normalerweise immer die am engsten gefasste Herkunftsbezeichnung verwenden, die ihm zur Verfügung steht.

In aufsteigender Genauigkeit kann eine AOC-Herkunft nach folgenden Kriterien benannt werden:

✔ ein Gebiet (Bordeaux oder Burgund zum Beispiel)

✔ eine Region (Haut-Médoc oder Côte de Beaune)

✔ eine Unterregion (Côte de Beaune-Village)

✔ ein Dorf oder eine Gemeinde (Pauillac oder Meursault)

✔ ein bestimmter Weinberg (Le Montrachet)

Leider weiß man beim ersten Blick auf das Etikett noch nicht, um welchen Typus von AOC es sich handelt, außer man ist Experte in französischer Geografie und den Herkunftsbezeichnungen.

Französische Weinregionen

Frankreich hat fünf Weinregionen, die wegen der Qualität und der Reputation der dort produzierten Weine besonders wichtig sind, und einige andere Regionen, die ebenfalls interessante Weine erzeugen und die es somit wert sind, näher betrachtet zu werden. Die drei wichtigsten Regionen für Rotwein sind Bordeaux, Burgund und die Rhône. Für Weißwein ist ebenfalls Burgund zu nennen und dazu die Loire und das Elsass. Jede Region hat sich aufgrund von Klima, Boden und Tradition auf bestimmte Rebsorten spezialisiert. Tabelle 10.1 gibt einen schnellen Überblick über die Rebsorten und Weine dieser fünf Regionen. Weiter hinten in diesem Kapitel beschreiben wir die Regionen und ihre Weine.

Region/Rotwein	Weißwein	Rebsorten
Bordeaux		
Bordeaux		Cabernet Sauvignon, Merlot, Cabernet Franc, Petite Verdot, Malbec*
	Bordeaux Blanc	Sauvignon Blanc, Sémillon, Muscadelle*
Burgund		
Bourgogne		Pinot Noir
	Bourgogne Blanc	Chardonnay
Beaujolais		Gamay
	Chablis	Chardonnay
Rhône		
Hermitage		Syrah
Côte-Rôtie		Syrah, Viognier*
Châteauneuf-du-Pape		Grenache, Mourvèdre, Syrah (und einige mehr)*
Côtes du Rhône		Grenache, Mourvèdre, Carignan, Syrah (und einige mehr)*
	Condrieu	Viognier
Loire		
	Sancerre; Pouilly-Fumé	Sauvignon Blanc
	Vouvray	Chenin Blanc
	Muscadet	Melon de Bourgogne, alias Muscadet

Region/Rotwein	Weißwein	Rebsorten
Elsass		
	Riesling	Riesling
	Gewürztraminer	Gewürztraminer
	Pinot Gris	Pinot Gris
	Pinot Blanc	Pinot Blanc

Diese Weine werden aus verschiedenen Rebsorten komponiert.

Tabelle 10.1: Wichtige französische Weinregionen und ihre Weine

Zwei weitere bedeutende französische Weinregionen sind die Provence und Languedoc-Roussillon, beide im Süden von Frankreich. Und die Weingebiete in Südwest-Frankreich wie Cahors produzieren inzwischen Weine mit einem hervorragenden Preis-Leistungs-Verhältnis, manchmal findet man dort wirklich große Weine.

Wir beschreiben in diesem Kapitel alle diese Regionen mehr oder wenig ausführlich, je nach Bedeutung der Region.

Bordeaux: Die Unvergleichliche

Sie müssen die französischen Weine kennen, um beim Thema Wein mitreden zu können – so groß ist ihre Bedeutung in der Weinwelt. Und Sie müssen die Weine aus Bordeaux kennen, um sagen zu können, Sie kennen französische Weine. Bordeaux ist eine Weinregion im Westen Frankreichs. Sie hat ihren Namen von der viertgrößten französischen Stadt (in Abbildung 10.1 ist sie zu sehen). 26 Prozent aller AOC-Weine kommen aus dieser Region. Etwa 83 Prozent der Weine sind trockene Rote. 15 Prozent der Produktion sind trockene Weißweine und zwei Prozent sind süße Weißweine wie Sauternes.

Da die Region Bordeaux an der Atlantikküste liegt, herrscht ein maritimes Klima mit warmen Sommern und relativ milden Wintern. Das maritime Wetter bringt aber gerade im Herbst oft Regen, genau zur Lesezeit. Das Wetter schwankt von Jahr zu Jahr sehr stark, und so fallen auch der Charakter und die Qualität der verschiedenen Jahrgänge sehr unterschiedlich aus. Wenn alles perfekt passt, wie 1996, 2000 und 2005, können große Weine erzeugt werden.

Die Reputation von Bordeaux als eine der besten Weinregionen der Welt basiert auf den legendären Rotweinen von Bordeaux – *Grands Vins* (große Weine) produziert von den berühmten *Châteaux* (Weingütern), die sich über Jahrzehnte hinweg entwickelt haben. Für manche dieser Weine, wie etwa einen Château Pétrus, einer der teuersten roten Bordeaux, muss man Preise von bis zu 380 Euro in Kauf nehmen. (Alte Jahrgänge von Pétrus kosten noch erheblich mehr – über 2.000 Euro!)

Aber diese Weine stellen nur einen sehr kleinen Teil der Rotweinproduktion dieser Region dar, auch wenn es sich dabei um die absolute Spitze in der Qualitätspyramide handelt. Die Bordeaux im mittleren Qualitätssegment sind meist nach zehn bis 15 Jahren trinkreif. Die besseren Bordeaux, sowohl rot wie weiß, beginnen bei etwa 20 Euro die Flasche. Sie kommen etwa zwei bis drei Jahre nach der Lese auf den Markt. Die günstigsten dieser Weine, die man schon ab sechs Euro bekommt, kann man jung trinken, das heißt zwei bis fünf Jahre nach der Lese.

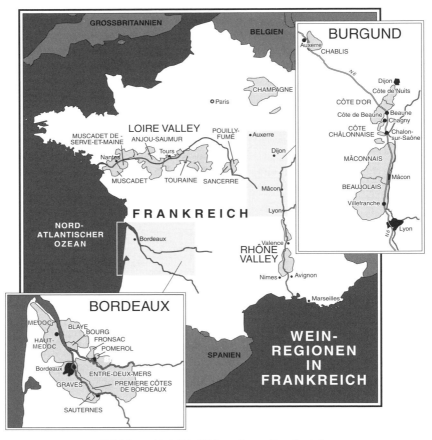

Abbildung 10.1: Die Weinregionen Frankreichs

Der Geschmack von wirklich großen Bordeaux

Solange sie jung sind, haben Bordeaux eine tief rubinrote Farbe, und im Aroma finden sich Schwarze Johannisbeere, Pflaumen, Gewürze und Zedernholz. In den ersten zehn Jahren können sie sehr trocken, direkt austrocknend sein, und das Tannin überdeckt oft die Fruchtaromen. Mit der Zeit werden die Weine heller, entwickeln ein außergewöhnlich komplexes Bouquet und eine gigantische Länge am Gaumen. Die Tannine werden ebenfalls viel weicher. Die Spitzen-Bordeaux brauchen mindestens 20 Jahre, bis sie ihren Höhepunkt erreichen. Manche haben sich über 100 Jahre wunderbar gehalten (lesen Sie auch Kapitel 16).

Die Unterregionen beim roten Bordeaux

Innerhalb der Region Bordeaux existieren zwei unterschiedliche Rotweingebiete. Diese zwei Gebiete werden als linksseitig und rechtsseitig bezeichnet – wie in Paris. Während viele günstige Rote aus Bordeaux aus Trauben verschnitten werden, die irgendwo innerhalb der Region Bordeaux gewachsen sind (und nur die Basis-AOC-Bezeichnung Bordeaux tragen), kommen die besseren Weine aus den *Unterregionen mit eigener AOC* oder sogar aus den *einzelnen Dörfern mit eigener Herkunftsbezeichnung*, die teilweise am linken Ufer und teilweise am rechten Ufer zu finden sind.

Die Weinberge am linken Ufer liegen westlich der Garonne (der südlichere Fluss auf der Bordeaux-Karte in Abbildung 10.1) beziehungsweise links der Gironde-Mündung, wie die Garonne nach dem Zusammenfluss mit der Dordogne heißt. Die Weinberge vom rechten Ufer liegen östlich beziehungsweise nördlich der Dordogne (der nördlichere der beiden Flüsse auf der Karte) und östlich der Gironde-Mündung. (Der Bereich zwischen den beiden Flüssen ist in erster Linie für Weißwein von Bedeutung.)

Von den verschiedenen Weinregionen auf dem linken und dem rechten Ufer sind vier (zwei auf jeder Seite) von besonderer Bedeutung:

✔ linkes Ufer (das westliche Gebiet): Haut-Médoc, Pessac-Léognan

✔ rechtes Ufer (das östliche Gebiet): St. Emilion, Pomerol

Linkes und rechtes Ufer unterscheiden sich hauptsächlich durch die Zusammensetzung der Böden: Am linken Ufer überwiegt Kies, während am rechten Ufer Lehm und Sandböden dominieren. Darum ist der Cabernet Sauvignon die Hauptrebsorte in Haut-Médoc und Pessac-Léognan, da er sich auf Kies besonders wohl fühlt, während Merlot auf den lehmigen Böden auf dem rechten Ufer, in St. Emilion und Pomerol überwiegt. (In beiden Gebieten wächst sowohl Cabernet Sauvignon *und* Merlot sowie Cabernet Franc und zwei weniger wichtige Sorten – in Kapitel 3 finden Sie mehr Informationen über Rebsorten.)

Weine vom linken und vom rechten Ufer kann man folglich gut voneinander unterscheiden. Aber die Weine von Haut-Médoc und Pessac-Léognan sind sehr ähnlich, und auch die Unterschiede von Pomerol und St. Emilion sind nicht leicht rauszuschmecken.

Jede Seite – eigentlich jede der vier Regionen – hat seine treuen Fans. Die besser etablierte Seite am linken Ufer produziert härtere, tanninbetontere Weine mit ausgeprägten Aromen von Schwarzen Johannisbeeren. Die Weine vom linken Ufer brauchen oft viele Jahre, um sich zu öffnen, und können sich über eine lange Zeit entwickeln, oft über Jahrzehnte – typisch für Weine, die auf Cabernet Sauvignon basieren.

 Die Bordeaux vom rechten Ufer sind der bessere Einstieg für einen Neuling unter den Bordeaux-Trinkern. Da sie hauptsächlich aus Merlot gemacht werden, sind sie deutlich zugänglicher, und man kann sie sehr viel früher genießen als die Cousins von der anderen Flussseite, meist schon fünf bis acht Jahre nach der Lese. Sie sind nicht so tanninbetont, fülliger in der Textur und pflaumig im Aroma. Sie haben meistens auch einen etwas höheren Alkoholgehalt.

Das Médoc-Mosaik

Historisch betrachtet war das Haut-Médoc schon immer die wichtigste Region in Bordeaux und verdient besondere Beachtung. Das Haut-Médoc ist ein Teil der Halbinsel Médoc. Der Name *Médoc* hat zwei Bedeutungen. Es bezeichnet einerseits die gesamte Halbinsel westlich der Gironde-Mündung (gut zu erkennen in Abbildung 10.1) und ist gleichzeitig der Name des nördlichsten Weinbaugebiets am linken Ufer. In anderen Worten, Médoc wird regelmäßig als zusammenfassender Begriff für die beiden Regionen Médoc und Haut-Médoc verwendet (die zwei Regionen, die zusammen die Halbinsel Médoc ergeben).

Von den beiden Regionen ist das Haut-Médoc, die südlichere, die bei Weitem wichtigere von beiden, wenn es um Wein geht. Das Haut-Médoc selbst umschließt vier berühmte Weingemeinden: St. Estèphe, Pauillac, St. Julien und Margaux. Tabelle 10.2 liefert eine kurze Beschreibung für die Weine der verschiedenen Gemeinden.

Gemeinde	Weincharakteristik
St. Estèphe	hart, tanninbetont, erdig, voll im Körper und langsam reifend – typischer Wein: Château Montrose
Pauillac	dicht, kraftvoll, hart und tanninbetont, mit Johannisbeeren- und Zedernaroma; sehr langlebig; die Heimat von drei der berühmtesten Weine – Château Lafite-Rothschild, Château Mouton-Rothschild und Château Latour
St. Julien	dicht, aromatisch, elegant und finessenreich, mit Zedernbouquet – typischer Wein: Château Ducru-Beaucaillou
Margaux	filigran, duftig, harmonisch, mit komplexen Aromen und Geschmack – typischer Wein: Château Palmer

Tabelle 10.2: Die vier wichtigen Gemeinden im Haut-Médoc

Die zwei anderen Gemeinden im Haut-Médoc – Listrac und Moulis – sind weniger bekannt für ihre Weine. Weinberge im Haut-Médoc, die nicht innerhalb der Grenzen dieser sechs Gemeinden liegen, dürfen nur die allgemeine Herkunftsbezeichnung *Haut-Médoc* tragen.

Die Namen dieser Gebiete und Gemeinden sind Teil des offiziellen Namens der dort gewachsenen Weine und stehen auf dem Etikett.

Klassifizierte Informationen

Haben Sie sich schon mal gefragt, was ein Weinexperte meint, wenn er davon spricht, dass ein bestimmter Bordeaux ein *zweites Gewächs* wäre? Wundern Sie sich nicht länger. Er spricht über ein Château (wie die Weingüter in Bordeaux genannt werden), das vor gut 150 Jahren Erfolg hatte.

Im Jahre 1855 fragten die Organisatoren einer Messe in Paris die Handelskammer von Bordeaux, ob sie nicht eine Klassifizierung der Weine aus Bordeaux vornehmen könnte. Die Handelskammer delegierte die Aufgabe an die Weinhändler in Bordeaux, schließlich kaufen und handeln diese mit den Weinen. Die Kaufleute einigten sich auf 61 rote Spitzenweine – 60 kamen aus dem Médoc und einer aus dem Graves, wie es damals noch hieß (heute kennt man die Region unter Pessac-Léognan). Anhand der damals erzielten Preise und dem jeweiligen Ruf, den die Weine genossen, verteilten diese die 61 Weine auf fünf Kategorien, bekannt als *Crûs* oder *Gewächse*. (In Bordeaux meint man mit *Crû* ein Weingut.) Diese Liste ist bekannt als die Klassifizierung von 1855, und noch heute genießen die *klassifizierten Gewächse* ein besonderes Prestige unter den Weinliebhabern. (Die Kaufleute aus Bordeaux klassifizierten auch den Sauternes, den bekannten Dessertwein aus Bordeaux; in Kapitel 15 erfahren Sie mehr darüber.) Die folgende Liste nennt die fünf Kategorien und führt die Namen der ersten Gewächse auf:

✔ **Erstes Gewächs (5 Châteaux)**

- Château Lafite-Rothschild

- Château Latour

- Château Margaux

- Château Haut-Brion

- Château Mouton-Rothschild (1973 von einem zweiten Gewächs aufgestiegen)

✔ **Zweites Gewächs (14 Châteaux)**

✔ **Drittes Gewächs (14 Châteaux)**

✔ **Viertes Gewächs (10 Châteaux)**

✔ **Fünftes Gewächs (18 Châteaux)**

 Die 61 bewerteten Weingüter werden auch oft als Große Gewächse oder *Grands Crûs Classés* bezeichnet. Um zu verstehen, welche Ehre es bedeutet, eines dieser großen Gewächse zu sein, muss man sich nur kurz ins Gedächtnis rufen, dass es etwa 8.000 Châteaux (und über 13.000 Weinproduzenten) in Bordeaux gibt!

Die Klassifizierung von 1855 hat sich über die Jahre gut gehalten. Sicher, ein paar der 61 Weingüter entsprechen heute in der Qualität nicht unbedingt ihrer Klassifizierung, während andere, nicht klassifizierte Châteaux es inzwischen verdient hätten, aufgenommen zu werden. Aber da die Politik involviert ist, hat es in der Klassifizierung keine Veränderungen gegeben, mit einer aufsehenerregenden Ausnahme (lesen Sie auch *Die Ausnahme Mouton* im Kasten).

 Nur um die Dinge noch etwas verwirrender zu machen: Da die Klassifizierung von 1855 die Weine von St. Emilion völlig ignoriert hat, wurden diese Weine von der AOC-Kommission ein Jahrhundert später, 1955, klassifiziert. Die Weine werden in drei Qualitätskategorien unterteilt, die auch auf dem Etikett aufgeführt werden:

✔ Derzeit haben 13 Châteaux die höchste Auszeichnung, *Premier Grand Crû Classé*. Zwei der 13, Château Ausone und Château Cheval Blanc, haben ihre eigene Stufe als »Kategorie A«, die anderen zählen als *Premier Grand Crû Classé* »Kategorie B«.

✔ Eine mittlere Kategorie, *Grand Crû Classé*, besteht aus 55 Châteaux.

✔ Die dritte Kategorie, einfach *Grand Crû* genannt, umfasst etwa 200 Weingüter.

Die Weine von Pessac-Léognan wurden 1953 und dann noch einmal 1959 klassifiziert. Die Weine von Pomerol wurden nie offiziell klassifiziert.

Die Ausnahme Mouton

Die einzige dramatische Ausnahme von der Regel »keine Änderungen in der Klassifizierung von 1855« geschah 1973. In diesem Jahr triumphierte (gerechterweise) der alte Baron Philippe de Rothschild in seinem 50 Jahre währenden Kampf mit der französischen Regierung. Sein geliebtes Château Mouton-Rothschild stieg von einem zweiten zu einem ersten Gewächs auf. Der Landwirtschaftsminister (zu jener Zeit Jacques Chirac!) bestätigte offiziell, dass Château Mouton-Rothschild ab jetzt zu den ersten Gewächsen zählt (was unter Bordeaux-Liebhabern, wenn es um die Qualität und nicht nur um den offiziellen Status ging, noch nie in Frage stand). Das Motto des Barons, das man auch auf seinem Familienwappen findet, musste geändert werden. Vor 1973 stand da:

> _Erster kann ich nicht sein, zweiter will ich nicht sein, also bin ich Mouton._

Der Baron änderte das Motto auf dem Etikett des Château Mouton-Rothschild 1973:

> _Erster bin ich, zweiter war ich, Mouton werde ich bleiben._

Ein kleiner Nachsatz zu dieser wundervollen Geschichte: Wir haben 1973 einen kleinen Kater aufgenommen, und da Mouton-Rothschild einer unserer vier Lieblingsweine ist und der kleine Kater einen ähnlich unbeugsamen Charakter erkennen ließ, haben wir ihn Mouton genannt. Er hat uns zwanzig Jahre lang begleitet und ähnliche Qualitäten der Langlebigkeit an den Tag gelegt wie der Wein, nach dem er benannt wurde. Wir haben ihn in einer alten Holzkiste, in der einmal Mouton-Rothschild von 1973 war, in unserem Garten begraben.

Diese Bordeaux sollten Sie probieren, wenn Sie flüssig sind

 Wenn Sie neugierig darauf sind, einen der großen Bordeaux zu probieren, dann lassen Sie sich von dieser Liste inspirieren. Als Ergänzung zu den fünf »Ersten Gewächsen« die wir im vorigen Abschnitt aufgelistet haben, empfehlen wir die folgenden klassifizierten Gewächse aus dem Médoc sowie einige Weine aus den drei anderen wichtigen Unterregionen: Pessac-Léognan, St. Emilion und Pomerol. Lesen Sie aber vorher noch den Abschnitt _Praktische Ratschläge, um rote Bordeaux zu trinken_ weiter hinten in diesem Kapitel, bevor Sie die Flasche öffnen.

Weine aus dem Médoc

Château Léoville-Las-Cases	Château Clerc-Milon	Château Lynch-Bages
Château Léoville-Barton	Château Gruaud-Larose	Château Montrose
Château Rausan-Ségla	Château Pichon-Lalande	Château Ducru-Beaucaillou
Château Palmer	Château Lagrange	Château Grand-Puy-Lacoste

Château Cos D'Estournel

Château Léoville-Poyferré

Château Pontet-Canet

Château Haut-Batailley

Château Duhart-Milon-Rothschild

Château Pichon-Baron

Château d'Armailhac

Château Prieuré-Lichine

Château Malescot St. Exupéry

Château Calon-Ségur

Château La Lagune

Château Branaire-Ducru

Château Batailley

Château Talbot

Weine aus Pessac-Léognan

Château la Mission Haut-Brion

Château Pape-Clément

Château La Tour-Haut-Brion

Château Haut-Bailly

Domaine de Chevalier

Château Smith-Haut-Lafitte

Château de Fieuzal

Château La Louvière

Weine aus Pomerol

Château Pétrus*

Château Lafleur*

Château Latour à Pomerol

Château Certan de May

Château Lafleur-Pétrus

Château Trotanoy

Château Clinet

Vieu-Château-Certan

Château Gazin

Château L'Evangeline

Château La Fleur de Gay

Château La Conseillante

Château l'Eglise Clinet

*sehr teuer

Weine aus St. Emilion

Château Cheval Blanc

Château Ausone

Château Figeac

Château Pavie-Macquin

Château La Dominique

Château Grand Mayne

Château Troplong Mondot

Château Magdelaine

Château Canon-La-Gaffelière

Château L'Arrosée

Château Clos Fourtet

Das preiswerte Ende des Bordeaux-Spektrums

 Wie Sie sich wahrscheinlich schon gedacht haben, sind die illustren, klassifizierten Gewächse nicht gerade die Schnäppchen unter den Bordeaux-Weinen. Für ein gutes Preis-Qualitäts-Verhältnis (und Weine, die Sie bereits ein paar Jahre nach der Lese trinken können), achten Sie auf Bordeaux-Weine, die nicht in der Klassifikation von 1855 enthalten sind.

Crû Bourgeois: Die Mittelklasse aus dem Médoc

1932 erlangte eine Gruppe von Erzeugern im Médoc, deren Weine in der Klassifizierung von 1855 in Bordeaux nicht als *Grands Crûs Classés* eingestuft worden waren, für ihre Produkte eine eigene, gesetzliche Klassifizierung: Crû Bourgeois. Weine aus dieser Kategorie werden als ein bisschen weniger edel als die Grands Crûs Classés angesehen, doch sie sind bedeutend günstiger zu haben. Meist kosten sie zwischen 14 und 26 Euro. Manche von ihnen sind sogar so gut wie niedrig klassifizierte Gewächse.

2005 hat die Handelskammer von Bordeaux die *Crû Bourgeois*-Weine erneut klassifiziert. 490 Châteaux bewarben sich um die Klassifizierung, doch nur 247 von ihnen waren erfolgreich. Die Jury teilte die Weingüter in drei Kategorien ein: Neun Châteaux erhielten die höchste Auszeichnung: *Crû Bourgeois Exceptionnel*; 87 dürfen sich *Crû Bourgeois Superieur* nennen und 151 gelten als herkömmliche Crû-Bourgeois-Weine. (Viele der Inhaber der abgelehnten Weingüter zogen vor Gericht und ihre Deklassierungen wurden aufgehoben. Es ist jedoch immer noch unklar, ob sie ihren Besitz nun Crû Bourgeois nennen dürfen oder nicht.) Hier sind die neun Crû Bourgeois Exceptionnel:

Château Chasse-Spleen	Château Phélan-Ségur	Château Poujeaux
Château Les Ormes-de-Pez	Château Haut-Marbuzet	Château de Pez
Château Labegorce-Zédé	Château Potensac	Château Siran

Château Gloria, ein Wein aus St. Julien, wird von der Qualität her häufig mit *Grand Crû Classé*-Weinen verglichen. Die Besitzer hatten an der Klassifizierung nicht teilgenommen, doch Kritiker sind sich einig, dass dieser Wein bei einer Teilnahme den Status eines Crû Bourgeois Exceptionnel verliehen bekommen hätte. Zusätzlich zu den oben genannten können wir Ihnen die folgenden Crû-Bourgeois-Weine empfehlen:

Château Monbrison	Château Meyney	Château d'Angludet
Château Sociando Mallet	Château Coufran	Château Lanessan
Château Haut-Beauséjour	Château Loudenne	Château Fourcas-Hosten
Château Monbousquet	Château Bel Air	Château Greysac

Im Januar 2006 wurde außerdem eine weitere Kategorie, die zum ersten Mal im 19. Jahrhundert benutzt wurde, erneut verwendet: *Crû Artisans du Médoc*. Châteaux aus dieser Kategorie sind eine Stufe unter den Crû-Bourgeois-Weinen angesiedelt. 44 Châteaux im Médoc erhielten die Crû-Artisans-Auszeichnung und dürfen den Titel, beginnend mit dem Jahrgang 2005, auf dem Etikett führen. Bordeauxweine dieser Stufe kosten zwischen sieben und 14 Euro.

Verdrehte Welt: Trinken Sie günstige Bordeaux

Manche Weinsnobs würden nicht mal daran denken, im Restaurant etwas anderes als ein klassifiziertes Gewächs aus Bordeaux zu bestellen. Aber wenn Sie gerade beginnen, sich mit diesen Weinen anzufreunden, ist es nicht so sinnvoll, gleich mit einem teuren Spitzen-Bordeaux zu beginnen. Fangen Sie mit günstigeren, einfacher zu trinkenden Bordeaux an, damit Sie ein Gefühl für die Einschätzung und einen Zugang zu den feinen Bordeaux entwickeln können. Erst der Kontrast zu den einfachen Bordeaux hilft Ihnen, das Herausragende der großen Bordeaux zu verstehen. Außerdem verlangt nicht jedes Essen nach einem großen Bordeaux. Ein moderater Bordeaux passt perfekt zu allen Fleischgerichten.

Fronsac und Canon-Fronsac

Wenn Sie die Médoc-Halbinsel und die Stadt Bordeaux verlassen, die Dordogne überqueren und sich auf das rechte Ufer begeben, werden Sie als Erstes die Weingebiete Fronsac und Canon-Fronsac vorfinden. Unter den niedriger eingestuften Bordeaux-Weinen genießen Fronsac und Canon-Fronsac den besten Ruf in Bezug auf die Qualität. Die Preise liegen entsprechend im Bereich von 15 bis 23 Euro. Wie in St. Emilion und Pomerol werden in diesen beiden Gebieten lediglich Rotweine erzeugt. Merlot ist hier die hauptsächlich verwendete Rebsorte.

Petits Châteaux

Petits Châteaux ist die allgemeine, allumfassende Bezeichnung für die große Menge an preiswerten Weinen aus der gesamten Region Bordeaux, die nie klassifiziert worden sind. Der Name ist ein wenig irreführend, da man meinen könnte, dass die Weine von einem bestimmten Château oder Weinberg stammen. Viele dieser Weine werden zwar auf genauer bezeichneten Weingütern erzeugt, dies trifft jedoch nicht auf alle zu.

Für einige dieser Weine werden Trauben verwendet, die aus der ganzen Region bezogen werden, andere werden aus Trauben von bestimmten Appellationen gemacht. Es gibt zehn erwähnenswerte *Petit Château*-Appellationen für Rotweine, die sich alle am rechten Ufer befinden:

Côtes de Bourg	Puisseguin-St.-Emilion
Premières Côtes de Blaye	Lussac-St.-Emilion
Côtes des Castillon	Montagne-St.-Emilion
Côtes de Francs	St.-Georges-St.-Emilion
Lalande de Pomerol	Premières Côtes de Bordeaux

Lalande de Pomerol ist ein Außenbezirk von Pomerol. Die vier Bezirke, die »St. Emilion« im Namen tragen, umgeben diesen Ort. Côtes de Bourg und Premières Côtes de Blaye tragen die Bezeichnung aufgrund der beiden Hafenstädte Bourg und Blaye, die sich am rechten Ufer der Gironde, gegenüber dem Haut-Médoc, befinden. (Momentan plant man in Bordeaux, die fünf oben genannten AOC, in denen das Wort Côtes steckt, zu einer einzigen, neuen Appellation mit dem Namen Côtes de Bordeaux zusammenzufassen.)

Wir empfehlen Ihnen besonders die Weine Côtes de Bourg, Premières Côtes de Blaye und Lalande de Pomerol, da diese ihr Geld wert sind. Fast jeder der aufgelisteten Weine ist für neun bis 17 Euro zu haben.

Für all diese Erzeugnisse wird hauptsächlich Merlot verwendet. Sie sind im Allgemeinen fruchtiger, haben weichere Tannine und können eher genossen werden als ihre Gegenstücke vom linken Ufer, die vorwiegend aus Cabernet Sauvignon gemacht werden. Wir bezeichnen sie auch als »milde Rote«. Petits Châteaux sind die Bordeaux Ihrer Wahl, wenn Sie einen jungen, günstigen Bordeaux zum Essen suchen.

Der Gattungswein Bordeaux

Rotweine aus Bordeaux, die keine besondere Herkunftsbezeichnung haben, werden »Bordeaux« oder »Bordeaux Supérieur« genannt. Man verwendet hauptsächlich die Rebsorte Merlot und die Trauben können aus der gesamten Region Bordeaux stammen. Es handelt sich um relativ leichte Weine (»milde Rote«), die zwischen sechs und neun Euro kosten. Manchmal findet man auf dem Etikett den Hinweis, dass der Wein insbesondere aus Merlot oder Cabernet Sauvignon erzeugt wurde. Mouton-Cadet und Michel Lynch sind zwei der führenden Marken. Ein solcher Gattungswein aus einem guten Jahrgang wie etwa 2000 oder 2005 kann hervorragend und preiswert sein.

Praktische Ratschläge, um rote Bordeaux zu trinken

Da die feinsten roten Bordeaux oft viele Jahre für ihre Entwicklung brauchen, sind sie nicht gerade die beste Wahl im Restaurant, wo die verfügbaren Jahrgänge meist noch sehr jung sind. Und wenn reife Bordeaux-Weine im Restaurant angeboten werden, dann sind sie meist extrem teuer. Bestellen Sie im Restaurant die einfacheren Bordeaux und trinken Sie den richtig guten Stoff zu Hause.

Ein roter Bordeaux passt hervorragend zu Lamm, Hirsch, einfachem Braten und Hartkäse wie etwa einem Comté oder Gruyère. Wenn Sie vorhaben, einen feinen roten Bordeaux aus einem guten, aber noch jungen Jahrgang zu servieren, sollten Sie ihn mindestens eine Stunde vor dem Essen dekantieren und atmen lassen (mehr dazu in Kapitel 8). Servieren Sie ihn bei etwa 17 bis 19 Grad Celsius. Besser noch, Sie haben gute Lagerbedingungen (lesen Sie Kapitel 16) und heben Ihren jungen Bordeaux noch ein paar Jahre auf – er kann nur besser werden.

Feine aktuelle Bordeaux-Jahrgänge sind 2005 (der wirklich großartig zu werden verspricht), 2000, 1996, 1995, 1990, 1989, 1986 und 1982. (Die meisten Bordeaux von 2005 werden ab Herbst 2007 und 2008 zu haben sein.)

Bordeaux gibt es auch in Weiß

Weiße Bordeaux gibt es in zwei Stilrichtungen, trocken und süß. Die trockenen Weine gehören eigentlich zu zwei verschiedenen Gruppen: günstige Weine, die man am besten jung genießt, und Weine, die so herausragend und langlebig sind, dass sie zu den großen trockenen Weißweinen der Welt zählen.

Zwei Gebiete innerhalb der Region Bordeaux sind für die Weißweinproduktion wichtig:

✔ Das große Gebiet südlich der Stadt Bordeaux, das als Graves bekannt ist (mehr darüber auf der Karte von Bordeaux in Abbildung 10.1). Das Gebiet von Graves und die Region von Pessac-Léognan (der nördliche Teil um die Stadt Bordeaux) sind die Heimat für die feinsten

Weißweine aus Bordeaux, sowohl trockene als auch süße. (Wir beschreiben die großen Dessertweine aus dem südlichen Graves, dem Sauternes, in Kapitel 15.)

✔ Der Bereich zwischen den beiden Flüssen Garonne und Dordogne, östlich von Graves und Pessac-Léognan. Das Gebiet heißt Entre-deux-Mers und ist sowohl für seine trockenen, halbtrockenen als auch die süßen weißen Bordeaux bekannt.

Nur wenige Weißweine kommen aus dem vom Rotwein dominierten Gebiet von Haut-Médoc, wie der hervorragende Pavillon Blanc du Château Margaux. Obwohl dies ein ganz besonderer und teurer Wein ist, hat er lediglich den Anspruch auf die einfache Bezeichnung Bordeaux Blanc.

Sauvignon Blanc und Sémillon, in unterschiedlicher Kombination, sind die beiden Hauptrebsorten für weißen Bordeaux. Es ist eine glückliche Zusammenstellung: Die Sauvignon Blanc bringt sofortigen Charme in den Wein, während die sich langsamer entwickelnde Sémillon dem Wein eine cremige Qualität und Tiefe gibt und dafür sorgt, dass die Weine altern können. Im Allgemeinen gilt ein hoher Anteil von Sémillon als Anzeichen dafür, dass der Wein lagerfähig ist. Viele der preiswerten Bordeaux-Weine sowie einige der teureren Vertreter wurden vollständig aus Sauvignon Blanc erzeugt.

Die Spitzenweißweine aus Bordeaux sind in ihrer Jugend frisch und lebendig, entwickeln aber mit der Zeit Komplexität, Körper und ein Honig-Bouquet. In guten Jahrgängen brauchen die besten Weißen mindestens zehn Jahre, um sich zu entwickeln, und bleiben noch viel länger lebendig (lesen Sie Kapitel 16 für weitere Informationen zu alten Bordeaux).

Tabelle 10.3 führt die zwölf Spitzenweißweine von Pessac-Léognan und Graves in der groben Reihenfolge unserer persönlichen Vorliebe auf und nennt den Rebsortenverschnitt. Wir haben die Weine in eine A- und eine B-Gruppe unterteilt, da die vier Weine der ersten Gruppe qualitätsmäßig eine Klasse für sich darstellen. Sie besitzen nicht nur mehr Tiefe und Komplexität, sie sind auch deutlich langlebiger als andere weiße Bordeaux. Ihre Preise spiegeln diese Fakten wider – die Weine der Gruppe A kosten zwischen 60 und 225 Euro pro Flasche, während die Weine der Gruppe B etwa für 23 bis 53 Euro zu haben sind.

Wein	Rebsorten
Gruppe A	
Château Haut-Brion Blanc	Sémillon 50 bis 55 Prozent, Sauvignon Blanc 45 bis 50 Prozent
Château Laville-Haut-Brion	Sémillon 60 Prozent, Sauvignon Blanc 40 Prozent
Domaine de Chevalier	Sauvignon Blanc 70 Prozent, Sémillon 30 Prozent
Château Pape-Clément	Sémillon 45 Prozent, Muscadelle 10 Prozent, Sauvignon Blanc 45 Prozent
Gruppe B	
Château de Fieuzal	Sauvignon Blanc 50 bis 60 Prozent, Sémillon 40 bis 50 Prozent
Château Smith-Haut-Lafitte	Sauvignon Blanc 100 Prozent
Clos Floridène	Sémillon 70 Prozent, Sauvignon Blanc 30 Prozent
Château La Louvière	Sauvignon Blanc 70 Prozent, Sémillon 30 Prozent

Wein	Rebsorten
Château La Tour-Martillac	Sémillon 60 Prozent, Sauvignon Blanc 30 Prozent, andere 10 Prozent
Château Couhins-Lurton	Sauvignon Blanc 100 Prozent
Château Malartic-Lagravière	Sauvignon Blanc 100 Prozent
Château Carbonnieux	Sauvignon Blanc 65 Prozent, Sémillon 35 Prozent

Tabelle 10.3: Die zwölf Spitzenweißweine aus Bordeaux

Burgunder: Der andere große französische Wein

Burgund, eine Weinregion im Osten Frankreichs südöstlich von Paris (gut zu erkennen in Abbildung 10.1), gilt neben Bordeaux als eine der beiden großen französischen Regionen für trockene, nichtmoussierende Weine.

Im Gegensatz zu Bordeaux verteilt sich der Ruhm der Burgunder zu gleichen Teilen auf die Weiß- und die Rotweine. Im Unterschied zu Bordeaux sind die Burgunder meist auch sehr rar. Der Grund ist einfach: Das Beaujolais nicht mitgerechnet (das zwar eigentlich zu Burgund zählt, aber einen völlig anderen Wein macht), produziert Burgund nur etwa 25 Prozent der Menge von Bordeaux.

Die Weinberge in Burgund verteilen sich auf deutlich mehr verschiedene Eigentümer. Der Boden in Burgund ändert sich von Hügel zu Hügel, und oft präsentiert sich der obere Bereich eines Weinberges völlig anders als der untere. Häufig trennt nur ein Feldweg zwei Weinberge, in beiden wächst dieselbe Rebsorte, und doch wachsen dort zwei sehr unterschiedliche Weine heran.

Burgund (oder *Bourgogne*, wie es die Franzosen nennen) ist heute eine Region mit deutlich kleineren Weinbergsflächen und oft unübersichtlichen Eigentumsverhältnissen. Schuld daran ist zum großen Teil die Französische Revolution von 1789. Französischer Adel und die katholische Kirche waren einst die großen Weinbergsbesitzer in Burgund, aber nach der Revolution wurden die Weinberge an das Volk verteilt. (Bordeaux gehörte einst den Engländern, war weiter von Paris entfernt und dachte nicht so französisch. Es war an der Revolution nicht sonderlich beteiligt.) Der napoleonische Kodex, nach dem Landbesitz von den Erben gleichmäßig zu teilen ist, sorgte über die Jahre für eine weitere Zerstückelung der Familienweingüter in Burgund.

Die wenigen größeren Weinberge haben oft eine unüberschaubare Anzahl von Besitzern – mit der Folge, dass manche Familien nur zwei oder drei Reihen von Weinstöcken in einem bestimmten Weinberg besitzen. (Ein berühmter Weinberg, Clos de Vougeot, hat ungefähr 82 Eigentümer!) Der typische Winzer in Burgund produziert zwischen 50 und 1.000 Kisten (eine Kiste enthält üblicherweise zwölf Flaschen) eines bestimmten Weins pro Jahr – viel zu wenig, um die Weinliebhaber überall auf der Welt zufriedenzustellen. Vergleichen Sie das mit Bordeaux, wo der durchschnittliche Château-Besitzer etwa 15.000 bis 20.000 Kisten von seinem wichtigsten Wein pro Jahr produziert.

In Burgund nennen die Winzer ihre Anwesen *Domaine*, sicherlich ein etwas bescheidenerer Ausdruck als *Château* und eine treffendere Beschreibung für die Größe des Weinguts.

Chardonnay, Pinot Noir, Gamay

Burgund hat ein *kontinentales* Klima (heiße Sommer und kalte Winter) und wird oft von lokalen Hagelgewittern heimgesucht, die die Trauben und Rebstöcke schädigen können. Der Boden ist hauptsächlich eine Mischung aus weißer Kreide und Lehm. Das Terroir von Burgund ist genau auf die zwei Hauptrebsorten der Region zugeschnitten, Pinot Noir (für die roten Burgunder) und Chardonnay (für die weißen Burgunder). Tatsächlich entwickelt sich der anspruchsvolle, schwierige Pinot Noir nirgends auf der Welt so gut wie in Burgund.

Im südlich gelegenen Gebiet von Beaujolais wird der Boden granithaltig, ist aber auch reich an Lehm und Sand, was wiederum sehr gut für die Gamay-Rebe passt.

Kleine Gebiete, jedes für sich

Burgund hat fünf Regionen, und alle machen unterschiedliche Weine. Es sind die folgenden Regionen, von Nord nach Süd aufgelistet (um zu sehen, wo in Burgund die verschiedenen Regionen liegen, schauen Sie auf die Karte in Abbildung 10.1):

✔ Chablis

✔ Côte d'Or

✔ Côte Chalonnaise

✔ Mâconnais

✔ Beaujolais

Das Herz von Burgund, die *Côte d'Or* (was so viel wie *goldene Küste* bedeutet) selbst, hat zwei Teile: Côte de Nuits im Norden und die Côte de Beaune im Süden.

In der Region Chablis gibt's nur Weißwein. Das Mâconnais bringt hauptsächlich Weißwein hervor. Im Beaujolais wird fast ausschließlich Rotwein produziert, aber – auch wenn das Beaujolais ein Teil von Burgund ist – Beaujolais ist ein völlig anderer Wein, da er aus der Gamay-Traube und nicht aus Pinot Noir gemacht wird. Das Gleiche gilt für den Mâcon Rouge aus dem Gebiet von Mâconnais – auch die kleine Menge, die aus Pinot Noir gemacht wird, ähnelt den roten Burgundern, die etwas weiter nördlich erzeugt werden, eigentlich nicht. (Es wird auch sehr wenig roter Mâcon exportiert, die Welt außerhalb Frankreichs bekommt hauptsächlich weißen Mâcon.)

Somit bezieht sich der Begriff *roter Burgunder* in erster Linie auf den Rotwein von der Côte d'Or und den weniger bekannten – und nicht so teuren – Rotwein von der Côte Chalonnaise. Auch wenn die Weinliebhaber von *weißem Burgunder*

sprechen, meinen sie normalerweise die Weißweine von der Côte d'Or und der Côte Chalonnaise. Sie verwenden die präziseren Namen Chablis und Mâcon, wenn sie über die Weißweine aus diesen Regionen von Burgund sprechen. Auf der anderen Seite, wenn Weinliebhaber über die Region – Burgund – sprechen, können sie doch wieder das ganze Gebiet inklusive Beaujolais oder das ganze Burgund *außer* dem Beaujolais meinen. Die Sprache ist nicht sehr präzise.

Vom Regionalen zum Erhabenen

Da die Böden in Burgund so unterschiedlich sind, spielen die Eigenarten einer bestimmten Lage eine besonders wichtige Rolle für den Geschmack, die Qualität und den Preis eines Weins. Der Wein aus einer kleinen Weinlage mit seiner besonderen Charakteristik ist einzigartig und seltener als ein Verschnitt aus verschiedenen Lagen oder ein Wein aus einer weniger wertvollen Lage.

Die AOC-Struktur von Burgund baut genau auf dieser besonderen Bedeutung der Lage auf. Auch hier existiert eine AOC für das ganze Gebiet, eine für eine bestimmte Zone und Gemeinde (wie in Bordeaux), aber *hier gibt es auch noch Herkunftsbezeichnungen, die sich auf eine einzelne Lage beziehen*. Es ist sogar so, dass auch hier noch mal unterschieden wird, weil manche Lagen einfach besser sind als andere: So werden manche als *Premier Crû* – das bedeutet so viel wie erstes Gewächs – und die besten sogar als *Grand Crû* eingestuft, womit man so etwas wie großes Gewächs meint.

Tabelle 10.4 nennt Beispiele für Herkunftsbezeichnungen in Burgund (in aufsteigender Reihenfolge gelistet).

Genauigkeit	Beispiel
die ganze Region	Bourgogne
eine Anbauzone	Côte de Beaujolais, Mâcon
Dorf oder Gemeinde	Pommard, Gevrey-Chambertin, Volnay
Premier Crû*	Nuits-St. Georges Les Vaucrains, Beaune Grèves, Vosne-Romanée Les Suchots
Grand Crû*	Musigny, La Tâche, Montrachet

* bezieht sich auf einzelne Weinlagen

Tabelle 10.4: Die Struktur im AOC-System von Burgund

Erzeuger in Bordeaux verwenden auch die Ausdrücke *Premier Crû* und *Grand Crû*. Mit der Ausnahme von St. Emilion repräsentiert in Bordeaux der Ausdruck jedoch einen besonderen Status für ein Weingut in einer Klassifizierung außerhalb des AOC-Gesetzes (wenn etwa ein erstes Gewächs sich auf dem Etikett auf Grundlage der Klassifizierung von 1855 als *Premier Grand Crû Classé* bezeichnet). In Burgund sind die Begriffe *Premier Crû* und *Grand Crû* offiziell im AOC-Gesetz verankert und beziehen sich auf eine bestimmte Weinlage. Die Bezeichnung ist damit sehr genau.

Verfügbarkeit und Preise der Weine aus den verschiedenen Kategorien unterscheiden sich aufgrund der folgenden Aspekte:

✔ Die zwei am breitesten gefassten Kategorien – die Region und die Anbauzone – stehen für 65 Prozent aller Weine aus Burgund. Solche Weine kosten etwa acht bis 19 Euro pro Flasche. (So kann man sich Burgunder leisten.)

✔ Die Weine einer Gemeinde (oft als *Dorflagen* bezeichnet) wie etwa Pommard oder Gevrey-Chambertin machen etwa 23 Prozent von Burgund aus und kosten etwa 19 bis 40 Euro pro Flasche. Es gibt 53 Gemeinden in Burgund mit einer eigenen Herkunftsbezeichnung.

✔ Premiers Crûs wie etwa Meursault Les Perrières oder Nuits-St.-Georges. Georges Les Vaucrains stellen etwa elf Prozent der Burgunder. 561 Weinlagen haben den Status eines Premier Crû. Die meisten dieser Weine bekommt man für 26 bis 68 Euro pro Flasche, doch einige können auch über 75 Euro kosten.

✔ Die 31 Grands Crûs wie etwa Chambertin repräsentieren nur ein Prozent der gesamten Weinproduktion von Burgund. Die Preise für Grands Crûs aus Burgund – sowohl rot wie weiß – beginnen bei etwa 55 Euro und können leicht mehr als 600 Euro für eine Flasche Romanée-Conti erreichen, normalerweise der teuerste Wein aus Burgund.

Der Geschmack feiner roter Burgunder

Roter Burgunder ist heller als Bordeaux. Die Farbe reicht von weniger dichtem rubin- bis hin zu ziegelrot, da die Pinot-Noir-Trauben nicht annähernd so viel Pigmente mitbringen wie Cabernet Sauvignon oder Merlot. Im Hinblick auf den Alkoholgehalt sind die Weine kräftig, haben aber wenig Tannin. Die charakteristischen Aromen sind rote oder schwarze Beeren, dazu Holz, feuchter Waldboden oder Pilzaromen. Wenn ein roter Burgunder reif wird, bekommt er oft eine seidige Textur, Tiefe und eine natürliche Süße von Fruchtaromen. Manchmal weist er auch ein Bouquet von Leder, Kaffee oder Wild auf.

Mit ein paar Ausnahmen (etwa die kraftvollen Weine aus den großen Jahrgängen wie 2002 und 1996) sollte roter Burgunder innerhalb der ersten zehn Jahren nach der Lese getrunken werden – und in schwächeren Jahrgängen sogar noch früher (orientieren Sie sich an den Jahrgangstabellen auf der Schummelseite).

Gott sei Dank kann man mit einem Blick auf das Etikett sofort den Unterschied zwischen einen Premier Crû und einem Grand Crû aus Burgund erkennen. Premier-Crû-Weine tragen oft den Gemeindenamen und den Lagennamen auf dem Etikett und das in derselben Schriftgröße – und oft auch noch den Hinweis *Premier Crû* (oder *1er Crû*). Wenn der Weinberg kleiner geschrieben wird als der Gemeindename, dann handelt es sich zwar um eine Einzellage, aber im Allgemeinen nicht um einen Premier Crû. (Nicht alle Einzellagen haben den Status eines Premier Crû.) Grands Crûs aus Burgund tragen nur den Namen der Lage auf dem Etikett.

Wenn der Wein Trauben von zwei oder mehr verschiedenen Premiers Crûs aus der gleichen Gemeinde enthält, dann darf zwar kein Lagenname draufstehen, aber er darf den Gemeindenamen und den Zusatz *Premier Crû* tragen.

Die AOC aus Burgund (noch einmal, aber mit Gefühl)

Burgunder mit der einfachsten Herkunftsbezeichnung sind einfach zu erkennen – sie beginnen immer mit dem Wort *Bourgogne*. Lesen Sie die Herkunftsbezeichnungen in der folgenden Liste, um ein Gefühl dafür zu bekommen, wie sie immer spezieller werden.

	Rote Burgunder	Weiße Burgunder
Region:	Bourgogne Rouge	Bourgogne Blanc
Anbauzone:	Beaujolais	Côte de Beaune (auch in Rot)
Gemeinde:	Chambolle-Musigny	Puligny-Montrachet
Premier Crû:	Chambolle-Musigny Les Amoureuses	Puligny-Montrachet Les Pucelles
Grand Crû:	Musigny	Montrachet

Die Côte d'Or: Das Herz von Burgund

Die Côte d'Or ist ein 60 Kilometer langer, schmaler Streifen mit einigen der wertvollsten Weingüter der Welt. Es ist die Region, aus der alle berühmten roten und weißen Burgunder kommen. Der nördliche Teil der Côte d'Or wird nach der wichtigsten Stadt, Nuits-St.-Georges, Côte de Nuits genannt. Aus diesem Gebiet kommen fast ausschließlich Rotweine, wobei ein hervorragender weißer Burgunder, Musigny Blanc, und ein paar andere weiße Burgunder von dort stammen. Die folgenden Weingemeinden, von Nord nach Süd, bilden zusammen die Côte de Nuits. Der Name der Gemeinde ist jeweils auch der Name des Weins:

✔ **Marsannay:** In erster Linie für leichte Rote und Rosés bekannt

✔ **Fixin:** Rustikale, erdige, kräftige Rotweine

✔ **Gevrey-Chambertin:** Körperreiche, kräftige Rotweine; neun Grands Crûs wie Chambertin, Chambertin-Clos de Bèze

✔ **Morey Saint-Denis:** Volle, erdige Rotweine; die Grands Crûs heißen Bonnes Mares (Teil), Clos de la Roche, Clos Saint-Denis, Clos de Tart, Clos des Lambrays

✔ **Chambolle-Musigny:** Duftige, elegante Rotweine; zu den Grands Crûs gehören Musigny und Bonnes Mares (teilweise)

✔ **Vougeot:** Mittelgewichtige Rotweine; der Grand Crû ist Clos de Vougeot

✔ **Vosne-Romanée:** Elegante, dichte, samtige Rotweine; die sechs Grands Crûs umfassen Romanée-Conti, La Tâche, Richebourg, Romanée-Saint-Vivant, La Romanée und La Grande Rue

✔ **Flagey-Échézeaux:** Der Weiler von Vosne-Romanée; die Grands Crûs sind Grands-Échézeaux und Échézeaux

✔ **Nuits-St.-Georges:** Kräftige, erdige Rotweine; keine Grands Crûs, dafür einige sehr feine Premiers Crûs

Der Geschmack von feinen weißen Burgundern

Weiße Burgunder vereinen einen gewaltigen Aromareichtum – Pfirsich, Haselnuss und Honig im Meursault; florale Aromen und Karamellbonbon im Puligny oder Chassagne-Montrachet – mit lebendiger Säure und einem Hauch von Eiche. Mit dem Alter entwickeln sich weitere, noch komplexere Aromen. Der Wein hinterlässt eine lang anhaltende Erinnerung an all seine Aromen. Chardonnay aus anderen Regionen können zwar auch gut sein, aber es gibt nichts vergleichbar Großartiges wie einen großen weißen Burgunder.

Der südliche Teil der Côte d'Or, die Côte de Beaune, wird – wie soll es anders sein – ebenfalls nach der bedeutendsten Stadt Beaune benannt (das wirtschaftliche und touristische Zentrum der Côte d'Or). Beide, weiße und rote Burgunder, werden an der Côte de Beaune gemacht, wobei die weißen Burgunder die bekannteren sind. Die folgenden Gemeinden (von Nord nach Süd) bilden die Côte de Beaune:

✔ **Ladoix:** günstige Rot- und Weißweine, die man aber selten sieht; Teile der Grand-Crû-Lagen Corton (rot) und Corton-Charlemagne (weiß) liegen in dieser Gemeinde

✔ **Pernand-Vergelesses:** wenig bekannte Rot- und Weißweine; günstige Preise, interessante Qualitäten

✔ **Aloxe-Corton:** volle, kräftige Weine, verschiedene rote Grands Crûs, die alle mit Corton beginnen, und ein herausragender weißer Grand Crû (Corton-Charlemagne) liegen hier

✔ **Chorey-lès-Beaune:** hauptsächlich günstige Rotweine und ein wenig Weißwein

✔ **Savigny-lès-Beaune:** fast nur Rotwein; günstiges Preis-Leistungs-Verhältnis auch hier

✔ **Beaune:** Duftige, mittelschwere Rote; einige Weiße; feine Premiers Crûs

✔ **Pommard:** kräftige, volle Rotweine; einige gute Premiers Crûs (Rugiens und Epenots)

✔ **Volnay:** anmutige, elegante Rotweine; gute Premiers Crûs (Caillerets und Clos des Ducs)

✔ **Auxey-Duresses, Monthélie, Saint-Romain, Saint-Aubin:** vier wenig bekannte Dörfer, die in erster Linie Rotwein produzieren; ausgezeichnetes Preis-Leistungs-Verhältnis

✔ **Meursault:** bedeutendster Weißweinort in Burgund; körperreiche, nussige Weine; einige herausragende Premiers Crûs (Les Perrières und Les Genevrières)

✔ **Puligny-Montrachet:** die Heimat der elegantesten weißen Burgunder; die Grands Crûs sind Montrachet (Teil), Chevalier-Montrachet, Bâtard-Montrachet (Teil) und Bienvenues-Bâtard-Montrachet, und dazu noch sehr feine Premiers Crûs

✔ **Chassagne-Montrachet:** etwas kräftiger als Puligny; die restlichen Teile der Grand-Crû-Lagen Montrachet und Bâtard-Montrachet befinden sich in dieser Gemeinde, dazu noch Criots-Bâtard-Montrachet, aber auch einige erdige, rustikale Rote

✔ **Santenay:** von hier kommen leichte, günstige Rotweine

✔ **Maranges:** wenig bekannt, hauptsächlich rote, günstige Weine

Die genannten Rotweine werden ausschließlich aus Pinot Noir und die Weißweine ausschließlich aus Chardonnay gemacht. Die unterschiedlichen Charakteristiken der Weine beruhen auf dem jeweiligen Terroir.

Die Tabellen 10.5 und 10.6 enthalten die besten Produzenten aus Burgund und ihre größten Weine. Die Reihenfolge orientiert sich grob an der Qualität.

Produzent	Empfohlene Weine
Domaine Ramonet*	Montrachet, Bâtard-Montrachet, Bienvenues-Bâtard-Montrachet, jeden seiner Chassagne-Montrachet Premiers Crûs
Coche-Dury*	Corton-Charlemagne, Meursault Premiers Crûs (alle)
Domaine des Comtes Lafon	Meursault Premiers Crûs (alle), Le Montrachet
Domaine Leflaive	Chevalier-Montrachet, Bâtard-Montrachet, Puligny-Montrachet Premiers Crûs (alle)
Domaine Étienne Sauzet	Bâtard-Montrachet, Bienvenues-Bâtard-Montrachet, Puligny-Montrachet Les Combettes
Louis Carillon	Bienvenues-Bâtard-Montrachet, Puligny-Montrachet Premiers Crûs (alle)
Michel Niellon	Bâtard-Montrachet, Chevalier-Montrachet, Chassagne-Montrachet Les Vergers
Verget	Bâtard-Montrachet, Chevalier-Montrachet, Meursault Premiers Crûs (alle)
Guy Amiot	Chassagne-Montrachet Premiers Crûs (alle)
Louis Latour	Corton-Charlemagne, Puligny-Montrachet Premiers Crûs (alle)
Colin-Deléger	Chassagne-Montrachet Premiers Crûs (alle), Puligny-Montrachet Premiers Crûs (alle)
Jean-Noël Gagnard	Chassagne-Montrachet Premiers Crûs (alle)
Louis Jadot	Corton-Charlemagne, Chassagne-Montrachet Les Caillerets, Beaune Grèves, Puligny-Montrachet Premiers Crûs (alle)
Domaine François Jobard	Meursault Premiers Crûs (alle)
Joseph Drouhin	Sämtliche Grands Crûs und Premiers Crûs

Produzent	Empfohlene Weine
Domaine Bernard Morey	Chassagne-Montrachet Les Caillerets, Puligny-Montrachet La Truffière
Domaine Marc Morey	Chassagne-Montrachet Premiers Crûs (alle)

* Diese Weine sind außergewöhnlich teuer.

Tabelle 10.5: Die besten Produzenten von weißem Burgunder und ihre größten Weine

Produzent	Empfohlene Weine
Domaine Leroy*	Musigny, Richebourg, Chambertin (alle Grands Crûs und Premiers Crûs von Leroy)
Domaine de la Romanée-Conti*	Romanée-Conti, La Tâche, Richebourg, Grands Échézeaux
Domaine Comte de Vogüé	Musigny (Vieilles Vignes), Bonnes Mares
Anne Gros	Richebourg, Clos de Vougeot
Georges et Christophe Roumier	Musigny, Bonnes Mares, Chambolle-Musigny Les Amoureuses
Ponsot	Clos de la Roche (Vieilles Vignes), Chambertin, Clos St. Denis (Vieilles Vignes), Griotte-Chambertin
Armand Rousseau	Chambertin (alle drei von ihm), Gevrey-Chambertin Clos St. Jacques
Méo-Camuzet	Vosne-Romanée Premiers Crûs (alle drei von ihm), Clos de Vougeot, Richebourg, Corton
Hubert Lignier	Clos de la Roche, Charmes-Chambertin
Domaine Dujac	Clos de la Roche, Bonnes Mares
Joseph Roty	Alle seine Grands Crûs aus Chambertin
Joseph Drouhin	Sämtliche Grands Crûs und Premiers Crûs
Jayer-Gilles	Échézeaux, Nuits-St.-Georges Les Damodes
Louis Jadot	besonders Romanée St. Vivant, Chambertin-Clos de Bèze, Musigny
Domaine Jean et J. L. Trapet	Grands Crûs, Premiers Crûs aus Gevrey-Chambertin
Domaine Jean Grivot	Échézeaux, Nuits-St.-Georges Premiers Crûs
Michel Lafarge	Volnay Premiers Crûs, Beaune Les Grèves
Domaine Robert Chevillon	Nuits-St.-Georges Les St. Georges; Nuits-St.-Georges Les Vaucrains
Domaine/Maison J. Faiveley	Nuits-St.-Georges und Mercurey Premiers Crûs
Jacques-Fréderick Mugnier	Musigny, Bonnes Mares
Domaine Bruno Clair	Gevrey-Chambertin, Marsannay Premiers Crûs
Bouchard Père & Fils	Alle Grands Crûs und Premiers Crûs
Domaine Henri Gouges	Nuits-St.-Georges und Mercurey Premiers Crûs

* Diese Weine sind außergewöhnlich teuer.

Tabelle 10.6: Die besten Produzenten von rotem Burgunder und ihre größten Weine

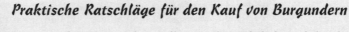

Praktische Ratschläge für den Kauf von Burgundern

Nett von den Burgundern, alles so übersichtlich und durchschaubar zu gestalten, nicht wahr? Premiers Crûs sind immer besser als die Gemeinde-Appellation, und die Grands Crûs sind die besten von allen, stimmt's? Leider muss es nicht zwangsläufig so sein! In der Reihenfolge ihrer Bedeutung finden Sie hier die Kriterien, die Sie beachten sollten, wenn Sie Burgunder kaufen:

✔ **Die Reputation des Produzenten:** Sie basiert auf den Weinen, die er in der Vergangenheit gemacht hat.

✔ **Der Jahrgang:** Die Qualität ändert sich gewaltig von Jahr zu Jahr.

✔ **Die Herkunftsbezeichnung:** der Name der Gemeinde oder des Weinbergs und deren Eigenheiten

Der Produzent und der Jahrgang sind in Burgund *wesentlich* wichtiger als die Herkunftsbezeichnung. Gute Jahrgänge für rote Burgunder sind 2003, 2002, 1999, 1997, 1996 und 1995. Für weiße Burgunder sind 2002, 1999, 1997, 1996, 1995 und 1992 recht gut.

Die Côte Chalonnaise: Burgunder im Angebot

Leider sind die besten Weine aus Burgund unglaublich teuer. Aber eines der best-gehüteten Geheimnisse in Burgund sind die Weine von der Côte Chalonnaise (diese Anbauzone schließt im Süden an die Côte d'Or an). Fünf Dörfer sind die Heimat einiger sehr anständiger Burgunder. Stimmt, die Burgunder von der Côte Chalonnaise sind nicht ganz so fein und elegant wie die Burgunder von der Côte d'Or (sie sind etwas erdiger und rauer in Geschmack und Textur), doch sie können dennoch sehr überzeugend sein. Und wir meinen hier Weine, die im Laden bloß 15 bis 25 Euro pro Flasche kosten. Die vier Dörfer beziehungsweise Gemeinden, die auch als Herkunftsbezeichnungen auf dem Etikett stehen, finden Sie hier:

✔ **Mercurey:** hauptsächlich Rotwein und eine kleine Menge Weißen; die besten Weine aus dem Chalonnais kommen von hier, und es sind deshalb auch die teuersten (18 bis 25 Euro); drei der besten Produzenten in Mercurey sind Aubert de Villaine, J. Faiveley und Antonin Rodet.

✔ **Rully:** etwa gleich viel Rot- und Weißwein; die Weißen, obwohl sie etwas erdig sind, sind deutlich besser als die Roten. Schauen Sie nach den Weinen von Antonin Rodet.

✔ **Givry:** hauptsächlich Rotwein und eine kleine Menge Weißwein. Die Roten sind besser als die Weißen (aber auch recht erdig); der Givry von Domaine Joblot ist besonders zu empfehlen.

✔ **Montagny:** nur Weißwein. Suchen Sie nach den Erzeugnissen von Antonin Rodet und Louis Latour.

Ein anderes Dorf hat sich auf die Aligoté-Rebe spezialisiert (eine zweite weiße Rebsorte, die in Burgund zugelassen ist), die einen besonders frischen, lebendigen Wein ergibt. Er nennt sich Bouzeron. Aubert de Villaine ist der qualitativ führende Produzent hier; probieren Sie seinen Bourgogne Rouge, Bourgogne Blanc (gemacht aus Pinot Noir beziehungsweise Chardonnay) oder den Bourgogne Aligoté de Bouzeron.

Tipps, wie man Burgunder trinkt

Roter Burgunder ist im Restaurant eigentlich immer eine gute Wahl. Im Gegensatz zu Bordeaux und anderen auf Cabernet Sauvignon basierenden Weinen sind die roten Burgunder wegen ihrer Sanftheit und der betörenden Aromen von roten Früchten normalerweise auch jung angenehm zu trinken. Außerdem sind die Burgunder wie alle Pinot Noir (Blauer Spätburgunder) anpassungsfähige Begleiter zum Essen. Es ist einer der Rotweine, die man auch zu Fisch oder Meeresfrüchten trinken kann. Er passt beispielsweise perfekt zu Lachs. Huhn, Geflügel und gekochter Schinken harmonieren ebenfalls gut mit Burgundern. Zu kräftigeren roten Burgundern kann man auch Rindfleisch, Kaninchen, Ente, Fasan oder Ähnliches kombinieren.

Rote Burgunder schmecken etwas kühler am besten – etwa 17 Grad Celsius sind ideal. Er muss *nicht* dekantiert werden. Auch die älteren Burgunder entwickeln selten viel Depot, und zu viel Luft bringt Sie nur um das wundervolle Aroma der Burgunder – und das ist schließlich das Schönste an diesen Weinen.

Auf der anderen Seite profitieren die weißen Burgunder oft davon, wenn man sie dekantiert. Vor allem die Grands Crûs und weißen Premiers Crûs aus jüngeren Jahrgängen (fünf Jahre und jünger) schätzen einen gewissen Sauerstoffkontakt. Die großen, jungen Weißweine aus Burgund wie Corton Charlemagne sind in den ersten Jahren noch sehr verschlossen und brauchen die Luft und die Zeit zum Atmen ganz dringend, damit sie sich öffnen und ihre Aromen präsentieren. Und denken Sie daran: Servieren Sie diese Weine nicht zu kalt! Die ideale Temperatur für bessere weiße Burgunder liegt zwischen 15 und 17 Grad Celsius.

Chablis: Ein einzigartiger Weißwein

Die Kleinstadt Chablis, nordwestlich von der Côte d'Or, liegt von allen Städten in Burgund Paris am nächsten – eine Fahrt von etwa zwei Stunden. Obwohl die Weine aus Chablis, wie auch die weißen Burgunder von der Côte d'Or, ebenfalls aus 100 Prozent Chardonnay gemacht werden, haben sie einen völlig anderen Stil. Zunächst einmal werden nahezu alle weißen Burgunder von der Côte d'Or in Eichenfässern vergoren und gelagert, während viele der Produzenten in Chablis zumindest für einige Weine stattdessen Edelstahltanks verwenden. Auch ist das Klima in Chablis deutlich kühler, und so sind die Weine essenziell leichter, relativ streng und knackiger.

Chablis ist traditionell sehr trocken, und sein Duft erinnert manchmal an Feuerstein und hat nichts gemein mit dem kräftigen, reifen Stil von der Côte d'Or. Während wir dieses Buch schreiben, kommt gerade der Chablis von 2005 auf den Markt und es soll ein hervorragender Jahrgang sein!

 Chablis ist ein idealer Begleiter zu Meeresfrüchten, besonders zu Austern. Wie alle anderen weißen Burgunder sollte Chablis kühl (etwa 15 Grad Celsius) und nicht kalt serviert werden.

Interessante Chablis zum Probieren

Chablis ist als Premier Crû oder Grand Crû am besten. Einfache Chablis sind mit 12 bis 21 Euro etwas günstiger, aber offen gesagt können Sie für dieses Geld in Mâcon, Chalonnais oder sogar an der Côte d'Or (Bourgogne Blanc) bessere Weißweine bekommen.

Die sieben Grand-Crû-Lagen in Chablis sind Les Clos, Valmur, Les Preuses, Vaudésir, Grenouilles, Bougros und Blanchot. (Ein weiterer Weinberg, der eigentlich als Grand Crû gilt, ist der La Moutonne. Diese Lage ist aber Teil von Vaudésir und Les Preuses und wird nicht als Grand Crû anerkannt.) Die Grands Crûs aus Chablis kosten je nach Produzent zwischen 45 und 70 Euro. Aus einem guten Jahrgang können sie sich bis zu 15 Jahre entwickeln und reifen.

 In Chablis gibt es 22 Premiers Crûs, aber die sechs bekanntesten sind Fourchaume, Montée de Tonnerre, Vaillon, Mont de Milieu, Montmains und Les Forêts. Premiers Crûs aus Chablis kosten zwischen 24 und 40 Euro, je nach Produzent. Gute Jahrgänge können etwa zehn Jahre alt werden.

Sieben hochkarätige Produzenten in Chablis

 Sieben Produzenten stechen in Chablis heraus. Um diesen unterbewerteten Wein wirklich zu verstehen, sollten Sie versuchen, sich einen der Premiers oder Grands Crûs aus Chablis zu kaufen. Versuchen ist hier das richtige Wort, da es sich um kleine Produzenten handelt, die man nur in sehr gut sortierten Läden findet:

✔ **Francois Raveau und René et Vincent Dauvissat:** verwenden Eichenfässer für die Gärung und Lagerung, daher sind die Weine ziemlich dicht und gehaltvoll

✔ **Louis Michel:** verwendet ausschließlich Edelstahl, erzeugt lebhafte, knackige Weine, manchmal etwas zu reduktiv

✔ **Jean Dauvissat:** verwendet hauptsächlich Edelstahl

✔ **Jean Collet, Jean-Paul Droin und Verget:** weitere konstant gute Produzenten aus Chablis

Mâcon: Günstige Weiße

Wenn Sie der Meinung sind, 15 Euro und mehr für eine Flasche weißen Burgunder oder Chablis sind Ihnen für einen Alltagswein zu viel, haben wir eine Alternative für Sie: einen weißen Mâcon. Einige der besten Weißwein-Schnäppchen – nicht nur in Frankreich, sondern aus der ganzen Welt – kommen aus dem Mâconnais.

Das Mâconnais liegt südlich des Chalonnais und nördlich des Beaujolais. Es hat ein milderes, sonnigeres Klima als die nördlich gelegene Côte d'Or. Die Weinproduktion konzentriert sich um das Städtchen Mâcon, das gleichzeitig das Tor zur Provence und zur französischen Riviera darstellt. In den Hügeln des Mâconnais findet sich der gleiche kreidige Kalkboden, den die Chardonnay-Traube so liebt und der auch in vielen nördlichen Anbaugebieten von Burgund vorherrscht. Im nördlichen Mâcon gibt es sogar ein Dorf, das Chardonnay heißt.

Die Weißweine aus Mâcon sind somit ebenfalls zu 100 Prozent aus Chardonnay. Die meisten von ihnen werden einfach als *Mâcon* oder *Mâcon-Villages* bezeichnet (ein etwas besserer Wein als der normale Mâcon, da er aus bestimmten Dörfern stammt) und kosten im Laden zwischen acht und 13 Euro die Flasche. Die Mâcon, die zusätzlich den Namen des Dorfes führen dürfen, sind meist noch besser. Der Gemeindename wird einfach hinten an die Anbauzone angefügt wie bei Mâcon-Lugny oder Mâcon-Viré.

Die Weißen aus Mâcon sind mittelschwer, knackig, frisch, verfügen über eine gewisse Substanz und schmecken oftmals ein wenig mineralisch. Sie sollten diese Weine jung genießen, am besten in den ersten drei Jahren nach der Lese.

Die besten Weißen des Mâcon kommen aus dem südlichsten Teil des Anbaugebiets und haben ihre eigene Herkunftsbezeichnung – Pouilly-Fuissé und Saint-Véran.

Pouilly-Fuissé ist kräftiger und vollmundiger als ein einfacher Mâcon, er wird oft im Holz ausgebaut und ist etwas teurer (etwa 15 bis 19 Euro, die besten Beispiele kosten bis zu 34 Euro). Wenn Sie einen hochkarätigen Pouilly-Fuissé probieren wollen, dann kaufen Sie Château Fuissé – ein Wein, der in guten Jahren ohne Probleme neben den sehr viel teureren Weißweinen der Côte d'Or bestehen kann.

Saint-Véran, der zwischen zehn und 13 Euro kostet, ist mit ziemlicher Sicherheit der Wein aus dem Mâcon mit dem besten Preis-Leistungs-Verhältnis. Besonders gut ist der Saint-Véran von Verget, der einer der besten Produzenten im Mâconnais ist.

Beaujolais: Köstlich und günstig

Das Gebiet Beaujolais liegt südlich des Mâconnais, mitten im Herzen des größten gastronomischen Zentrums der Welt: In dieser Region und der angrenzenden Stadt Lyon findet sich eine unglaubliche Zahl von guten und herausragenden Restaurants. Als Wein ist der Beaujolais so berühmt, dass er eigentlich für sich selbst steht. Er hat auch seine eigene Rebsorte für die Roten: Gamay. Der Umstand, dass Beaujolais zu Burgund zählt, ist auch eher verwaltungstechnischer Natur.

Ein Grund zum Feiern: Beaujolais Nouveau

Jedes Jahr am dritten Donnerstag im November wird der neue Jahrgang des Beaujolais – Beaujolais Nouveau oder Beaujolais Primeur genannt – überall auf der Welt mit großem Tamtam zum Verkauf freigegeben. Dieser Youngster – nur etwa sechs Wochen alt! – ist ein sehr fruchtiger, leicht zu trinkender, leichter Wein mit viel Frucht und praktisch ohne Tannin. In Deutschland ist es in den letzten Jahren etwas still um ihn geworden, weil es nur noch darum ging, welcher Discounter die billigste Variante anbieten konnte. Und die schmecken einfach nicht. Ein Beaujolais von einem guten Produzenten wie Dubœuf macht richtig Laune und kostet etwa fünf bis acht Euro. Das Vergnügen ist kurz, bis spätestens Ostern sollte er getrunken sein.

Die leicht zu trinkenden Beaujolais

Wenn Sie ein Weißwein- oder Rosé-Trinker sind (oder vielleicht sogar bisher überhaupt keinen Wein getrunken haben!), müsste der Beaujolais eigentlich der ideale Einstieg in die Rotweine sein – eine Brücke zu den etwas anspruchsvolleren Roten, wenn man so will. Der Beaujolais gehört zu den fruchtigsten Weinen Frankreichs, obwohl er ein trockener Wein ist. Man kann ihn ohne Weiteres als Spaßwein bezeichnen, der herrlich schmeckt und mit dem man sich nicht näher auseinandersetzen muss.

Beaujolais und *Beaujolais Supérieur* (muss ein Prozent mehr Alkohol haben) sind die leichtesten Weine aus dem Beaujolais. Die Herkunftsbezeichnung (AOC) gilt für die ganze Region Beaujolais, aber meistens kommen diese Weine aus dem südlichen Teil des Beaujolais, wo der Boden von Lehm und Sand dominiert wird. Es sind frische, fruchtige, unkomplizierte und ziemlich leichte Weine, die für sechs bis neun Euro verkauft werden und am besten im ersten, spätestens im zweiten Jahr nach der Lese schmecken. Ein perfekter Rotwein für den Sommer, den man auch sehr gut leicht gekühlt servieren kann.

Die ernsthafteren Versionen

Das Beaujolais hat aber auch seine ernsten Seiten. Die besten Beaujolais werden im nördlichen Teil des Anbaugebiets gemacht, wo der Boden einen hohen Anteil an Granit aufweist. Beaujolais-Villages ist ein Wein, der nur aus den Lagen von etwa 39 bestimmten Dörfern stammen darf. Er ist etwas kräftiger und hat mehr Substanz als ein einfacher Beaujolais. Er kostet etwa ein, zwei Euro mehr, ist dieses Geld aber auch wert.

Die richtig guten Qualitäten kommen aus zehn genau festgelegten Anbauzonen im nördlichen Teil des Beaujolais. Diese Weine werden als Crû des Beaujolais bezeichnet, und nur der Name des Crû erscheint in großen Buchstaben auf dem Etikett. (Von Beaujolais wird auf der Flasche nichts erwähnt.) Die Crûs aus dem Beaujolais haben mehr Tiefe und brauchen deshalb auch etwas mehr Zeit, um sich zu öffnen. Manche der Crûs entwickeln und verbessern sich über vier bis fünf Jahre. Die Preise reichen von etwa sieben bis zu 18 Euro. Tabelle 10.7 listet die zehn Crûs aus dem Beaujolais in der geografischen Reihenfolge von Nord nach Süd auf, und zu jedem Crû finden Sie noch eine kurze Beschreibung.

Crû	Beschreibung
Brouilly	das mengenmäßig größte Crû und in der Qualität am unterschiedlichsten; leicht und fruchtig; in den ersten drei Jahren zu trinken
Côte de Brouilly	etwas besser als die Brouilly, voller und konzentrierter; die Weinberge liegen etwas höher; in den ersten drei Jahren zu trinken
Regnié	das Dorf, das als letztes die Anerkennung als Crû bekommen hat; sehr ähnlich zu Brouilly; nicht ganz so gut wie Côte de Brouilly
Morgon	die besten sind voll und erdig; kann fünf bis sieben Jahre reifen
Chiroubles	einer unserer Lieblinge; die Quintessenz faszinierender, köstlicher, duftiger Beaujolais; schmeckt nach frischen roten Früchten; sehr schön; trinken Sie ihn in den ersten beiden Jahren nach der Lese
Fleurie	mittelschwer, aromatisch, mit einer samtigen Fruchtigkeit; das beliebteste Crû (und zusammen mit dem Moulin-à-Vent auch das teuerste mit Preisen zwischen 12 und 16 Euro); sehr zuverlässig; kann etwa vier Jahre reifen
Moulin-à-Vent	unbestritten der kraftvollste, konzentrierteste Crû und der, der am längsten (zehn Jahre und mehr) gelagert werden kann; das ist ein Beaujolais, der auf alle Fälle drei bis vier Jahre braucht, bis er sich öffnet
Chénas	grenzt an Moulin-à-Vent (es darf tatsächlich ein großer Teil unter dem berühmteren Namen Moulin-à-Vent verkauft werden); was als Chénas auf den Markt kommt, ist meist sehr günstig; in den ersten vier Jahren trinken
Juliénas	der Beaujolais für Insider; oft der dichteste und beste der Crûs; mit seinem vollen Körper und seiner Kraft kann er gut fünf Jahre und mehr reifen; selten eine Enttäuschung
Saint-Amour	das nördlichste Crû im Beaujolais; mit einem perfekten Namen für ein kleines Geschenk zum Valentinstag (oder jedem anderen Tag); duftig, leicht bis mittelgewichtig, schöne Beerenfrucht; sollte in den ersten zwei, drei Jahren getrunken werden

Tabelle 10.7: Die zehn Crûs im Beaujolais

Beaujolais in Aktion

Wenn Sie erleben wollen, was französische Lebensart ist, dann setzen Sie sich in ein Bistro in Paris oder Lyon und bestellen Sie sich eine Karaffe jungen Beaujolais zu Ihrem Schinken, der Pâte oder dem Hühnchen. Kein anderer Wein fließt so angenehm die Kehle hinunter! Junger, unkomplizierter Beaujolais sollte *unbedingt* gekühlt serviert werden (13 Grad Celsius), um seine schöne Frucht zum Ausdruck zu bringen. Die kräftigeren Crûs aus dem Beaujolais schmecken mit einer ähnlichen Temperatur wie die roten Burgunder (14 Grad Celsius) am besten.

Die meisten Beaujolais werden von großen *Négociants* verkauft – Unternehmen, die Trauben und Wein von den Bauern kaufen, verschneiden, abfüllen und die Weine unter ihrem Namen verkaufen. Zwei der größten und besten *Négociants* im Beaujolais sind Georges Dubœuf und Louis Jadot. Jadot besitzt einige sehr schöne, eigene Weingüter in Moulin-à-Vent und in Morgon.

Das herrliche Tal der Rhône

Das Rhône-Tal liegt im Südosten Frankreichs, südlich des Beaujolais zwischen Lyon im Norden und Avignon direkt im Süden (nördlich der Provence). Die Sommer im Rhône-Tal sind sonnig und heiß. Die Weine spiegeln dieses Wetter wider: Die Rotweine sind kräftig, robust und ziemlich hoch im Alkohol. Sogar manche der Weißen tendieren zu einer gewaltigen Fülle und Kraft. Aber die Weine aus dem südlichen Teil des Rhône-Tals unterscheiden sich deutlich von den Weinen des nördlichen Rhône-Tals.

Für einen guten, anständigen trockenen Rotwein, der zwischen sieben und zehn Euro kostet, brauchen Sie nur nach einem der Alltagsweine aus dem Rhône-Tal zu schauen, dem Côtes du Rhône, der hauptsächlich aus dem Süden der Region stammt. Im Rhône-Tal werden zwar noch andere und sehr gute Weine gemacht (die meisten rot), aber der Côtes du Rhône ist einer der besten preiswerten Rotweine auf der Welt.

Die üppigen Weine des Südens

Die meisten Weine von der Rhône kommen aus dem südlichen Rhône-Tal (über 90 Prozent). Sie sind im Allgemeinen günstig und unkompliziert. Die dominierende Rebsorte an der südlichen Rhône ist die ertragreiche Grenache, die leicht zu trinkende Weine mit viel Alkohol und wenig Tannin hervorbringt. Einige Weine sind jedoch zu großen Teilen aus Rebsorten wie Syrah und anderen gemacht, die für etwas schneidigere Produkte sorgen. Fast alle Côtes-du-Rhône-Weine sind Rote (94 Prozent sind Rotweine, drei Prozent Weißweine, drei Prozent Roséweine):

✔ **Côtes du Ventoux**, der zwar dem Côtes du Rhône sehr ähnlich, aber oft etwas leichter ist

✔ **Côtes du Rhône-Villages**, er stammt von 95 Dörfern, die einen kräftigeren und etwas teureren Wein hervorbringen als der normale Côtes du Rhône. 16 von ihnen dürfen ihren Namen auf dem Etikett tragen, wie »Cairanne – Côtes du Rhône-Villages«.

✔ die Dorflagen **Gigondas** und **Vacqueyras**

Die beiden letzten Weine sind frühere Côtes-du-Rhône-Villages, die inzwischen aufgestiegen sind und ihre eigenen Herkunftsbezeichnungen (AOC) bekommen haben. Gigondas (22 bis 25 Euro) sind besonders kräftig und gehaltvoll und können aus einem guten Jahrgang ohne Weiteres zehn Jahre und älter werden. Vacqueyras ist nicht so kraftvoll wie ein Gigondas, aber auch nicht so teuer (die meisten zwischen zehn und 16 Euro). Vacqueyras ist aber oft eine gute Empfehlung.

Auch zwei interessante trockene Rosés kommen von der südlichen Rhône: Tavel und Lirac. Lirac ist weniger bekannt und deshalb günstiger. (Tavel kostet zwischen 13 und 22 Euro, Lirac etwas weniger. Lirac gibt es auch in Weiß und Rot.) Beide werden aus Grenache- und Cinsault-Trauben gemacht. Ein angenehmer Wein für heiße Sommertage und beim Picknick. Wie die meisten Rosés schmecken sie am besten, solange sie jung sind.

Aber der König an der südlichen Rhône ist der Châteauneuf-du-Pape. Sein Name geht auf das 14. Jahrhundert zurück, als das nahe gelegene Avignon (nicht Rom) der Sitz des Papstes war. Nahezu alle Châteauneuf-du-Pape sind Rotweine und werden aus verschiedenen Rebsorten verschnitten: Bis zu 13 verschiedene Rebsorten können verwendet werden, aber Grenache, Mourvèdre und Syrah dominieren. Ein guter Châteauneuf-du-Pape ist gehaltvoll, kräftig, rund und reif. Aus einem guten Jahrgang kann er 15 bis 20 Jahre reifen. Die meisten roten Château-neuf-du-Pape (ein paar sehr erdige weiße Châteauneuf-du-Pape werden auch gemacht) kosten zwischen 21 und 34 Euro. Die richtig guten können aber auch 53 Euro und mehr kosten. Zwei der besten Châteauneuf-du-Pape sind Château Rayas (fast 100 Prozent Grenache von alten Rebstöcken) und Château de Beaucastel (der oft 20 Jahre und älter werden kann).

Noble Weine aus dem Norden

Die zwei besten Weine von der Rhône – Côte-Rôtie und Hermitage – wachsen im nördlichen Rhône-Tal. Beide werden aus der edlen Syrah-Traube gemacht (wobei dem Côte-Rôtie auch etwas vom weißen Viognier zugesetzt werden darf).

Obwohl beide sehr kräftig und vollmundig sind, ist der Côte-Rôtie der mit etwas mehr Finesse. Er hat ein wundervoll verspieltes Bouquet, das uns immer an grüne Oliven und reife Wald-beeren erinnert, und einen weichen, fruchtigen Geschmack. Aus einem guten Jahrgang kann ein Côte-Rôtie ohne Weiteres 20 Jahre und älter werden. Die meisten Côte-Rôties kosten zwischen 34 und 64 Euro.

 Der bekannteste Produzent von Côte-Rôtie ist Guigal. Seine Einzellagen vom Côte-Rôtie – La Mouline, La Landonne und La Turque – sind legendär, aber rar und dementsprechend teuer (über 150 Euro die Flasche!).

Die roten Hermitage sind eindeutig die kraftvollsten und langlebigsten Rhône-Weine. Es ist ein komplexer, dichter, tanninbetonter Wein, der etliche Jahre braucht, bis er sich zu öffnen beginnt, und die guten Jahrgänge entwickeln sich locker über 30 und mehr Jahre (2003, 1999, 1998, 1995, 1991, 1990, 1989 und 1988 sind hervorragende Jahrgänge von der nördlichen Rhône). Die besten roten Hermitage kosten heute etwa 37 bis 68 Euro und ein paar wenige auch über 75 Euro. Weniger gute Hermitage bekommt man auch schon für 30 bis 34 Euro.

 Die drei besten Produzenten von Hermitage sind Jean-Louis Chave, Chapoutier und Paul Jaboulet Ainé (wegen seines Spitzen-Hermitage La Chapelle).

Jaboulet macht auch einen günstigeren kleinen Bruder des Hermitage, einen Cro-zes-Hermitage (eine eigene Herkunftsbezeichnung), der sich Domaine de Thalabert nennt. Er ist mindestens so gut, wenn nicht besser als mancher Hermitage, kann über zehn bis 15 Jahre reifen und wird zu einem vernünftigen Preis von 21 bis 22 Euro verkauft. Eine klare Weinempfehlung!

Cornas, der ebenfalls aus Syrah gemacht wird, ist ein weiterer interessanter Wein von der nörd-lichen Rhône. Der Cornas ähnelt dem Hermitage, da auch er ein gewaltiger, tanninbetonter Wein ist, der zehn bis 20 Jahre Reifezeit benötigt. Die Preise reichen von 30 bis 60 Euro. Zwei Produzenten von Cornas, auf die man achten sollte, sind Domaine August Clape und Jean-Luc Colombo.

Aus den weißen Rebsorten Marsanne und Roussanne wird auch eine kleine Menge an weißem Hermitage gemacht. Weißer Hermitage ist traditionell ein kräftiger, schwerer, erdiger Wein, der acht bis zehn Jahre braucht, um sich voll zu entwickeln. Chapoutiers feinster Hermitage Blanc, Chante-Alouette, ist jedoch ein reinsortiger Marsanne (etwa 60 Euro) und in einem umgänglicheren Stil gemacht. Ein weiterer großer weißer Hermitage ist der von Chave (etwa 68 Euro): ein komplexer, dichter und fast noch langlebigerer Wein als der rote Hermitage.

 Condrieu wird reinsortig aus Viognier gemacht und ist der andere Weißwein von der nördlichen Rhône, den man probieren sollte. Er ist einer der verspieltesten, blumigsten trockenen Weine, die es gibt. Seine Aromen sind zartgliedrig, aber prä-sent, mit einer feinen Note von frischen Aprikosen und Pfirsichen. Er ist ein wun-dervoller Begleiter zu frischem Fisch. Condrieu (der etwa 30 bis 45 Euro kostet) schmeckt jedoch jung am besten. Und da Condrieu ein ganz kleines Anbaugebiet umfasst, ist er schwer zu bekommen. Die größten Chancen, einen zu ergattern, haben Sie in gut sortierten, vielleicht auf französische Weine spezialisierten Läden und in guten französischen Restaurants.

Das Loire-Tal: Der Weißweinhimmel

Hing Ihnen der ewige Chardonnay schon einmal zum Hals raus? Falls Sie nach weißen Alter-nativen zum Chardonnay suchen, sollten Sie das Loire-Tal für sich entdecken. Der Vollstän-digkeit halber: Sie finden an der Loire auch ein paar feine Rotweine und trockene Rosés, aber bekannt ist die Region in erster Linie für ihre leichten Weißweine.

Das Anbaugebiet an der Loire erstreckt sich quer durch Frankreich: vom Beginn des Loire-Tals im Osten (Zentralfrankreich) bis an die Mündung in den Atlantik im Westen. Das ziemlich kühle Klima, besonders im Westen, bringt relativ leichte Weißweine hervor. Das Loire-Tal be-steht aus drei Abschnitten: der Oberlauf der Loire, das mittlere Loire-Tal und das Pays Nantais, benannt nach der Stadt Nantes, direkt an der Mündung der Loire in den Atlantik.

Am östlichen Ende des Tals (Oberlauf der Loire), direkt südlich von Paris, liegen die Städte Sancerre und Pouilly-sur-Loire auf den gegenüberliegenden Ufern der Loire. Hier wächst der Sauvignon Blanc, der lebendige, trockene Weine mit einem würzigen, grasigen Aroma und mineralischem Geschmack ergibt. Die beiden Hauptweine in dieser Gegend sind der Sancerre und der Pouilly-Fumé.

✔ Der **Sancerre** ist der leichtere, trockenere und lebendigere von beiden. Er ist ein perfekter Sommerwein, besonders zu Meeresfrüchten und leichten Süßwasserfischen wie Forelle. Suchen Sie nach den Sancerre von Domaines Henri Bourgeois oder Lucien Crochet.

✔ Der **Pouilly-Fumé** ist voller und nicht so grasig wie der Sancerre und kann schöne mineralische Duftnoten besitzen. Pouilly-Fumé kann ein richtig feiner Wein sein, wenn er von einem guten Produzenten wie Didier Dagueneau oder de Ladoucette stammt. Da er kräftiger ist, passt der Pouilly-Fumé auch zu herzhaften Fischgerichten wie Lachs, aber auch zu Geflügel und Kalb.

 Die meisten Sancerres und Pouilly-Fumés kosten etwa 15 bis 25 Euro, aber einige der besseren können auch bis zu 36 Euro kosten. Die Weine sind meist jung am besten. Trinken Sie sie innerhalb von vier Jahren nach der Lese.

Das mittlere Loire-Tal ist sowohl für seine Weiß- als auch für seine Rotweine bekannt. Die Chenin-Blanc-Traube bringt hier bessere Weine hervor als irgendwo sonst auf der Welt. In der Provinz Anjou wird wohl der größte trockene Chenin-Blanc-Wein, Savennières (ab etwa 15 Euro zu haben) produziert. Auch ein hervorragender Dessertwein aus Chenin Blanc, Coulée de Serrant, kommt aus Anjou. Bonnezeaux und Quartz-de-Chaume sind weitere Dessertweine mit Herkunftsbezeichnungen aus Anjou, die aus Chenin Blanc gewonnen werden.

Nahe der Stadt Tours (wo man wunderschöne Schlösser der früheren französischen Könige besichtigen kann) liegt der Ort Vouvray. Die Weine von Vouvray gibt es in drei Stilrichtungen: trocken (*sec*), halbtrocken (*demi-sec*) und süß (*moelleux*). Es gibt auch eine prickelnde Variante des Vouvray.

Die besten Weine von Vouvray, die süßen (*moelleux*), können nur in Jahrgängen mit ungewöhnlich reifen Trauben erzeugt werden und solche Sommer gibt es nicht regelmäßig. Die Weine brauchen etliche Jahre, um sich zu entwickeln, und können dank der bemerkenswerten Säure unendlich alt werden. Ihre Preise beginnen bei etwa 17 Euro. Die drei bekanntesten Produzenten in Vouvray sind Philippe Foreau von Clos Naudin, Gaston Huet-Pinguet und Didier Champalou.

 Günstigere Vouvrays (etwa zehn bis elf Euro) kann man bereits jung mit Vergnügen trinken. Auch die trockenen Versionen sind eigentlich nicht knochentrocken und eine gute Wahl, wenn Sie diese ganz trockenen Weine nicht mögen. Sie passen gut zu Huhn oder Kalb in cremigen Sahnesaucen oder zu Früchten und Frischkäse nach dem Essen.

Die besten Rotweine des Loire-Tals kommen aus dem mittleren Abschnitt. Sie werden hauptsächlich aus Cabernet Franc gemacht und tragen den Ortsnamen der Dörfer, aus denen die Trauben kommen: Chinon, Bourgueil, Saint-Nicolas-de-Bourgueil und Saumur-Champigny. Es sind alles würzige Weine mit mittlerem Körper, die ein hervorragendes Preis-Leistungs-Verhältnis (neun bis 26 Euro) haben und dafür berühmt sind, gut zum Essen zu passen.

In der Nähe des Atlantiks befindet sich das dritte Anbaugebiet, das die Heimat der Muscadet-Traube (auch als *Melon* bekannt) darstellt. Der Wein, der ebenfalls Muscadet genannt wird, ist leicht und sehr trocken mit dem Duft von grünem Apfel und mineralischen Noten – in Frankreich ist er der klassische Begleiter zu Austern, er passt aber auch gut zu Flussfischen (und ist natürlich ein idealer Sommerwein).

 Die meisten Muscadets kommen aus dem Gebiet der AOC Sèvres-et-Maine und diese Angaben erscheinen auch auf dem Etikett. Häufig werden Sie auch den Ausdruck *sur lie* finden, was bedeutet, dass der Wein auf der Hefe (die nach der Gärung übrig gebliebenen Hefen) gelagert wurde und direkt aus dem Gärtank abgefüllt wurde. Dieser Vorgang verleiht dem Wein mehr Frische und Lebendigkeit und von der verbliebenen Kohlensäure oft auch noch ein leichtes Prickeln auf der Zunge.

 Die beste Nachricht über den Muscadet ist der Preis. Bereits für fünf bis neun Euro kann man richtig gute Muscadets kaufen. Nehmen Sie den jüngsten, den Sie bekommen können, da ein Muscadet nie älter als zwei Jahre sein darf. Er ist nicht zum Lagern geeignet.

Hier ein Pouilly, da ein Pouilly

Passen Sie auf, dass Sie die beiden Pouilly-Weine – Pouilly-Fuissé und Pouilly-Fumé – nicht verwechseln, es sind zwei völlig verschiedene Weine. Der auf Chardonnay basierende Pouilly-Fuissé aus dem Mâcon in Burgund ist ein körperreicher Wein und meist in Holz ausgebaut. Der Pouilly-Fumé wird aus Sauvignon Blanc gemacht, besitzt einen mittleren Körper und ist frischer.

Elsässer Weine: französisch, nicht deutsch

Das Elsass im Nordosten Frankreichs ist nur durch den Rhein von Deutschland getrennt. Ursprünglich war es ein Teil von Deutschland, es wurde erst im 17. Jahrhundert französisch. 1871 hat sich Deutschland das Elsass wieder einverleibt, musste es aber nach dem Ersten Weltkrieg 1919 wieder an Frankreich abgeben. Weinbautechnisch werden in beiden Ländern etwa dieselben Rebsorten angebaut (zum Beispiel Riesling und Gewürztraminer), doch die Weine diesseits und jenseits des Rheins präsentieren sich durch mikroklimatische Einflüsse recht unterschiedlich und können von geübten Weinkennern meist einfach unterschieden werden.

Die Weine aus dem Elsass sind unter den französischen Weinen einzigartig, da auf fast allen Elsässer Weinen die Rebsorte sowie der Herkunftsort auf dem Etikett genannt werden. Alle Elsässer Weine werden in der schlanken *Schlegelflasche* (*Flûte*) abgefüllt.

Wenn man die nördliche Lage des Elsass betrachtet, erwartet man ein kühles Klima in dieser Region. Aber dank des Schutzes durch die Vogesen im Westen ist das Klima im Elsass sehr sonnig, angenehm warm und für französische Verhältnisse sehr trocken – kurz, einfach ein perfektes Klima für den Weinanbau.

Obwohl auch etwas Pinot Noir existiert, sind über 90 Prozent der Elsässer Weine weiß. Vier sind besonders von Bedeutung: Riesling, Pinot Blanc, Pinot Gris und Gewürztraminer. Jeder reflektiert die Charakteristiken der Rebsorte, und doch teilen sie alle gewisse Aromen und Eigenarten, die oft als eine gewisse Schärfe bezeichnet werden, die man aber auch als den Geschmack des Elsass beschreiben kann.

Riesling ist der König unter den Elsässer Weinen (denken Sie daran, hier ist er immer trocken). Elsässer Rieslinge haben ein fruchtiges Bouquet, aber einen festen, trockenen, oft stahligen Geschmack. Obwohl er wie die meisten Elsässer Weine jung getrunken werden kann, kann ein Riesling aus einem guten Jahrgang ohne Weiteres zehn Jahre und älter werden. Gute Rieslinge kosten zwischen sech und 26 Euro. Einige der besten können aber auch mehr kosten.

Der Elsässer *Pinot Blanc* (Weißer Burgunder) ist der leichteste der vier Weine. Einige Winzer machen einen halbtrockenen Pinot Blanc, um damit neue Käuferschichten zu erreichen. Andere Winzer wiederum machen ihn traditionell knochentrocken. Egal welcher Stil – am besten schmeckt er jung. Pinot Blanc ist normalerweise relativ günstig.

Pinot Gris oder Tokay-Pinot Gris (um Verwechslungen zu vermeiden, lässt man mittlerweile den Zusatz »Tokay« im Namen weg, da ein berühmter ungarischer Dessertwein Tokaji heißt) wird aus Pinot-Gris-Trauben gekeltert, dieselbe Rebsorte, die in Italien als Pinot Grigio bekannt ist. Hier im Elsass ergibt sie einen kräftigen, würzigen, vollmundigen, charaktervollen Wein. Gute Pinot Gris (Graue Burgunder) aus dem Elsass kosten acht bis 22 Euro. Er passt gut zu scharfen Fleischgerichten und kommt auch mit asiatischen süß-sauren Gerichten klar.

Der Gewürztraminer (Roter Traminer) hat einen so unverkennbaren intensiven, exotischen, würzigen Geschmack (Rosenaroma), dass es ein Wein ist, den man entweder liebt oder völlig ablehnt (einer von uns liebt ihn – der andere lehnt ihn ab!). Aber er hat seine Fangemeinde. Und einige der besten Weine aus dieser Rebsorte kommen aus dem Elsass (andere aus Südtirol oder Baden). Wenn Sie noch nie einen Gewürztraminer aus dem Elsass probiert haben, dann haben Sie bisher einen der charakteristischsten Weine versäumt. Er ist ziemlich niedrig in der Säure und dafür hoch im Alkohol, eine Kombination, die den Eindruck von Fülle und Cremigkeit hinterlässt. Er passt hervorragend zu Foie Gras und scharfem Käse. Manche Menschen empfehlen ihn auch zur scharfen asiatischen Küche. Gewürztraminer wird zu ähnlichen Preisen verkauft wie guter Riesling, altert aber nicht so gut wie dieser.

Der Süden und Südwesten

Die dynamischsten Weinregionen in Frankreich befinden sich allerdings im südlichen Teil des Landes. Ironischerweise ist es das älteste Anbaugebiet Frankreichs. Die Griechen haben bereits im sechsten Jahrhundert vor Christus in der Provence Wein angebaut. Der Süden ist auch die Gegend, wo die größten Mengen an Wein produziert werden. Das Languedoc-Roussillon produziert über 40 Prozent des französischen Weins!

Die vielen einfachen Landweine aus dem Süden haben aber bis in die 80er-Jahre nicht viel internationale Aufmerksamkeit genossen. Heute hat die Welt entdeckt, dass diese Weine sich in der Qualität unheimlich verbessert haben und immer noch sehr günstig sind.

Der Südwesten Frankreichs, das riesige Gebiet zwischen Bordeaux und spanischer Grenze, macht auch Wein, und viele Weinregionen hier haben ebenfalls eine Renaissance erlebt. Wie der Süden ist auch diese Region in erster Linie Rotweingegend, aber man kann auch einige interessante Weiße, Rosés sowie Sekt finden und dazu noch einige hervorragende Dessertweine. Die Weinszene im Süden und Südwesten Frankreichs ist momentan gewaltig am Brodeln. Jahr für Jahr kommen neue, oft unglaublich interessante Weine auf den Markt.

Das Weingut Domaines Listel im Languedoc ist mit insgesamt rund 1.800 Hektar Rebfläche sowohl das größte Frankreichs als auch Europas. Es wurde von der Salzfirma Salins du Midi im 19. Jahrhundert begründet, die sich auch als Weinbau-Pionier betätigte. Der Leiter der Kellertechnik ist seit vielen Jahren der deutsche Weinbau-Ingenieur Peter Pitsch von der Mosel.

Le Midi: Frankreichs Billigweine

Das sonnige, trockene Languedoc-Roussillon, auch als Le Midi bekannt, war lange das größte Weinanbaugebiet des Landes. Die Region produziert in erster Linie Rotwein. Es ist sogar so, dass mehr als die Hälfte der französischen Rotweine von hier kommen. Traditionell werden diese rustikalen Rotweine aus den typischen Rebsorten des Südens wie Carignan, Cinsault und Grenache gemacht. Aber in den letzten zwanzig Jahren wurden auch die ernsthafteren Sorten wie Syrah, Cabernet Sauvignon und Merlot bei den Weinbauern beliebt. Die Weinmacher nutzen diese Trauben einerseits für rebsortenreine Weine, verwenden sie aber auch in den traditionellen Cuvées.

Achten Sie in dieser Region vor allem auf die Rotweine aus den AOC-Gebieten von Corbières, Minervois, St. Chinian, Fitou und Costières de Nîmes. Auch die vielen Vins de Pays d'Oc mit Rebsortenangabe sind oft ein interessanter Kauf. Sie werden aus Trauben gemacht, die von irgendwo aus der Region Languedoc-Roussillon kommen, aber keinen AOC-Status besitzen.

Das Beste daran ist, dass die meisten dieser Weine zwischen sechs und elf Euro kosten. Einige der besseren Weine aus der Gegend liegen aber bei 15 Euro oder mehr. Zwei der bekannten Marken von rebsortenreinen Landweinen (Vin de Pays d'Oc) sind Fortant de France und Réserve St. Martin.

Zeitlose Provence

Die Provence – südwestlich vom Rhône-Tal, im Osten des Languedoc-Roussillon und im Osten an Italien angrenzend – soll die schönste Region Frankreichs sein. Hier finden wir die französische Riviera mit Nizza und Cannes als die touristischen Zentren des Landes, die immer noch vom Jetset geprägt sind. Aber es ist auch ein Land mit viel Geschichte und einer alten, lebendigen Hauptstadt: Aix-en-Provence. Das wundervolle Licht und das milde Klima haben schon immer große Künstler wie Vincent van Gogh angezogen, der viele seiner bekanntesten Werke hier gemalt hat.

Auch der Wein war schon immer Teil der hiesigen Kultur und Wirtschaft. Die Provence ist in erster Linie bekannt für ihren Rosé, der von den Touristen an der Riviera in rauen Mengen genossen wird, aber es sind die Rotweine aus der Provence, die inzwischen am meisten bejubelt werden. Die Rosés dominieren zwar immer noch das größte AOC-Gebiet, Côte de Provence, aber in den drei anderen wichtigen AOC-Gebieten – Coteaux d'Aix-en-Provence, Les Beaux-de-Provence und Bandol – sind die Rotweine in der Überzahl. Bandol und sein führender Vertreter Domaine Tempier genießt die höchste Reputation für Rote. Cassis (nicht verwandt mit dem Likör aus Schwarzen Johannisbeeren, der genauso heißt), eine kleine AOC-Zone am Mittelmeer unweit von Marseille, macht faszinierende, aromatische Weißweine.

Die Roten und Rosés der Provence werden aus den gleichen Rebsorten gekeltert, die auch nebenan im Languedoc-Roussillon angebaut werden – Grenache, Cinsault, Mourvèdre, Carignan, Syrah und Cabernet Sauvignon. Die wichtigsten Rebsorten im weißen Cassis sind Clairette und Marsanne.

Südwestfrankreich

Das große Gebiet am Atlantik südlich von Bordeaux ist als Südwest-Frankreich bekannt – aber eigentlich sind es viele verschiedene, eigenständige Weinanbaugebiete. Drei der wichtigsten und bekanntesten liegen nicht weit von Bordeaux.

✔ **Bergerac** ist bekannt für Bordeaux-ähnliche Rot- und Weißweine – ohne die Preise aus Bordeaux. Merlot dominiert die Rotweine von Bergerac, während Sémillon und Sauvignon Blanc die Hauptrebsorten für den Weißen sind. Einige von ihnen kosten keine sechs Euro die Flasche.

✔ **Monbazillac** ist auf süße Dessertweine spezialisiert, die den Sauternes aus Bordeaux ähneln (in Kapitel 15 finden Sie nähere Information über Sauternes). Aber die Weine von Monbazillac sind deutlich günstiger – aber auch weniger komplex – als die Sauternes.

✔ **Cahors** ist die angesehenste Rotweinregion in Südwest-Frankreich. Die Hauptrebsorte ist Malbec und dieser Name taucht auch immer häufiger auf den Etiketten auf. Nirgendwo sonst auf der Welt (mit Ausnahme von Argentinien) spielt diese Rebsorte eine so wichtige Rolle. Die besten Weine von den traditionellen Produzenten in Cahors wie Château Lagrezette sind dunkle, tanninbetonte Rote, die etwa zehn Jahre brauchen, bis sie sich öffnen. Die Preise für den Cahors von Château Lagrezette beginnen bei etwa 16 Euro.

Zwei weitere Gebiete in Südwest-Frankreich, Gaillac und Jurançon, sind auf weiße Dessertweine spezialisiert – mit ziemlich guten Qualitäten. In Gaillac werden auch fruchtige, leichte Sekte gemacht. Im AOC-Gebiet Madiran werden tanninbetonte Rotweine mit viel Körper erzeugt, die hervorragend zu der örtlichen, herzhaften Küche der Gascogne passen. Als Rebsorten verwendet man in Madiran hauptsächlich Tannat, doch Cabernet Sauvignon und Cabernet Franc werden auch angebaut. Das letzte französische AOC-Gebiet, bevor Sie über die Pyrenäen nach Spanien kommen, ist Irouléguy. Ein würziger, tanninbetonter Rotwein, der von Einheimischen produziert wird, die kein Französisch, sondern Baskisch sprechen.

Andere französische Weinregionen

Zwei der drei unbekanntesten Weinregionen Frankreichs haben etwas gemeinsam: Sie liegen in den Hügeln und Bergen der Voralpen im Osten Frankreichs nahe der Schweizer Grenze. Es sind wohl die Skifahrer, die diese Weine noch am ehesten kennen. Es sind der Jura und Savoie.

Aus dem Jura gibt es zwei interessante Weine: den »gelben Wein« (*Vin Jaune*), der in dieser Art sonst nirgends in Frankreich gemacht wird, und den »Strohwein« (*Vin de Paille*), der auch an der nördlichen Rhône produziert wird. Der Vin Jaune, gekeltert aus der Rebsorte Savagnin Blanc, ist am ehesten mit einem leichten spanischen Sherry Fino zu vergleichen, aber er wird nicht mit Alkohol verstärkt (mehr dazu in Kapitel 15). Château-Chalon ist das bekannteste Beispiel für einen Vin Jaune. Vin de Paille wird wegen seiner traditionellen Herstellungsweise als Strohwein bezeichnet: Die Trauben (Savagnin Blanc oder Chardonnay) werden spät gelesen, auf Strohmatten oder in Körbe gelegt und dann auf dem Dachboden zum Trocken gelagert – ähnlich wie beim Vin Santo, einer Spezialität aus der Toskana (Genaueres hierüber in Kapitel 15). Das Resultat ist ein kräftiger, konzentrierter, nussiger und rosinenartiger Wein.

Die Weine aus Savoie, hauptsächlich Weiße, sind typischerweise trocken und leicht. Seyssel, die bekannteste Appellation von Savoie, ist sowohl für die leicht prickelnden als auch für die stillen Weine bekannt.

Korsika, aus der Geschichte bekannt als Geburtsort von Napoleon, ist eine große, gebirgige Insel im Mittelmeer, etwa 150 Kilometer südöstlich der Provence. Am bekanntesten sind die mittelschweren, günstigen Rotweine und Rosés.

Italien, das große Weinland

In diesem Kapitel

▷ Italiens Weine mit dem großen »B«

▷ Chianti: nach all den Jahren immer noch führend

▷ Das Trio von Verona

▷ Die Qualitätsrevolution des Vino Bianco

Mehr als 2.000 Jahre, nachdem Julius Cäsar Gallien erobert hat, erobern die Italiener die Welt weiter im Sturm. Mit Geduld, perfektem Design, gutem Geschmack und alter Handwerkskunst als Waffen haben sie viele Gebiete in der Mode, im Film, beim Essen und natürlich beim Wein besetzt.

Dank der Popularität der italienischen Restaurants haben die meisten von uns regelmäßig die Gelegenheit, die bekanntesten italienischen Weine wie Pinot Grigio, Soave, Valpolicella und Chianti zu genießen. Aber Italien macht auch andere Weine – viele von ihnen zählen zu den größten Weinen der Welt. Und nahezu jeder von den über tausend Weinen Italiens passt perfekt zum Essen, da die italienischen Weine insbesondere dafür gemacht werden, um zum Essen genossen zu werden. Das ist der Anlass, zu dem die Italiener Wein trinken.

Wir konzentrieren uns in diesem Kapitel in erster Linie auf die drei bekanntesten Weinregionen Piemont, Toskana und Nordost-Italien. Wir werfen aber auch einen Blick auf die anderen italienischen Regionen, deren Weine Sie in Ihrem Weinladen oder Ristorante vorfinden.

Der Weingarten Europas

Das kleine, mehr als ehrgeizige Italien – es hat nur etwa 60 Prozent der Fläche Frankreichs – produziert (wie auch Frankreich) mehr als 30 Prozent aller Weine der Welt! Wein ist das Lebenselixier der Italiener. Rebstöcke wachsen überall, und kein Essen kann beginnen ohne eine Flasche Wein auf dem Tisch.

Wein ist sehr tief in der italienischen Kultur verankert. Der Nachteil davon ist, dass die Italiener den Wein als etwas Selbstverständliches betrachten. Italien hat beispielsweise 28 Jahre länger als Frankreich gebraucht, um ein Klassifizierungssystem für seine Weine zu entwickeln. Und selbst heute, mehr als 40 Jahre nach der Einführung dieses Systems, hat es die italienische Bürokratie immer noch nicht geschafft, die besten Weinlagen (Crûs) mit einem eigenen Status im Weingesetz zu verankern, wie es die Franzosen in Burgund vorgemacht haben. Italiens lockerer Umgang mit der Weingesetzgebung schadete sogar der Akzeptanz der italienischen Topweine bei den Weinliebhabern weltweit – auch wenn die italienischen Weine heute deutlich besser wahrgenommen werden als noch vor 15 Jahren.

Ein weiteres Handikap für Weintrinker aus anderen Ländern, die etwas über italienische Weine lernen wollen, besteht darin, dass die meisten italienischen Weine aus einheimischen Rebsorten gekeltert werden, die sonst nirgends existieren (und wenn sie verpflanzt werden, bringen sie nirgends solche Ergebnisse wie in Italien). Rebsorten wie Nebbiolo, Sangiovese, Aglianico und Barbera, um nur ein paar zu nennen, sind in Italien für hervorragende Weine verantwortlich, aber ihre Namen sind nicht vertraut. Tabelle 11.1 führt die Rebsorten auf, die in den wichtigsten Weinregionen hinter den Weinen stehen.

Region/Rotwein	Weißwein	Rebsorten
Piemont		
Barolo		Nebbiolo
Barbaresco		Nebbiolo
Gattinara		Nebbiolo, Bonarda*
	Gavi	Cortese
Toskana		
Chianti, Chianti Classico		Sangiovese, Canaiolo und andere*
Brunello di Montalcino		Sangiovese Grosso
Vino Nobile di Montepulciano		Sangiovese, Canaiolo und andere*
Carmignano		Sangiovese, Cabernet Sauvignon*
Super-Tuscans**		Cabernet Sauvignon, Sangiovese und andere*
Veneto		
	Soave	Garganega, Trebbiano und andere*
Valpolicella		Corvina, Rondinella, Molinara*
Amarone		(Die gleichen Rebsorten wie beim Valpolicella)
Bardolino		Corvina, Rondinella, Molinara*
	Bianco di Custoza	Trebbiano, Garganega, Tocai*
	Lugana***	Trebbiano

*   *Der Wein wird aus mehr als einer Rebsorte gemacht.*

**   *Keine traditionellen Weine, werden hauptsächlich im Chianti-Gebiet gemacht, Näheres im Abschnitt über die Toskana*

*** *Ein Großteil des Gebietes von Lugana liegt eigentlich in der Lombardei.*

Tabelle 11.1: Die Rebsorten der wichtigsten italienischen Weinregionen

Der Vorteil ist, dass Italien von den Bergen der Alpen im Norden zu den langen Küstenlinien entlang des Mittelmeers bis hin zur Südspitze Siziliens mit solch einer Vielfalt an Böden und unterschiedlichsten klimatischen Bedingungen gesegnet ist, dass die Bandbreite an Weinen schier unendlich ist. (Ein entdeckungsfreudiger Weinliebhaber wäre ein Leben lang damit beschäftigt, die unendliche Auswahl an italienischen Weinen zu erkunden!) Die hügelige Landschaft sorgt auch im warmen Süden für unterschiedlichste Höhenlagen.

Die Einfachen und die Spitzenweine

Die italienischen Weine, wie wir sie außerhalb von Italien kennen, kann man jeweils einer der zwei Gruppen zuordnen:

✔ günstige Rot- und Weißweine als Begleiter für das tägliche Essen, wie es in Italien üblich ist

✔ die besseren Weine, die in der Qualität von gut bis großartig reichen können

Einer der bekanntesten italienischen Weine aus der ersten Gruppe ist Pinot Grigio: ein allgegenwärtiger, trockener Weißwein. In der zweiten Kategorie findet sich der Barolo, einer der feinsten Rotweine der Welt, zusammen mit vielen anderen feinen italienischen Weinen.

Von Gesetzes wegen: Kategorien der italienischen Weine

Da Italien ein Mitglied der Europäischen Union ist, muss das offizielle *Klassifizierungssystem* der Weine mit der Zwei-Klassen-Gesellschaft des EU-Systems konform sein (in Kapitel 4 finden Sie weitere Informationen). In der oberen Klasse – den Qualitätsweinen eines bestimmten Anbaugebietes – hat Italien zwei Kategorien von Weinen:

✔ **DOCG-Weine** (*Denominazione di Origine Controllata e Garantita),* übersetzt so viel wie *festgelegte und garantierte Herkunft,* eine kleine Gruppe von Spitzenweinen. Der lange italienische Ausdruck, der hinter der Abkürzung DOCG steckt, taucht auch auf dem Etikett auf.

✔ **DOC-Weine** (*Denominazione di Origine Controllata*), übersetzt etwa *festgelegte Herkunft*, sind die normalen Qualitätsweine Italiens. Der Ausdruck *Denominazione di Origine Controllata* steht jeweils auf dem Etikett dieser Weine.

Die Begriffe DOC und DOCG beziehen sich sowohl auf das Anbaugebiet als auch auf die Weine aus dem jeweiligen Anbaugebiet. Die DOCG Soave steht sowohl für die Herkunft (ein bestimmtes Anbaugebiet, das durch ein italienisches Gesetz definiert und festgelegt ist, benannt nach dem Städtchen Soave) als auch den Wein aus dieser Region.

In der unteren Klasse der EU, dem Tafelwein, hat Italien ebenfalls zwei Kategorien:

✔ **IGT-Weine** (*Indicazione di Geografica Tipica*), was so viel bedeutet wie ein Tafelwein aus einem festgelegten geografischen Gebiet. Früher wurden diese Weine mit *Vino da Tavola*, gefolgt von einer geografischen Herkunft, benannt, und man findet auch heute noch diese Bezeichnung auf manchen Etiketten.

✔ **Einfache Tafelweine**, *Vino da Tavola* ohne weiteren Zusatz außer »Italien«

Italiens Weinregionen

Man kann sagen, Italien hat 20 Weinregionen. Diese stimmen mit den politischen Provinzen (zu sehen in Abbildung 11.1) überein. Mit anderen Worten: In Italien wird überall Wein produziert. Was wir in Frankreich eine Weinregion nennen wie etwa Burgund oder Elsass, wird hier *Anbaugebiet* genannt, um die Verwechslung mit den politischen Provinzen zu vermeiden.

Abbildung 11.1: Die Weinregionen Italiens

Viele der besten Weine kommen aus dem Norden: das Piemont im Nordwesten, die Toskana im nördlichen Mittelitalien und die drei Regionen (oft als *Tre Venezie* zusammengefasst) im Nordosten Italiens.

Im Piemont regieren die Roten

Piemonts Schlüssel zum Weinruhm ist die Nebbiolo-Rebe, eine edle rote Sorte, die nur im Nordwesten von Italien große Weine hervorbringt. Der Beweis für die Qualität des Nebbiolo sind seine Weine: Barolo und Barbaresco sind zwei der größten Rotweine der Welt. Beides sind DOCG-Weine, die ausschließlich aus Nebbiolo-Trauben aus den Hügeln der Langhe rund um Alba gemacht werden, und jeder ist nach einem Dorf innerhalb des Anbaugebietes benannt.

Beide, Barolo und Barbaresco, sind kräftige Rote – sehr trocken, voluminös und hoch im Tannin, in der Säure und im Alkohol. Ihre Aromen erinnern an Teer, Veilchen, Rosen, reife Erdbeeren und (manchmal) Trüffel – die Art, die im Boden wächst, nicht die Variante aus Schokolade! Der Barolo ist kräftiger als der Barbaresco und braucht normalerweise etwas länger, bis er reif ist. Ansonsten sind die beiden Weine sehr ähnlich. Wie die meisten italienischen Rotweine präsentieren sie sich am besten zum Essen. Gute Barolos und Barbarescos beginnen bei einem Preis von etwa 30 Euro, können aber auch über 75 Euro die Flasche kosten.

Die meisten Barolos und Barbarescos sind jung nicht zu trinken. Die Produktionsregeln legen fest, dass sich ein Barolo erst Barolo nennen darf, wenn er drei Jahre in der Kellerei gereift ist. Sind es mindestens fünf Jahre, darf er sich *Riserva* nennen. (Die Mindestlagerzeit für Barbaresco beträgt zwei beziehungsweise vier Jahre für die Bezeichnung Riserva.) Aber beide Weine profitieren von weiterer Lagerung. Wenn er traditionell gemacht wurde, braucht ein Barolo oder Barbaresco vom Jahr der Lese ab gerechnet eine Gesamtlagerzeit von zehn bis 15 Jahren – und sie profitieren normalerweise von ein paar Stunden in der Karaffe zum Atmen, damit sich die ansonsten recht rauen Tannine etwas abschleifen können (in Kapitel 8 finden Sie Tipps, wie man einen Wein atmen lässt).

Beide, Barbaresco und insbesondere Barolo, haben etwas mit Burgund in Frankreich gemeinsam: Sie müssen einen guten Produzenten nehmen, damit Sie erleben, wie die guten Weine schmecken. Um Sie auf dieser Entdeckungsreise nicht allein zu lassen, haben wir in der groben Reihenfolge unserer Vorlieben die besten Produzenten von Barolo und Barbaresco aufgelistet:

Barolo	Brovia
Giacomo Conterno	E. Pira & Figli
Giuseppe Mascarello	Elio Altare
Giuseppe Rinaldi	Luigi Pira
Bartolo Mascarello	Manzone
Vietti	Marchese di Barolo
Ceretto	Michele Chiarlo
Gaja	Conterno-Fantino
Bruno Giacosa	Parusso
Roberto Voerzio	Giacomo Borgogno
Aldo Conterno	Cordero di Montezemolo
Marcarini	Fontanafredda

Luciano Sandrone	Elvio Cogno
Paolo Scavino	Clerico
Podere Colla	Pio Cesare
Renato Ratti	Prunotto
Barbaresco	
Bruno Giacosa	Marchesi di Gresy
Gaja	Produttori del Barbaresco
Ceretto (auch Bricco Asili genannt)	DeForville

Einige Produzenten – dazu zählen Giacomo Conterno, die beiden Mascarellos, Giuseppe Rinaldi und Bruno Giacosa – machen eindeutig Weine im traditionellen Stil. Andere wie Gaja, Altare und Clerico machen Weine in einem moderneren Stil, und einige wie Ceretto und Vietti kombinieren Aspekte aus beiden Weinbereitungsstilen. (Wir bevorzugen die traditionell hergestellten Weine, aber alle drei Stilrichtungen haben einige hervorragende Produzenten.)

Zwei andere gute auf der Nebbiolo basierende Weine sind die DOCG-Weine Gattinara und Ghemme. Sie kommen aus dem nördlichen Piemont, wo die Nebbiolo auch Spanna genannt wird. Obwohl Gattinara und Ghemme selten so hoch gelobt werden wie die zwei großen B (Barolo und Barbaresco), bieten sie doch die gleichen faszinierenden Aromen – besonders die Gattinara – nur in einem leichteren Stil. Gattinara von guten Produzenten kosten zwischen 24 und 34 Euro pro Flasche und sie zählen zu den wohl am meisten unterschätzten Weinen auf der Welt. Suchen Sie nach den Gattinara von Antoniolo und Travaglini. Antichi Vigneti di Cantalupo (etwa 30 Euro) ist der führende Produzent von Ghemme.

Tradition versus »Neuer Stil«

Ein Barolo kann sich von einem anderen (und ein Barbaresco von einem anderen) allein durch die Weinbereitungsmethode im Keller ganz gewaltig unterscheiden. Traditionell gemachte Weine sind tanninhaltiger und brauchen mehr Zeit, sich zu entwickeln, sind dafür aber auch langlebiger als Weine im modernen Stil. Die modernen Weine sind fruchtbetonter, haben oft einen Holzton und sind früher trinkreif – oft schon drei bis fünf Jahre nach ihrer Freigabe. Einige Weinmacher gehören der einen oder anderen Schule an, viele Winzer versuchen aber auch, von beiden Seiten Impulse aufzunehmen.

Weine für alle Tage

Die Piemonteser reservieren ihre hochwertigen Weine wie Barolo und Barbaresco für das Sonntagsessen oder besondere Gelegenheiten. An den anderen Tagen trinken sie die Rotweine aus anderen Rebsorten wie Dolcetto, Barbera und Nebbiolo (der außerhalb der teuren DOCG-Gebiete Barolo und Barbaresco gewachsen ist). Von den dreien ist der Dolcetto der leichteste und normalerweise der erste Rotwein, der bei einem Piemonteser Essen serviert wird.

Dolcetto

Wenn Sie genug Italienisch können, um die Phrase *La Dolce Vita* übersetzen zu können, dann stellen Sie sich vielleicht unter Dolcetto einen süßen Wein vor. Aber es sind nur die Trauben des Dolcetto, die süß schmecken; der Wein ist absolut trocken, mit traubigem Aroma und deutlichem Tannin. Dolcetto wird oft mit dem Beaujolais verglichen (Frankreichs leicht zu trinkender Rotwein, mehr dazu in Kapitel 10), aber er ist trockener, hat mehr Tannin als die meisten Beaujolais und passt besser zum Essen (das ist zumindest unsere Meinung).

Dolcetto wird für sieben bis 19 Euro verkauft. Die besten Dolcetto kommen aus den Gebieten von Dogliani, Diano d'Alba und Alba. Die Etiketten tragen den Namen der Rebsorte Dolcetto und dazu den Namen des Anbaugebietes. Fast alle der von uns empfohlenen Barolo-Produzenten machen auch einen Dolcetto, meist einen Dolcetto d'Alba (aus Alba). Unser Lieblingswinzer macht aber nur Dolcetto di Dogliani, sein Name ist Quinto Chionetti.

Barbera

Während der Dolcetto nur im Piemont vorkommt, ist der Barbera die am zweithäufigsten angebaute Rebsorte von ganz Italien. (Sangiovese ist *die* am weitesten verbreitete Rotweinsorte.) Aber es ist das Piemont – insbesondere die Gegend um Asti und Alba –, wo der Barbera zur Höchstform aufläuft. Es ist ein kräftiger Rotwein mit hoher Säure und kräftigen Fruchtaromen von schwarzen Kirschen, aber wenig Tannin.

Barbera d'Alba ist im Allgemeinen etwas voller, reifer und kräftiger als der schlankere Barbera d'Asti – aber ein Barbera d'Asti aus bestimmten alten Weinbergen nimmt es mit einem Barbera d'Alba ohne Weiteres auf, was Dichte und Kraft betrifft. Barbera ist unser bevorzugter Alltagswein, insbesondere mit Pasta oder Pizza – und allem anderen Tomatigen.

Barbera wird auch bei uns immer populärer, worüber wir sehr erfreut sind, da er dadurch viel leichter zu erwerben ist. Zwei verschiedene Stilrichtungen sind beim Barbera zu bekommen:

✔ Der traditionelle Stil – Weine, die im großen *Stückfass* ausgebaut (ein großes Holzfass, das kaum Einfluss auf den Wein hat noch irgendwelche Holzaromen an ihn abgibt) und für acht bis 19 Euro verkauft werden.

✔ Der neuere, holzbeeinflusste Barbera, der in *Barriques* (kleinen, neuen Holzfässern aus französischer Eiche) ausgebaut wurde und zwischen 19 und 34 Euro kostet (jemand muss ja diese teuren Barriques bezahlen!).

Obwohl beide Stilrichtungen des Barberas gut sind, bevorzugen wir mit einigen Ausnahmen den einfachen, günstigeren, traditionellen Stil. Offen gesagt haben wir diesen Holzton, den man inzwischen in so vielen Weinen findet, einfach satt. Dennoch müssen wir zugeben, dass einige Barberas, die im Barrique ausgebaut wurden, ziemlich gut schmecken. Barbera ist eine ungewöhnliche rote Rebsorte, da sie praktisch kein Tannin enthält. Daher können die Tannine aus den kleinen Eichenholzfässern diese Weine sehr gut abrunden.

Zwei besonders gute Produzenten von Barbera d'Alba sind Vietti und Giacomo Conterno. Vietti macht auch einen fantastischen Barbera d'Asti, genannt »La Crena«.

Nebbiolo

Ein dritter Alltagsrotwein aus dem Piemont ist der Nebbiolo (d'Alba oder Langhe), ein Wein, der aus den Nebbiolo-Trauben gemacht wird, die außerhalb der hochpreisigen Anbauzone von Barolo und Barbaresco gewachsen sind. Der Wein ist leichter im Körper und unkomplizierter zu trinken als ein Barolo oder Barbaresco und wird für zehn bis 15 Euro die Flasche verkauft. Eine weitere Variation ist der Roero Rosso, der fast komplett aus Nebbiolo gemacht wird.

Die Weißen haben eine unterstützende Funktion

Nahezu alle Piemonteser Weine sind rot, aber die Region bringt auch zwei interessante trockene Weiße hervor. Gavi, benannt nach einem Ort im südlichen Piemont, ist ein sehr trockener Wein mit einer prägnanten Säure. Die meisten Gavi kosten zwischen zehn und 18 Euro, während ein Spitzen-Gavi, der Black Label von La Scolca, rund 34 Euro kostet.

Arneis ist ein Weißwein, der in der Region Roero nahe Alba aus der lang vergessenen Rebsorte Arneis produziert wird, die von Alfredo Currado, dem Besitzer von Vietti, vor fast 40 Jahren gerettet wurde. Arneis ist ein trockener bis halbtrockener Wein mit kräftiger Textur. Am besten ist er in den ersten beiden Jahren nach der Lese. Eine Flasche kostet zwischen 15 und 21 Euro. Außer dem von Vietti sollten Sie auch einmal den Arneis von Bruno Giacosa und Ceretto probieren.

Toskana, die Schöne

Florenz, Siena, der David von Michelangelo, der schiefe Turm von Pisa … die wunderschöne Toskana hat neben ihren Attraktionen noch einiges mehr zu bieten. Nur einem Wein eilt ein vergleichbarer Ruhm voraus – und der kommt ebenfalls aus der Toskana: der Chianti.

Chianti: Italiens großer, unverstandener Wein

Chianti ist ein großes Anbaugebiet, das sich fast über die gesamte Toskana erstreckt. Das Gebiet – verdient oder nicht, es besitzt als Ganzes den DOCG-Status – hat acht Zonen. Ein Chianti darf den Namen der einzelnen Anbauzone tragen oder auch die übergreifende Herkunftsbezeichnung Chianti, wenn ihn seine Produktion nicht für die exaktere Herkunftsbezeichnung qualifiziert (zum Beispiel, weil die Trauben aus zwei oder mehr verschiedenen Anbauzonen stammen).

Die als *Chianti Classico* bekannte Anbauzone ist das Herzstück, das beste Gebiet, und – Glück für uns – die Weine sind überall verfügbar. Die einzige andere Anbauzone, die von der Qualität her mit dem Chianti Classico konkurrieren kann, ist der *Chianti Rufina* (nicht zu verwechseln mit dem Chianti-Produzenten Ruffino). Auch diese Weine sind relativ leicht zu bekommen, vor allem vom bekanntesten Produzenten Frescobaldi.

Neben den Unterschieden in ihrer Herkunft variieren die Chiantis auch noch in ihrem Stil, was den Reifeprozess betrifft: Die *Riserva* müssen mindestens zwei Jahre in der Kellerei verbleiben. Eine Zeit lang werden sie dabei häufig in französischer Eiche gelagert. Die besten Riserva haben eine hohe Lebenserwartung. Die Chiantis können sich auch in ihrer Rebsortenzusammenstellung leicht unterscheiden: Viele der großen Chiantis werden fast ausschließlich aus der Sangiovese-Traube gemacht, andere wiederum bestehen bis zu einem Viertel aus anderen Rebsorten. Dazu gehören auch die weltweit angebauten Sorten wie Cabernet Sauvigon, Merlot und Syrah.

Der Chianti ist ein sehr trockener Rotwein (es gibt keinen weißen Chianti), der wie die meisten italienischen Weine am besten zum Essen schmeckt. Die Bandbreite reicht von leicht bis gehaltvoll. Dies ist abhängig vom Gebiet, dem Produzenten, dem Jahrgang und dem Reifungsprozess. Chianti zeigt oft ein schönes Sauerkirsch- und manchmal ein Veilchenaroma. Die besten Chiantis haben einen sehr konzentrierten Fruchtcharakter und schmecken fünf bis acht Jahre nach der Lese am besten – obwohl sie in guten Jahren problemlos zehn Jahre und älter werden können.

Obwohl der Chianti kein gewaltiger Wein ist, sind diese Weine und besonders der Chianti Classico heute viel gehaltvoller und konzentrierter als jemals zuvor. Uns ist das manchmal einfach zu viel des Guten. Warme europäische Jahrgänge aus der letzten Zeit, wie 1997, 2000 und 2003, sind dem Trend nach Reife, einer samtigen Textur und einem höheren Alkoholgehalt sehr entgegengekommen. Ebenso hat die Verwendung von internationalen Rebsorten und der Gebrauch von Barriques, besonders bei den Riserva, die Weine beeinflusst. Heute muss man sich seinen Chianti-Produzenten sorgfältiger als jemals zuvor aussuchen.

Der schwarze Hahn (Gallo nero) auf dem Flaschenhals neben dem rosafarbenen DOCG-Band ist das Wahrzeichen des Chianti Classico. Dieses Symbol entstammt einer vielleicht nicht ganz wahren, aber schönen Geschichte, die von der Eroberung des Chianti-Gebietes durch die Florentiner erzählt.

Zwei außergewöhnliche Jahrgänge, nach denen man Ausschau halten sollte, sind 1999 und 2001. Dies sind die besseren toskanischen Jahrgänge aus der heutigen Zeit.

Wir listen unten unsere Lieblingsproduzenten alphabetisch auf. In Gruppe A finden Sie die unserer Meinung nach besten, in Gruppe B weitere hervorragende Erzeuger.

Ein weiterer Produzent, den wir empfehlen, ist Montevertine. Er hat sich vor 30 Jahren entschlossen, den Namen Chianti auf dem Etikett wegzulassen, erzeugt aber dennoch in der Chianti-Classico-Zone tolle Weine aus der Sangiovese-Traube.

Die guten Chianti-Produzenten

Gruppe A	Gruppe B
Antinori	Carpineto
Badia a Coltibuono	Castello Banfi
Castellare	Castello d'Albola
Castell'in Villa	Castello di Ama
Castello dei Rampolla	Castello di Gabbiano
Castello di Brolio	Castello di Verrazzanoi
Castello di Fronterutoli	Castello di Volpaia
Fattoria la Masa	Cecchi-Villa Cerna
Felsina	Dievole
Fontodi	Fattoria di Viticcio
Frescobaldi	La Brancaia
Il Palazzino	Le Corti
Isole e Olena	Melini
Nozzole	Monsanto-Il Poggio
Riecine	Nittardi
Riseccoli	Querciabella
Ruffino	San Fabiano Calcinaia
San Giusto a Rentennano	San Felice
Selvapiana	Villa Cafaggio
Vecchie-Terre di Montefili	

Die Bandbreite von den einfachen Vertretern von sechs bis zehn Euro bis hin zu den gehaltvolleren Chiantis Classicos (meist zwischen zehn und 19 Euro) hat einfach eines gemeinsam: Sie gehören zu den Weinen mit dem besten Preis-Qualitäts-Verhältnis weltweit. Chiantis Classicos Riserva kosten etwas mehr. Man bekommt sie für 20 bis 34 Euro.

Der großartige Brunello di Montalcino

Während das Chianti bereits seit Jahrhunderten berühmt ist, erlangte ein weiterer großer toskanischer Wein, der Brunello di Montalcino, erst vor etwa 35 Jahren Weltruhm. Damals setzte die Familie Biondi-Santi, ein führender Erzeuger in Montalcino, einigen Journalisten ihre ältesten Weine vor. Ihre Jahrgänge 1888 und 1891 waren immer noch gut zu trinken. Besser noch, sie präsentierten sich perfekt! Der Rest ist Geschichte, wie man sagt.

Heute ist Brunello di Montalcino ein DOCG-Wein und zählt zu den besten und langlebigsten Rotweinen überhaupt. Und die Preise haben es dementsprechend in sich: 34 bis über 150 Euro die Flasche (bei Weinen vom Produzenten Soldera).

Der Wein hat seinen Namen vom befestigten Städtchen Montalcino, das südlich des Anbaugebietes Chianti liegt. Brunello di Montalcino wird aus einem bestimmten Klon oder auch Ableger der Sangiovese gemacht, die ja auch die Hauptrebsorte im Chianti ist. Es ist ein aromatischer, konzentrierter, tanninbetonter Wein, der eine gewisse Reifezeit benötigt (bis zu 20 Jahren), wenn er traditionell gemacht ist. Auch ein paar Stunden Luft zum Atmen können nie schaden. In letzter Zeit haben manche Produzenten in Montalcino aber auch einen deutlich zugänglicheren Stil von Brunello erzeugt.

Rosso di Montalcino ist ein nicht so teurer (16 bis 23 Euro), sofort trinkreifer Wein, der aus derselben Rebsorte gemacht wird und aus demselben Anbaugebiet wie der Brunello di Montalcino stammt. Rosso di Montalcino von einem guten Brunello-Produzenten ist immer ein guter Kauf, da er bereits viele Qualitäten eines Brunellos zeigt, ohne dass man sich beim Erwerb finanziell ruinieren müsste.

 Um einen wirklichen Eindruck von einem Brunello di Montalcino zu haben, wählen Sie am besten einen der Produzenten, die wir mit dieser Liste empfehlen wollen (in der groben Reihenfolge unserer Vorlieben). Brunellos von traditionellen Weinmachern wie Biondi-Santi, Soldera, Costanti, Canalicchio di Sopra und Pertimali brauchen in guten Jahren mindestens 15 bis 20 Jahre der Lagerung (2001, 1999, 1997, 1995, 1990, 1988, 1985 und 1975 sind die großen Jahrgänge für Brunello). Die Brunellos von Produzenten des modernen Stils wie Caparzo, Altesino und Col d'Orcia können bereits nach zehn Jahren genossen werden. Jünger als zehn Jahre – dann trinken Sie einen Rosso di Montalcino.

Die guten Produzenten für Brunello di Montalcino

Soldera, Case Basse (sehr teuer)	Il Greppone Mazzi
Biondi-Santi (sehr teuer)	Il Poggione
Altesino (insbesondere die Einzellage Montosoli)	Ciacci Piccolomini
Costanti	Poggio Antico
Pertimali di Livio Sassetti	Caparzo (besonders ihr »La Casa«)
Castello Banfi	Castelgiocondo
Canalicchio di Sopra	La Torre Vino Nobile, Carmignano und Vernaccia

Brunello mit amerikanischen Wurzeln

Der größte Produzent von Brunello di Montalcino ist eine amerikanische Familie – die Marianis aus Long Island, New York. 1978 haben sie Castello Banfi im südlichen Teil des Montalcino-Gebietes gegründet, und heute sind sie führend in der Erforschung der Rebsorte und des Terroir von Montalcino.

Vino Nobile, Carmignano und Vernaccia

Dies sind drei weitere bemerkenswerte toskanische Weine, davon zwei Rote – Vino Nobile di Montepulciano und Carmignano – und der bekannteste toskanische Weißwein, Vernaccia di San Gimignano. Bei allen dreien handelt es sich um DOCG-Weine.

 Das Anbaugebiet des Montepulciano, benannt nach dem Städtchen Montepulciano, liegt südöstlich des Chianti-Gebiets. Die Hauptrebsorte des Vino Nobile ist die Prugnolo Gentile (nichts anderes als Sangiovese). Ein Vino Nobile di Montepulciano von einem guten Produzenten kann mit den guten Chiantis Classicos konkurrieren. Neun Produzenten können wir empfehlen: Boscarelli, Fattoria del Cerro, Avignonesi, Lodola Nuova, La Braccesca, DEI, Tenuta Trerose, Fassati und Poliziano. Die Produzenten von Vino Nobile machen auch einen leichteren, früher zu trinkenden Wein, der Rosso di Montepulciano heißt.

Die Region von Carmignano liegt direkt westlich von Florenz. Obwohl auch in Carmignano so wie in Chianti die Sangiovese die wichtigste Rebsorte ist, ist aber auch der Cabernet Sauvignon eine traditionelle Rebsorte dieses Anbaugebietes. Im Ergebnis schmeckt ein Carmignano zwar ähnlich wie ein Chianti, hat aber den eleganten Touch eines Bordeaux'. Die beiden herausragenden Produzenten in Carmignano sind Villa di Capezzana und Ambra.

Vernaccia di San Gimignano ist nach der mittelalterlichen Stadt San Gimignano mit ihren vielen Türmen benannt und liegt westlich des Chianti-Classico-Gebiets. Der Vernaccia ist im Allgemeinen ein frischer Weißwein mit einer leicht cremigen Textur und etwas Mandeln im Bouquet. Er soll jung getrunken werden. Für eine ungewöhnliche Interpretation probieren Sie die im Barrique ausgebaute Riserva Terre di Tufo von Teruzzi & Puthod – ein hochpreisiger, aber guter Vernaccia (etwa 13 Euro). Die meisten Vernaccia kosten zwischen sieben und zehn Euro. Neben Teruzzi & Puthod achten Sie auf die Weine von Montenidoli, Mormoraia, Cecchi und Casale-Falchini.

Zwei weitere Rote und ein Weißer

Es gibt so viele gute Weine aus der Toskana, dass wir manchmal gar nicht aufhören können, davon zu schwärmen. Drei dieser Weine haben es verdient, erwähnt zu werden.

Pomino ist der Name für einen Rot- und einen Weißwein aus einem winzig kleinen Gebiet mit demselben Namen, das im Chianti-Rufina-Gebiet liegt. Da die Gegend hügelig ist und über ein besonders mildes Klima verfügt, ist Pomino lange eine Hochburg für französische Rebsorten gewesen – und das mitten im Sangiovese-Land. Der dortige Hauptproduzent, die Familie Frescobaldi, ist außerdem der größte Landbesitzer in Pomino und stellt sowohl Pomino Rosso als auch Pomino Blanco her. Doch der Rote ist der wichtigere von den beiden. Pomino Rosso ist ein Verschnitt aus Cabernet Sauvignon, Cabernet Franc, Merlot, Sangiovese, Canaiolo und bei den Frescobaldis auch aus Pinot Nero (der italienische Name für Pinot Noir). Die Mischung mag sich verrückt anhören, aber sie schmeckt! Pinot Blanco wird aus Chardonnay, Pinot Blanco, Trebbiano und häufig auch Pinot Grigio erzeugt. Neben Frescobaldi ist Fattoria Petrognano als guter Pomino-Produzent zu nennen. Eine Flasche kostet zwischen 18 und 23 Euro.

Als neue Grenze für die toskanischen Weine gilt die Maremma im Südwesten der Region. Von all den Weinen, die aus der Toskana stammen, beeindrucken uns zwei davon am meisten: Der Rotwein Morellino di Scansano und der Weißwein Vermentino. Sangiovese nennt man in der hügeligen Gegend um die Stadt Scansano Morellino. Die meisten Morellinos di Scansano stellen eine leicht zu trinkende und preiswerte (neun bis 15 Euro) Alternative zu Chiantis dar, obwohl es einige teure Vertreter unter ihnen gibt. Halten Sie nach Fattoria Le Pupille und Moris Farms Ausschau.

Vermentino, ein aromatischer, sortenreiner Weißwein, der auf Sardinien und in Ligurien beliebt ist, hat sich plötzlich zum Knüller in der Toskana und dort besonders entlang der Küste entwickelt. Es ist ein frischer, aromatischer Wein mit mittlerem Körper, der normalerweise keine Holznote aufweist und für zehn bis 15 Euro zu haben ist. Viele der führenden Erzeuger aus der Toskana, wie Antinori und Cecchi produzieren attraktive Vermentino-Weine.

Super-Tuscans

Als der Chianti in den 70ern in einer wirtschaftlichen Krise steckte, haben fortschrittliche Produzenten versucht, die Aufmerksamkeit der Welt mit neuen Weinen zu wecken, die man heute unter dem Begriff *Super-Tuscans* kennt. Zu den Pionieren dieser Entwicklung gehören der Sassicaia von Marchese Incisa della Rocchetta und der Tignanello von Marchesi Antinori. Diese und ähnliche Weine dürfen *nicht* Chianti genannt werden – entweder, weil sie außerhalb des Chianti-Gebiets produziert werden oder weil ihre Rebsortenzusammenstellung (meist Cabernet Sauvignon, Cabernet Franc und/oder Sangiovese) nicht dem Reglement des Chianti-DOC entspricht.

Mittlerweile existieren Dutzende von Super-Tuscans. Deren jeweilige Rebsortenkombinationen variieren von Wein zu Wein. Einige Produzenten verwenden nur einheimische toskanische Rebsorten, während andere die internationalen Varianten allein oder eine Mischung aus diesen und italienischen Sorten bevorzugen. Was diese Weine gemeinsam haben, ist der Preis: Sie sind teuer. Die meisten kosten zwischen 32 und 59 Euro, aber ein paar wenige auch deutlich über 75 Euro pro Flasche. Die berühmtesten Super-Tuscans, die von Weinsammlern sehr geschätzt werden, sind Sassicaia, Ornellaia, Masseto und Solaia. Ein guter Jahrgang kann ohne Weiteres 150 Euro und mehr kosten (suchen Sie nach *Toskana* in der JahrgangsTabelle auf der Schummelseite).

Die Super-Tuscans unterscheiden sich im Geschmack. Es kann sich um ausgezeichnete, Chianti-ähnliche Weine handeln, aber auch um Bordeaux-typische oder Weine im kalifornischen Stil, je nach den verwendeten Anteilen von Sangiovese, Cabernet Sauvignon, Merlot und so weiter und je nach dem jeweiligen Weinberg.

Nachdem sich der Stil des Chiantis deutlich gewandelt hat und er auch wirtschaftlich wieder erfolgreicher ist, sind diese relativ neuen Weine nicht mehr so von Bedeutung – aber die meisten wichtigen Chianti-Produzenten machen immer noch einen Super-Tuscan.

Ein Dutzend unserer Favoriten unter den Super-Tuscans listen wir hier auf (in alphabetischer Reihenfolge, mit den verwendeten Rebsorten und dem Namen des Produzenten in Klammern):

✔ **Cepparello:** nur Sangiovese (Isole e Olena)

✔ **Grattamacco:** Sangiovese, Malvasia Nera, Cabernet Sauvignon (Grattamacco)

✔ **Masseto:** nur Merlot (Tenuta dell'Ornellaia)

✔ **Ornellaia:** hauptsächlich Cabernet Sauvignon, etwas Merlot und/oder Cabernet Franc (Tenuta dell'Ornellaia)

✔ **Percarlo:** 100 Prozent Sangiovese (San Giusto a Rentennano)

✔ **Le Pergole Torte:** fast nur Sangiovese (Montevertine)

✔ **Prunaio:** hauptsächlich Sangiovese (Viticcio)

✔ **Sammarco:** 80 Prozent Cabernet Sauvignon, 20 Prozent Sangiovese (Castello dei Rampolla)

✔ **Sassicaia:** 75 Prozent Cabernet Sauvignon, 25 Prozent Cabernet Franc (Tenuta San Guido)

✔ **I Sodi di San Niccolò:** hauptsächlich Sangiovese (Castellare di Castellina)

✔ **Solaia:** 80 Prozent Cabernet Sauvignon, 20 Prozent Sangiovese (Antinori)

✔ **Tignanello:** 80 Prozent Sangiovese, 20 Prozent Cabernet Sauvignon (Antinori)

Dekantieren Sie junge (weniger als zehn Jahre alte) Super-Tuscans zwei oder drei Stunden vor dem Servieren.

Sangiovese auf dem Tisch

Leichtere Chiantis passen hervorragend zu Nudeln, rohem Schinken und gegrilltem Geflügel. Zu einem Chianti Classico oder gar einer Riserva ist auch Lamm, Kaninchen, Kalb, ein Steak oder Roastbeef eine feine Sache. Zu den kräftigeren Brunello di Montalcino und den Super-Tuscans sollten Sie es mit Fasan, einem Steak, Wild oder einfach nur mit einem Kanten frischem Parmesan probieren. Servieren Sie diese Weine mit kühler Raumtemperatur (16 bis 19 Grad Celsius).

Tre Venezie

Die drei Regionen in der nordöstlichen Ecke von Italien (sehen Sie sich Abbildung 11.1 an) werden oft als die *Tre Venezie* – die drei aus Venetien – bezeichnet, da sie einst alle unter der Herrschaft von Venedig standen. Wenn wir diese farbenprächtigen, geschichtlichen Assoziationen beiseitelassen, ist trotzdem zu sehen, dass jede dieser Regionen Rot- und Weißweine produziert, die zu den beliebtesten italienischen Weinen außerhalb Italiens gehören – aber auch im Land selbst.

Die drei Sanften aus Verona

Die Chance ist groß, dass es sich bei Ihrem ersten trockenen italienischen Wein, wenn es kein Chianti oder Pinot Grigio war, um einen der drei Großen aus Verona handelte: entweder der weiße Soave oder einer der Roten, Valpolicella oder Bardolino. Diese sehr beliebten Weine stammen alle aus der Umgebung der malerischen Stadt Verona – der Heimat von Romeo und Julia – und dem schönen Gardasee.

Von den beiden Roten aus Verona hat der Valpolicella mehr Körper. (Bolla und Masi sind zwei der größten Produzenten dieser Weine.) Der leichtere Bardolino ist, wenn er kühl serviert wird, ein angenehmer Sommerwein. Der Soave kann ein ziemlich neutral schmeckender Weißer ohne Holznote oder ein charaktervoller Wein mit Frucht- und Nussaroma sein. Es kommt ganz auf den Produzenten an.

 Die meisten Valpolicella, Bardolino und Soave kosten etwa fünf bis zehn Euro wie auch die beiden anderen Weißweine aus der Region, Bianco di Custoza und Lugana. Einige der besseren Veroneser Weine von den folgenden empfehlenswerten Produzenten haben etwas höhere Preise:

- ✔ **Soave:** Pieropan, Inama, Anselmi, Santa Sofia

- ✔ **Valpolicella:** Allegrini, Quintarelli, Dal Forno, Le Ragose, Bertani, Alighieri, Tommasi, Masi

- ✔ **Bardolino:** Guerrieri-Rizzardi, Cavalchina, Fratelli Zeni

Amarone della Valpolicella (oft auch nur als Amarone bezeichnet), einer der mächtigsten Rotweine Italiens, ist eine Variante des Valpolicella. Er wird aus den gleichen Rebsorten (aufgeschlüsselt in Tabelle 11.1) gemacht, aber die reifen Trauben werden vor der Gärung über mehrere Monate auf Matten getrocknet, was sowohl den Zucker als auch die Aromen konzentriert. Der daraus resultierende Wein ist schwer, kräftig (14 bis 16 Prozent Alkohol) und extrem langlebig. Er ist perfekt für einen kalten Winterabend zusammen mit einer kleinen Auswahl reifer Käse geeignet. Hier die Namen einiger der besten Produzenten von Amarone: Quintarelli, Bertani, Masi, Tommasi, Le Ragose, Allegrini und Dal Forno.

Die österreichisch-italienische Allianz

Wenn Sie schon öfter durch Italien gereist sind, dann haben Sie wahrscheinlich auch schon festgestellt, dass Italien vom Gefühl her kein homogenes Land ist, sondern aus 20 oder mehr Ländern besteht, die nur politisch zusammengefügt wurden. Nehmen wir Trentino-Alto Adige. Nicht nur, dass sich diese gebirgige Region (die nördlichste Provinz Italiens, zu sehen in Abbildung 11.1) deutlich vom Rest Italiens unterscheidet, auch das nördlich gelegene Alto Adige

(Hoch Etsch) (besser bekannt als Südtirol), in dem hauptsächlich Deutsch gesprochen wird, unterscheidet sich völlig von dem italienisch geprägten Trentino im Süden. (Vor dem Ersten Weltkrieg war Südtirol ein Teil von Österreich-Ungarn.) Auch die Weine dieser beiden Regionen unterscheiden sich – und doch ist es eine Region!

Südtirol produziert eine ganze Menge Rotwein, aber der geht fast ausschließlich nach Deutschland, Österreich und in die Schweiz. Der Rest der Welt sieht nur die Südtiroler Weißweine – Pinot Grigio, Chardonnay, Pinot Bianco, Sauvignon und Gewürztraminer – die meisten liegen in einer Preisklasse von acht bis 14 Euro.

Ein hervorstechender regionaler Wein ist der Lagrein aus Südtirol (zwischen Bozen und Gris) aus einer regionalen Rebsorte des gleichen Namens. Es ist ein kräftiger, herzhafter Wein mit einem gewissen rustikalen Charme, aber er bietet eine völlig eigenständige Geschmackserfahrung. Hofstätter und Alois Lageder sind zwei Produzenten, die einen besonders guten Lagrein machen.

Die vor allem in Deutschland angebaute Rebsorte Müller-Thurgau, um 1882 in Geisenheim aus Riesling × Madeleine Royale gezüchtet, erlebt derzeit einen wahren Anbauboom in Südtirol. Man darf auf die klangvolle italienische Aussprache des Sortennamens gespannt sein, wenn dieser feinfruchtige und bukettreiche Wein aus Italien die internationalen Weinfreunde erreicht.

Das Alto Adige produziert zusammen mit dem Friaul die besten Weißweine Italiens. Die vier Produzenten, auf die Sie achten sollten, sind Alois Lageder, Hofstätter, Tiefenbrunner und Peter Zemmer. Hier sind die Spitzenweine der einzelnen Keller:

✔ Lageders Pinot Bianco »Haberlehof« und sein Sauvignon vom »Lehenhof« sind herausragende Beispiele für diese Rebsorten und zählen zu den besten Weinen aus diesen beiden Rebsorten, die wir je probiert haben.

✔ Hofstätters Gewürztraminer vom »Kolbenhof« ist einer der feinsten Weine, die man von dieser Rebsorte finden kann. Hofstätter macht auch einen der besten italienischen Pinot Nero, den »Villa Barthenau«.

✔ Tiefenbrunners Müller Thurgau »Feldmarschall« (der höchste Weinberg der Region) müsste eigentlich der weltbeste Wein aus dieser ansonsten oft faden Rebsorte sein.

✔ Peter Zemmer produziert anständige Chardonnay und Pinot Grigio zu angenehmsten Preisen.

Eine ganz besondere Adresse, auch wegen der modernen Architektur (es gibt eine unterirdische Kellerei), ist das Weingut Manincor am Orteingang von Kaltern von Michael Graf Goëss-Enzenberg. Die Stilrichtung der Weine sind revolutionär, was bereits sehr deutlich im weißen Réserve della Contessa (9,80 Euro) zum Ausdruck kommt.

Das Trentino, der südliche Teil der Region Trentino-Alto Adige, steht nicht ohne eigene bemerkenswerte Weine da. Einige ausgezeichnete Chardonnay kommen aus dem Trentino, zwei der besten werden von Pojer & Sandri und von Roberto Zeni gemacht. (Im Grunde sind alle Weine dieser beiden Produzenten absolut empfehlenswert.) Elisabetta Foradori ist eine Winzerin aus dem Trentino, die sich auf Rotwein aus einer lokalen Rebsorte spezialisiert hat, Teroldego Rotaliano. Ihre besten Rotweine, Granato und Sgarzon, werden beide aus Teroldego gekeltert und bekommen seit Jahren beste Bewertungen von den Weinkritikern. Auch eine der führenden italienischen Sektkellereien, Ferrari, ist im Trentino zu Hause (in Kapitel 14 finden Sie mehr Information über Sektkellereien).

Pinot Grigio, ein Verkaufsschlager

Pinot Grigio ist in den USA der am meisten gekaufte Importwein. Er wird in allen drei Regionen Italiens erzeugt, die manchmal als Tre Venezie bezeichnet werden. Marktführer ist die Marke Cavit, doch auch Folonari, MezzaCorona und Santa Margherita verkaufen sich sehr gut. Besonders Santa Margherita konnte sich als feste Größe auf dem US-Markt etablieren und wird in Restaurants immer noch sehr gerne bestellt. Man könnte sagen, dass Pinot Grigio als der neue Chardonnay gilt.

Manche Menschen glauben, der Wein sei zum Teil aufgrund seines melodischen Namens so erfolgreich, da US-Weintrinker einfach so gerne »Pinot Grigio« wie früher »Pouilly-Fuissé« sagen. Doch ganz offensichtlich mag man auch den Geschmack des Weins. Pinot Grigio ist ziemlich leicht, verfügt über erfrischende Säure und passt gut zu den meisten Gerichten. Er ist tatsächlich so erfolgreich, dass viele kalifornische Winzer mittlerweile die Rebsorte Pinot Gris anpflanzen und den italienischen Namen Pinot Grigio auf dem Etikett verwenden. Die kalifornische Variante ist eher fruchtiger, verfügt über mehr Körper und ist manchmal deutlich süßer als die italienischen Vertreter.

Am Rande: Friuli-Venezia Giulia

Italien ist in der Weinwelt vor allem für seine Rotweine bekannt. Aber in den letzten 20 Jahren hat die Region Friuli-Venezia Giulia (sehen Sie sich Abbildung 11.1 an), angeführt von dem ambitionierten Weinmacher Mario Schiopetto, der Welt bewusst gemacht, dass die Weißweine ebenso gut sind.

Im Osten nahe der Grenze zu Slowenien werden in den Anbauzonen Collio und Colli Orientali del Friuli die besten Weine Friauls produziert. Es existiert hier auch Rotwein, aber die Weißweine haben klar die Führungsrolle. In Ergänzung zu Pinot Grigio, Pinot Bianco, Chardonnay und Sauvignon existieren noch zwei lokale Lieblinge: Tocai Friulano und Ribolla gialla (beide recht kräftig, voll und cremig).

 Ein wahrhaft großer Weißwein ist der Vintage Tunina von Silvio Jermann, ein Verschnitt aus fünf Rebsorten, darunter Pinot Bianco, Sauvignon und Chardonnay. Vintage Tunina ist ein kräftiger, vollmundiger, langlebiger Weißer von Weltklasse-Format. Er kostet etwa 25 bis 34 Euro, ist aber wirklich sein Geld wert. Geben Sie dem Wein etwa zehn Jahre Zeit und probieren Sie ihn dann zu einem aromatischen Geflügelgericht oder Pasta.

Hier finden Sie in alphabetischer Reihenfolge die Produzenten, die wir empfehlen können:

Gute Produzenten in Friaul

Abbazia di Rosazzo/Walter Filiputti
Borgo Conventi
Girolamo Dorigo
Livio Felluga
Gravner
Jermann
Miani
Lis Neris-Pecorari
Plozner
Doro Princic

Ronco del Gelso
Ronco del Gnemiz
Ronco dei Rosetti von Zamò
Ronco dei Tassi
Russiz Superiore von Marco Felluga
Mario Schiopetto
Venica & Venica
Vie di Romans
Villa Russiz
Volpe Pasini

Anmerkungen zum übrigen Italien

Italiens Weinwelt beschränkt sich keineswegs auf die fünf Regionen, die wir hier einzeln vorgestellt haben. Ein schneller Blick über die anderen Regionen Italiens wird das beweisen. Mit Hilfe der Karte in Abbildung 11.1 können Sie die folgenden Regionen geografisch zuordnen:

✔ **Lombardei:** Im nördlichen Teil dieser im Norden gelegenen Region nahe der Schweizer Grenze produziert das Anbaugebiet Valtellina vier relativ leichte Rotweine aus der Nebbiolo-Traube: Sassella, Inferno, Grumello und Valgella. Die meisten dieser Weine sind günstig (etwa sechs bis 15 Euro) und können im Gegensatz zu Barolo und Barbaresco jung genossen werden. Die Lombardei ist auch die Heimat der besten italienischen Sekte, sie kommen aus dem Franciacorta (lesen Sie Kapitel 14 für mehr Information zu Franciacorta und den anderen italienischen Sekten).

✔ **Emilia-Romagna:** Die Heimat des Lambruscos, einer der erfolgreichsten italienischen Weine auf den Exportmärkten. Für eine etwas andere Lambrusco-Erfahrung versuchen Sie, eine trockene Variante zu bekommen. (Es kann sein, dass Sie dafür in die Emilia-Romagna reisen müssen – aber das ist nun wirklich nicht schlimm. Bologna und Parma, zwei gastronomische Mekkas, liegen in dieser Region.)

✔ **Ligurien:** Die schmale Provinz südlich des Piemonts entlang der italienischen Riviera ist auch die Heimat des Cinque Terre, einer der malerischsten Landschaften Italiens. Die zwei feinen Weißweine der Region, Vermentino und Pigato, werden insbesondere für das ligurische Leibgericht Pasta mit Pesto gekeltert.

✔ **Marken:** Der Verdicchio ist ein trockener, günstiger Weißwein, der gut zu Fisch passt, überall zu bekommen ist und von Jahr zu Jahr in der Qualität besser wird. Probieren Sie den Verdicchio dei Castello di Jesi von Fazi-Battaglia oder Umani Ronchi, für sieben bis acht Euro finden Sie dort ein gutes Preis-Leistungs-Verhältnis. Der beste Rotwein aus den Marken ist der Rosso Conero. Mit zehn bis 17 Euro ist er ein Geheimtipp unter den guten italienischen Rotweinen.

✔ **Umbrien:** Die Region, in der die Städte Perugia und Assisi liegen, bringt einige gute Rot- und Weißweine hervor. Orvieto, ein Weißer, ist überall für etwa fünf bis sechs Euro zu bekommen. Zwei interessante Rotweine sind der Torgiano, ein Chianti-ähnlicher Verschnitt (probieren Sie den Rubesco Riserva DOCG von Lungarotti) und der Sagrantino di Montefalco DOCG, ein mittelschwerer, charaktervoller Wein, der aus der lokalen Rebsorte Sagrantino gemacht wird.

✔ **Latium:** Diese Region um Rom macht den gradlinigen, einfachen Frascati, ein leichter, neutraler Wein aus Trebbiano-Trauben. Fontana Candida ist ein beliebter Produzent.

✔ **Abruzzen:** Der Montepulciano d'Abbruzzo, ein günstiger, leicht zu trinkender Rotwein mit wenig Tannin und wenig Säure, kommt von hier. Er ist ein hervorragender Alltagsrotwein, vor allem von einem guten Produzenten wie Masciarelli. Die Abruzzen sind auch die Heimat von zwei weiteren guten Produzenten, Cataldi Madonna und dem verstorbenen, großen Eduardo Valentini – sein saftiger Trebbiano d'Abruzzo ist vielleicht der weltbeste Weißwein aus dieser ansonsten doch sehr einfachen Rebsorte Trebbiano.

✔ **Kampanien:** Einige der besten Weine aus Süditalien werden hier in der Nähe von Neapel produziert. Der gehaltvolle, tanninbetonte Taurasi, ein DOCG-Wein aus der Aglianico-Traube, ist einer der großen, langlebigen Rotweine Italiens. Die Top-Produzenten sind Mastroberardino (suchen Sie nach seinem Einzellagen-Taurasi namens Radici), Feudi di San Gregorio und Terredora. Dieselben Produzenten machen auch zwei einzigartige Weiße, Greco di Tufo und Fiano di Avellino. Es sind aromatische, weiche Weine mit ungewöhnlicher Lagerfähigkeit, die für 14 bis 19 Euro verkauft werden. Etwas günstiger ist Falanghina, ein anderer überzeugender, aber eher leichter Weißwein aus Kampanien.

✔ **Basilicata:** Die Fußwölbung des italienischen Stiefels hat einen wichtigen Rotwein, den Aglianico del Vulture. Er ähnelt dem Taurasi, ist aber nicht ganz so intensiv und vollmundig. D'Angelo und Paternoster sind die führenden Produzenten.

✔ **Apulien:** Die Region bringt mehr Wein hervor als jede andere Region in Italien. Im Allgemeinen sind es günstige, gehaltvolle Rotweine wie Salice Salentino (von der einheimischen Sorte Negroamaro) und Primitivo.

✔ **Sizilien:** Einst nur für den Marsala, einen süßen, alkoholverstärkten Dessertwein, bekannt, werden auf Sizilien inzwischen eine ganze Menge qualitativ hochwertiger Rot- und Weißweine produziert. Etablierte Kellereien wie Corvo (bekannt unter Duca di Salaparuta) und Regaleali haben inzwischen überzeugende Mitstreiter wie Planeta, Morgante, Donnafugata und Benanti gefunden. Sie sind für einige der momentan aufsehenerregendsten Weine Italiens (in erster Linie Rote) verantwortlich. Die meisten davon werden aus der fantastischen, sizilianischen Rebsorte Nero d'Avola (die dortige Version von Grenache) gekeltert.

Spanien, Portugal und andere Länder Europas

In diesem Kapitel

▶ Der Weinriese Spanien erwacht

▶ Entdeckungen aus Portugal

▶ Ungarn und Griechenland

*I*n der Vergangenheit hat niemand von *europäischen Weinen* gesprochen, wenn man die Weine aus Deutschland, Frankreich, Italien, Spanien, Portugal und Österreich zusammenfassen wollte. Diese Weine hatten nichts gemeinsam.

Aber inzwischen haben zwei Faktoren dazu beigetragen, dass sich der Blick auf diese Weine verändert hat. Erstens ist Europa näher zusammengerückt, und die Weine der Europäischen Union befinden sich heute alle unter einem gemeinsamen gesetzlichen Dach. Außerdem haben die außereuropäischen Weine – die Weine aus Kalifornien, Australien, Neuseeland, Chile oder Südamerika – mit ihrer Namensgebung (Rebsortennamen wie Chardonnay) und ihrem Geschmacksstil (fruchtig, fruchtiger, am fruchtigsten), beides für die Europäer – die *Alte Welt* – ungewohnt, eine wichtige Stellung auf dem Markt erobert.

Wenn wir die europäischen Weine mit den Weinen aus Übersee, der *Neuen Welt*, vergleichen, stellen wir fest, dass die sehr unterschiedlichen Weine aus Europa doch vieles gemeinsam haben. Die meisten der europäischen Weine werden nach ihrer Herkunft und nicht nach ihrer Rebsorte bezeichnet (die Gründe erfahren Sie in Kapitel 4). Die europäische Weinproduktion ist einer langen Traditionen verpflichtet und eher an Vorschriften gebunden, die Weine reflektieren eher den lokalen Geschmack, als dass sie sich an internationalen Konzepten darüber, wie Wein schmecken sollte, orientieren (auch wenn wir leider inzwischen eine gewisse Internationalisierung der Weinstile feststellen). Und die Weine sind nicht so überschwänglich fruchtig. Die europäischen Weine geben im Gegensatz zu den Weinen der Neuen Welt, die mehr auf die Rebsorte ausgerichtet sind und allgemein fruchtiger schmecken, eher die Tradition der Menschen, die sie machen, und den Ort, an dem die Trauben wachsen, wieder.

Wenn man von diesen Gemeinsamkeiten zwischen den europäischen Weinen absieht, werden in den verschiedenen Ländern jeweils sehr unterschiedliche Weine gemacht. Auf Grund der Bedeutung von Frankreich und Italien haben diese Länder jeweils ein eigenes Kapitel erhalten. Auch Deutschland, Österreich und die Schweiz wollten wir in diesem Buch für den deutschsprachigen Markt etwas ausführlicher vorstellen. Das restliche Europa muss sich in diesem Kapitel das Rampenlicht teilen.

Faszinierende Weine aus dem alten Spanien

Spanien ist ein heißes, trockenes und gebirgiges Land mit mehr Rebfläche als jedes andere Land auf Erden. Nach Frankreich und Italien befindet es sich aber nur auf Platz 3 der Weltweinproduktion, da die durchschnittlichen Hektarerträge erheblich niedriger sind.

Die spanischen Weine sind aus einem lang anhaltenden Dornröschenschlaf erwacht. Spanien ist heute eine der pulsierendsten Weinregionen der Welt. Über Jahrzehnte war nur die bekannteste spanische Weinregion, das Rioja und die klassische Herkunft für aufgespritete Weine, Sherrys, auf der internationalen Bühne für feine Weine präsent (mehr über Sherry in Kapitel 15). Heute werden in vielen weiteren spanischen Weinregionen hochkarätige Weine gemacht. Neben Rioja sind die folgenden Regionen ein Teil des neuen Spanienbilds (Abbildung 12.1) geworden. Und diese Weine werden im Allgemeinen auch im Laden angeboten.

✔ **Ribera del Duero,** inzwischen berühmt für seine kräftigen Rotweine, hat mitgeholfen, das weltweite Interesse an spanischem Wein zu wecken.

✔ **Priorato,** gebirgig und unzugänglich, nördlich der Stadt Tarragona im Nordosten von Spanien, ist eine der »heißesten« neuen Rotweinregionen der Welt.

✔ **Penedés,** die Region bei Barcelona, produziert viel Rot- und Weißwein und ist für prickelnde Weine berühmt (hier als Cava bekannt, mehr dazu in Kapitel 14).

✔ Die Region **Rías Baixas** in Galizien hat sich mit hervorragendem Weißwein, dem Albariño, einen Namen gemacht.

✔ **Navarra,** die Region nördlich von Rioja, lange nur für ihren trockenen Rosé bekannt, wird als Rotweinregion immer bekannter.

✔ **Toro** ist gerade dabei, zu einer der besten Rotweinregionen Spaniens zu werden.

✔ **Rueda** ist bekannt für gut gemachte, günstige Weißweine.

 Wie in Italien und Frankreich hat man sich auch in Spanien für ein zweistufiges Qualitätsweingesetz entschieden: *Denominaciónes de Origen* (DO) und die höhere Klassifikation *Denominaciónes de Origen Calificada* (DOC), die erst 1991 eingeführt wurde und auch unter DOCa bekannt ist. Die Herkunftsbezeichnung DO wurde seit 1970 an ungefähr 60 Anbaugebiete vergeben. Geregelt wird dabei, dass nur bestimmte Rebsorten aus einem festgelegten Gebiet mit einem maximalen Hektarertrag und einer geprüften Qualität mit dem DO-Siegel auf den Markt gebracht werden dürfen.

Bei der DOCa (entspricht dem italienischen DOCG) wird diese Qualitätskontrolle sogar vom Gesetzgeber garantiert. 1991 wurde die Auszeichnung an Rioja und 2001 an das Priorato vergeben (Ribera del Duero und Penedés sollen demnächst folgen). Weine, die sich nicht für eine DO qualifiziert haben, gehören in die Kategorie der Tafelweine *Vino de la Tierra* (vergleichbar mit dem französischen *Vins de Pays*). Lesen Sie Kapitel 4 für weitere Informationen zu den Weinklassifizierungen.

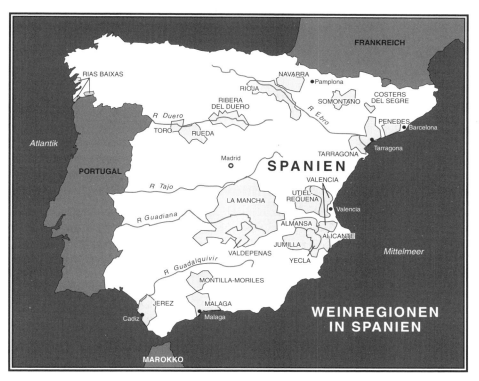

Abbildung 12.1: Die Weinregionen Spaniens

Rioja führt (noch) das Regiment an

Rioja, die Weinregion entlang des Ebros in der Mitte Nordspaniens (zu sehen in Abbildung 12.1), war historisch gesehen immer die bedeutendste Weinregion Spaniens (auch wenn Ribera del Duero und Priorato gerade zügig aufholen). Mehr als drei Viertel der Weine aus Rioja sind Rotweine, ungefähr 15 Prozent werden als Rosado (Rosé) ausgebaut, und nur zehn Prozent sind weiß.

Die Hauptrebsorte in Rioja ist der Tempranillo, die beste rote Rebsorte Spaniens. Aber die Vorschriften lassen drei weitere Sorten – Garnacha (Grenache), Graciano (Carigna) und Mazuelo – für die roten Rioja zu, und der Wein ist üblicherweise eine Cuvée aus zwei oder mehr dieser Sorten. Trotz der Vorschriften verwenden einige Erzeuger heute allerdings auch Cabernet Sauvignon für ihren roten Rioja.

Das Anbaugebiet Rioja besteht aus drei Regionen: Rioja Alavesa nördlich des Ebros im Baskenland gelegen, ist etwas kühler und wird vom Atlantik beeinflusst. Rioja Alta, die größte Region in der Mitte des Rioja, weist ebenfalls noch atlantischen Einfluss, heiße Tage und kühle Nächte, besonders milde Herbste und kalte Winter auf. Diesem Klima entstammen die meisten lagerfähigen und rassigen Riojas. Die dritte, wesentlich wärmere Region heißt Rioja Baja. Sie hat mediterranes, trockenes Klima mit geringeren Niederschlagsmengen. Die besten Riojas kommen üblicherweise aus den beiden kühleren Regionen, aber viele Riojas sind ein Verschnitt aus allen drei Gebieten.

Die traditionelle Herstellungsmethode ist ein jahrelanger Ausbau in Barriques aus amerikanischer Eiche. Das ergibt Weine mit braunroter Farbe, typischen Vanille- und Gewürznoten, manchmal eher wenig Frucht und schon etwas gezehrt (aber reizvoll) wirkend.

In den letzten Jahren geht der Trend zu kürzerer Fass- und längerer Flaschenreifung, um die Weine früher trinkreif zu machen und mehr Frische und Frucht zu erhalten. Ein weiterer Trend unter progressiven Winzern ist es, neben den Fässern aus amerikanischer Eiche – die dem Rioja immer den charakteristischen Vanilleton mitgaben – auch Barriques aus französischer Eiche zu verwenden (mehr zum Thema Barriques finden Sie in Kapitel 5).

Unabhängig vom Stil können rote Riojas mehrere Gesichter haben. Es kommt darauf an, wie lange sie ausgebaut werden, bevor sie auf den Markt gebracht werden. Manche werden gar nicht oder nur sehr kurz im Fass ausgebaut (Roble oder Semi-Crianza) und jung (als Joven) verkauft. Wird er als *Crianza* (gealtert) bezeichnet, so muss er zumindest zwei Jahre, davon mindestens ein Jahr im Fass, ausgebaut worden sein. Diese Weine sind im Stil immer noch fruchtig und frisch. Ebenfalls mindestens ein Jahr im Fass, aber insgesamt drei Jahre gereift, muss eine Reserva sein. Weine aus den besten Lagen und den besten Jahren werden mindestens 24 Monate im Fass und 36 Monate auf der Flasche (also fünf Jahre) gereift; diese Weine werden als Gran Reserva bezeichnet. Diese Bezeichnungen finden sich auf den Etiketten, wenn nicht auf der Vorderseite, so zumindest auf dem Rückenetikett, das gleichzeitig ein Qualitätssiegel für die Authentizität des Riojas ist.

Gute Crianza-Qualitäten bekommt man schon ab acht Euro, gute Gran Reservas können allerdings auch Preise bis zu 34 Euro erreichen. Die besten derzeit erhältlichen Jahrgänge sind 2004, 2001, 1995, 1994 und 1989. (Die Jahrgänge 2002 und 2003 werden als »gut« bezeichnet, werden aber 2001 nicht erreichen.)

Eine Auswahl empfehlenswerter Erzeuger, die seit Jahren konstant gute Qualitäten liefern:

✔ Bodegas Breton

✔ Bodegas Montecillo

✔ Bodegas Muga

✔ La Rioja Alta

✔ Marqués de Murrieta Ygay

✔ Marqués de Riscal

✔ R. Lopez de Heredia

✔ Viña Ijalba

✔ Viña Salceda

Die meisten Weißweine aus Rioja sind frisch, relativ neutral und keine Offenbarung. Aber es gibt sie noch, die traditionellen, goldenen, im Holz gereiften Weißen aus den traditionellen Rebsorten, allen voran Viura, zum Beispiel bei Marqués de Murrieta und R. Lopez de Heredia. Wir finden diese traditionellen Weine faszinierend: nuancenreich im Geschmack, sinnlich, mit attraktiven Oxidations- und teilweise ledrigen Noten mit langem Reife- und Lager-Potenzial. Weine, die sicher nicht jedermanns Geschmack sind, aber Weine mit eigenständigem Charakter. Sie haben so viel Eigenständigkeit, dass man sie zu Speisen trinken kann, bei denen man üblicherweise zu Rotwein rät, und sie passen natürlich zu den traditionellen spanischen Gerichten wie Paella oder Meeresfrüchten. Die Weißen von Marqués de Murrieta gibt es ab 12 Euro, die von R. Lopez de Heredia kosten etwa 15 Euro.

Ribera del Duero startet durch

Zwei Autostunden nördlich von Madrid liegt Ribera del Duero, die wahrscheinlich dynamischste Weinregion Spaniens. Möglicherweise gedeiht die Rebsorte Tempranillo nirgends auf der Welt so gut wie hier. Es sind Weine mit viel Körper, tiefer Farbe und Finesse. Viele Jahre wurde die Region dominiert von einem einzigen Erzeuger, der legendären Vega Sicilia. Heute noch ist der Vega Sicilia Unico (Tempranillo mit ungefähr 20 Prozent Cabernet Sauvignon und Merlot) der berühmteste Wein Spaniens – ein dichter, konzentrierter Rotwein mit viel Tannin und enormer Langlebigkeit. Er wird zwei Jahre in Barriques ausgebaut, reift dann mindestens fünf Jahre in großen Holzfässern und danach noch einige Zeit auf der Flasche, bis er frühestens nach elf Jahren auf den Markt kommt. Wenn man sie überhaupt bekommt, muss man mit ungefähr 226 Euro pro Flasche rechnen. Selbst der kleine Bruder, der Valbuena 5 Año, kostet mindestens 76 Euro.

Aber Vega Sicilia steht schon lange nicht mehr allein für die Weine aus Ribera del Duero. Der Pesquera von Alejandro Fernandez, komplett aus Tempranillo, hat die letzten 15 Jahre viel Lob eingeheimst. Mit seiner völlig anderen Reberziehung, seiner Kellertechnik und seinem Geschick in Marketing und Export wurde sein »Tinto Pesquera« schnell weltbekannt. Heute besitzt er vier Weingüter: Pesquera und Condado de Haza in Ribera del Duero, Dehesa la Granja etwas südlich in der Region Zamora und El Vinculo in der Region La Mancha mit insgesamt ungefähr 800 Hektar Weinbergen. Seine Weine sind durchweg aus Tempranillo, vollmundig, mit kräftigem Körper und elegantem Spiel, viel Frucht, reifen Tanninen und guter Säurestruktur. Die Weine sind ab 20 Euro erhältlich, eine Gran Reserva aus einem guten Jahr kostet aber auch mal locker über 25 Euro.

Im Sog des Erfolgs dieser beiden Produzenten erfolgte in vielen Betrieben der Region ein Umdenken, teilweise mit kräftiger Agrarunterstützung der Europäischen Union, hin zur Qualität oder es wurden gleich völlig neue Weingüter gegründet. Die Region boomt, und viele Weine wurden über Nacht zum Star. Einige empfehlenswerte Betriebe sind Bodegas Mauro, Viña Pedrosa, Bodegas Téofilo Reyes, Bodega & Viñedos Alión, Bodegas Pago de Carraovejas, Emilio Moro und natürlich der Pingus von Peter Sissek, der vom Weinpapst Robert Parker schon mehrmals mit 100 Punkten geadelt wurde.

Priorato: Auferstanden aus der Geschichte

Nach einer Sage sah ein Hirtenjunge im 12. Jahrhundert einen Engel eine Gottesleiter herabsteigen, und so wurde das Kartäuserkloster Priorato de Scala dort mitten in den Bergen gegründet. Schon kurz darauf wurde auf den schroffen und unzugänglichen Felsen in 100 bis 700 Meter über Seehöhe Wein gepflanzt. Im Mittelalter war das Priorat (wie es auf Katalanisch ausgesprochen wird) eine bedeutende Weinbauregion. Aber irgendwann wurde das Kloster geschlossen und die Weinberge verlassen – das Leben in dieser Region war einfach zu mühsam.

Ein Sprung ins 20. Jahrhundert – tatsächlich sind seitdem über 25 Jahre vergangen. Unternehmungslustige, junge Weinmacher – darunter auch Alvaro Palacios – haben diese Region entdeckt und beschlossen, dass die Bedingungen ideal sind, um kraftvolle Rotweine zu machen. Und dies besonders mit Hilfe der alten Rebstöcke, die von den Einheimischen Anfang des 20. Jahrhunderts gepflanzt wurden.

Keine andere spanische Weinregion steht seitdem so im Rampenlicht wie das Priorat. Das Priorat ist zwar immer noch kein Touristenziel, da es so düster und unzugänglich ist, aber die Weine sind bereits weltbekannt. Die vulkanischen Böden bestehen aus Schiefer und Quarzit (hier *Licorella* genannt) und sind so unfruchtbar, dass kaum etwas anderes als Reben hier wächst. Das Klima ist unfreundlich und rau mit heißen trockenen Sommern und sehr kalten Wintern. Die steilen Hänge sind terrassiert und können meist nur per Hand bearbeitet werden. Die Erträge sind extrem niedrig.

Erstaunlicherweise entstehen unter diesen unwirtlichen Bedingungen unglaublich kraftvolle, dichte Rotweine, hauptsächlich aus Garnacha und Cariñena, zwei der einheimischen (autochthonen) spanischen Sorten. Viele sind so rau wie die Landschaft mit viel Tannin und viel Alkohol. Manche Weine bekommen durch ihren extremen Alkoholgehalt schon eine portweinähnliche Süße. Weil das Weinmachen im Priorat sehr aufwendig ist und nur geringe Erträge bringt, sind die Weine auch ziemlich teuer. Die Preise beginnen bei etwa 30 Euro. Die Top-Weine von Alvaro Palacios können aber auch über 300 Euro pro Flasche kosten.

 Empfehlenswerte Rotweine aus dem Priorat kommen von Alvaro Palacios, Clos Mogador, Clos Erasmus, Clos Martinet, Cims de Porrera, Ermita, Morlanda, Mas d'En Gil, Pasanau und aus dem Weingut des katalanischen Liedermachers Lluis Llach, der Bodega Celler Vall Llach.

Fünf weitere Weinregionen Spaniens, auf die man achten sollte

Der Aufbruch in die spanische Weinwelt – insbesondere, wenn Sie nach einem guten Preis-Leistungs-Verhältnis suchen – endet nicht mit Rioja, Ribera del Duero und Priorat.

Penedés

In Katalonien, südlich von Barcelona, liegt das Weinbaugebiet Penedés (gucken Sie sich Abbildung 12.1 an). Von hier kommen die meisten spanischen Schaumweine, bekannt als *Cava*. Nähere Informationen dazu finden Sie in Kapitel 14.

Jede Diskussion über die Weine des Penedés muss mit Torres beginnen, eines der größten Weingüter in Familienbesitz. Anfang der 1970er-Jahre begann Miguel Torres sozusagen als Pionier, in Spanien Wein aus bekannten französischen Rebsorten wie Cabernet Sauvignon oder Chardonnay neben den lokalen Sorten wie Tempranillo oder Garnacha zu keltern.

Alle Weine der Familie Torres sind sauber, perfekt gemacht, preiswert und fast überall erhältlich. Für ungefähr acht Euro werden zum Beispiel der Sangre de Toro (aus Garnacha und Cariñena), der Coronas (Tempranillo) oder der weiße Viña Sol (aus Parellada) angeboten. Der Spitzenwein Gran Coronas Mas La Plana Black Label, ein eleganter und kraftvoller Cabernet Sauvignon, kostet um die 34 Euro.

Freixenet, der bekannteste Cava-Produzent, vertreibt jetzt auch stille Weine. Dazu gehören insgesamt vierzehn verschiedene Weinmarken wie René Barbier, Valdubón oder Segura Viudas in verschiedenen Preis-Segmenten. Erwähnenswert sind der Creu de Lavit, ein feingliedriger, nuancenreicher Weißwein aus der heimischen Sorte Xarello, und der rote Mas d'Aranyó überwiegend aus Tempranillo. Weitere empfehlenswerte Produzenten aus Penedés sind Bodegas Jane Ventura, Bodegas Jean León, Bodegas Can Rafols dels Caus, Bodegas Covides, Bodegas Masia Torreblanca, Bodegas Pinord und Bodegas Alemany i Corrio.

Rías Baixas: Die Weißweine aus Galizien

Im nordwestlichen Eck von Spanien liegt die Region Galizien – auf Spanisch Galicia (gut zu erkennen in Abbildung 12.1). Bis vor Kurzem waren die Weine kaum jemandem bekannt. Aber aus einem kleinen Gebiet namens Rías Baixas im Süden Galiciens wurde ein neuer Wein lanciert: Albariño, ein frischer, spritziger, trockener Weißwein. Rías Baixas ist mit Sicherheit eines der heißesten Weißweinanbaugebiete der Welt. Damit meinen wir »heiß« im Sinne von »heiß begehrt« und nicht das Klima, denn das ist einen Großteil des Jahres eher kühl, niederschlagsreich und dunstig; die Landschaft ist das ganze Jahr über sehr grün.

Rías Baixas zählt heute etwa 200 Weingüter, die meisten davon sind keine zehn Jahre alt. Moderne Weintechnik, kühles Klima und Ertragsbeschränkung in den Weingärten haben einen unerwarteten Erfolg im Ausland erbracht, den größten in den Vereinigten Staaten, wo dieser frische, spritzige und nach Blüten duftende Wein mit seinen Pfirsich- und Aprikosenaromen, mit Birne und grünem Apfel sich größter Beliebtheit erfreut. Und er passt gut zu Meeresfrüchten und Fisch! Die Albariño-Traube (in Portugal heißt sie Alvarinho) ergibt einen Wein mit relativ hoher Säure und das macht diesen Wein zu einem guten Aperitif.

Empfehlenswerte Produzenten sind Bodega Morgadío, Lusco, Bodegas Martin Codax, Fillaboa, Pazo de Señorans, Pazo San Mauro, Pazo de Barrantes, Vionta, Bodegas Vilario-Cambados und Bodegas Lusco do Miño, alle in der Preisklasse zwischen 12 und 16 Euro.

Navarra

Es gab eine Zeit, da verband man das Wort Navarra mit einfachen, billigen Rosé-Weinen (oder mit den Bildern von jungen Männern, die als Mutprobe vor den Stieren herlaufen, die durch die Straßen von Pamplona, Navarras Hauptstadt, in die Arena getrieben werden). Heute ist das nordöstlich von Rioja gelegene Navarra bekannt für seine Rotweine, die dem berühmten Nachbarweinen ähneln, aber ungleich günstiger sind.

 Die meisten Rotweine aus Navarra basieren auf Tempranillo, kombiniert mit Garnacha, aber Sie finden auch Cabernet Sauvignon, Merlot und viele Kombinationen aus den vier Rebsorten in dieser innovativen Region. Gute Produzenten sind Bodegas Julian Chivite, Bodegas Guelbenzu, Bodegas Magaña, Bodegas Irache, Bodegas Ochoa und Bodega Inurrieta.

Einige spanische Weinbegriffe

Auf spanischen Weinetiketten können Sie folgende Begriffe finden:

✔ **Blanco:** weiß

✔ **Tinto:** rot

✔ **Bodega:** Weingut

✔ **Cosecha oder Vendimia:** Jahrgang

✔ **Crianza:** Bei Rotwein bedeutet das einen Ausbau für mindestens zwei Jahre, wovon mindestens sechs Monate im kleinen Eichenfass stattfanden; bei Weißwein und Rosé ist es ein Jahr mit mindestens sechs Monaten im Eichenfass. (Einige Regionen haben strengere Bestimmungen.)

✔ **Reserva:** Weine, die nur in guten Jahrgängen produziert werden. Rote Reservas reifen mindestens drei Jahre, davon mindestens zwölf Monate im kleinen Eichenfass; weiße Reservas müssen zwei Jahre reifen, mindestens sechs Monate davon im kleinen Holzfass.

✔ **Gran Reserva:** Weine, die nur in herausragenden Jahrgängen produziert werden. Rotwein muss mindestens fünf Jahre gereift sein, davon mindestens zwei Jahre im Barrique. Weiße Gran Reservas müssen mindestens vier Jahre reifen, davon mindestens sechs Monate im Holzfass.

Toro

Die Region Toro im Nordwesten Spaniens, westlich von Ribera del Duero, produzierte im Mittelalter Weine, die im ganzen Land recht bekannt waren. Doch da es eine heiße, trockene Gegend ist, hat man dort für Jahrhunderte keinen Wein mehr angebaut. Nun, da die Weinerzeugung in Spanien einen neuen Aufschwung erlebt, hat man Toro wiederentdeckt. Die Winzer haben festgestellt, dass das Klima und der Boden eigentlich ideal sind, um kräftige, tanninbetonte Rotweine, vor allem aus der Tempranillo-Rebe, herzustellen. Die Produkte konkurrieren mit denen aus dem nahegelegenen Ribera del Duero. Gute Produzenten sind Bodegas Fariña, Vega Sauco, Estancia Piedra, Bodegas y Viñas Dos Victorias, Gil Luna und Dehesa La Granja (im Besitz von Alejandro Fernandez, der auch Pesquera herstellt).

Verdejo aus Rueda

Die Region Rueda westlich von Ribera del Duero produziert aus der Verdejo-Traube einen der besten Weißweine Spaniens. Ein Produzent aus Rioja, Marquis de Riscal, macht einen wunderbaren und dabei noch sehr günstigen Rueda. Der Wein ist klar und frisch, hat viel Frucht und wird für günstige sieben bis acht Euro verkauft.

Der Top-Wein der Gegend heißt aber Martinsancho aus dem gleichnamigen Weingut. Der Besitzer Angel Rodriguez Vidal hat aus uralten Reben seinen Verdejo weitergezüchtet und produziert daraus einen unglaublichen Weißwein. Die besten Trauben werden selektioniert und daraus maximal 40.000 Liter Martinsancho gemacht, der Rest wird offen an andere Bodegas verkauft. In uralten, großen Holzfässern reift ein dichter, kräftiger Weißwein mit frischer Säurestruktur und viel Frucht heran. Schwer zu bekommen, aber eigentlich mit 12 bis 18 Euro nicht teuer.

Portugal: Mehr als nur Port

Portugal ist natürlich zu Recht in erster Linie für seinen großen Dessertwein Port bekannt (mehr zu Portwein finden Sie in Kapitel 15). Aber nach und nach haben Weinliebhaber begonnen, auch die anderen Facetten der portugiesischen Weinproduktion zu entdecken, die trockenen Weine und die Rotweine. Die meisten dieser Weine werden aus – für uns völlig unaussprechlichen – autochthonen Rebsorten gekeltert, von denen es noch Hunderte gibt. Der bei der Beschreibung von Rebsorten sehr oft eingesetzte Begriff »autochthon« besagt, dass die Rebe aus jener Gegend stammt, wo sie entstanden ist und dort bis heute traditionell angebaut wird.

Wir gehen davon aus, dass die günstigen portugiesischen Weine in naher Zukunft eine noch wesentlich größere Rolle auf der internationalen Weinbühne spielen werden.

Portugals höchste Qualitätsstufe wird ähnlich wie in Spanien mit DO bezeichnet. Das bedeutet _Denominação de Origen_ und wurde bisher 32 Anbaugebieten verliehen. Die einfachen Weine sind in acht _Vinho Regional_-(VR-)Distrikte unterteilt, ähnlich wie der _Vin de Pays_ in Frankreich. Darunter gibt es noch den _Vinho de Mesa_ (Tafelwein).

Portugals »grüner« Weißer

An heißen Sommerabenden ist der Vinho Verde ein erfrischender, leicht prickelnder leichter Weißwein, das perfekte Getränk. Die hohe Säure erfrischt den Gaumen und macht den Wein zum idealen Begleiter von Meeresfrüchten oder gegrilltem Fisch.

Die Region Minho im Nordwesten Portugals ist die Heimat des Vinho Verde und grenzt an das spanische Weinbaugebiet Rías Baixas. (Dieses Gebiet ist durch die häufigen Niederschläge, die vom Atlantik kommen, sehr grün – angeblich heißt der Wein deswegen so.)Zwei verschiedene Wein-Stile sind als Vinho Verde auf dem Markt. Die meistverbreiteten Marken (Aveleda und

Casal Garcia), die es schon für vier bis sechs Euro gibt, sind leicht restsüße Weine von durchschnittlicher Qualität, die man am besten gut gekühlt und jung serviert.

 Die etwas teureren Vinho Verdes (bis etwa 15 Euro) sind Weine, die entweder aus der Alvarinho-Rebe (die Rebsorte, die in Rías Baixas Albariño heißt), aus Loureiro oder Trajadura-Trauben gekeltert sind. Sie sind trocken, komplexer und haben mehr Körper als die einfachen Vinho Verde. Es sind Portugals beste Weißweine (mit Ausnahme von Dessertweinen). Allerdings sind diese qualitativ besseren Vinho Verde auch wesentlich schwieriger zu finden. Fündig werden Sie in guten Weinläden (oder auf Ihrer nächsten Portugal-Reise).

Die meisten Vinho Verde sind Rote. Es sind Weine mit ziemlich hoher Säure – deshalb braucht man dafür wohl einen besonders trainierten Gaumen (unserer hat sich bis heute nicht daran gewöhnt!).

Portugiesische Weinbegriffe durchschauen

Die folgenden Begriffe können Sie auf portugiesischen Weinetiketten lesen:

- ✔ **Colheita:** Jahrgang

- ✔ **Garrafeira:** Bezeichnet eine Reserva, die mindestens zwei Jahre im Fass und ein Jahr auf der Flasche gereift ist, wenn es Rotwein ist. Bei Weißwein gilt: mindestens sechs Monate im Holz, danach ebenso lang auf der Flasche.

- ✔ **Quinta:** Weingut oder Lage

- ✔ **Reserva:** Wein von besonders guter Qualität aus einem guten Weinjahr.

- ✔ **Tinto:** rot

Bemerkenswerte Rotweine aus Portugal

 Eine neue Generation von Önologen hat sich im malerischen Douro-Tal (hier wachsen auch die Trauben für den Portwein) darangemacht, aus der Vielfalt der heimischen Rebsorten Weine zu vinifizieren, die ihresgleichen suchen. Es sind wohl auch Rebsorten wie Touriga Nacional, Touriga Franca, Tinta Câo, Tinta Roriz – das sind nur einige der exotisch klingenden Namen –, die für den eigenständigen Charakter der Douro-Weine verantwortlich sind.

Auch der wahrscheinlich beste trockene Rotwein Portugals kommt aus dem Douro-Tal, der Barca Velha. Er wird vom Portweinhaus Ferreira produziert. Der Barca Velha ist kräftig im Körper, intensiv und konzentriert und braucht Jahre, um sich voll zu entwickeln – er wird auch Portugals Unico genannt, ist allerdings wesentlich günstiger als dieser, wenn auch mit ungefähr 46 bis 53 Euro nicht gerade ein Schnäppchen. Ebenso wie der Vega Sicilia Unico wird er nur in den besten Jahren produziert.

Beachtliche Erfolge erzielen inzwischen die »Douro-Boys«, eine Vereinigung von fünf renommierten Familien-Weingütern: Quinta do Vallado, Quinta do Crasto, Quinta do Vale Dona Maria, Quinta do Vale Meão und die Quinta do Nápoles (dahinter steckt Dirk van der Niepoort, der Chef des bekannten Portweinhauses, der mit seinem Redoma bereits bewiesen hat, dass er auch Rotwein machen kann). Weltweite Auszeichnungen sind wohl eine Empfehlung, diese außergewöhnlichen Weine einmal zu probieren.

Die deutschen Winzer Bernd Philippi (Pfalz), Werner Näkel (Ahr) und der leider viel zu früh verstorbene Bernhard Breuer (Rheingau) haben sich in das Douro-Tal verliebt und im Jahr 2000 Weinberge gekauft und unter dem Lagennamen Quinta da Carvalhosa ein Weingut gegründet. Der Jahrgang 2000 ist nun auf dem Markt und kostet ungefähr 22 Euro.

Hier noch weitere gute Rotweine aus Portugal, die es zu probieren lohnt:

✔ **Quinta do Carmo:** Der Haupteigentümer dieses Weinguts in der dynamischen Region Alentejo im Süden Portugals ist Château Lafite-Rothschild. Ein vollmundiger kräftiger Rotwein, der um die 19 Euro kostet. Don Martinho, der Zweitwein des Weinguts, ist für etwa die Hälfte zu haben.

✔ **Quinta de Pancas:** Einer der wenigen Cabernet Sauvignons aus Portugal. Kommt aus der Region Alenquer nördlich von Lissabon und kostet ungefähr zehn Euro.

✔ **Quinta de Parrotes:** Gekeltert aus der lokalen Rebsorte Castelão Frances, ebenfalls aus Alenquer ist seine acht Euro locker wert.

✔ **Quinta da Bacalhôa:** Ein Cabernet Sauvignon des angesehenen Önologen João Pires aus Azeitao südlich von Lissabon. Der Wein besitzt die Eleganz eines Bordeaux und kostet ungefähr 21 Euro.

✔ **Rotweine von J. M. da Fonseca Successores** (nicht verwandt mit dem Fonseca-Portweinhaus): Dieses Weingut produziert einige der besten Rotweine Portugals. Wenn Sie Quinta da Camarate, Morgado do Reguengo, Tinto Velho Rosado Fernandes oder einen der Garrafeiras von Fonseca finden, dann greifen Sie zu.

✔ **Joao Portugal Ramos:** Ein Önologe, der viele portugiesische Weingüter berät und selbst drei Weingüter besitzt. Er hat, wie man so sagt, »ein goldenes Händchen« und produziert sehr eigenständige typische Weine, die entweder unter seinem Namen oder unter Marques de Borba sowie unter Vila Santa vertrieben werden.

Eine außergewöhnliche Süßwein-Spezialität wollen wir noch erwähnen, den Moscatel de Setúbal, der zu den besten Süßweinen der Welt zählt. Er stammt von der Halbinsel Península Setúbal am Atlantik südlich von Lissabon. Seit dem Eintritt Portugals in die EU heißt er nur noch Setúbal, da er meist als ein Verschnitt aus mehreren Weinen oder auch aus Weinen verschiedener Jahre komponiert wird. Der feine Muskat-Geschmack mit der oxidativen Note machte ihn schon im 19. Jahrhundert weltberühmt. Der Wein ist nahezu unendlich lagerfähig und eine rare Spezialität.

Alentejo - mehr als nur Kork

Der weitaus größte Teil des portugiesischen Korkanbaus, der immerhin die Hälfte der Weltproduktion beträgt, kommt aus der Region Alentejo mit einer Rebfläche von ungefähr 20.000 Hektar. Die Römer brachten die Weinkenntnis in die eroberte Provinz Lusitania, die aufgrund der extrem großen Hitze eine schwierige Weinregion darstellt. Der Wein aus Alentejo entwickelte sich Ende der 1980er-Jahre zum Modewein, weshalb das Gebiet auch als »Kalifornien Portugals« bezeichnet wird. Sogar Domaines Barons de Rothschild nennt ein Weingut dort seinen Besitz: »Quinta do Carmo«. Ein kleines, aber ein sehr empfehlenswertes Weingut ist Adega Cartuxa oder das Weingut Adega Plansel, das von der Geisenheimer Önologin Dorina Lindemann geleitet wird.

Die Auferstehung Ungarns

Von allen weinproduzierenden Ländern in Ost-Europa, wo viele ehemalige Zentralkellereien aufgelöst wurden und der Weinbau wieder zunehmend in private Hände kommt, scheint Ungarn das größte Potenzial zu haben. Neben einer langen Weinbautradition, die bis in die Zeit vor den Römern zurückreicht, hat Ungarn eine gesunde Mischung aus nationalen und internationalen Rebsorten und viel Land, das sich für den Weinbau eignet, mit einer großen Auswahl an klimatischen Bedingungen, unterschiedlichen Böden und Höhenlagen.

Die Ungarn sind ein selbstbewusstes und kreatives Volk – zumindest schließen wir das aus den Erklärungen des Reiseleiters auf einer unserer Reisen, der uns (mehrmals) erklärte, dass die Ungarn das Hologramm, den Vergaser, die Kontaktlinsen, den Kugelschreiber und andere essenzielle Dinge des modernen Lebens erfunden hätten. Seit dem Fall des Eisernen Vorhangs ist der Weinverbrauch deutlich angestiegen, und erfreulicherweise hat dieser steigende Konsum auch einen gewaltigen Qualitätsschub ausgelöst. Internationale Investitionen in Weingärten und Weingüter haben ebenfalls einen großen Beitrag geleistet.

Ungarn produziert etwas mehr als 1.000 Millionen Liter Wein pro Jahr, davon ist der Großteil Weißwein. Obwohl Ungarn relativ weit nördlich liegt, ist das Klima sehr warm. Es ist ein flaches Binnenland, das rundum von Bergen abgeschirmt wird. Zudem beeinflussen drei große Wasserflächen einige der Weinregionen. Im Nordwesten der Neusiedler See an der Grenze zu Österreich, im Zentrum der westlichen Hälfte von Ungarn der Balaton, Europas größter See, und die Donau, die von Norden nach Süden mitten durch das Land fließt. Ungarn hat 22 offizielle Weinregionen, deren Namen allerdings außerhalb des Landes noch nicht bekannt sind.

Die wichtigste Region am Balaton ist Badacsony, wo der Vorreiter Huba Szeremley und der Önologe Tibor Gal, der lange Jahre für den Ornellaia verantwortlich war, bereits internationale Erfolge vorweisen können. In der Region um Sopron zeigt der Sohn des österreichischen Paradewinzers Franz Weninger, was dort bei Rotwein möglich ist, ebenso wie in der Region um Villany im Süden Ungarns, wo aus einem Joint Venture zwischen Attila Gere und Franz Weninger hervorragende Rotweine entstehen, deren internationale Erfolge die ganze Gegend motivierten. Inzwischen sind Joszef Bock, Ede Tiffan oder eben Attila Gere im Ausland sicher bekannter als der ungarische Kanzler.

Die international bekannteste ungarische Weinregion ist aber zweifelsohne Tokaj-Hegyalja, die nach der Stadt Tokaj benannt ist und ihren Ruhm den weltberühmten Dessertweinen namens Tokaj Aszú zu verdanken hat. Das Wort Aszú ist ein in Ungarn gebräuchliches Synonym für Ausbruch oder Trockenbeerenauslese (lesen Sie in Kapitel 9 den Abschnitt *Ein edler Pilz …*). Der Wein hat seinen typischen Charakter von den Furmint- und Harslevelu-Trauben, beides lokale weiße Rebsorten, und dazu kommen manchmal etwas Muskattrauben, die von Botrytis befallen wurden. Außerdem werden in der Region trockene Landweine wie etwa der sortenreine Tokaj Furmint hergestellt.

Tokaj-Aszú-Weine werden je nach Zuckergehalt mit drei, vier, fünf oder sechs Puttonyos (Bütten) bezeichnet; die sechs Bütten bezeichnen den süßesten Wein. Alle Tokaj-Aszú-Weine werden in Halbliter-Flaschen gefüllt und kosten je nach Qualität und Süße zwischen 25 und 114 Euro pro Flasche.

Tokaj-Aszú-Weine variieren nicht nur in der Süße, sondern auch im Ausbau-Stil. Einige haben lebendige Aromen von frischen Früchten, während andere an getrocknete Früchte und Nüsse erinnern. Manche haben den rauchigen Charakter und das Tannin von neuen Barriques, wieder andere erinnern an Tee oder Schokolade. Diese Unterschiede kommen von den verschiedenen Weinbereitungstechniken der Weingüter.

 Tokaj Aszú hat eine sehr komplizierte Produktionsmethode, bei der eine bestimmte Menge an Botrytis-Trauben (die vorher zu einer Art Paste gepresst wurden) sowie frische, nicht befallene Trauben verwendet werden. Je stärker die Trauben befallen sind, desto süßer wird der Wein. Diese Methode lässt viel Raum für persönliche Interpretationen. Einige der Themen, bei denen die Weinmacher oft sehr unterschiedliche Meinungen (neben dem üblichen Thema des Rebsortenverschnitts) haben, sind:

✔ womit die Botrytis-Trauben aufgegossen werden sollen, damit eine Flüssigkeit entsteht, die die Aromen und den Zucker aus den edelfaulen Beeren löst und anschließend zum endgültigen Wein vergärt: teilweise vergorener Wein oder Traubenmost

✔ ob der Wein in neuen oder alten Eichenfässern reifen soll

✔ ob der Wein während der Lagerung dem Sauerstoff ausgesetzt werden soll (indem man die Fässer nicht spundvoll füllt und ein Luftraum über dem Wein verbleibt) oder nicht

Abgesehen von der bekannten Weinregion Tokaj-Hegyalja gibt es in Ungarn noch zahlreiche andere Regionen, in denen eine große Anzahl trockener und halbtrockener Rot- und Weißweine hergestellt wird. Die meisten der Weine werden nach ihrer Traubensorte benannt und sind relativ preiswert. Kadarka ist Ungarns bekannteste heimische Rotweinsorte.

 Ungarn ist eines der neueren EU-Länder, und die Qualitätskategorien sind daher den EU-Kategorien angeglichen (mehr dazu in Kapitel 4). Wein der höchsten Qualitätskategorie heißen *Minosegi Bor*, gefolgt von *Tájbor* (Landwein) und *Asztali Bor* (Landwein).

Einen Blick nach Osten, auch über Ungarn hinaus, sollte jeder Weinfreund immer einmal werfen. Die Fachwelt erwartet aufgrund des Klimawandels und der unausgeschöpften technischen Potenziale dieser Länder einen stark wachsenden und qualitativ hochwertigen Weinmarkt der Zukunft.

Das ruhmreiche Griechenland

Griechenland und Portugal werden heute oft in einem Zug genannt, da es sich um die zwei neuen Weinländer Europas handelt. Wir finden es irgendwie unbegreiflich, dass ein Land, dessen Weinbau bis ins siebte Jahrhundert vor Christi Geburt zurückreicht, heute eine aufstrebende Weinregion sein soll. Aber es ist so. Griechenland hat zwar nie mit dem Weinbau aufgehört, aber die Weinwirtschaft kam nur langsam wieder in Gang. Zuerst war sie von den Türken verboten worden, dann folgte eine lange Phase der politischen Unruhen und dazu viele hausgemachte Probleme. Die neue Ära des griechischen Weines begann in den 60ern, aber die großen Fortschritte passierten in den letzten zehn Jahren.

Obwohl Griechenland ein südliches Land und für seinen Sonnenschein bekannt ist, sind die Anbaubedingungen doch sehr weit gefächert, da viele Weinberge in höheren Lagen zu finden sind, wo es deutlich kühler ist (ein Großteil Griechenlands ist gebirgig). Die Weine sind meist weiß (60 Prozent), einige davon sind süße Dessertweine, der Großteil aber ist trocken.

Eine der Stärken des griechischen Weinbaus – und gleichzeitig das größte Handicap – ist die Vielzahl von eigenständigen Rebsorten, mehr als 300 davon sollen noch existieren. Nur in Italien gibt es mehr einheimische Sorten. Diese lokalen Rebsorten machen griechische Weine zu einem spannenden Thema für neugierige Weinliebhaber, andererseits sind diese unbekannten und schwer auszusprechenden Namen schwierig zu verkaufen. Glücklicherweise (für die Verkäufer) produziert Griechenland auch Weine aus internationalen Sorten wie Chardonnay, Merlot, Syrah oder Cabernet Sauvignon, die auch hier sehr gut gedeihen. Heute scheinen sich die Winzer aber mehr denn je dem Anbau ihrer einheimischen Rebsorten anstelle der internationalen Sorten zu widmen.

Unter den zahlreichen, einheimischen Rebsorten Griechenlands stechen vier – es sind zwei rote und zwei weiße – als besonders wichtig hervor:

✔ **Assyrtiko:** Eine weiße Rebsorte, die für delikaten, extrem trockenen, knackigen und sehr langlebigen Wein mit Zitronenaroma und mineralischen Noten sorgt. Assyrtiko wächst zwar in verschiedenen Landesteilen Griechenlands, die besten dieser Weine stammen allerdings von der Vulkaninsel Santorin. So heißt übrigens auch der delikate Weißwein der Insel. Er muss zu mindestens 90 Prozent aus Assyrtiko bestehen.

✔ **Moschofilero:** Eine sehr aromatische Sorte mit rosafarbenen Trauben, aus der sowohl trockene Weißweine als auch farblich eher blasse Rosé erzeugt werden. Sie wird hauptsächlich um Mantinia im zentral gelegenen, gebirgigen Peloponnes angebaut. Weine, die den Namen Mantinia tragen, müssen zu 85 Prozent aus Moschofilero bestehen. Sie haben eine hohe Säure, einen ziemlich niedrigen Alkoholgehalt und Aprikosen- und teilweise Pfirsicharomen. Da sie so leicht zu trinken sind, sind sie für den Einstieg in griechischen Wein hervorragend geeignet.

✔ **Agiorghitiko:** Diese Sorte wird bei uns St.-Georges-Rebe genannt. Einige Winzer verwenden diese Bezeichnung auch auf den Etiketten ihrer Exportweine. Es handelt sich um die in Griechenland am meisten angebaute und wahrscheinlich wichtigste rote einheimische Rebsorte. Sie ist auf dem Festland häufig anzutreffen, ihre Heimat ist allerdings die Gegend um Nemea auf dem Peloponnes. Dort bringt sie Spitzenleistungen. Alle Weine mit der Bezeichnung Nemea wurden ausschließlich aus Agiorghitiko erzeugt. Sie haben eine mittel- bis tiefrote Farbe, komplexe Aromen, die an Pflaumen und teilweise schwarze Johannisbeeren erinnern und ähneln häufig Cabernet-Franc- oder würzigen Merlot-Weinen. Auch als Cuvée mit anderen einheimischen oder internationalen Sorten ist Agiorghitiko sehr schmackhaft.

✔ **Xinomavro:** Dies ist die wichtigste rote Rebsorte in der Region Macedonia im Norden des Landes. Sie sorgt für sehr tanninbetonte Weine mit hohem Säuregehalt, die manchmal mit Nebbiolo-Weinen aus dem Piemont verglichen werden. Xinomavro-Weine verfügen über komplexe, würzige Aromen und erinnern häufig an getrocknete Tomaten, Oliven und teilweise Beeren. Ihre Farbe ist dunkel, wenn sie jung sind, mit zunehmender Reife werden sie jedoch heller. Sie sind sehr langlebig. Ihre Heimat ist der Bezirk Naoussa in Macedonia. Jeder Wein, der mit Naoussa bezeichnet wird, wurde ausschließlich aus Xinomavro hergestellt.

Als weitere wichtige Vertreter der einheimischen, weißen Rebsorten sind Roditis (eine Sorte mit rosa Haut), aus der weißer Patras gewonnen wird, und Savatiano, die meistverbreitete weiße Sorte überhaupt, zu nennen. Retsina, der traditionelle griechische Weiße, dessen Most geharzt wird (und der dadurch oft einem Chardonnay mit Holznote ähnelt), ist fast immer aus Savatiano. Zudem gewinnt die einheimische rote Rebsorte Mavrodaphne immer mehr an Bedeutung. Aus ihr werden sowohl trockene als auch süße Rotweine gekeltert.

Hier folgen einige der Weinbaugebiete, die Sie möglicherweise auf Weinetiketten sehen werden:

✔ **Macedonia:** Der nördlichste Teil Griechenlands mit hohen Bergen und kühlem Klima. Naoussa stammt von hier.

✔ **Peloponnes:** Die große, größtenteils gebirgige Halbinsel im Südwesten des Landes mit unterschiedlichen Klimazonen und verschiedenen Böden. Hier gibt es viele erwähnenswerte Weine wie den samtigen roten Nemea, die trockenen weißen Patras und Mantinia und die süßen Mavrodaphne de Patras (rot) oder Muscat de Patras (weiß).

✔ **Kreta:** Die größte griechische Insel, von der Weiß- und Rotwein in vielen verschiedenen Ausbauvariationen kommt. Meist mit dem Inselnamen Kreta als Herkunftsbezeichnung.

✔ **Andere griechische Inseln:** Neben Kreta zählen Santorin, Rhodos, Samos und Kephalonia zu den wichtigsten weinproduzierenden Inseln.

Mittlerweile sind viele der griechischen Weine erstklassig geworden. Dies gilt besonders für die Erzeugnisse der kleinen, unabhängigen Weingüter. Wir listen Ihnen hier einige unserer Lieblingsproduzenten aus Griechenland in alphabetischer Reihenfolge je nach Region auf:

✔ **Aus Macedonia:** Weingut Alpha, Domaine Gerovassilou, Weingut Kir Yianni und Tsantali-Mount Athos Lage

✔ **Vom Peloponnes:** Antonopoulus Lage, Weingut Gaia (hat auch Kellereien auf Santorin), Katogi & Strofilia (auch in Macedonia tätig), Weingut Mercouri, Kellerei Papantonis, Domaine Skouras, Domaine Spiropoulos und Domaine Tselepos

✔ **Von den Inseln:** Weingut Boutari (sechs Weingüter in Griechenland, unter anderem auf Kreta und Santorin), Gentilini (auf Kephalonia) und Domaine Sigalas (Santorin)

Griechenland ist Mitglied der Europäischen Union, daher ist sein Bezeichnungsrecht konform mit dem europäischen System. In der Kategorie Qualitätswein unterscheidet Griechenland zwischen zwei Klassen:

✔ **AOQS**, *Appellation d'Origine de Qualité Supérieure* (ja, französisch!) für trockene und halbtrockene Weine.

✔ **AOC**, *Appellation d'Origine Contrôllée*, für Dessertweine und aufgespritete Weine.

Tafelweine mit einem geografischen Namen werden als *Vin de Pays* bezeichnet. Viele der besseren griechischen Weine tragen in Wirklichkeit diese Bezeichnung. Andere im griechischen Weingesetz vorkommende Bezeichnungen sind: *Reserve* (Qualitätsweine mit mindestens zwei [weiß] oder drei [rot] Jahren Reife), *Grande Reserve* (ein zusätzliches Jahr Reife) und Kava (ein Tafelwein – im Sinne der EU am unteren Ende der Appellationen – mit derselben Reifezeit wie Reserve).

Die Südhalbkugel macht sich einen Namen

In diesem Kapitel

▷ Alte Welt – Neue Welt

▷ Australiens Weine sind angesagt

▷ In Chile und Argentinien tut sich was

▷ Neue Weine aus Neuseeland

▷ Kalifornien wird langsam alt

Was haben die Weine aus Nord- und Südamerika, Südafrika, Australien und Neuseeland gemeinsam? Nur eines: Keiner von ihnen wurde in Europa produziert. Man könnte auch sagen, es sind alles nicht-europäische Weine.

Wenn von diesen außereuropäischen Weinen die Rede ist, wird am häufigsten der Begriff *Neue Welt* verwendet. Ohne Zweifel wurde dieser Ausdruck mit seinem kolonialistischen Charme von einem Europäer geprägt. Europa, die Heimat aller klassischen Weinregionen, das Herkunftsgebiet von mehr als 60 Prozent aller Weine der Welt, ist die Alte Welt. Alle anderen sind »nouveau riche«.

Als wir das erste Mal den Begriff *Neue Welt* in Bezug auf Wein zu hören bekamen, dachten wir, er sei absurd. Wie kann man Weinregionen wie das Napa Valley, die Finger Lakes, Coonawarra und das Maipo-Tal in Chile in einen Topf werfen? Aber dann haben wir begonnen, darüber nachzudenken. In Europa wird schon so lange Wein hergestellt, dass die Techniken des Weinbaus und des Erschaffens von Weinen mittlerweile durch detaillierte Vorschriften festgelegt sind. Welcher Hang sich zum Bepflanzen eignet, welche Rebsorte wo gedeiht, wie trocken oder süß ein bestimmter Wein sein soll – diese Entscheidungen wurden alle bereits vor langer Zeit von den Großeltern und Urgroßeltern der heutigen Weinmacher getroffen. Aber außerhalb von Europa ist das große Spiel des Weinbaus und das Erschaffen von Weinen noch absolut offen. Jeder Weingutbesitzer muss für sich selbst entscheiden, wo er seine Reben setzt, welche Rebsorte er pflanzt und welchen Stil von Wein er machen will. Genau diesen Denkansatz haben die Weine der Neuen Welt gemeinsam.

Je mehr wir nachdachten, desto mehr konnten wir Gemeinsamkeiten unter den Weinen der Neuen Welt im Vergleich zu Europa ausmachen. Wir mussten zustimmen, dass die Neue Welt ein eigentlich eigenständiges Weingebilde ist, dessen gesetzliche Vorgaben, geistige Einstellungen und Weinbereitungstechniken sich klar von denen der Alten Welt unterscheiden – soweit man es verallgemeinern kann.

Wir könnten alleine mit den Weinen aus den USA, Chile, Argentinien, Australien, Neuseeland und Südafrika leicht 400 Seiten füllen, wenn wir nur den Platz hätten. Glücklicherweise können Sie die neue Weinwelt auch ohne detaillierte Straßenkarte erkunden: In der Neuen Welt gibt es nur wenige Traditionen zu entschlüsseln und es ist auch relativ wenig Hintergrundwissen notwendig, um die Weine zu verstehen. Einfach loslegen!

In diesem Kapitel erkunden wir die Weine von Australien, Neuseeland, Chile, Argentinien, Südafrika und den USA, wobei hier der Schwerpunkt auf Kalifornien liegt.

Das Alte und das Neue

In der Weinsprache bedeutet Neue Welt nicht nur eine geografische Zuordnung, sondern auch eine Geisteshaltung, wie man an Wein herangeht. Einige Weinmacher in Europa nähern sich dem Thema Wein auf die liberale Art der Neuen Welt, und einige Weinmacher in Kalifornien kann man zu den Traditionalisten der Alten Welt zählen. Behalten Sie dies im Hinterkopf, wenn Sie die folgende Gegenüberstellung zwischen dem Alten und dem Neuen betrachten. Und denken Sie daran, wir verallgemeinern hier gewaltig – und eine Verallgemeinerung ist niemals wirklich stimmig.

Neue Welt	Alte Welt
Innovation	Tradition
Weine werden nach den Rebsorten benannt.	Weine werden nach ihrer Herkunft benannt.
Die Frucht herauszuarbeiten, ist das große Ziel des Weinmachers.	Das *Terroir* (die jeweilige Herkunft der Trauben mit den einzigartigen Anbaubedingungen) herauszuarbeiten, ist das große Ziel des Weinmachers.
Neueste Technologie ist alles.	Althergebrachte Methoden werden bevorzugt.
Die Weine sind aromatisch und fruchtig.	Weine haben subtilere und weniger fruchtbetonte Aromen.
Die Anbaugebiete sind groß und nicht exakt abgegrenzt.	Die Anbaugebiete sind relativ klein und klar abgegrenzt.
Die Weinerzeugung gilt als Wissenschaft.	Die Weinerzeugung gilt als Kunst.
Die Prozesse der Weinbereitung werden weitestgehend kontrolliert.	Es wird versucht, möglichst wenig in den Prozess der Weinentstehung einzugreifen.
Der Weinmacher erntet den Ruhm für den Wein.	Der Weinberg muss sich den Ruhm höchstens mit dem Jahrgang teilen.

Die Weinmacht Australien

Täuschen Sie sich nicht: Australien ist eine Weltmacht im Weinbusiness. Die dortige Weinindustrie ist wohl die technologisch fortschrittlichste, vorausschauendste Weinnation auf Erden. Weinerzeuger in vielen anderen Ländern beneiden die Australier um den weltweiten Erfolg ihrer Weine.

Das Land kennt keine eigenen (autochthonen) Rebsorten. Die ersten Vinifera-Rebstöcke kamen 1788 aus Südafrika nach Australien. Zu Beginn waren die meisten australischen Weine kräftig und süß, viele von ihnen mit Alkohol aufgespritzt, doch heute ist das Land berühmt für seine frischen und fruchtigen roten und weißen Essensbegleiter, die von der Qualität her sehr konstant sind. Heute steht Australien auf Rang 6 in der weltweiten Weinproduktion – es produziert gut die Hälfte der Menge der Vereinigten Staaten – und auf Rang 4 im Bereich Export.

Australien ist in etwa so groß wie die USA und hat etwa 2.000 Weingüter. Bei vielen davon handelt es sich um kleine Familienbetriebe, doch es gibt vier riesengroße Firmen – Foster's Wine Group, Constellation Wines, Pernod Ricard und McGuigan Simeon Wines –, die bei etwa zwei Dritteln der nationalen Weinproduktion die Fäden in der Hand halten.

Weinherstellung, Trauben und Terroir

Die australischen Weinbauregionen liegen hauptsächlich im Süden, dem kühleren Teil des Landes, mit Schwerpunkten im Bundesstaat Victoria, den südlichen Teilen der Bundesstaaten Südaustralien und Western Australia und den kühleren Landesteilen von New South Wales.

Der Erfolg der australischen Weine beruht auf dem warmen, trockenen Klima, das die Weinmacher mit hervorragendem Rohmaterial für ihre Arbeit versorgt. Die australische Forschung auf den Gebieten des Weinbaus und dem Erschaffen von Weinen tragen ebenfalls enorm dazu bei, da die Weinmacher so in der Lage sind, immer auf dem neuesten Stand der Technik zu bleiben.

Australiens führende Rebsorte für feine Weine ist der Syrah, in Australien nennt man ihn Shiraz, gefolgt von Cabernet Sauvignon, Chardonnay, Merlot, Sémillon (in Australien wird sie *SEM eh lon* ausgesprochen und nicht wie sonst auf der Welt französisch *sem ieh jon*), Pinot Noir, Riesling und Sauvignon Blanc. Die Weine tragen normalerweise den Namen der Rebsorte auf dem Etikett. Wird nur eine genannt, muss der Wein zu 85 Prozent aus dieser Sorte sein.

 Die Shiraz sind besonders interessant, da es sie in einer Vielzahl von Stilrichtungen gibt, von preiswerten, saftigen Weinen, die an reife Pflaumen und Brombeeren erinnern, bis hin zu großen Weinen, die besondere regionale Eigenschaften ausdrücken. Beispielsweise können sie in Regionen mit kühlerem Klima (beispielsweise im Yarra Valley oder den Adelaide Hills) würzige Aromen oder einen Pfefferton besitzen, in wärmeren Gegenden (zum Beispiel in McLaren Vale, Barossa und Clare) dagegen kann sich ein Aroma nach süßen, reifen Früchten zeigen.

Der australische Wein hat zwei Gesichter:

✔ Die meisten australischen Weine auf den Exportmärkten sind preiswerte, sortenreine Produkte, die für acht Euro oder weniger zu haben sind. Sie werden im Allgemeinen einfach mit der Herkunft *South Eastern Australia* versehen. Dieser Begriff umfasst ein riesiges Territorium, genauer ausgedrückt können die Trauben aus einem der drei oben genannten Bundesstaaten stammen. Sie tragen oft skurrile Etiketten, sind benutzerfreundlich und es ist den Winzern gelungen, eine extreme Fruchtnote in ihre Weine einzuarbeiten. Dabei sind sie weich und bereits in ihrer Jugend gut trinkbar.

✔ Teurere Weine tragen genauere Herkunftsbezeichnungen wie einzelne Bundesstaaten (beispielsweise South Australia oder Victoria) oder sogar enger gefasste regionsspezifische Namen (zum Beispiel Coonawarra oder Yarra Valley). Obwohl man diese Weine auch jung genießen kann, haben sie als ernst zu nehmende Weine auch Alterungspotenzial. Australien hat momentan 60 Weinregionen und mehr als 100 so genannte *Geographic Indications* (GIs).

Die Weinregionen Australiens

Australiens wichtigster Bundesstaat für die Weinproduktion ist South Australia mit der Hauptstadt Adelaide (sehen Sie sich Abbildung 13.1 an). Aus dem Staat South Australia kommen etwa 50 Prozent aller australischen Weine. Während die meisten Weinlagen in South Australia in erster Linie günstige Weine für den durstigen Heimatmarkt produzieren, werden in einige Anbauzonen in der Nähe von Adelaide Weine gemacht, die zu den besten des Landes zählen. Zu diesen feinen Weinregionen zählen

✔ **Barossa Valley:** Nördlich von Adelaide gelegen, ist es eine der ältesten Regionen für feine Weine in Australien. Es ist eine relativ warme Region, die besonders für ihre robusten Shiraz, Cabernet Sauvignon und Grenache bekannt ist sowie für kräftige Sémillon und Riesling (der in den kühleren Hügeln angebaut wird). Die meisten der großen australischen Kellereien einschließlich Penfolds haben hier ihren Sitz.

✔ **Clare Valley:** Nördlich des Barossa Valley werden in diesem klimatisch völlig anderen Gebiet die besten Rieslinge des Landes (sehr frisch und wuchtig, aber dennoch knackig), aber auch feine Shiraz und Cabernet Sauvignon gemacht.

✔ **McLaren Vale:** Südlich von Adelaide, mit einem milden, vom Meer beeinflussten Klima. Hier geraten besonders die Shiraz, Cabernet, Sauvignon Blanc und Chardonnay sehr gut.

✔ **Adelaide Hills:** Die Weinberge liegen teilweise noch im Stadtgebiet von Adelaide. Diese ziemlich kühle Region liegt von der Art her irgendwo zwischen Barossa und McLaren Vale und ist die Heimat von ziemlich guten Sauvignon Blanc, Chardonnay, Pinot Noir und Shiraz.

✔ **Limestone Coast:** Diese einzigartige Anbauzone entlang der Südküste von South Australia ist ein wichtiges Herkunftsgebiet für feine Weine, sowohl rot als auch weiß. Der Grund dafür ist der kalkige Boden. Von den sechs Regionen der Limestone Coast haben sich zwei einen Namen gemacht. Einmal ist das kühle *Coonawarra* wegen einiger der besten Cabernet Sauvignon Australiens zu nennen. Außerdem ist *Padthaway* bekannt für seine Weißweine, besonders Chardonnay, Sauvignon Blanc und Riesling.

Victoria ist ein kleiner Bundesstaat, der im Osten an South Australia angrenzt und für etwa 15 Prozent der australischen Weine verantwortlich ist. Während South Australia die Heimat der meisten großen australischen Kellereien ist, hat Victoria mehr Kellereien (über 500), die meisten davon relativ klein. Die Produktpalette an feinen Weinen aus Victoria reicht von kräftigen, aufgespriteten Dessertweinen bis zu verspielten Pinot Noir.

Abbildung 13.1: Die Weinregionen von Australien

Die Hautregionen, von Nord nach Süd aufgelistet, sind:

✔ **Murray River:** Das Gebiet reicht bis nach New South Wales hinein und umschließt die Region Mildura. Hier findet sich Lindemans, eine der größten australischen Kellereien. Die Gegend ist besonders für die preiswerten Weine Australiens bekannt.

✔ **Rutherglen:** Im Nordosten ist dieses bereits lang etablierte, warme Anbaugebiet ein Außenposten des traditionellen australischen Weins und die Heimat für zwei australische Spezialitäten, aufgespritete Muskats und Tokays.

✔ **Goulburn Valley:** Im Zentrum des Staates gelegen, ist das Goulburn Valley vor allem für seine gehaltvollen Roten, insbesondere Shiraz bekannt.

✔ **Heathcote:** Es liegt östlich von Goulburn und ein Stück nördlich von Melbourne (der Hauptstadt). Die Gegend rühmt sich ihrer ungewöhnlichen Böden, die für unverkennbare, kraftvolle und doch elegante Shiraz und Cabernet sorgen.

✔ **Yarra Valley:** Im südlichen Victoria und damit nahe an Melbourne gelegen, verfügt es aufgrund der Höhenunterschiede der Weinberge über die verschiedensten Klimabedingungen. Yarra Valley ist bekannt für seine Cabernet, Pinot Noir, Shiraz, Chardonnay und Sauvignon Blanc.

✔ **Mornington Peninsula und Geelong:** Die beiden benachbarten Gebiete liegen südlich von Melbourne und werden durch die Port Phillip Bay getrennt. Hier herrscht ein kühles, maritimes Klima vor. Die beiden Gegenden stellen besonders feine Pinot Noir und Chardonnay her.

New South Wales mit seiner Hauptstadt Sydney ist der bevölkerungsreichste Staat Australiens und der erste, in dem Reben wuchsen. Heute werden etwa 31 Prozent der australischen Weine hier gemacht. Mengenmäßig gewaltige Produktionen von Alltagsweinen kommen aus einer Region im Landesinneren mit dem Namen Riverina. (Wir haben uns einen Knoten in der Zunge geholt, als wir versucht haben, den anderen Namen der Region auszusprechen, Murrumbidgee.) Feine Weine kommen aus drei weiteren Gebieten:

✔ **Hunter Valley:** Ein historisches Weinbaugebiet etwa 150 Kilometer nördlich von Sydney. Im Lower Hunter findet man ein warmes, feuchtes Klima und schwere Böden vor. Langlebige Sémillon sind die besten Weine hier. Das Upper Hunter ist ein trockeneres Gebiet und liegt weiter von der Küste entfernt.

✔ **Mudgee:** Dieses Anbaugebiet ist im Inneren des Landes, in der Nähe einer Bergkette, gelegen. Es werden vor allem Merlot und Cabernet Sauvignon und auch einige Chardonnay erzeugt.

✔ **Orange:** Dies ist ein kühles Anbaugebiet in großer Höhe, in dem charakteristische Weißweine und auch sehr gute Rotweine produziert werden.

Western Australia, der flächenmäßig größte Bundesstaat des Landes mit nur wenigen, isoliert liegenden Weingebieten in der südwestlichsten Ecke, produziert nur wenig Wein im Vergleich zu den drei oben genannten Staaten, aber die Qualität ist hoch. Das warme, trockene Swan Valley ist das historische Zentrum des Weinbaus im Bundesstaat, aber zwei Regionen mit kühlerem Klima sind inzwischen erheblich bedeutender.

✔ **Margaret River:** Diese Region verfügt über ein relativ gemäßigtes Klima und liegt am Indischen Ozean. Unter den Weinen, auf die sich örtliche Kellereien spezialisiert haben, tun sich Sauvignon-Blanc-Semillon-Cuvées (besonders von Cape Mentelle), Chardonnay (hervorragend von Leeuwin Estate) und Cabernet Sauvignon (außerordentlich gut von Mooswood, Voyager, Cape Mentelle und Howard Park) hervor.

✔ **Great Southern:** Kühler als Margaret River. Knackige, langlebige Rieslinge sind die Spezialität von Great Southern. Diese riesige, uneinheitliche Region produziert dichte, aromatische Cabernet Sauvignon, aber auch feine Shiraz und Chardonnay. An der südlichen Küste wird auch der Pinot Noir erfolgreich angebaut.

Tasmanien, eine Insel südlich von Victoria, hat einige Ecken mit kühlem Mikroklima, wo Produzenten wie Pipers Brook mit eleganten Pinot Noir und Chardonnay beweisen, was für ein Potenzial sie haben. Auch gute Sekte werden hier gemacht.

Eigentümliche Pärchen

Obwohl die Weinmacher auf der ganzen Welt Cuvées (Weine aus mehr als einer Rebsorte) machen, folgen sie bei der Zusammenstellung der verschiedenen Sorten meist den bewährten französischen Rezepten: beispielsweise Cabernet Sauvignon mit Merlot und Cabernet Franc oder Sémillon mit Sauvignon Blanc. Australien hat zwei neue Rezepturen geschaffen:

✔ Shiraz mit Cabernet Sauvignon

✔ Sémillon mit Chardonnay

Die Rebsorte, die überwiegt, wird als Erstes genannt, und oft ist auch die prozentuale Verteilung auf dem Etikett zu finden.

Der Aufstieg von Neuseeland

Die Geschichte der feinen Weine aus Neuseeland ist relativ kurz, was sicher auch mit der ablehnenden Haltung gegenüber Alkohol zu tun hat. In den 80ern hat man in Neuseeland damit angefangen, aus dem maritimen Klima, das für die Produktion von qualitativ hochwertigen Weinen geradezu ideal ist, Kapital zu schlagen, und ernsthaft mit der Pflanzung von Rebstöcken begonnen. Inzwischen wird zwar immer noch weniger als ein Zehntel der Weine des nächsten Nachbarn Australien produziert, aber die Mengen steigen jedes Jahr. Neuseeland hat es geschafft, seinen Weinen ein elitäres Image zu verleihen, im Gegensatz zu Australien, wo man die Weine eher als preiswert und für den täglichen Genuss geeignet ansieht.

Neuseeland liegt deutlich südlicher als Australien und ist daher im Allgemeinen kühler. Von den zwei großen Inseln des Landes ist die nördliche Insel die wärmere. Rote Trauben wachsen rund um die Hauptstadt Auckland im Norden und in der Hawke's Bay (ist besonders für ihren Cabernet Sauvignon bekannt) weiter im Süden auf der Nordinsel gelegen. Müller-Thurgau, Chardonnay und Sauvignon Blanc sind die wichtigen weißen Rebsorten der Insel. Martinborough, eine kühlere Region am südlichen Ende der Nordinsel, bringt sehr gute Pinot Noir hervor.

Auf der Südinsel befindet sich Marlborough (die größte und wirtschaftlich bedeutendste Anbauregion) – das Herkunftsgebiet der besten Chardonnay des Landes und noch wichtiger von herausragenden Sauvignon Blanc.

Die ersten Sauvignon Blanc aus Neuseeland, die exportiert wurden, waren im Allgemeinen nicht in Holz ausgebaut worden, hatten dafür ausgeprägte Fruchtaromen, eine weiche Textur und eine deutliche Säure. Der Wein war so unverkennbar (fast aufdringlich, vegetabil und mit einem Aroma, das man mit Spargel, Limetten oder frisch geschnittenem Gras beschreiben kann), dass er in den späten 80ern fast über Nacht als neuer Prototyp für einen Sauvignon Blanc Aufsehen erregte. Der neuseeländische Stil dieser Rebsorte ist heute weltweit immer noch sehr beliebt. Dies sind die günstigsten Sauvignon Blanc der Kiwis. Sie kosten zwischen neun und 14 Euro, doch die Mehrheit ist für etwa zehn Euro zu haben.

In den letzten zehn Jahren hat sich ein neuer Stil des Sauvignon Blanc aus Neuseeland entwickelt. Der Wein ist reifer, nicht so nachdrücklich im Geschmack, hat eine weichere Textur und fruchtigere Aromen, die meist an Passionsfrucht oder reife Grapefruit erinnern. Dies wird meist durch den Ausbau in Eichenholzfässern und teilweise durch die gleichzeitige Verwendung von Semillon erreicht. Die neuseeländischen Winzer haben ganz richtig vorhergesehen, dass die Weintrinker irgendwann einmal etwas anderes als einen Wein mit vegetabilem Duft trinken möchten. Die Alternative hierzu ist der reifere und fruchtigere neuseeländische Sauvignon Blanc, der häufig als »Reserve« oder Wein aus einer Einzellage verkauft wird. Er kostet im Allgemeinen zwischen 14 und 23 Euro.

Pinot Noir wird in Neuseeland vermehrt angepflanzt. Neben der Pinot-Noir-Hochburg in Martinborough auf der Nordinsel wird diese Rebsorte nun auch in Marlborough und auf der gesamten Südinsel verwendet. Inzwischen hat er den Cabernet Sauvignon als am häufigsten angebaute rote Rebsorte überholt. Je nach Region schmecken neuseeländische Pinot Noir unterschiedlich. Die Produkte aus Martinborough sind beispielsweise etwas schmackhafter und mineralischer als jene aus Marlborough, die eher weich und fruchtig sind. Wenn die Winzer der einzelnen Regionen erst einmal ihre Weinstile verfeinert haben, werden die regionalen Unterschiede mit der Zeit wohl deutlicher hervortreten.

Neue Trends aus dem Land der Kiwis

Neuseeländische Sauvignon Blanc sind immer noch sehr begehrt. Pinot Noir aus diesem Land scheinen der nächste Hit zu werden. Doch es werden dort nicht nur zwei Rebsorten angebaut. Unter den Weißweinen beeindrucken uns besonders die verbesserten Chardonnay, Riesling und Pinot Gris (Grauburgunder). Die größte Überraschung könnten allerdings die wirklich großen neuseeländischen Cuvées aus Cabernet Sauvignon, Merlot und Bordeaux werden, die nicht nur in den etablierten, warmen Gegenden der Nordinsel wie der Gimblett Road in der Hawke's Bay erzeugt werden, sondern auch auf Waiheke Island, eine Insel nördlich von Auckland gelegen, wo das milde Klima den Anbau von Cabernet Franc und Petits Verdots erlaubt.

Doch Neuseeland hört nicht auf, uns zu erstaunen: Es werden dort außerdem hervorragende Sekte mit Hilfe der klassischen Flaschengärung erzeugt (in Kapitel 14 erfahren Sie mehr über diese Methode). Für viele der besseren neuseeländischen Sekte werden die zwei wichtigsten Rebsorten für Champagner verwendet, Pinot Noir und Chardonnay. Highfield Estate ist ein Beispiel für einen der vielen guten Sekterzeuger Neuseelands.

Im zentralen Teil der Südinsel, Central Otago, Heimat der südlichsten Rebstöcke der Welt, ist eine der interessantesten neuseeländischen Regionen für Pinot Noir entstanden. Die Rebstöcke werden in Hanglagen gepflanzt, damit sie mehr Sonne bekommen und die Frostgefahr geringer ist. Solche Vorgaben kennen wir doch aus Burgund, oder? Diese Anlagen mit niedrigen Erträgen ergeben unglaublich dichte Pinot Noir. Die besten beiden neuseeländischen Produzenten von Pinot Noir sind momentan Mt. Difficulty und Felton Road. Sie kommen beide aus Central Otago.

Vier große Produzenten dominieren die Weinproduktion in Neuseeland: Montana, Corbans, Villa Maria und Nobilo. Aber in den letzten 20 Jahren sind eine ganze Reihe kleiner Boutique-Weingüter, vor allem auf der Südinsel, entstanden und sie machen teilweise exzellente Weine.

Chile entdeckt sich selbst neu

Chiles Weinproduktion wird eigentlich zu Unrecht unter *Neue Welt* gehandelt. Die Spanier haben bereits Mitte des 16. Jahrhunderts die ersten Weinberge angelegt, und das Land unterhält bereits seit mehreren Jahrhunderten eine florierende Weinindustrie für den heimischen Markt. Neu in Chile ist jedoch der Exporterfolg der Weinindustrie seit Mitte der 80er-Jahre. Getragen wird er von einer gewaltigen Qualitätsanstrengung unter Einsatz modernster Kellertechnologie, einer konsequenten Ausrichtung auf die wichtigen Exportmärkte und der strikten Zuwendung zu den französischen Rebsorten wie Cabernet Sauvignon, Merlot und Chardonnay – zusammen mit der Wiederauferstehung einer aus Bordeaux stammenden, fast vergessenen roten Rebsorte, der Carmenère.

Mit dem Pazifik im Westen und den hohen Bergen der Anden im Osten ist Chile ein isoliertes Land. Diese Isolation hat im Weinbau gewaltige Vorteile: Die Reblaus (*phylloxera*) hat sich bis jetzt nicht in Chile festsetzen können – so wie sie es in nahezu allen anderen Weinbauländern getan hat – und Vinifera-Rebsorten können somit auf ihren eigenen Wurzeln (wurzelechte Reben) wachsen (lesen Sie Kapitel 3 für weitere Erläuterung zu *phylloxera*). Auch einige andere Rebkrankheiten sind in Chile nicht bekannt. Ein weiterer weinbaulicher Segen ist eine Bergkette entlang der Küste, die die Feuchtigkeit des Meeres von den meisten Weinlagen fernhält, und dazu der kühlende Einfluss des Meeres auf das ansonsten relativ heiße Klima.

Die Weinregionen Chiles

Wie in jedem anderen Land auch haben die chilenischen Weinbauern und -produzenten die Weinberge ursprünglich an den augenscheinlich naheliegendsten Orten angelegt, dort wo Trauben am besten gedeihen würden. Durch Ausprobieren haben sie schrittweise herausgefunden, welche der nicht so klar ersichtlichen Gegenden – viele davon haben ein kühleres Klima und sind nicht so leicht erreichbar – geeignet sind, um wahrhaft unverkennbare Weine herzustellen.

Zu Beginn befand man das Maipo Valley als idealen Ort für den Weinbau. Es ist Teil des riesigen Central Valley, das sich zwischen dem Küstengebirge und den Anden hinzieht. Die Zweckdienlichkeit spielte dabei eine große Rolle: Die Hauptstadt und gleichzeitig größte und bedeutendste Stadt Chiles, Santiago de Chile, liegt im Maipo Valley. Die meisten Weinlagen Chiles liegen zwar im Central Valley, doch heute gibt es Lagen in Gegenden, deren Namen in der restlichen Welt noch vor zehn Jahren völlig unbekannt waren.

Hier die wichtigsten alten und neuen Regionen Chiles von Nord nach Süd:

- ✔ **Limari Valley:** Diese kleine Region im Nordwesten von Santiago de Chile liegt am Pazifik. Obwohl das Klima heiß und trocken ist – es liegt ja schließlich in der Nähe der Atacama-Wüste und näher am Äquator als irgendeine andere chilenische Weinregion –, verfügt sie über ein einzigartiges Mikroklima, das durch den nahe gelegenen Pazifik hervorgerufen wird. Dieses zeichnet sich durch kühle Morgennebel und eine Meeresbrise aus, die tagsüber durch das Tal weht. Die drei größten Kellereien Chiles, Concha y Toro, San Pedro und Santa Rita, haben sich alle in Limari angesiedelt. Bis jetzt ist der Anbau von Sauvignon Blanc, Chardonnay und Syrah recht erfolgversprechend. In Sachen Wein ist diese Region ein ganz heißes Eisen.

- ✔ **Aconcagua Valley:** Es liegt im Norden von Santiago de Chile und hat seinen Namen vom höchsten Berg des Landes, dem herrlichen Mount Aconcagua. Die Region ist eine der wärmsten Zonen für feine Trauben. Doch Aconcagua umfasst auch etliche höher gelegene Weinlagen. Mit Cabernet Sauvignon erzielt man hier große Erfolge und in letzter Zeit macht sich auch Syrah gut. Das wichtigste Weingut in Aconcagua ist Viña Errázuriz.

- ✔ **Casablanca Valley:** Man zählte es früher zum Aconcagua, doch diese kühle, nahe am Pazifik gelegene Region hat nun ein eigenes Gesicht bekommen. Sie war eine der ersten der neuen Weinregionen des Landes und zählt immer noch zu den besten. Einige der feinsten chilenischen Chardonnays und Sauvignons Blancs kommen aus einem Teil Casablancas, während gute Merlots und Pinots Noirs aus dem gebirgigeren Abschnitt der Region stammen. Veramonte ist Casablancas bekanntestes Weingut, doch auch viele andere Anbieter nennen Lagen in dieser Gegend ihr Eigen.

- ✔ **San Antonio Valley:** Das winzige San Antonio Valley liegt südlich von Casablanca und direkt am Meer. Zusammen mit dem nahe gelegenen Leyda Valley gilt es als wohl aufregendste neue Weinregion. In diesem kühlen Klima gedeihen Pinot Noir und Syrah auf den Steilhängen besonders gut. Halten Sie nach dem Weingut Viña Matetic aus San Antonio Ausschau. Es stellt mittlerweile, neben Burgund, die weltweit besten Pinot Noir sowie einen feinen Syrah her.

- ✔ **Maipo Valley:** Direkt südlich von Santiago ist Maipo das etablierteste Anbaugebiet Chiles, wo die meisten der wichtigen Kellereien ihren Sitz haben. Zu den führenden Herstellern gehören hier Concha y Toro, Santa Rita und Almaviva. Cabernet Sauvignon zählt zu den wichtigsten Rebsorten in Maipo, doch auch Merlot gedeiht hier gut.

- ✔ **Cachapoal Valley:** Das ausgedehnte Rapel Valley liegt südlich von Maipo und umfasst zwei wichtige Unterregionen: Cachapoal und Colchagua. Cachapoal liegt näher an den Anden. Hier wird Rotwein angebaut und besonders Merlot und Cabernet Sauvignon tun sich hervor. Als aufstrebende Weingüter in dieser Region sind Morandé und Altair zu nennen.

- ✔ **Colchagua Valley:** Die günstige Meeresbrise hat dazu beigetragen, dass dieses vormals stille Tal zu einer der wichtigsten chilenischen Rotweinregionen geworden ist. Mit Carmenère, Cabernet Sauvignon, Merlot und Syrah erzielt man hier besonders gute Erfolge. Die beiden führenden Kellereien in Colchagua sind Casa Lapostolle und Montes.

✔ **Curicó Valley:** Dies ist eine der ältesten und größten Weinregionen des Landes. Sie grenzt im Süden direkt an das Rapel Valley. Da es hier unterschiedliche Mikroklimata gibt, lassen sich sowohl rote als auch weiße Rebsorten sehr gut anbauen. In Curicó sind das große Weingut San Pedro und das Weingut Viña Miguel Torres beheimatet.

✔ **Maule:** Das Maule Valley ist flächenmäßig die größte Weinregion Chiles und gleichzeitig die am südlichsten gelegene unter den wichtigen Regionen. Da Maule ein so riesiges Gebiet umfasst, verfügt es über viele verschiedene Mikroklimata und daher gedeihen hier die roten als auch die weißen Rebsorten gut. Dabei tun sich besonders Sauvignon Blanc, Cabernet Sauvignon und Merlot hervor. Die bekannteste Kellerei ist Viña Calina.

Der Anblick und der Geschmack der Weine

Stilistisch gesehen fehlt den chilenischen Weinen oft die ausschweifende Fruchtigkeit der kalifornischen oder australischen Weine. Und sie sind auf der anderen Seite auch nicht so subtil und zurückhaltend wie die europäischen Weine. Auch wenn die Rotweine immer schon Chiles Vorzeigeprodukt waren, stechen heute die Weißweine vor allem aus den kühleren Regionen hervor. Sauvignon Blanc werden in Chile im Allgemeinen nicht in Holz ausgebaut. Bei den meisten Chardonnay ist dies allerdings der Fall.

Viele europäische Weinmacher gingen nach Chile, um dort neue Erfahrungen zu sammeln und bekannte Techniken zu vermitteln. So wundert es nicht, dass viele neue önologische Verfahren mit der chilenischen Weinwirtschaft entwickelt werden (unter anderem der Einsatz von Eichenholzchips). Auch Klaus Schröder, der in Weinsberg lernte und in Geisenheim Weinbau und Önologie studierte, ging 1965 nach Chile und wurde Chef-Önologe bei San Pedro, Errazuriz und Santa Rita. Inzwischen ist er Präsident des chilenischen Önologen-Verbands.

 Wie die meisten Weine der Neuen Welt werden auch die Weine Chiles meist nach ihrer Rebsorte benannt. Sie tragen aber auch eine regionale Herkunftsbezeichnung. Die günstigen Preise für die Basisweine – die meisten kosten zwischen vier und acht Euro – machen diese Weine zu wahren Schnäppchen. Zu den wichtigsten Produzenten für Exportweine gehören, in alphabetischer Reihenfolge: Calina, Caliterra, Carmen, Casa Lapostolle, Concha y Toro, Cousiño Macul, Errazuriz, Haras de Pirque, Los Vacos, Montes, Mont Gras, Santa Carolina, Santa Rita und Undurraga. Viña Matetic ist ein aufstrebendes Weingut aus dem San Antonio Valley und gerade erst dabei, sich auf den Exportmärkten einen Namen zu machen.

Chiles Herausforderung für die Zukunft wird es sein, neben den günstigen Rebsortenweinen qualitativ hochwertige Spitzenweine zu erzeugen. Viele der führenden Hersteller produzieren mittlerweile Spitzenrotweine zu einem Preis von 38 bis 67 Euro. Diese Elite der chilenischen Rotweine ist meist ein Verschnitt aus mehreren Rebsorten und viele richten sich vom Stil her nach den internationalen Vorbildern, da sie aus überreifen Trauben erzeugt werden, die für ein vollmundiges, fruchtiges Aroma und einen hohen Alkoholgehalt (14 Prozent oder mehr) sorgen und zudem in kleinen Fässern aus französischer Eiche ausgebaut werden. Was vielen von ihnen (aber nicht allen) einfach fehlt, ist der besondere Geschmack ihrer Heimat: Sie schmecken irgendwie nicht besonders nach Chile. Mit der Zeit wird dieses Land es zweifellos schaffen, sein Ziel zu erreichen und feine Weine zu produzieren, die den hohen Preisen ebenbürtig sind.

Halten Sie Ausschau nach diesen beliebten chilenischen Spitzenrotweinen:

✔ **Don Melchior Cabernet Sauvignon** von Concha y Toro (etwa 33 Euro)

✔ **Errazurizs' Don Maximiliano Founder's Reserve** (hauptsächlich Cabernet Sauvignon, ungefähr 38 Euro)

✔ **Albis**, ein Wein, der gemeinsam von dem chilenischen Weingut Haras de Pirque und der italienischen Firma Antinori produziert wird (Cabernet Sauvignon und Carmenère, etwa 39 Euro)

✔ **Montes Alpha M** (ein Bordeaux-Verschnitt, etwa 57 Euro)

✔ **Almaviva** (ein geschmeidiger und feingliedriger Wein, hauptsächlich Cabernet Sauvignon mit Carmenère und Cabernet Franc, ungefähr 67 Euro)

✔ **Clos Apalta** von Casa Lapostolle (eine Cuvée aus Carmenère, Merlot und Cabernet Sauvignon, etwa 60 Euro)

✔ **Seña**, kommt von einem Anwesen in Aconcagua, das ursprünglich partnerschaftlich von den Familien Robert Mondavi und Eduardo Chadwick (von Viña Errázuriz) geführt wurde. Es gehört heute den Chadwicks (Cabernet Sauvignon, Merlot und Carmenère, ungefähr 48 Euro).

Argentinien spielt ganz oben mit

Argentinien produziert etwa viermal so viel Wein wie Chile oder etwa so viel wie die gesamten Vereinigten Staaten. Argentinien ist das wichtigste weinproduzierende Land in Südamerika und das fünftgrößte der Welt. In den letzten Jahren wird weniger Wein in großen Mengen für den heimischen Markt produziert, sondern der Trend geht eher in Richtung qualitativ hochwertige Weine, die Weintrinkern außerhalb des Landes gefallen. Heute ist Argentinien nicht mehr nur ein wichtiger Mitspieler auf dem Weltweinmarkt, es ist eines der aufregendsten Länder auf der Weltbühne des Weins.

Weintrauben wachsen in Argentinien wie auch in Chile bereits seit Mitte des 16. Jahrhunderts. Aber die Reben für Argentinien kamen aus völlig anderen Quellen. Viele der Setzlinge kamen im Gepäck der italienischen und baskischen Einwanderer nach Argentinien. Daher rühmt sich Argentinien heute einiger Rebsorten wie Bonarda und Malbec, die in Chile keine Rolle spielen.

Regionen und Trauben

Die argentinischen Weinregionen liegen hauptsächlich im westlichen Teil des Landes am Rande der Anden, die die Grenze zu Chile bilden. Die Höhenlage mildert das Klima zwar, aber trotzdem ist es tagsüber sehr heiß, nachts sehr kalt und dazu staubtrocken. Dennoch liefern die Flüsse aus den Anden genügend Wasser für die Bewässerungsanlagen.

Der überwiegende Teil der argentinischen Weinberge liegt im Staat Mendoza, Argentiniens größter Weinregion, die etwa auf derselben Höhe liegt wie Santiago de Chile. Innerhalb der Region Mendoza gibt es verschiedene Anbauzonen (die Namen tauchen manchmal auf den Etiketten auf) wie Maipú, San Martín, Tupungato und Luján de Cuyo. Viele der ältesten argentinischen Weingüter und -berge befinden sich in unmittelbarer Nachbarschaft der Stadt Mendoza, doch im Uco Valley, südlich der Stadt haben sich viele neue Produzenten angesiedelt, die eindrucksvolle Weingüter errichten.

San Juan, direkt nördlich von Mendoza und deutlich heißer, ist Argentiniens zweitgrößte Weinregion. La Rioja liegt östlich von San Juan und stellt Argentiniens ältestes Anbaugebiet dar.

 San Juan ist besonders für Torrontés bekannt, eine Rebsorte, die wahrscheinlich aus Galizien in Spanien stammt. Diese bringt einen günstigen (vier bis acht Euro), leichten, aromatischen Weißwein mit deutlicher Säure hervor, der langsam zu Argentiniens weißem Aushängeschild wird. Er schmeckt vor allem zu Vorspeisen, Meeresfrüchten und Fisch.

Die argentinischen Rotweine sind im Allgemeinen besser in der Qualität als die Weißen. Die Rebsorte Malbec, die in ihrer alten Heimat Bordeaux nur noch selten verwendet wird, hat sich zum Flaggschiff der argentinischen Rotweine entwickelt. Die Malbec-Traube fühlt sich in der Region Mendoza besonders wohl, und die Weinmacher versuchen, die Unterschiede der verschiedenen Unterzonen herauszuarbeiten. Es wird heiß diskutiert, welches die beste rote Rebsorte Argentiniens ist: Cabernet Sauvignon oder Malbec. Aber es ist stimmt natürlich, dass gute Cabernet nahezu aus jedem weinproduzierenden Land zu bekommen sind, aber nur Argentinien und Cahors, eine kleine Region in Südwest-Frankreich, haben Erfolg mit der Malbec. Daraus lässt sich schließen, dass Bonarda und Barbera, zwei italienische Rebsorten, die in Argentinien häufig angebaut werden (vor allem Bonarda), in Zukunft ebenso erfolgreich sein werden.

Namen, die man kennen sollte

Es sind unter anderem die Höhenlagen und das sonnige Wetter, die die natürlichen Voraussetzungen für den Weinbau in Argentinien zu den besten der Welt machen. Immer neue ausländische Investitionen bringen nicht nur Kapital, sondern auch viel kellertechnisches Knowhow nach Argentinien (aber auch in viele andere Weinländer der Neuen Welt) und so können die natürlichen Voraussetzungen erheblich besser ausgeschöpft werden. Bodega Norton zum Beispiel wurde 1989 von einem österreichischen Glashersteller gekauft und macht inzwischen einige der besten Weine Argentiniens. Moët & Chandon, ein weiterer Einwanderer, ist inzwischen Argentiniens größter Sektproduzent. Das hochmoderne Weingut Bodegas Salentein und das Partnergut Finca El Portillo sind im Besitz eines Niederländers. Kendall Jackson mit seiner Viña Calina ist ebenfalls vertreten wie auch verschiedene Produzenten aus Bordeaux wie die Familie Lurton, denen Bodega J. & F. Lurton gehört.

Der französische Önologe Michel Rolland hat bei Trapiche wahre Wunder gewirkt. Probieren Sie mal den großartigen Oak Cask Cabernet Sauvignon oder den Oak Cask Malbec von Trapiche, beide für etwa acht Euro. Rolland, der die Weinlagen der Welt besser als jeder andere kennt, hat sogar selbst in das argentinische Weingut Clos de la Siete investiert. Wenn *das* nichts über das Potenzial von Argentinien sagt!

Catena Zapata stellt Eigenbauweine her und hat sich als einer von Argentiniens Spitzenproduzenten etabliert. Sein Wein Alamos Malbec, der etwa acht Euro kostet, ist einer der besten aus dieser Gegend. Catena Cabernet Sauvignon oder Malbec (beide etwa 16 Euro) und die Premiumweine Malbec Alta oder Cabernet Sauvignon Alta, beide für etwa 38 Euro, sind Spitzenweine und zählen zu den feinsten Weinen, die derzeit in Südamerika gemacht werden.

Weitere argentinische Weinproduzenten, die wir empfehlen können, sind: Bodega Norton, Bodega J. & F. Lurton, Bodegas Salentein, Bodega Weinert, Trapiche, Etchart, Finca Sophenia, Achaval Ferrer, Pascual Toso, Michel Torino, Las Terrazas, Navarro Correas, Santa Julia, El Portillo, Dona Paula und Valentín Bianchi. Einige der Basisweine aus Argentinien liegen in etwa in der gleichen Preisklasse wie die aus Chile im Bereich von vier bis acht Euro, doch es gibt ein paar Kellereien, die teurere Weine im Bereich von 14 bis 15 Euro herstellen.

Eine Safari durch Südafrikas Weine

Der Wein kam etwa 1650 mit den Holländern, den ersten europäischen Siedlern, nach Südafrika. Zur selben Zeit brachten französische Hugenotten, die als Protestanten aufgrund ihrer Religion vertrieben wurden, das Know-how des Weinbaus ins Land. Gegen Ende des 18. Jahrhunderts produzierte Südafrika einen köstlichen aufgespriteten Dessertwein namens Constantia, der in den europäischen Königshäusern sehr viele Anhänger fand. Erst in den 1980ern hat sich das Land ernsthaft der Produktion von normalen Weinen zugewandt. Heute steht Südafrika auf Platz 9 der Weltweinproduktion.

Die meisten südafrikanischen Tischweine kommen aus einem Gebiet, das man als Coastal Region bezeichnet und sich rund um das Kap der Guten Hoffnung erstreckt. Traditionell dominieren einige große Unternehmen die südafrikanische Weinindustrie. Die KWV, eine frühere Winzergenossenschaft, ist eines der größten Unternehmen des Landes. Südafrikas größte Kellerei, das gigantische Unternehmen Distell, ist heute Besitzer von zwei Weingutketten, die früher zu den größten Unternehmen in diesem Bereich gehörten, Stellenbosch Farmers' Winery Group und die Bergkelder Group.

Südafrikas wichtige Weinregionen

Südafrika hat einige Regionen mit kühlerem Mikroklima, insbesondere an der südlichen Küste (nahe dem Kap der Guten Hoffnung) und in höheren Lagen, doch das Klima ist in den meisten Weinregionen warm und trocken.

Mit dem südafrikanischen Weingesetz von 1973 wurden etliche Weinanbauregionen, Unterregionen und Bezirke geschaffen. Nahezu alle Weinberge liegen nahe der südwestlichen Küste in der Cape-Provinz in einem Umkreis von rund 150 Kilometer um Kapstadt, der faszinierendsten Stadt des Landes.

Die fünf wichtigsten Regionen – mehrheitlich in der Coastal Region gelegen – sind:

✔ **Constantia:** Das älteste Anbaugebiet des Landes (südlich von Kapstadt)

✔ **Stellenbosch:** Östlich von Kapstadt. Das wichtigste Anbaugebiet bezogen auf Qualität als auch Quantität.

✔ **Paarl:** Nördlich von Stellenbosch. Die Heimat der KWV und des berühmten, wunderschönen Nederburg Estate. Das zweitwichtigste Anbaugebiet.

✔ **Franschhoek Valley:** Gehört eigentlich noch zu Paarl, aber die vielen innovativen Weinmacher haben der Unterregion einen besonderen Ruf verliehen.

✔ **Robertson:** Östlich von Franschhoek. Das einzige wichtige Gebiet, das nicht zur Coastal Region zählt. Ein heißes, trockenes Gebiet, das in erster Linie für seine Chardonnay bekannt ist. Empfehlenswert ist ein Besuch oder ein Chardonnay des malerisch gelegenen »De Wetshof Estate«. Zurzeit gehört die Farm dem Winzer Danie de Wet, der Önologie in Geisenheim studiert hat.

Der südafrikanische Stil

Obwohl technisch gesehen die südafrikanischen Weine zur Neuen Welt gehören, müssen wir zustimmen, dass sie oft eine Reminiszenz (Anlehnung) an die europäischen Weine darstellen. Der Geschmack eines südafrikanischen Cabernet Sauvignon etwa wird Sie durchaus an einen französischen Wein erinnern – aber nur geringfügig. Auf der anderen Seite passt er aber auch nicht zu den typischen Rotweinen der Neuen Welt wie etwa einem Kalifornier oder Australier. Südafrikanische Weine schaffen es, das Filigrane und die Finesse eines französischen Weins mit der ausschweifenden, reifen Frucht eines kalifornischen Weines zu verbinden. Kurz gesagt, sie befinden sich irgendwo zwischen diesen beiden Welten.

Das kleine, kühle Gebiet an der Hermanus/Walker Bay direkt am Indischen Ozean sieht mit seinen Pinot Noir und Chardonnay ebenfalls sehr vielversprechend aus. Angeführt wird diese Region von der innovativen Hamilton Russell Winery. Eine erst kürzlich hinzugefügte (elfte) Weinregion, Elgin, liegt an der Küste zwischen Stellenbosch und Walker Bay. Ein kühles Gebiet, das mit seinen duftigen, aromatischen Sauvignon Blanc und seinen verspielten Pinot Noir als vielversprechend angesehen wird. Das neueste Gebiet, das für die Zukunft mehr verspricht, ist Darling Hills nördlich von Kapstadt, angeführt von dem aufstrebenden Weingut Groote Post.

Nach der Rebsorte benannte Weine müssen in Südafrika mindestens 75 Prozent der genannten Sorte enthalten, wobei sich die Exportweine an die strikteren Vorgaben der Europäischen Union zu halten haben, und so muss mindestens 85 Prozent des Inhalts aus der genannten Rebsorte stammen. Etwa 35 Prozent der südafrikanischen Weine qualifizieren sich als Wine of Origin (WO). Die Regeln für den Wine of Origin basieren auf dem französischen Appellation Contrôlée-Gesetz (eine Erklärung finden Sie in Kapitel 10). Die Gemarkungen der Weinberge, die zugelassenen Rebsorten und der Lesezeitpunkt sind genau festgelegt.

Steen, Pinotage und ihre Freunde

Die am häufigsten angebaute Rebsorte in Südafrika ist die Chenin Blanc, die hier auch Steen genannt wird. Diese vielseitige Rebsorte ergibt meist einen nicht zu trockenen bis leicht süßen Wein, aber man kann auch ganz trockenen oder Sekt oder auch spätgelesene Botrytis-Weine und Rosés daraus machen.

Cabernet Sauvignon, Merlot, Shiraz und Pinot Noir werden in erhöhtem Maße zu wichtigen roten Sorten, während Sauvignon Blanc und Chardonnay zu den populären weißen Rebsorten zählen. Cabernet Sauvignon und Sauvignon Blanc fühlen sich im südafrikanischen Klima scheinbar besonders wohl. (Aus dem Sauvignon Blanc werden sehr eigenständige, extrovertierte Weine gekeltert.)

Und dann gibt es noch den Pinotage. Ihn gibt es nur in Südafrika. Pinotage wurde bereits 1925 als Kreuzung aus Pinot Noir und Cinsaut (identisch mit der Cinsault aus dem Rhône-Tal) geschaffen. Bis 1959 tauchte der Pinotage allerdings nicht als eigenständiger Wein auf. Die Weine aus dem Pinotage kombinieren die Kirschfrucht des Pinot Noir mit den erdigen Noten der Rhône-Weine. Er kann ein wirklich feiner, leicht- bis mittelgewichtiger Rotwein zum lockeren Wegtrinken, aber auch ein durchaus gehaltvoller Rotwein sein. Auch wenn viele gute Pinotage für neun bis 12 Euro verkauft werden, kosten die besten Pinotage mehr. Kanonkop Estate, ein Spezialist für diese Rebsorte, macht einen Pinotage für etwa 23 Euro. Simonsig Estate erzeugt einen feinen Vertreter für zehn bis elf Euro.

Die Zukunft südafrikanischer Weine

Chenin Blanc und Pinotage stehen für die jüngste Vergangenheit des Landes, auch wenn beide derzeit einen neuen Aufschwung erleben. Aus Cabernet Sauvignon, Merlot und Chardonnay werden in Südafrika momentan durchaus feine Weine erzeugt, doch Sauvignon Blanc und Shiraz scheinen für die Zukunft die größten Erfolge zu versprechen. Sauvignon Blanc anzubauen ist ein Kinderspiel und schon heute werden einige der weltweit besten dieser Weine in Südafrika hergestellt. Der aromatische Charakter von Sauvignon Blanc setzt sich in diesem Land, besonders in Constantia und in Elim, einer der neuen kühlen Gegenden in Cape Agulhas, einfach durch. Obwohl südafrikanischer Sauvignon Blanc dem neuseeländischen ähnelt, ist er leichter zu trinken und nicht ganz so extrovertiert. Shiraz ist nicht nur auf der Südhalbkugel, sondern weltweit, zur angesagtesten neuen Sorte geworden. Die südafrikanischen Winzer sind jedoch vor allem von seiner Vielseitigkeit begeistert. Shiraz gedeiht sowohl in kühlen als auch in warmen Regionen gut. Diese Rebsorte wird in Südafrika zurzeit immer häufiger angebaut. Shiraz könnte dort schon in spätestens zehn Jahren der meistverkaufte sortenreine Wein sein.

Obwohl der Pinotage ein angenehmer Wein ist, der es wert ist, probiert zu werden, glauben wir, dass die Zukunft von Südafrika beim Cabernet Sauvignon, Merlot und Shiraz (und der Kombination dieser Sorten) für die Rotweine und im Sauvignon Blanc und Chardonnay für die Weißen liegt.

Amerika, Amerika

Als die Conquistadores in der Neuen Welt von Amerika nach Gold suchten, wurden sie von spanischen Missionaren begleitet, die auch bald die ersten Rebstöcke im heutigen Südkalifornien pflanzten. Diese »Missions«-Trauben, wie sie genannt werden, gibt es immer noch, aber die noblen Rebsorten – Cabernet Sauvignon, Chardonnay und die restliche Truppe – sind heute für die feinen Weine verantwortlich. Aber etwas hat sich nicht verändert: Auch heute noch ist Kalifornien der Mittelpunkt der amerikanischen Weinszene, obwohl das Weinbusiness etwas Richtung Norden gewandert ist.

Auch wenn in den Vereinigten Staaten bereits im 19. Jahrhundert Wein produziert wurde, begann der Aufstieg der Weinindustrie erst in den 1970ern. Zuerst die Prohibition von 1920 bis 1933, dann die große Depression und der Zweite Weltkrieg – der Weinmarkt hat sich danach nur sehr langsam erholt.

Die Erfolge in Kalifornien haben das Interesse am Weinbau im ganzen Land geweckt. Inzwischen gibt es in allen Staaten der USA Weingüter. Aber nur in vier Staaten ist die Weinproduktion ein bedeutender Wirtschaftszweig: Kalifornien (mit Abstand der wichtigste Weinproduzent), Washington, Oregon und New York. Die USA stehen aktuell an vierter Stelle in der Weltweinproduktion – aber der Abstand zu den beiden führenden Ländern, Italien und Frankreich, ist gewaltig (Spanien steht an dritter Stelle).

Hausgemacht

Die Weine aus den USA – vor allem aus Kalifornien – entsprechen in Perfektion der Philosophie der Neuen Welt. Die Weinmacher arbeiten völlig frei, sie pflanzen jede Rebsorte, die ihnen gerade gefällt, verschneiden Weine aus unterschiedlichen Regionen und experimentieren gerne mit neuen Techniken, auch wenn diese solch nüchterne Namen tragen wie Spinning Cone Column (Schleuderkegelkolonne, SKK).

die ihnen gerade gefällt, verschneiden Weine aus unterschiedlichen Regionen und experimentieren gerne mit neuen Techniken, auch wenn diese solch nüchterne Namen tragen wie Spinning Cone Column (Schleuderkegelkolonne, SKK).

 Die amerikanischen Winzer haben die Rebsorten zu Stars erhoben. Bevor die Kalifornier begonnen haben, ihre Weine nach den Rebsorten zu benennen, galten die Sorten wie Chardonnay, Merlot, Pinot Noir und Cabernet Sauvignon nur als notwendige Zutaten für einen Wein – aber jetzt sind sie der Wein. Im kalifornischen Denken ist die Herkunft, der Boden zweitrangig (jedenfalls bis vor Kurzem) – im Vordergrund steht die Rebsorte und was der Winzer daraus macht.

Darin enthalten ist auch ein starker Glaube an die Technik, an die Möglichkeiten, was man im Keller alles machen kann. Die zwei wichtigen Universitäten in Kalifornien – die California State University in Fresno und vor allem die University of California in Davis – haben die wissenschaftliche Entwicklung im Weinbau und in der Kellertechnik in den letzten 30 Jahren zusammen mit europäischen Forschungseinrichtungen (unter anderem Montpellier, Geisenheim, Barcelona) entscheidend mitbestimmt.

Ein auffälliges Nichts

Die Bezeichnungen *Reserve, Special Selection, Private Reserve, Barrel Select, Vintners Reserve, Classic* und so weiter sind in den USA nicht gesetzlich definiert. Auch wenn viele Spitzenweingüter damit ihre besseren Weine und Spitzengewächse auszeichnen, verwenden eben auch viele der Großkellereien diese Begriffe rein aus Marketing-Gründen für ihre billigen, einfachsten Abfüllungen (mehr darüber in Kapitel 4).

Wo die kalifornischen Weine wachsen

Im sonnigen Kalifornien gibt es keinen Mangel an warmem Klima, in dem Reben prächtig gedeihen. Aber bedenken Sie, dass Kalifornien um etwa 30 Prozent größer ist als Italien und sehr viele verschiedene Klimazonen hat. Vergessen Sie dabei aber auch nicht, dass für die Produktion von feinen Weinen die Kunst darin besteht, Regionen zu finden, die kühl genug sind und die entsprechend karge Böden haben, damit die Trauben nicht zu schnell reif werden. Wenn man es den Reben zu leicht macht, haben sie keine Zeit und keine Lust, komplexe Aromen zu entwickeln (lesen Sie dazu auch Kapitel 5). Der Einfluss des Pazifiks und entsprechende Höhenlagen sind somit die entscheidenden Faktoren für die Qualität. Somit kommen edle Weine aus unterschiedlichsten Lagen, die sich über den ganzen Staat Kalifornien verteilen.

Zu den wichtigsten Gebieten und Regionen für feine Weine zählen die folgenden (Abbildung 13.2):

✔ **North Coast:**

Napa Valley

Sonoma County

Mendocino und Lake Counties

✔ **North-Central Coast:**

Livermore und Santa Clara Valleys (San Francisco Bay Area)

Santa Cruz Mountains

Monterey County

✔ **Sierra Foothills**

✔ **South-Central Coast:**

San Luis Obispo County

Santa Barbara County

Abbildung 13.2: Die Weinregionen von Kalifornien

Rotweine holen gegenüber Chardonnay ganz schön auf

In den letzten 20 Jahren war Chardonnay in den Vereinigten Staaten beständiger Verkaufs-schlager. Doch mittlerweile trinken die Amerikaner mehr Rotwein und so ziehen die Roten mit dem großen Wein mit »C« gleichauf. Zusätzlich zu den üblichen Verdächtigen – Cabernet Sauvignon (verkauft sich immer noch am meisten), Cabernet-Verschnitten und Merlot – werden Pinot Noir, Zinfandel und Shiraz (von manchen Winzern auch mit Syrah bezeichnet) immer beliebter.

Napa Valley: So klein es ist, so berühmt ist es

Das Napa Valley liegt etwa 90 Autominuten nordöstlich von San Francisco. Viele der angesehendsten Weingüter Kaliforniens – und sicherlich die teuersten Rebflächen – liegen im kleinen Napa Valley, wo 240 Weingüter versuchen, Platz zu finden. (1960 beheimatete das Napa Valley lediglich 25 Weingüter.) Die Größe der Region entspricht keineswegs dem Bekanntheitsgrad: In Napa wachsen weniger als fünf Prozent der kalifornischen Weintrauben.

Der südliche Teil des Tals, besonders der Bezirk Carneros, ist dank der ständigen Brise vom Meer und dem Nebel aus der San Pablo Bay das kühlste Gebiet. Hier werden sehr gute Chardonnay und Pinot Noir erzeugt. Richtung Norden nach Calistoga – der Einfluss der Bay wird immer schwächer – wird es immer heißer. Hier gedeihen dann die dichten Cabernet Sauvignon und Merlot. Man hat also auf nur 50 Kilometer Länge ganz unterschiedliche Klimazonen. Neben den unterschiedlichen Bodenformationen ist das die Faszination des Napa Valley.

Who is who in Napa Valley

Nahezu jeder, der im Napa Valley Weine macht, bietet einen Cabernet Sauvignon und einen Chardonnay, viele auch noch einen Merlot. Auf den weiteren Plätzen folgt beim Weißwein noch der Sauvignon Blanc und bei den Roten der Pinot Noir (hauptsächlich im kühleren Carneros) und der Zinfandel.

Aber wenn jede Kellerei im Napa einen Chardonnay und einen Cabernet Sauvignon macht, wie kann man dann die Weingüter auseinanderhalten? Eine gute Frage – mit keiner einfachen Antwort. Der Faktor Mensch ist somit doch nicht zu unterschätzen: Manche machen halt einfach den besseren Wein!

Hier eine kurze Liste mit den bekanntesten Weingütern aus dem Napa Valley:

- ✔ **Acacia Winery:** Pinot Noir, Chardonnay
- ✔ **Beringer Vineyards:** Cabernet Sauvignon (einige Einzellagen), Chardonnay Private Reserve, Merlot (Bancroft Ranch)
- ✔ **Caymus Vineyard:** Cabernet Sauvignon (insbesondere Special Selection)
- ✔ **Clos du Val:** Cabernet Sauvignon, Sémillon, Chardonnay
- ✔ **Duckhorn:** Merlot, Cabernet Sauvignon, Sauvignon Blanc
- ✔ **Forman Vineyard:** Chardonnay, Cabernet Sauvignon
- ✔ **Harlan Estate:** Cabernet Sauvignon (kleines Weingut, sehr teuer)
- ✔ **Robert Mondavi:** Cabernet Sauvignon Reserve, Pinot Noir Reserve
- ✔ **Newton Vineyards:** Chardonnay, Merlot, Cabernet Sauvignon
- ✔ **Rubicon Estate** (früher Niebaum-Coppola)**:** Rubicon (hauptsächlich Cabernet Sauvignon), Edizone Pennino Zinfandel
- ✔ **Opus One:** Opus One (hauptsächlich Cabernet Sauvignon)

✔ **Joseph Phelps Vineyards:** Insignia (Cabernet-Verschnitt), Cabernet Sauvignon

✔ **Shafer Vineyards:** Cabernet Sauvignon, Merlot

✔ **Stag's Leap Wine Cellars:** Cask 23 (Cabernet-Verschnitt), Cabernet Sauvignon, Chardonnay

Das bodenständige Sonoma

Wenn Sie San Francisco über die wunderschöne Golden Gate Bridge verlassen, sind Sie in etwa einer Stunde in Sonoma. Der Unterschied zwischen Napa und Sonoma ist bemerkenswert. Viele der Weingüter in Napa machen auf Show (und sind richtig luxuriös), während die meisten in Sonoma einfach, ländlich und abgelegen sind. Die Millionäre haben sich in Napa eingekauft, in Sonoma regieren die einfachen Leute (mit einigen Ausnahmen selbstverständlich).

Auf der anderen Seite ist Sonoma County die Heimat von so erfolgreichen und bekannten Häusern wie Gallo, Sebastiani, Glen Ellen, Kendall-Jackson und Simi – nicht gerade kleine Unternehmen! E. & J. Gallo, eine der größten Kellereien der Welt, ist nach Sonoma umgezogen.

Sonoma ist mehr als doppelt so groß wie Napa und die Weinberge verteilen sich besser. Die Gegend verfügt über fast ebenso viele Weingüter. Es sind über 200. Das Klima ist ähnlich mit Ausnahme einiger Anbauzonen nahe der Küste, die deutlich kühler sind. Hier wachsen hervorragende Pinot Noir und Chardonnay, ansonsten finden sich die üblichen Verdächtigen: Chardonnay, Cabernet Sauvignon, Merlot und Zinfandel in Sonoma.

Anderswo in Kalifornien

Direkt nördlich von Napa liegt das Lake County, während sich nördlich an Sonoma das Mendocino County anschließt.

Wenn Sie die Chance dazu haben, ist es ein reizvoller Ausflug, von San Francisco aus auf dem Highway No. 1 Richtung Norden zu fahren. Besuchen Sie das herrliche, alte Städtchen Mendocino. Touristen sind hier erheblich seltener als im Napa Valley, und das macht einen Besuch bei den Winzern gleich angenehmer: Sie sind in den verschiedenen Kellereien herzlich willkommen. Das kühle Anderson Valley in Mendocino County ist ideal für Chardonnay, Pinot Noir, Gewürztraminer und Riesling und für die Herstellung von hervorragenden Sekten. Das Champagnerhaus Roederer hat sich hier niedergelassen.

Wenn Sie auf den Gipfeln der Santa Cruz Mountains stehen, vergessen Sie vollkommen, dass Sie nur etwa eine Stunde von San Francisco entfernt sind. Diese raue, wildromantische Schönheit hat etliche Weinmacher, darunter einige der besten des Landes angezogen. (Paul Draper von Ridge Vineyards und die schillernde Persönlichkeit des Randall Grahm von Bonny Doon sind zwei davon.) Das Klima auf den Hängen Richtung Meer ist kühl, daher gut für Pinot Noir geeignet, in Richtung San Francisco Bay ist Cabernet Sauvignon die wichtigste rote Rebsorte. Chardonnay ist die führende Rebsorte auf beiden Seiten.

Monterey County hat von allem etwas – eine wunderschöne Küste, die schicke Stadt Carmel, einige sehr kühle Anbaugebiete und auch sehr warme Regionen, Weingüter in den Bergen und andere im Salinas Valley, einige gigantische Weinunternehmen und viele kleine. Wie die meisten kalifornischen Weinregionen hat sich auch Monterey während der letzten zwei Jahrzehnte zusehends verändert. Die Region ist offiziell in die folgenden geografischen Gebiete (American Viticultural Areas, abgekürzt mit AVA) unterteilt worden, in denen sich 75 Weingüter angesiedelt haben:

- ✔ Arroyo Seco
- ✔ Carmel Valley
- ✔ Chalone
- ✔ Hames Valley
- ✔ Monterey
- ✔ San Luca
- ✔ Santa Lucia Highlands

Besonders die Santa Lucia Highlands haben sich als neue, angesagte Region bei der Herstellung von kalifornischem Pinot Noir einen Namen gemacht.

Santa Lucia Highlands

Die Suche nach dem nächsten großartigen Herkunftsgebiet für Pinot Noir gestaltet sich ein wenig wie die Suche nach dem Heiligen Gral. Das neueste heiße Eisen in diesem Herkunftsgebiet sind die Santa Lucia Highlands, obwohl sie vom Klima her natürlich eher kühl sind. Es handelt sich um eine einsame hoch gelegene Gegend im Südwesten des Monterey County, die vom Pazifik durch die majestätischen Santa-Lucia-Berge abgeschirmt wird. Der größte Teil des Gebiets, wo sich Weinberge in Höhen bis über 400 Meter erstrecken, wird vom Morgennebel in den tiefer liegenden Bereichen nicht beeinflusst. Es gibt reichlich Sonnenstunden und eine nachmittägliche Brise weht aus der Monterey Bay hinüber. Das Zusammenwirken von relativ niedrigen Temperaturen, wenig Niederschlägen, gut entwässernden Granitböden sowie einer langen Wachstumsperiode sorgt für ideale Anbaubedingungen für Chardonnay und Pinot Noir. Doch Weinliebhaber und -kritiker sind vor allem vom Pinot Noir begeistert – Chardonnay findet man ja schließlich fast an jeder Ecke. Pinot Noir aus den Santa Lucia Highlands verfügt im Allgemeinen über deutliche Säure und einen intensiven Fruchtcharakter. Hinzu kommt eine mineralische Note. Die meisten der ansässigen Weingüter sind eher klein. Man muss also ein bisschen suchen, bis man einen solchen Wein gefunden hat. Doch wenn Sie Pinot Noir bevorzugen, macht Ihnen das vielleicht nichts aus, da eine solche Schatzsuche ja schon das halbe Vergnügen darstellt. Wir empfehlen folgende Weingüter der Region für Pinot Noir: Morgan Winery, Paraiso Vineyards, Pisoni Vineyard, Sea Smoke Winery, Siduri Wines und Testarossa Vineyards. Einige der besten dieser Pinot Noir stammen vom Pisoni Vineyard. Der Name findet sich dann auch auf dem Etikett.

Die Weingüter haben ihre Hausaufgaben gemacht und wissen inzwischen, welche Rebsorte im jeweiligen Mikroklima die besten Ergebnisse bringt. Chardonnay ist der beliebteste sortenreine Wein, aber in den kühleren Regionen findet sich auch Riesling und Gewürztraminer. Cabernet Sauvignon und Pinot Noir sind die wichtigsten roten Rebsorten und kommen meist aus den Bergen.

Auch in San Luis Obispo County gibt es die unterschiedlichsten Gegenden: die warmen, sonnigen Hügel von Paso Robles und die kühlen, vom Meer beeinflussten Regionen Edna Valley und Arroyo Grande.

Das eigenwilligste Anbaugebiet in Kalifornien – und vielleicht des ganzen Landes – ist das Santa Barbara County. Obwohl bereits die spanischen Missionare vor 200 Jahren hier Reben gepflanzt haben, wurde erst 1975 die erste wichtige Kellerei eröffnet – sehr spät, wenn man es im Lichte dessen betrachtet, was wir heute über die hervorragenden Anbaubedingungen in Santa Barbara wissen. Die Täler Santa Maria, Santa Ynez und Los Alamos laufen von Ost nach West und öffnen sich zum Pazifik hin. Das kühle Klima ist ideal für Pinot Noir und Chardonnay. So zählt diese Region inzwischen zu den fünf besten amerikanischen Anbaugebieten für Pinot Noir.

Richtung Norden: Oregon und Washington State

Da Oregon nördlich von Kalifornien liegt, vermuten viele Menschen, dass die Weinregionen von Oregon recht kühl sind. Und sie haben recht. Aber der Hauptgrund dafür ist, dass keine Berge die Weinlagen vom Einfluss des Pazifiks abschirmen. Das Meer sorgt für kühle Temperaturen und für Regen. Daher ist der Weinanbau in Oregon völlig anders geartet als in Kalifornien. Außerdem versucht sich Oregon erst seit relativ kurzer Zeit auf diesem Gebiet. In den frühen 1970ern war es eine Handvoll Weingüter, inzwischen sind es schon über hundert und jedes Jahr kommen neue hinzu.

Erstmalig Respekt hat sich Oregon mit seinen Pinot Noir verschafft, einer Rebsorte, die in einem kühlen Klima die interessanteren Ergebnisse liefert. Auch heute noch ist der Pinot Noir das Aushängeschild. Dazu gesellt sich wie im großen Vorbild Burgund der Chardonnay. In den letzten Jahren hat Oregon aber auch mit sehr guten Pinot Gris (Grauburgunder) für Aufsehen gesorgt.

Obwohl Washington und Oregon Nachbarstaaten sind, haben sie doch ein völlig unterschiedliches Klima. Im westlichen Teil von Washington, der Küstenseite, ist das Klima maritim – kühl, viel Regen und dichte Vegetation. (In Oregon liegen nahezu alle Weinberge auf der der Küste zugewandten Seite.) Östlich der Berge ist das Klima in Washington kontinental mit heißen, sehr trockenen Sommern und kalten Wintern. Die meisten der Weinberge Washingtons liegen in diesem Gebiet, vor allem entlang des Columbia und Yakima Valleys.

Bekannt wurde Washington durch seinen hochwertigen Merlot, aber auch die anderen Bordeaux-Rebsorten – Cabernet Sauvignon, Cabernet Franc, Sauvignon Blanc und Sémillon gedeihen in der »Wüste« von Washington, vorausgesetzt, sie werden bewässert. Columbia Crest keltert den meistverkauften Merlot der Vereinigten Staaten in der Preisklasse über sechs Euro. In letzter Zeit sorgen auch die Syrah aus Washington für Schlagzeilen. Es wird bereits behauptet, das Washington die beste Herkunft für diese aufstrebende Rebsorte ist.

Teil IV

Die exotische Seite des Weines

The 5th Wave — By Rich Tennant

»Bruder Dom Pérignon, wir alle mögen deine schäumende Mayonnaise und deine Blanc de Kohlrabisuppe, aber gibt es wirklich nichts anderes, was du aus diesen Trauben machen kannst?«

In diesem Teil ...

Das Leben besteht nicht nur aus Chardonnay und Merlot! Die ganze Welt steckt voller wirklich leckerer Weine, die man eher selten auf Festlichkeiten zum Essen, als Aperitif oder nach dem Essen vor dem Kamin trinkt. Dazu gehören das herrlichste Getränk der Welt – der Champagner – sowie sprudelnde Weine aus anderen Regionen und klassische Weine wie Sherry und Portwein. (Es gibt niemanden, dem Portwein nicht schmeckt.)

In den beiden folgenden Kapiteln verraten wir Ihnen, wie diese wunderbaren Weine hergestellt werden, nach welchen Marken Sie Ausschau halten sollten und wann Sie sie am besten genießen sollten. (Wir geben Ihnen auch Tipps, wie Sie sie zum Essen servieren – damit es zu etwas ganz Besonderem wird.)

Champagner und andere trinkbare Perlen

In diesem Kapitel

▷ Wenn *extra dry* alles andere als trocken bedeutet

▷ Nicht alles, was auf der Zunge prickelt, ist Champagner

▷ Alles Wichtige über das Champagnerverfahren

▷ Prickelndes mit Essen vermählen

▷ Schäumende Weine für sechs bis über 150 Euro

Im Universum der Weine bilden die schäumenden Weine ein eigenes Sonnensystem. Schäumende Weine werden überall gemacht, wo auch Wein gemacht wird, und so gibt es eine gigantische Vielfalt an Geschmacksrichtungen, Qualitätsklassen und Preisen. Champagner, der schäumende Wein aus der Region Champagne in Frankreich, ist der hellste Stern am Himmel, aber nicht der einzige.

Schäumende Weine unterscheiden sich von anderen Weinen durch die Anwesenheit von kleinen Bläschen – *Kohlensäure/Kohlendioxid* – im Wein. In den Augen der meisten Regierungen müssen diese Bläschen durch eine natürliche Gärung zustande kommen. Der deutsche Gesetzgeber erlaubt auch die künstliche Zuführung von Kohlensäure, dann spricht man von Perlwein, ansonsten wird das Getränk vom Gesetz her als Schaumwein beziehungsweise Qualitätsschaumwein bezeichnet – je nachdem, ob es sich bei den Grundweinen um Tafelweine oder Qualitätsweine handelt. Sperrige Begriffe, deshalb hat sich in der Umgangssprache der Begriff Sekt durchgesetzt. Da uns der Begriff Schaumwein nicht gefällt und Sekt eigentlich nur ein nach bestimmten Kriterien hergestellter Qualitätsschaumwein ist, greifen wir als Oberbegriff immer wieder auf die Ausdrücke *prickelnde Weine* beziehungsweise *schäumende Weine* zurück. Damit haben Sie immer vor Augen, dass es sich um Wein handelt, der mit einigen weiteren Arbeitsschritten veredelt wurde.

In vielen Weinbauregionen ergänzt der schäumende Wein die Produktion von normalem Stillwein, aber einige Regionen haben sich darauf spezialisiert und die Erzeugung zu einem ernsthaften Geschäft ausgebaut. An der Spitze dieser Liste steht die französische Region Champagne (wo der schäumende Wein zwar nicht erfunden, aber berühmt wurde). Die Region Asti in Italien ist ein weiteres wichtiges Anbaugebiet so wie das französische Loire-Tal und das Penedés (bei Barcelona) in Spanien oder in einigen deutschen Weinanbaugebieten. Auch in Kalifornien, Australien, Neuseeland und Südafrika werden inzwischen sehr gute prickelnde Weine gemacht.

Kühl, aber herzlich

Viele Anbaugebiete für schäumende Weine sind sehr kühle Regionen, in denen die Trauben für einen *Stillwein* oft nicht ausreichend reif werden. Normal vinifiziert wären die Weine aus diesen Regionen sehr säurebetont, richtiggehend hart und sehr dünn. Den Roten würde es auch an Farbe fehlen. Aber der Prozess der Sektherstellung (die *traditionelle Methode*, wie sie auch in der Champagne angewendet wird und die wir etwas später in diesem Kapitel beschreiben) verwandelt diesen klimatischen Nachteil in einen Vorteil und die hässlichen kleinen Entlein (Trauben) in einen stolzen Schwan.

Nicht alles, was glänzt, ist Champagner

Champagner, der schäumende Wein aus der Champagne, Frankreich, ist aus verschiedenen Gründen der absolute Star:

✔ Champagner ist der berühmteste prickelnde Wein der Welt. Der Name weckt bei jedermann sofortige Aufmerksamkeit, nicht nur bei Weintrinkern.

✔ Eine besondere Technik, um Wein mit Kohlensäure anzureichern, wurde in der Region Champagne perfektioniert.

✔ Champagner ist nicht nur der edelste Schaumwein der Welt, sondern er zählt auch zu den feinsten Weinen überhaupt.

 Innerhalb der Europäischen Union ist der Name geschützt und darf nur für Weine aus der Region Champagne verwendet werden. An anderen Orten versuchen natürlich auch andere, diesen guten Ruf des Champagners für sich zu nutzen, und so taucht der *Name* auf vielen verschiedenen Schaumweinen auf, die nicht aus der Region Champagne kommen und die auch nicht wie Champagner schmecken. Die Produzenten verwenden den Namen »champagne« gerne, da sie so ihre prickelnden Erzeugnisse besser verkaufen können. Trotz strengerer Vorschriften hinsichtlich des Begriffs als früher dürfen in den USA immer noch viele Kellereien ihre Produkte mit Champagner etikettieren. Auch viele Weintrinker verwenden diesen Begriff irreführend für jeden prickelnden Wein.

 Immer wenn wir den Namen Champagne verwenden, dann meinen wir auch den echten Champagner aus der Region mit dem gleichen Namen. Wir benutzen die allgemeinen Begriffe wie *Schaumwein* und *schäumender Wein*, wenn wir alles zusammenfassen wollen, was Bläschen hat oder auch für alle anderen Getränke dieser Art außer Champagner. Der Champagner hat den Weg von einem normalen Getränk hin zu einem Savoir-vivre beschritten.

Verschiedene Stilrichtungen beim schäumenden Wein

Alle schäumenden Weine haben Kohlensäure oder Kohlendioxid und fast alle sind weiß oder rosé (was viel seltener vorkommt als die weißen). Das ist die am weitesten gefasste Definition, um die schäumenden Weine zu beschreiben.

Manche von ihnen sind richtig süß, andere wiederum knochentrocken, und die meisten schäumenden Weine befinden sich irgendwo in der Mitte von halbtrocken bis halbsüß. Manche haben Aromen von Nüssen und getoastetem Brot, andere sind fruchtig, manche schmecken, als ob man in frische Trauben beißt, während einem andere wiederum feine Nuancen von Limetten, Äpfeln, Kirschen, Beeren, Pfirsichen und anderen Früchten in die Nase steigen lassen.

 Die schäumenden Weine gehören je nachdem, wie sie gemacht werden und wie sie folglich schmecken, ungeachtet ihrer Herkunft in eine der beiden folgenden Gruppen:

✔ Weine, die den Charakter ihrer Trauben in den Vordergrund stellen. Diese Weine sind unheimlich fruchtig und geradlinig, aber nicht sonderlich komplex.

✔ Weine, die ihre Komplexität und Aromen (Hefe, Biskuit, Karamell, Honig) zum Ausdruck bringen und dafür weniger von ihrer Frucht leben. Diese Aromen stammen mehr aus der Weinbereitung und aus dem Reifeprozess.

Wie süß ist er?

Nahezu alle schäumenden Weine sind technisch gesehen eigentlich nicht trocken, da sie eine geringe, aber dennoch nachweisbare Menge an Zucker enthalten. In den meisten Fällen wird dieser ganz am Schluss der Produktion zugesetzt (*Dosage*). Aber all diese schäumenden Weine schmecken deswegen noch lange nicht süß. Die Wahrnehmung der Süße hängt von zwei Faktoren ab: der tatsächlichen Menge an Zucker im Wein (was vom jeweiligen Stil abhängt) und der Balance des Weins zwischen Säure und Süße.

 Wie funktioniert das mit der Balance? Schäumende Weine sind normalerweise sehr hoch in der Säure, da die Trauben, die ja in einem kühlen Klima gewachsen sind, bei der Lese nicht sonderlich reif waren. Die Kohlensäure verstärkt den Eindruck von Säure im Mund. Mit der Süße im Wein kann man diese Säure ausbalancieren oder umgekehrt. Je nach dem jeweiligen Verhältnis Säure zu Zucker kann der schäumende Wein trocken, angenehm weich, halbtrocken oder ganz süß schmecken.

Champagner selbst wird in einer ganzen Reihe unterschiedlicher Abstufungen gemacht. Der gebräuchlichste ist inzwischen der *Brut* (sehen Sie sich den Abschnitt *Kategorien der Süße* später in diesem Kapitel an). Andere Schaumweine, die nach dem *traditionellen Champagner-Verfahren* hergestellt werden (siehe den Abschnitt *Wie schäumender Wein entsteht* weiter hinten in diesem Kapitel), halten sich meist an die gleichen Begriffe wie der Champagner.

Günstige Schaumweine tendieren dazu, halbsüß zu sein, da man damit einen größeren Kundenkreis erreicht, der es einfach süß mag. Weine, die mit dem italienischen Begriff *spumante* gekennzeichnet sind, lassen uns meist etwas Süßes erwarten, aber dem muss nicht so sein (lesen Sie den Abschnitt *Italienische Spumante: Süß oder trocken?* etwas weiter hinten in diesem Kapitel).

Wann gilt er als gut?

Wenn Sie einen prickelnden Wein probieren, gibt es eigentlich (wie beim Stillwein auch) nur ein entscheidendes Kriterium – gefällt er Ihnen oder gefällt er Ihnen nicht? Wenn Sie einen schäumenden Wein aber auf professionelle Art bewerten wollen, dann gibt es dafür ein paar Kriterien, die bei den Stillweinen nicht existieren (oder in einem Stillwein weniger von Bedeutung sind als bei einem schäumenden Wein). Die wichtigsten dieser Kriterien sind:

✔ **Der optische Eindruck der Bläschen.** In einem wirklich guten Schaumwein sind die Bläschen klein und gleichmäßig und steigen in einer langsamen und gleichmäßigen Bewegung vom Boden auf. Wenn die Bläschen groß und unruhig sind, dann können Sie sich sicher sein, dass es sich um einfaches Sprudelwasser handelt. Wenn Sie keine oder nur ganz wenig Bläschen sehen können, dann haben Sie entweder eine schlechte Flasche erwischt, ein schlechtes oder verunreinigtes Glas oder der Wein ist schon zu alt.

Kleine Unregelmäßigkeiten im Glas reichen, um das Strömungsverhalten der Bläschen zu beeinflussen. Wenn der Wein in Ihrem Glas immer müde aussieht, während der Wein aus derselben Flasche in einem anderen Glas frisch und lebendig wirkt, dann ist das Glas schuld und nicht der Wein. (Aber auch in diesem Falle sollten Sie die Bläschen *schmecken* können, auch wenn Sie nicht viele von ihnen sehen.) Schauen Sie in Kapitel 8 für Empfehlungen von Gläsern für Champagner und andere prickelnde Weine nach.

✔ **Wie sich die Bläschen im Mund anfühlen.** Je feiner der Wein, desto weniger aggressiv fühlen sich die Bläschen in Ihrem Mund an. (Wenn Sie die Kohlensäure mehr an Limonade oder an Mineralwasser erinnert, dann haben Sie hoffentlich nicht mehr als vier Euro für die Flasche ausgegeben.)

✔ **Die Balance zwischen Süße und Säure.** Auch wenn ein sprudelnder Wein für Ihren Geschmack zu süß oder zu trocken ist, sollten Sie bei der Qualitätsprüfung auf das Verhältnis von Süße und Säure achten und entscheiden, ob diese beiden Elemente in einer vernünftigen Balance stehen.

✔ **Die Textur.** Traditionell hergestellte prickelnde Weine sind wegen ihrer ausgeprägten Lagerzeiten richtiggehend cremig in der Textur (die Erläuterung der *traditionellen Methode* und *Hefelagerung* folgt im nächsten Abschnitt).

✔ **Der Abgang.** Jeder Anflug von Bitterem im Abgang eines schäumenden Weines ist ein Zeichen für einfache Qualität.

Wie schäumender Wein entsteht

Wenn die Hefen den Zucker in Alkohol verwandeln, ist die Kohlensäure beziehungsweise das Kohlendioxid ein natürliches Nebenprodukt. Wenn die Gärung in einem geschlossenen Gefäß stattfindet, kann die Kohlensäure nicht entweichen und wird im Wein gebunden, das heißt, wenn die Kohlensäure sonst nirgends hin kann, wird sie in Form von Bläschen vom Wein aufgenommen.

Die meisten schäumenden Weine durchlaufen *zwei* Gärungen: eine, um den Traubensaft in normalen Wein ohne Bläschen (den nennt man dann *Grundwein*) zu verwandeln, und eine weitere, bei dem der stille Wein zu einem schäumenden Wein wird (überzeugenderweise *zweite Gärung* genannt). Der Weinmacher muss die zweite Gärung durch Zugabe von Hefe und Zucker bewusst herbeiführen. Der dem Grundwein zugesetzte Zucker wird dann in Alkohol und CO_2 umgewandelt.

Je langsamer und je länger die Sektherstellung mit Beginn der zweiten Gärung abläuft, desto komplexer und teurer wird der schäumende Wein. Manche prickelnden Weine werden über einen Zeitraum von zehn Jahren handgefertigt, andere innerhalb weniger Monate produziert. Die handgefertigten, langsam gemachten Weine können deutlich über 75 Euro die Flasche kosten, während die Bläschen am anderen Ende des Spektrums oft nicht mehr als drei Euro kosten.

Obwohl es viele Variationen in der Verarbeitung gibt, werden die meisten schäumenden Weine mit einer der folgenden Methoden produziert: durch eine *zweite Gärung im Tank* (Tankgärung oder Méthode Charmat) oder durch eine *zweite Gärung in der Flasche (Flaschengärung* oder auch *méthode champenoise, méthode traditionnelle* oder *Champagnermethode* genannt).

Tankgärung: Ökonomische Großbehälter

Die schnellste und effizienteste Art, schäumenden Wein herzustellen, besteht darin, die zweite Gärung in großen, geschlossenen Drucktanks ablaufen zu lassen. Diese Methode nennt man *Tankgärung* oder *méthode charmat* (nach dem Franzosen Eugene Charmat benannt, der diesen Prozess perfektioniert hat).

Schaumweine, die mit Hilfe der Charmat-Methode gemacht werden, sind meist viel günstiger als die Varianten mit *Flaschengärung*. Das liegt einerseits daran, dass sie meist in großen Mengen industriell produziert werden und bereits nach kurzer Zeit in den Verkauf kommen können, aber auch daran, dass die verwendeten Rebsorten (oft Chenin Blanc) beziehungsweise die Qualität des Traubenmaterials einfacher und somit *viel billiger* sind als die teuren Trauben von Pinot Noir und Chardonnay, die typischerweise für die traditionelle Flaschengärung beziehungsweise die Champagnermethode, die wir im nächsten Abschnitt beschreiben, Verwendung finden.

Erst durch die großen Gebindeformen mit deren bekannten Parametern ist es möglich geworden, große Auflagen von schäumendem Wein mit einem weitgehend gleich bleibenden Geschmacksbild zu erzeugen (zum Beispiel internationale Markensekte). Die Qualität eines schäumenden Weines hängt nach Meinung vieler Önologen nur indirekt von der Art der Vergärung ab. Einige Weinmacher bevorzugen sogar das Tankgärverfahren, weil die Kontaktfläche für den wichtigen Kontakt von Hefe und Wein (das Hefelager ist unter anderem auch für den geschmacklichen Eindruck, die *Perlage [mousseux]* und die Lagerfähigkeit mitverantwortlich) durch ständiges Aufrühren wesentlich größer ist.

Bei der Charmat-Methode (Tankgärung) passiert Folgendes:

✔ Der Grundwein wird mit Zucker und Hefen angesetzt, er beginnt zu gären. Das entstehende CO_2 wird im Wein gebunden, da sie aus dem geschlossenen Tank nicht entweichen kann.

✔ Der Wein – jetzt ein trockener Sekt mit etwas mehr Alkohol als der Grundwein – wird filtriert (unter Druck), um die festen Rückstände (die *Heferückstände*) von der zweiten Gärung zu entfernen.

✔ Vor der Abfüllung wird dem Wein gelöster Zucker oder süßer Wein (Dosage) zugesetzt, um die Aromen des Weines hervorzuheben – abhängig davon, welcher Süßigkeitstyp für den fertigen Sekt gewünscht wird.

Der ganze Prozess ist meist nach wenigen Wochen abgeschlossen. In manchen Fällen wird er bewusst auf einige Monate ausgedehnt, damit sich der Wein zwischen Gärung und Filtration erholen kann.

Flaschengärung: Klein und fein

Die *Charmat-Methode* ist eine relativ moderne Möglichkeit, schäumende Weine zu produzieren. Es gibt sie erst seit etwa 100 Jahren. Eine traditionellere Methode ist es, die zweite Gärung in der jeweiligen Flasche ablaufen zu lassen, in der der Wein später auch verkauft wird.

Der Champagner wird bereits seit über 300 Jahren auf diese Weise gemacht, und nach französischem Recht darf er auch heute nicht anders gefertigt werden. Auch viele andere französische Sekte, die nicht aus der Champagne kommen, verwenden diese Methode, doch sie dürfen auf dem Etikett lediglich als *Crémant* bezeichnet werden. Die guten Sekte aus Deutschland, Spanien, Kalifornien und anderen Orten werden ebenso als klassische Flaschengärung angesetzt.

Die Methode, die zweite Gärung in der Flasche anzusetzen, hat man früher auch *Champagnerverfahren* oder *méthode champenoise* genannt. Dieser Begriff ist heute (jedenfalls in der EU) wegen der Verwechslungsgefahr mit dem Original nicht mehr zulässig. Man spricht heute von *klassischer* oder *traditioneller Flaschengärung*.

Die Flaschengärung (oder korrekter: die zweite Gärung in der Flasche) ist ein Arbeitsprozess, bei dem sozusagen jede einzelne Flasche zum individuellen Gärtank wird. Zusammen mit der Lagerzeit vor dem Verkauf benötigt dieser Prozess mindestens fünfzehn Monate (in Deutschland darf nach neun Monaten ein Schaumwein als Sekt bezeichnet werden), drei Jahre sind aber durchaus normal, und gute Champagner bekommen noch viel mehr Zeit zugestanden, sich zu entwickeln. Somit ist auch vollkommen klar, dass ein per Flaschengärung erzeugtes Getränk immer Flasche für Flasche seinen eigenen Charakter pflegt und teurer ist als ein normaler Schaumwein aus der industriellen Fertigung.

Eine Mischform zwischen der traditionellen Flaschengärung und des Charmat-Verfahrens stellt das *Transvarsierverfahren* (transvasieren = umfüllen) dar. Dabei erfolgt die zweite Gärung sowie das Hefelager in der Flasche. Dann jedoch werden die Flaschen in Druckbehälter umgefüllt, in denen über Filter die Hefe entfernt wird. Nach der Zugabe der Versand-Dosage erfolgt die Abfüllung unter Druck in die Flaschen. Hierdurch erspart man sich die aufwendige Remuage (Rütteln) und das Dégorgement (Entfernen des Hefesatzes aus der Flasche). Auf dem Etikett darf die Bezeichnung »Flaschengärung« (in den USA »Bottle Fermented«) angeführt werden. Ein Champagner darf nicht auf diese Weise produziert werden.

Der Arbeitsablauf bei der Flaschengärung ist folgender:

✔ Jede Flasche wird mit Grundwein gefüllt, dem dann noch ein Gemisch aus Zucker und Hefe zugesetzt wird. Die Flasche wird dicht verschlossen und in einen kühlen, dunklen Keller gelegt.

✔ Die zweite Gärung läuft sehr langsam innerhalb jeder einzelnen Flasche ab. Es entsteht Kohlendioxid, und die Rückstände der Hefe verbleiben in der Flasche.

✔ Solange die Flasche im Keller liegt, kommt es zu einer weiteren Interaktion von Hefesatz und Wein, die die Textur und auch die Aromen des Weins verändert.

✔ Dann – neun bis zwölf Monate oder sogar einige Jahre nach der zweiten Gärung – werden die Flaschen gerüttelt, gedreht und steiler gestellt, bis die Flasche auf dem Kopf steht und sich der gesamte Hefesatz im Flaschenhals befindet.

✔ Die Heferückstände im Flaschenhals werden in einem Solebad schockgefroren und können als gefrorener Pfropfen aus der Flasche entfernt werden. Zurück bleibt der klare, schäumende Wein. Diesen Vorgang nennt man *degogieren*.

✔ Mit einer süßen Lösung (*Dosage* genannt) wird die Flasche wieder aufgefüllt und dabei der Grad der Süße eingestellt. Dann wird die Flasche verkorkt, mit einem Schutzbügel (*Agraffe*) versehen und für den Verkauf etikettiert.

Aber die klassische Methode, wie sie in der Champagne praktiziert wird, umfasst einige Arbeitsschritte, die bereits lange vor der zweiten Gärung vorgenommen werden. Allein die Extraktion des Mostes aus den Trauben muss sanft und schonend vor sich gehen, damit die Bitterstoffe in den Beerenhäuten nicht in den Wein gelangen – oder gar die Farbe im Falle von blauen Trauben. Ein weiterer, absolut entscheidender Schritt ist das Verschneiden der verschiedenen Weine nach der ersten Gärung, um den bestmöglichen Grundwein für die zweite Gärung zu kreieren.

Nach der ersten Gärung hat jedes Champagnerhaus Hunderte von verschiedenen Stillweinen, da der Weinmacher jede Rebsorte und jede Lage getrennt ausbaut. Um nun seinen Grundwein, die *Cuvée*, zu bekommen, kombiniert er unterschiedliche Mengen der unterschiedlichen Weine. Oft fügt er sogar noch etwas von seinen so genannten *Reserve Wine* hinzu (ältere Weine, die er aus früheren Jahrgängen zurückgelegt hat). Eine einzelne Cuvée kann aus bis zu hundert verschiedenen Grundweinen bestehen. Jeder bringt seinen besonderen Charakter in die Cuvée ein. Die Zusammenstellung der Grundweine wird aber auch noch – neben der schieren Anzahl der vielen Komponenten – besonders dadurch erschwert, dass der Weinmacher in die Zukunft sehen muss und keinen Wein nach den aktuellen Eindrücken macht. Stattdessen muss er erraten, wie das Ergebnis *in einigen Jahren* schmecken wird, wenn es sich in einen schäumenden Wein verwandelt hat. Die Männer und Frauen, die gute Sekte und Champagner komponieren, sind wahre Künstler der Weinwelt.

Der Geschmack: Es gibt Alternativen

Im Tank vergorene Sekte schmecken fruchtiger, als wenn sie nach der traditionellen Methode hergestellt werden. Der Unterschied ist vor allem darauf zurückzuführen, dass der Weg von der Traube zum fertigen Wein erheblich kürzer und direkter ist als bei der Flaschengärung. Einige Weinmacher nutzen die Charmat-Methode bewusst, da ihr Ziel ein möglichst frischer, fruchtiger Wein ist. Einige deutsche Sekte oder der Asti, Italiens bekanntester Schaumwein, sind perfekte Beispiele. Sie sollten diese prickelnden Weine jung trinken, wenn ihre Fruchtigkeit am ausgeprägtesten ist.

Die zweite Gärung in der Flasche sorgt dafür, dass die Weine weniger fruchtig sind. Chemische Veränderungen, die ablaufen, solange der Wein auf dem Hefesatz (Hefeautolyse) liegt, dämpfen die Frucht, sorgen aber dafür, dass sich andere Aromen entwickeln können, und zwar: geröstetes Brot, Nüsse, Karamell und oft eine Hefenote. Auch die Textur der Weine ändert sich, sie werden weicher und cremiger. Die Bläschen selbst werden kleiner und langsamer und fühlen sich im Mund weniger aggressiv an als der überbordende Schaum von tankvergorenen Sekten.

Die Champagne und ihre magischen Weine

Champagner. Ruft irgendein anderer Begriff eine solche Festlichkeit hervor? Überlegen Sie: Wo auch immer auf der Welt jemand etwas zu feiern hat, hören Sie ihn sagen: »Das verlangt nach Champagner!« (»Jetzt gönnen wir uns einen Eistee!« hört sich einfach nicht so gut an.)

Der echte Champagner kommt aus der Region Champagne im Nordosten von Frankreich. Dom Pérignon, der berühmte Mönch, der Kellermeister im Kloster von Hautvillers war, hat zwar den Champagner nicht erfunden, aber er hat einige Techniken weiterentwickelt, die den Durchbruch für den Champagner bedeuteten, so wie wir ihn heute kennen. So hat er die Methode perfektioniert, Weißwein aus roten Trauben zu machen, und fast noch wichtiger: Er kam auf die Idee, verschiedene Rebsorten aus verschiedenen Dörfern zu verwenden, um so einen komplexen Grundwein zu erhalten. (Lesen Sie den vorhergehenden Abschnitt, um herauszufinden, was ein »Grund«-Wein ist.)

Die Champagne ist das nördlichste Anbaugebiet in Frankreich. Die meisten der wichtigen *Champagnerhäuser* haben ihren Sitz entweder in der Stadt Reims mit der berühmten

Kathedrale oder in der Stadt Epernay südlich von Reims. Rund um Reims und Epernay befinden sich die bedeutendsten Lagen für die drei zugelassenen Rebsorten der Champagne. Diese Gebiete sind:

✔ die Montagne de Reims (südlich von Reims), wo die besten Pinot Noir wachsen

✔ die Côte des Blancs (südlich von Epernay), die Heimat der besten Chardonnay

✔ das Valeé de la Marne (westlich von Epernay), wichtig für den Pinot Meunier (eine blaue Traube), obwohl hier alle drei Rebsorten wachsen

Die meisten Champagner werden aus allen drei Rebsorten, zwei blauen und einer weißen, komponiert. Der Pinot Noir bringt den Körper, die Struktur und die Langlebigkeit in den Verschnitt. Pinot Meunier ergänzt die Cuvée mit floralen Aromen und Fruchtigkeit und der Chardonnay sorgt für die Feinheit, Frische und Eleganz.

Was macht den Champagner so besonders?

Das kühle Klima in der Champagne reicht gerade für den Weinanbau (man kann nur hoffen, dass der prognostizierte Klimawandel einen weiten Bogen um die Champagne machen wird), und die Trauben müssen in vielen Jahren kämpfen, um ausreichend reif zu werden. Sogar in warmen Jahren sorgt das Klima dafür, dass die Trauben viel Säure haben – ein Problem für normale Weine, aber ein Vorteil für schäumende Weine. Das kühle Klima und der besondere Boden der Region, kalkiger Kreideboden, sind die wichtigsten Faktoren für die besondere Qualität des Champagners.

Drei andere Voraussetzungen helfen dem Champagner, über all den anderen schäumenden Weinen zu schweben:

✔ die Zahl und Vielfalt an Weinlagen (über 300 *Crûs* beziehungsweise *Spitzenlagen*), die eine große Auswahl an eigenständigen Weinen für die Cuvées sicherstellen

✔ die kühlen, tiefen Kreidekeller (die meisten wurden bereits in römischer Zeit gebaut)

✔ die 300 Jahre Erfahrung, denn so lange machen die *Champenois* (so nennt man die Einwohner der Champagne) schon schäumende Weine.

Das Resultat ist ein eleganter Wein mit unzähligen kleinen, sanften Bläschen, komplexen Aromen und einem langen Abgang. Voilà! Champagner!

Champagner ohne Jahrgang

Die Champagner ohne Jahrgang – jeder Champagner, der keinen Jahrgang auf dem Etikett trägt – machen etwa 85 Prozent der Produktion aus. Die typische Cuvée besteht aus zwei Drittel blauen Trauben (Pinot Noir und Pinot Meunier) und einem Drittel weißen (Chardonnay). Die Weine aus drei und mehr Jahrgängen werden für eine solche Cuvée zusammengestellt. Und bedenken Sie, dass die Weine aus 30 bis 40 verschiedenen Dörfern (oder mehr) aus den verschiedenen Jahrgängen Teile des Verschnitts sein können. Die Weinmacher in der Champagne sind gezwungenermaßen Spezialisten im Zusammenstellen von Cuvées.

Jedes Champagnerhaus hat seinen eigenen Stil und sorgt mit Hilfe des Verschneidens für eine gleich bleibende Qualität seiner Standardcuvée. (Ein Haus betont die Eleganz und die Finesse in seinem Champagner, das andere mehr die Frucht und ein drittes sieht die Bedeutung mehr im Körper, der Kraft und der Langlebigkeit.) Den Hausstil zu erhalten ist von großer Bedeutung, da die Weintrinker sich an »ihren« Champagner-Geschmack gewöhnt haben und erwarten, diesen Jahr für Jahr vorzufinden.

Die meisten wichtigen Champagnerhäuser lassen ihre Standardcuvée für zweieinhalb oder drei Jahre reifen, bevor sie in den Verkauf kommt, auch wenn das gesetzliche Minimum bei nur 15 Monaten liegt. Diese längere Reifezeit lässt die jeweilige Cuvée ausgeglichener und komplexer werden, und auch die Aromen kommen schöner zur Geltung. Wenn Sie gute Lagerbedingungen haben (lesen Sie Kapitel 16), sollten Sie diese Standardcuvées ruhig noch für ein bis drei Jahre nach dem Kauf lagern, da sie sich dadurch im Geschmack noch mal verbessern.

 Die Champagner ohne Jahrgang kosten zwischen 20 und 40 Euro. Gerade die bekannten Marken werden von vielen Handelsketten und Versandhändlern als Lockmittel-Angebote eingesetzt, und so kann man gerade in der Vorweihnachtszeit diese Marken oft günstig kaufen. Inwieweit die Angebote der Discounter eine Alternative sind, muss jeder für sich selbst entscheiden. Meist werden für diese Abfüllungen aber gerade so die gesetzlichen Vorgaben erfüllt.

Jahrgangschampagner

Im Laufe der Geschichte war das Wetter in der Champagne nur in etwa fünf von zehn Jahren gut genug, um einen Jahrgangschampagner zu machen – das heißt, die Trauben wurden reif genug, dass man ausschließlich aus den Trauben dieses Jahrgangs einen guten Wein machen konnte und nicht auf die Reserven aus früheren Jahren zurückgreifen musste. Seit 1995 ist es in der Champagne und in ganz Europa deutlich wärmer als normal. Die Champagnerhäuser konnten fast jedes Jahr, mit Ausnahme von 2001, einen Jahrgangschampagner herstellen.

Die Champagne hatte auch in den 80ern außergewöhnlich gutes Wetter. Viele der Häuser haben von 1981 bis 1990 jedes Jahr einen Jahrgangschampagner gemacht, mit den Ausnahmen 1984 und 1987. Vier Jahre in den frühen 90ern waren typischer: 1991, 1992, 1993 und 1994 waren nicht erwähnenswert und nur wenige Hersteller konnten ihren Champagner mit einem Jahrgang versehen.

 Die Region hat in Bezug auf das Wetter seit 1995 und besonders mit dem Jahrgang 1996 eine Glückssträhne erlebt, denn die drei folgenden Jahre, 1997, 1998 und 1999 waren auch alle gut. 2000 und 2003 waren nicht mehr als durchschnittlich (es war damals zu heiß, besonders 2003), doch 2002 und 2004 gehörten wieder zu den feinen Jahrgängen (2002 ist der beste seit 1996) und 2005 ist unterschiedlich ausgefallen. Die Champagnerliebhaber unter Ihnen sollten nach dem Jahrgangschampagner von 1996 Ausschau halten. Das war ein außergewöhnlich guter Jahrgang, einer der besten, langlebigsten, die es je gegeben hat!

Kühlschrank-Blues

Lagern Sie Ihren Champagner – oder jeden anderen guten Sekt – nicht länger als eine Woche im Kühlschrank! Sein Geschmack wird durch die Kälte flach und schal. Auch das ständige Vibrieren des Kühlschranks durch den Kühlschrankmotor ist Gift für jeden guten Wein – besonders für prickelnde Weine (in Kapitel 16 finden Sie mehr Informationen dazu, wie man Wein richtig lagert).

Jedes Champagnerhaus entscheidet für sich, ob es in einem bestimmten Jahr einen Jahrgangschampagner herausbringt oder nicht. Dabei gibt es – neben der Qualität des Jahrgangs – einige weitere Faktoren zu beachten: etwa, ob es notwendig ist, wieder gewisse Reserven für die Champagner ohne Jahrgang aufzubauen (immerhin 85 Prozent des Geschäfts) und/oder ob der betreffende Jahrgang zum Hausstil passt. Nur ein Beispiel: Obwohl der Jahrgang 1989 ein ziemlich guter Jahrgang war, haben etliche Häuser festgestellt, dass der Champagner aus diesem Jahrgang zu weich (niedrige Säurewerte) ist beziehungsweise es ihm einfach an Langlebigkeit fehlt, und beschlossen, 1989 keinen Jahrgangschampagner zu machen.

Das für einen Jahrgangschampagner erforderliche Mindestalter liegt bei drei Jahren, aber viele Häuser lassen diesen Cuvées vier bis sechs Jahre Zeit, damit sich die Aromen und die Komplexität entfalten können. Die Jahrgangschampagner kann man einer der beiden Kategorien zuordnen:

✔ **Die normalen Jahrgangschampagner,** die sich normalerweise zwischen 33 und 53 Euro bewegen. Diese Weine tragen neben dem Jahrgang nur noch den Markennamen.

✔ **Die Premium-Cuvées** (auch *prestige cuvée* oder *tête de cuvée* genannt) wie etwa der Dom Pérignon von Moët & Chandon, der Cristal von Roederer oder La Grande Dame von Veuve Clicquot. Die Preise für die Prestige Cuvée liegen zwischen 57 und weit über 100 Euro pro Flasche. Es gibt jedoch einige, die noch mehr kosten.

Jahrgangschampagner sind aus den folgenden Gründen fast immer besser als die Champagner ohne Jahrgang:

✔ Die besten Trauben von ausgesuchten Lagen sind dem Jahrgangschampagner vorbehalten (das gilt natürlich *besonders* für die Prestige Cuvées).

✔ Normalerweise werden nur die zwei besseren Rebsorten (Pinot Noir und Chardonnay) für den Jahrgangschampagner verwendet. Pinot Meunier wird fast nur bei den Champagnern ohne Jahrgang eingesetzt.

✔ Die meisten Champagnerhäuser lassen ihre Jahrgangschampagner mindestens zwei Jahre länger reifen als die Standardcuvées. Diese längere Lagerzeit fördert die Komplexität.

✔ Die Trauben kommen alle aus einem Jahr, das qualitativ mindestens überdurchschnittlich ist oder im besten Falle sogar herausragend.

Die Jahrgangschampagner sind intensiver in den Aromen als die Champagner ohne Jahrgang. Sie haben normalerweise mehr Körper, sind komplexer und haben einen längeren Abgang. Da sie voller und kräftiger sind, passen diese Champagner auch sehr gut zum Essen. Die Champagner ohne Jahrgang eignen sich hervorragend als Aperitif, da sie meist leichter, frischer und nicht so kompliziert sind. Zudem haben sie oft ein gutes Preis-Leistungs-Verhältnis. Ob ein Jahrgangschampagner den höheren Preis auch wert ist, ist eine Frage, die Sie selbst entscheiden müssen.

Blanc de Blancs und Blanc de Noirs

Eine kleine Zahl von Champagner wird nur aus Chardonnay gemacht. Diesen Typ von Champagner nennt man *Blanc de Blancs* – wörtlich »weißer (Wein) aus weißen (Trauben)«. Ein Blanc de Blancs kann sowohl ein Champagner mit als auch ohne Jahrgang sein. Er kostet meist ein paar Euro mehr als ein anderer Champagner der jeweiligen Kategorie. Da ein Blanc de Blancs immer etwas leichter und eleganter ist als andere Champagner, eignet er sich hervorragend als Aperitif. Nicht jedes Champagnerhaus macht einen Blanc de Blancs. Als die vier besten gelten der Comte de Champagne von Taittinger, der Blanc de Blancs von Billecart-Salmon, der Blanc de Blancs von Deutz und der Blanc de Chardonnay von Pol Roger (alles Jahrgangschampagner).

Champagner *Blanc de Noirs* (werden komplett aus blauen Trauben, meist nur aus Pinot Noir gemacht) sind selten, aber es gibt sie. Der Blanc de Noirs *Vieilles Vignes Françaises* von Bollinger ist mit Abstand der Beste, aber er ist sehr teuer (zwischen 290 und 340 Euro) und schwer zu bekommen. Der Blanc de Noirs 1985 von Bollinger war einer der zwei besten Champagner, die wir jemals im Glas hatten, der andere war ein Krug 1928.

Champagner Rosé

Champagner Rosé gibt es ebenfalls mit und ohne Jahrgang. Meist werden nur Pinot Noir und Chardonnay dafür verwendet, wobei das Verhältnis von Haus zu Haus sehr unterschiedlich sein kann.

Rosé-Champagner ist der einzige Rosé in Europa, den man durch Zugabe von Rotwein färben darf, und diese Möglichkeit nutzen viele der Weinmacher. Einige wenige aber machen zuerst aus ihren roten Trauben einen Rosé und verwenden diesen als Grundwein – die schwierigere, aber geschmacklich interessantere Variante. Die Farben variieren sehr stark von sehr hell (Zwiebelschalen, lachsfarben) bis zu einem kräftigen Pink (die helleren sind meist trockener).

Rosés sind meist voller und runder als andere Champagner, und so passen sie hervorragend zum Essen. (Frauen lieben diese Farbe und den aromatischen Schmelz, deshalb ist ein guter Rosé-Champagner immer erste Wahl für romantische Anlässe.)

Ebenso wie die Blanc-de-Blancs-Champagner kosten die Rosés meist ein paar Euro mehr als die Standardcuvées, und nicht jedes Champagnerhaus macht einen. Die besten Rosés kommen von Roederer, Billecart-Salmon, Gosset und Moët & Chandon (besonders ihr Dom Pérignon Rosé).

Wie Rosés im Allgemeinen hat auch der roséfarbene Champagner einen schlechten Ruf, da es einfach zu viele süße, belanglose, billige Weinchen auf dem Markt gibt – schäumende und stille. Aber Champagner Rosé ist genauso trocken, und es gelten die gleichen hohen Qualitätsanforderungen wie für weiße Champagner.

Wer trinkt Champagner?

Es ist wohl nicht überraschend, dass Frankreich das Land mit dem höchsten Champagner-Verbrauch ist. Sie trinken 58 Prozent des Champagners, der überhaupt produziert wird. Großbritannien ist der führende Auslandsmarkt, gefolgt von den USA und Deutschland. Darauf folgen, mit deutlich höherem Pro-Kopf-Verbrauch, die beiden kleinen, aber feinen Märkte von Belgien und Italien. Von den teuren Prestige Cuvées, vor allem dem Dom Pérignon, gehen große Mengen in die Staaten und nach Asien.

Kategorien der Süße

Champagner tragen immer einen Hinweis auf ihre schmeckbare Restsüße auf dem Etikett, aber diese Begriffe sind teilweise etwas irreführend: Zum Beispiel ist extra dry eigentlich nicht trocken. In aufsteigender Reihenfolge, was die Süße betrifft, finden Sie die folgenden Begriffe auf einer Flasche Champagner:

✔ **Extra brut, brut nature** oder **brut sauvage**: total trocken

✔ **Brut:** trocken

✔ **Extra dry:** halb-trocken

✔ **Sec:** leicht süß

✔ **Demi-sec:** relativ süß

✔ **Doux:** süß

Der populärste und damit am häufigsten anzutreffende Stil beim Champagner und anderen hochwertigen Sekten ist die Bezeichnung *Brut*. Mittlerweile findet man eigentlich nur noch die drei Typen von Champagner: brut, extra dry und demi-sec.

Empfehlenswerte Champagner-Produzenten

Das Champagner-Geschäft – besonders auf den Auslandsmärkten – wird von den etwa 25 bis 30 großen Häusern dominiert. Die meisten von ihnen kaufen die benötigten Trauben für ihren Champagner von unabhängigen Weinbauern. Von den wichtigen Häusern können nur Roederer und Bollinger ihren Bedarf an Trauben zum großen Teil aus eigenen Weinbergen decken – ein wichtiger wirtschaftlicher und qualitativer Vorteil.

 Moët & Chandon ist mit Abstand das größte Champagnerhaus. Was die Exportzahlen betrifft, sind als weitere große Marken zu nennen: Veuve Clicquot, Mumm, Vranken, Laurent-Perrier, Pommery, Nicolas Feuillate und Lanson. Die folgende Liste umfasst die Namen unserer bevorzugten Produzenten. Wir haben sie in drei Gruppen gegliedert: leichte, mittlere und kräftige:

Leichte, elegante Champagner

Laurent-Perrier	Mumm
Taittinger	Bruno Paillard
Ruinart	Perrier-Jouët
Jacquesson	J. Lassalle*
Pommery	Billecart-Salmon
Piper-Heidsick	

Aromatische Champagner mit mittlerem Körper

Charles Heidsick	Deutz
Pol Roger	Cattier*
Moët & Chandon	Philipponnat

Gehaltvolle, kräftige Champagner

Krug	Alfred Gratien*
Louis Roederer	Delamotte
Bollinger	Salon*
Gosset	Paul Bara*
Veuve Clicquot	

* Kleine Produzenten, die eventuell schwierig zu bekommen sind

Die Ratschläge von Madame Lily Bollinger

Als Jacques Bollinger 1941 starb, hat die Witwe Lily Bollinger das berühmte Champagnerhaus durch die schwierigen Jahre der deutschen Besatzung geführt. Sie leitete die Firma bis zu ihrem Tode 1977. Bollinger blühte unter ihrer Führung auf und verdoppelte sich in der Größe. Sie war beliebt in der Champagne, und man konnte sie fast täglich durch die Weinberge radeln sehen. 1961 antwortete sie auf die Frage eines Londoner Reporters, wann sie denn selbst Champagner trinkt, Folgendes:

> _Ich trinke Champagner eigentlich nur, wenn ich glücklich bin oder wenn ich traurig bin. Manchmal trinke ich Champagner, wenn ich alleine bin. Wenn ich Besuch habe, ist er obligatorisch. Ich nippe daran, wenn ich satt bin, und ich trinke ihn, wenn ich Hunger habe. Ansonsten rühre ich ihn nie an – außer ich bin durstig._

Die weithin respektierte Madame Lily Bollinger starb im Alter von 78 Jahren.

Im Folgenden die Namen der Champagnerhäuser, in grober Reihenfolge unserer persönlichen Vorlieben, deren Jahrgangschampagner und Prestige Cuvées in den letzten Jahren in Topform waren:

✔ **Louis Roederer:** Cristal

✔ **Krug:** Grande Cuvée; Rosé; Clos du Mesnil

✔ **Bollinger:** Grande Année; Blanc de Noirs Vieilles Vignes

✔ **Moët & Chandon:** Dom Pérignon

✔ **Charles Heidsick:** Blanc des Millenaires

✔ **Veuve Clicquot:** Vintage; La Grande Dame

✔ **Gosset:** Celebris, Celebris Rosé; Grande Réserve

✔ **Philipponnat:** Clos des Goisses

✔ **Pol Roger:** Cuvée Sir Winston Churchill

✔ **Salon:** Vintage Blanc de Blancs

✔ **Taittinger:** Comtes de Champagne; Comtes de Champagne Rosé

✔ **Billecart-Salmon:** Blanc de Blancs; Cuvée Elisabeth Salmon Rosé

✔ **Deutz:** Cuvée William Deutz; Cuvée William Deutz Rosé

✔ **Pommery:** Cuvée Louise; Cuvée Louise Rosé

✔ **Jacquesson:** Signature; Signature Rosé

✔ **Laurent-Perrier:** Grand Siècle

✔ **Ruinart:** Dom Ruinart Blanc de Blancs

✔ **Perrier-Jouët:** Fleur de Champagne Blanc de Blancs, Fleur de Champagne, Fleur de Champagne Rosé

✔ **Lanson:** Noble Cuvée

✔ **Piper-Heidsick:** Champagne Rare

✔ **Alfred Gratien:** Cuvée Paradis

✔ **Cattier:** Clos du Moulin

Weitere Schönheiten, die prickeln

Kellereien überall auf der Welt ahmen Champagner nach. Sie haben die in der Region Champagne angewandten Techniken übernommen. Diese Weine sind aber keine Champagner, da die verwendeten Trauben nicht in den Terroirs der Champagne wachsen. Außerdem werden in anderen Regionen andere Rebsorten als in der Champagne zur Produktion verwendet (zum

Beispiel für Cava – Parellada, Xarel-Lo, Macabeo [Viura], Subirat [Malvasia Riojana] und Chardonnay).

Champagner bleibt einzigartig, aber auch viele andere schäumende Weine der Welt können die Sinne begeistern.

Deutsche Schaumweine und deutsche Winzersekte

Viele Champagnerhäuser wurden von Deutschen gegründet und tragen heute noch deren Namen. Deutsche Kellermeister waren und sind anerkannte Meister ihres Fachs. Auch heute noch werden in Deutschland große Mengen Sekt und Schaumwein hergestellt, auch wenn dafür meist ausländische Weine verwendet werden (müssen). Entscheidendes Kriterium der Verbraucher (es können nicht alle interessierte Weintrinker sein) ist derzeit meist der Preis, und wenn man die deutsche Spezialität der Sektsteuer (1,02 Euro zuzüglich Mehrwertsteuer für jede 1/1-Flasche [= 0,75 Liter]) berücksichtigt, sind wir Weltmeister. Nirgends auf der Welt schafft man es, für so wenig Geld Sekt zu produzieren. Dass dabei mit der modernsten Kellertechnologie im Tankgärungsverfahren gearbeitet wird, ist angesichts des hohen Kostendrucks selbstverständlich.

 Die Sektsteuer wurde ursprünglich zur Finanzierung des Nord-Ostsee-Kanals (Kaiser-Wilhelm-Kanal) und der kaiserlichen Kriegsflotte eingesetzt und niemals wieder abgeschafft.

Leider verhindern einfachste und damit billige ausländische Grundweine oft höhere Qualitäten und tragen somit nicht zur besonderen Profilbildung deutscher Sekte bei.

Allerdings haben wir mit dem Riesling eine Rebsorte, die sich hervorragend zum Versekten eignet, wir haben fast ebenso lang Erfahrung mit dieser Technik wie die Menschen in der Champagne, und wir haben kühle Keller. Wen wundert es, dass es somit auch bei uns hervorragende Sekte gibt? Sie sind nicht so billig wie die bekannten Marken, aber bereits für acht bis 12 Euro bekommt man herausragende Qualitäten.

 Im Folgenden die Namen einiger Marken von Sekthäusern in alphabetischer Reihenfolge:

✔ Deinhard

✔ Fürst von Metternich

✔ Henkell

✔ Kupferberg

✔ MM

✔ Rotkäppchen

✔ Schloss Wachenheim

✔ Söhnlein

Eine Vielzahl auch kleinerer Sekthäuser wie die Sektmanufaktur Menger-Krug oder Schloss Vaux bieten neben den großen Häusern zusätzlich ein qualitativ hochwertiges Produktsortiment an, das sicherlich lohnt, entdeckt zu werden.

Bereits Anfang der 70er-Jahre wurde mit der Gründung einer kleinen Lehr-Sektmanufaktur durch Professor Hermann Bauer an der Hochschule in Geisenheim die Basis für eine qualitativ hochwertige Sektherstellung gelegt. Viele Betriebsleiter renommierter Weingüter haben dort bereits studiert. Seit 1985 gibt es eine steuergesetzlich festgelegte und ausschließlich Deutschland vorbehaltene Bezeichnung für einen im Flaschengärverfahren produzierten Sekt – den *Winzersekt*. Die Grundweine müssen aus einem Winzerbetrieb stammen und von diesem selbst oder in einer Erzeuger-Gemeinschaft hergestellt worden sein.

Im Folgenden die Namen einiger guter Winzersekt-Hersteller:

- ✔ Wein- und Sektgut F. B. Schönleber, Rheingau
- ✔ Wein- und Sektgut Wilhelmshof, Pfalz
- ✔ Wein & Sektgut St. Laurentius Klaus Herres, Mosel
- ✔ Sektgut Martinushof Hilarius Reinhardt, Pfalz
- ✔ Wein u. Sektkellerei Horst Stengel, Württemberg
- ✔ Weingut Martinushof Manfred Acker, Rheinhessen
- ✔ Weingärtnergenossenschaft Heuchelberg-Kellerei eG, Württemberg
- ✔ Baden-Badener Winzergenossenschaft eG, Baden

Neben traditionellen Sektkellereien haben sich in den letzten Jahren folglich eine große Zahl kleiner, engagierter Sektkellereien etabliert. Auch viele Winzer widmen sich dem Versekten ihrer Weine und haben so dem Begriff Winzersekt internationales Renommee verliehen. Oft gibt's diese nur in kleinen Mengen, aber die Qualitäten sind es wert, dass man sich auf Entdeckungsreise begibt.

Französische Sekte (Crémants)

Frankreich macht neben Champagner noch viele andere Sekte, insbesondere im Loire-Tal, rund um Saumur, und in den Regionen von Elsass und Burgund. Sekte, die im traditionellen Verfahren (die zweite Gärung in der Flasche) gemacht wurden, erkennt man oft an der Bezeichnung *Crémant* wie bei Crémant d'Alsace, Crémant de Loire, Crémant de Bourgogne und so weiter. Verwendet werden die typischen Rebsorten der jeweiligen Region (mehr Informationen in Kapitel 10).

Die qualitativ führenden Marken für französische Sekte sind Langlois-Château, Bouvet Ladubay, Gratien & Meyer (alle aus dem Loire-Tal), Brut d'Argent, Kriter und Saint Hilaire. Diese Weine kosten zwischen sechs und zehn Euro und sind oft ausgezeichnet. Sie sind durchaus eine interessante Alternative zu den billigen

Champagnern der Discounter, da sie zwar nicht den klingenden Namen, dafür aber eine bessere Qualität haben.

Italienische Spumante: Süß oder trocken?

Spumante ist einfach nur der italienische Ausdruck für Sekt, aber der Begriff taucht häufig auf den Etiketten von Weinen auf, die den italienischen Klassiker, den süßen, fruchtigen Asti Spumante imitieren. Dabei ist Italien die Heimat von vielen hervorragenden, trockenen Spumantes und die Heimat des *Prosecco*. Aber Vorsicht: Spumante bezeichnet die Machart. Prosecco ist nur der Name der Rebsorte. Es gibt also einen Prosecco Spumante, und es gibt den *Prosecco frizzante*, der etwas weniger Kohlensäure enthält und in Deutschland so populär wurde, weil dafür keine Sektsteuer abgeführt werden muss.

Asti und Moscato d'Asti

Asti ist ein feiner, ziemlicher süßer, unglaublich fruchtiger Sekt, der in der Region Piemont mit Hilfe der Tankgärmethode aus der Moscato-Traube gemacht wird. Es ist ein hervorragender Schaumwein zu Desserts.

Ein Asti muss unbedingt frisch sein, kaufen Sie deshalb eine Marke, die gut läuft. (Asti wird ohne Jahrgang verkauft und so gibt es keine andere Möglichkeit herauszubekommen, wie alt der Wein bereits ist.) Wir empfehlen Martini & Rossi und Cinzano.

Den vollen Asti-Geschmack, aber ohne so viel Schaum im Mund, haben Sie mit einem Moscato d'Asti, da er nur als *frizzante* (weniger Kohlensäure) ausgebaut wird, trotzdem ist er unheimlich aromatisch und kann so verführerisch sein … Und er hat nur fünf bis sieben Prozent Alkohol und ist somit ein herrlicher Aperitif. Aber er passt ebenfalls sehr gut zu süßen Desserts! Vietti macht einen guten, den Cascinetta, für etwa elf Euro. Andere gute Produzenten für Moscato d'Asti sind Dante Rivetti, Paolo Sarocco und Ceretto, dessen Wein Santo Stefano genannt wird. Die Weine kosten alle zwischen zehn und 12 Euro. Nochmals: Die Frische ist ungeheuer wichtig! Beim Moscato d'Asti können Sie sich vom Jahrgang führen lassen, kaufen Sie immer den jüngsten, den Sie bekommen können.

Trockene Spumante

Mit Hilfe der traditionellen Methode (Flaschengärung) produziert Italien eine ganze Reihe hervorragender trockener Sekte. Sie kommen aus Oltrepò-Pavese, der Region Franciacorta in der Lombardei und aus dem Trentino. Die trockenen Sekte Italiens sind wirklich trocken. Es wird kaum oder gar keine süßende Dosage zugesetzt. Es gibt sowohl günstige als auch teurere Vertreter:

✔ Die günstigeren wie Gancia Brut oder Berlucci Cuvée Imperiale Brut kosten zwischen sechs und zehn Euro.

✔ In der mittleren Preisklasse finden sich Ferrari Brut und Banfi Brut.

✔ Die vier Spitzenmarken (und sehr gute!) sind Bellavista, Cà del Bosco, Giulio Ferrari und Bruno Giacosa Extra Brut – sie kosten zwischen 25 und 30 Euro. Giacosa, bekannt für seine herausragenden Barbarescos und Barolos, macht seinen reinsortigen Pinot Noir in seiner Freizeit, nur so zum Spaß. Wie alle seine Produkte ist er hervorragend.

Prosecco

Zum Inbegriff des schäumenden Weins aus Italien wurde der Prosecco wohl aus zwei Gründen. Einerseits durch die Tatsache, dass er in vielen italienischen Restaurants glasweise ausgeschenkt wird, und andererseits, weil der Prosecco frizzante gerade nicht mehr unter die Sektsteuer fällt und somit deutlich günstiger sein kann als ein vergleichbarer Sekt. Prosecco wird aus Prosecco-Trauben gemacht, die meist aus der Region zwischen Venedig und Treviso kommen. Es ist ein gradliniger, angenehmer Aperitif mit niedrigem Alkoholgehalt (etwa 11 bis 12 Volumprozent). Er kann richtig trocken ausfallen, aber meist wird dem Publikum ein etwas weicherer Geschmack unterstellt, so dass er oft mit ein wenig Restsüße eingestellt wird. Auf dem deutschen Markt findet man hauptsächlich den *Prosecco frizzante*, aber es gibt ihn auch als vollwertigen Sekt, als *Prosecco Spumante*. Ganz selten findet man auch einen stillen Wein aus der Prosecco-Traube, den Prosecco calmo oder Prosecco tranquillo (den wir nicht empfehlen, mit Bläschen ist er besser). Die guten Proseccos tragen die Herkunftsbezeichnung (DOC) von Conegliano oder Valdobbiadene, zwei Orte im nördlichen Venetien.

 Prosecco ist der passende Wein zu italienischen Vorspeisen wie eingelegtem Gemüse, Calamari, Meeresfrüchtesalat und würziger Salami. Sein frischer, fruchtiger Geschmack reinigt den Gaumen und regt Ihren Appetit für das Abendessen an. Und Prosecco ist recht günstig: Acht bis 14 Euro sollte man für eine ordentliche Qualität allerdings einplanen. Zu den empfehlenswerten Produzenten (in alphabetischer Reihenfolge) gehören Canevel, Carpenè Malvolti, Mionetto, Nino Franco, Valdo, Zardetto und Zonin.

Spanische Sekte (Cava)

Was ist, wenn Sie nicht mehr als sechs Euro für einen ordentlichen Sekt ausgeben wollen? Die Antwort sind die Sekte aus Spanien, *Cavas*, die meist zwischen fünf und acht Euro verkauft werden. Nahezu alle von ihnen kommen aus der Region Penedés, nicht weit von Barcelona.

Cava wird im traditionellen Verfahren in der Flasche vergoren. Aber die meisten Cavas verwenden lokale spanische Rebsorten. Darum unterscheiden sie sich im Geschmack deutlich (schöne, erdige Aromen, Waldboden und Pilze) von deutschem Sekt oder Champagner. Die teureren Cuvées enthalten oft Chardonnay.

Zwei gigantische Kellereien dominieren die Cava-Produktion – Freixenet und Codorniu. Die dunkle, gefrostete Flasche des Cordon Negro von Freixenet ist eine der bekanntesten Flaschen in der internationalen Weinwelt. Andere Cava-Marken, auf die es sich zu achten lohnt, sind Mont Marçal, Marqués de Monistrol und Segura Viudas. Gerade deren Jahrgangscavas sind hervorragend. Einer der besseren Cavas, Juve y Camps, der mit einem Jahrgang versehen ist, stellt mit 12 Euro eine erstrebenswerte Anschaffung dar.

Wie kauft und serviert man Sekt und Champagner?

Prickelnde Weine serviert man am besten kalt mit etwa acht Grad Celsius, manche sagen auch mit elf Grad Celsius. Wir bevorzugen ihn etwas kälter, weil so die Kohlensäure besser gebunden bleibt, außerdem wird er im Glas sowieso schnell wärmer. Da alte Champagner und Jahrgangschampagner deutlich komplexer sind, ist es angebracht, diese nicht ganz so weit herunterzukühlen wie die jungen Champagner oder andere Sekte.

Lassen Sie niemals eine offene Flasche Sekt oder Champagner auf dem Tisch stehen, da sie zu schnell warm wird, sondern verwenden Sie immer einen Sektkühler (halb mit Eis und halb mit Wasser gefüllt) oder Rapidice-Kühler. Mit einem Sektverschluss können Sie die Bläschen auch bei einer geöffneten Flasche für einige Tage in der Flasche halten. Selbstverständlich müssen Sie die Flasche kalt stellen. Wie Sie das richtig machen, finden Sie im Kasten *Kühlschrank-Blues* weiter vorne in diesem Kapitel.

Wenn Sie gerne Einladungen geben, sollten Sie wissen, dass die ideale Flaschengröße für Champagner die *Magnum* ist – sie ist mit eineinhalb Liter doppelt so groß wie die normale Flasche. Das größere Volumen lässt den Wein in der Kellerei ruhiger und gleichmäßiger reifen, und die Qualität ist daher feiner. Magnums (und manchmal sogar Doppel-Magnums) sind normalerweise die größten Flaschen, in denen man Champagner wirklich vergären lässt. Die anderen Großformate werden mit fertigem Champagner gefüllt, deshalb sind diese Weine nie so frisch wie aus der Magnum oder der regulären Flasche.

Seien Sie bei halben Flaschen (0,375 Liter) und – noch schlimmer – bei Piccolos (0,2 Liter) immer besonders skeptisch! Champagner aus diesen kleinen Flaschen ist oft nicht frisch. Auch diese Flaschen werden nachträglich aus großen Flaschen gefüllt, außerdem reifen sie viel schneller. (Wenn Sie eine kleine Flasche Champagner zur Hochzeit oder einer sonstigen Gelegenheit geschenkt bekommen, sollten Sie sie nach der Hochzeitsnacht trinken. Warten Sie nicht erst auf die Silberhochzeit!)

Champagner und andere gute trockene Sekte sind extrem anpassungsfähig, was die Möglichkeiten betrifft, sie mit Essen zu kombinieren. Und für bestimmte Gerichte sind sie existenziell. Kein Wein passt besser zu Eierspeisen als Champagner. Überzeugen Sie sich bei Ihrem nächsten Brunch am besten selbst. Und wenn Sie einen passenden Wein zur scharfen asiatischen Küche suchen, sollten Sie es mal mit prickelnden Weinen probieren. Wir meinen, kein Wein passt besser zu scharfen chinesischen oder indischen Gerichten!

Fisch, Meeresfrüchte, Pasta (aber nicht mit Tomatensauce), Risotto und Geflügel passen hervorragend zu Champagner und Sekt. Wenn Sie ein Lamm haben (rosa, nicht durch), probieren Sie einmal einen Champagner Rosé dazu. Ein gereifter Champagner zu einem Stück reifen Asiago, alten Gouda oder Parmesan passt ausnehmend gut.

Servieren Sie keinen trockenen Sekt oder Champagner Brut zum Dessert. Diese Stilrichtungen sind einfach zu trocken. Bei frischen Früchten und Desserts, die nicht so süß sind, können Sie es mit einem Champagner demi-sec probieren. Zu süßeren Desserts (oder zur Hochzeitstorte!) empfehlen wir einen Asti.

Zehn Ausreden, um die Korken knallen zu lassen

1. Sie haben gerade eine Flasche zur Hand.

2. Ihr ungeliebter Chef ist gerade in Urlaub gegangen – oder noch besser: Er hat gekündigt.

3. Die lauten Nachbarn sind endlich ausgezogen.

4. Sie haben endlich Ihre Steuererklärung fertig gemacht.

5. Es ist Samstag.

6. Die Kinder sind ins Pfadfinderlager abgezogen (oder auf Klassenfahrt gefahren).

7. Sie haben gerade 20 Euro in der Tasche Ihres alten Mantels gefunden.

8. Den ganzen Tag hat noch kein einziges Callcenter angerufen, das Ihnen etwas aufschwatzen wollte.

9. Der Drahtkorb über dem Korken ist ein wunderbares Spielzeug für die Katzen.

10. Sie haben gerade die Arbeit an einem Weinbuch beendet!

Unbekannte Weinwelt: Aperitif-, Dessert- und aufgespritete Weine

15

In diesem Kapitel

▶ Die vielfältigsten Weine der Welt

▶ 80 Rebsorten für einen Wein

▶ Ein Wein, der 200 Jahre überdauert

▶ Flüssiges Gold aus runzligen Trauben

Die Weine, die wir hier unter der Überschrift *Aperitif- und Dessertweine* zusammengefasst haben, sind keine Standardgetränke, die Sie jeden Tag trinken werden. Einige von ihnen haben einen deutlich höheren Alkoholgehalt als normaler Wein, und einige von ihnen sind extrem süß (und selten und teuer!). Sie sind das flüssige Äquivalent zu feinsten Pralinen – verführerisch genug, dass Sie bald kugelrund werden könnten, wenn Sie sich jeden Tag darauf einließen. Genießen Sie diese Weine als besonderen Genuss, ein Glas vor oder nach dem Essen, eine Flasche, wenn Gäste kommen, ein Schlückchen, um den Beginn Ihrer Diät zu feiern – ab morgen.

Aber lassen wir das Vergnügen beiseite: Auch aus einer rein akademischen Betrachtungsweise haben Sie sich mit diesen Weinen auseinanderzusetzen. Ernsthaft! Etwas über Wein zu lernen ist harte Arbeit, aber es macht auch eine Menge Spaß.

Der richtige Zeitpunkt ist entscheidend

Viele der Weine, die wir vor dem Essen als Aperitif oder nach dem Essen als Dessertwein genießen, gehören in die Kategorie der *aufgespriteten Weine* (im deutschsprachigen Raum auch *Likörweine* genannt – in Kapitel 4 finden Sie Erläuterungen der EU-Bezeichnungen). Diesen Weinen wurde zu irgendeinem Zeitpunkt ihrer Produktion Alkohol zugesetzt, damit sie einen Alkoholgehalt zwischen 16 und 24 Prozent erreichen.

Entscheidend ist der Zeitpunkt, wann der Alkohol zugefügt wird. Davon hängt ab, ob es sich um einen natürlich süßen oder trockenen Wein handelt.

✔ Wenn der Alkohol *während* der Gärung zugesetzt wird, ist der Wein süß, da der zugesetzte Alkohol die Gärung stoppt und unvergorener Traubenzucker im Wein verbleibt (in Kapitel 1 finden Sie eine Erläuterung zur Gärung). Portwein ist ein klassisches Beispiel für diese Prozedur.

✔ Wenn der Alkohol *nach* der Gärung zugesetzt wird (wenn der gesamte Traubenzucker bereits in Alkohol umgewandelt wurde), dann ist der Wein trocken (außer er wurde nachträglich gesüßt). Sherry ist das klassische Beispiel für diese Technik.

Einigen Weinen, die wir als Dessertweine bezeichnen, wird aber überhaupt kein Alkohol zugesetzt. Ihre Süße geht darauf zurück, dass die Trauben zum richtigen Zeitpunkt am richtigen Ort waren – wenn der Edelschimmel (Botrytis cinerea) zuschlägt. (Lesen Sie auch Kapitel 9 über deutsche Weine.) Andere Dessertweine sind süß, weil die Winzer besonders reife Trauben (aber keine verschrumpelten) gelesen und sie vor der Gärung an der Sonne getrocknet haben, um den Saft zu konzentrieren. Das sind einfach andere Möglichkeiten, um Traubensaft in einen Göttertrank zu verwandeln.

Sherry: Ein missverstandener Wein

Der verstorbene Humorist Rodney Dangerfield hat seine Karriere um den Satz »Keiner mag mich!« aufgebaut. Der Wein seiner Wahl sollte eigentlich der Sherry sein, da er dieses Schicksal teilt. Es ist ein Wein von unglaublicher Qualität und Vielfalt, er wurde nur von der restlichen Welt noch nicht entdeckt. In gewisser Weise sind wir nicht traurig, da so die Preise für guten Sherry angenehm niedrig sind.

Das Dreieck von Jerez

Der Sherry kommt aus Andalusien, dem sonnenverbrannten Südwesten Spaniens. Der Wein wurde nach Jerez de la Frontera, einer alten Stadt arabischen Ursprungs, benannt, in der auch viele der Sherry-*Bodegas* ihren Sitz haben. (*Bodega* bezeichnet einerseits das Gebäude, in dem der Sherry reift, aber auch die ganze Firma.)

Tatsächlich ist die Stadt Jerez aber nur eine Spitze des Dreiecks der Sherry-Region. Ein weiterer Eckpunkt ist Puerto de Santa María, eine schöne, alte Küstenstadt südwestlich von Jerez. Sie ist die Heimat einer großen Zahl von Bodegas. Der dritte Eckpunkt des Dreiecks ist Sanlúcar de Barrameda (auch an der Küste, aber nordwestlich von Jerez). Sie ist gesegnet mit einer ständigen Brise, so dass der leichteste und trockenste aller Sherrys, der *Manzanilla*, nur hier gemacht werden kann. Sherry-Kenner schwören, dass sie das Meer mit seinem Duft von Tang und Salzwasser im Manzanilla schmecken können.

Wenn Sie von Sanlúcar nach Jerez fahren, kommen Sie durch Weinlagen mit blendend weißen Böden. Dieser Boden heißt *albariza*, er ist der berühmte Kalkboden der Region, reich an Kalk von versteinerten Muscheln. Die Sommer sind heiß und trocken, aber eine ständige Brise vom Meer zähmt die Hitze.

Die Palomino-Traube – die wichtigste Rebsorte für den Sherry – gedeiht nur hier in der heißen Sherry-Region auf diesem besonderen Kalkboden. Palomino ist für normale Tischweine völlig ungeeignet, da die Weine viel zu wenig Geschmack und Säure haben, aber für die Sherry-Produktion ist sie perfekt. Zwei weitere Rebsorten, Pedro Ximénez und Moscatel (Muscat), werden für den Desserttyp des Sherrys verwendet.

Das Phänomen Flor

Sherry gibt es in zwei Grundrichtungen: *fino* (leicht, sehr trocken) und *oloroso* (kräftig und voll, aber auch trocken). Für den süßen Sherry wird einfach einer der beiden aufgezuckert.

Nach der Gärung entscheidet der Weinmacher, welcher Sherry ein Fino oder ein Oloroso werden soll, indem er das Erscheinungsbild, das Aroma und den Geschmack des jungen, noch nicht aufgespriteten Weines beurteilt. Wenn ein Wein als Fino vorgesehen ist, dann gibt der Weinmacher in kleinen Schritten immer nur ein wenig Alkohol zu (bis er einen Alkoholgehalt von etwa 15,5 Prozent erreicht). Den zukünftigen Oloroso bringt er sofort auf 18 Prozent Alkohol.

An diesem Punkt, wenn der Wein im Fass liegt, beginnt die eigentliche Magie des Sherrys: Eine Hefekultur (meist der Gattungen *Saccharomyces bayanus, capensis, cheriensis, fermentati, montuliensis* oder *rouxii*), auch Flor genannt, bildet sich plötzlich auf der Oberfläche des zukünftigen Fino. Der Flor bedeckt bald die ganze Oberfläche mit einer zentimeterdicken Schicht und schützt so den Wein vor Oxidation. Der Flor ernährt sich vom Sauerstoff aus der Luft und vom Alkohol und dem Glycerin im Wein. Er verändert dadurch den Charakter des Weines. Er fügt ihm gewisse Aromen zu und macht den Wein schlanker und feiner in der Textur.

Auf dem zukünftigen Oloroso bildet sich kein Flor, da der höhere Alkoholgehalt dies verhindert. Ohne den Schutz des Flors (und da die Fässer nie ganz voll gemacht werden) sind diese Weine während des gesamten Reifeprozesses dem Sauerstoff ausgesetzt. Diese kontrollierte Oxidation schützt den Oloroso vor einer späteren, weiteren Oxidation – etwa, wenn Sie die Flasche geöffnet haben.

Eine lokale Reifetechnik

Sowohl Fino- als auch Oloroso-Sherrys reifen auf eine ganz besondere Art, die nur für Sherry angewendet wird.

Der junge Wein wird nicht für sich allein gelagert (wie es sonst üblich ist), sondern in ein Fass gegeben, in dem bereits alter Wein reift. Um für den neuen Wein Platz zu schaffen, wird ein Teil des alten Weines in ein Fass mit noch älterem Wein umgefüllt. Um in diesem Fass dafür Platz zu machen, wird ein Teil in ein noch älteres Fass umgefüllt und so weiter. Am Ende dieser Kette, vier bis neun Generationen von dem jungen Wein entfernt, wird fertiger Sherry vom ältesten Fass entnommen und für den Verkauf abgefüllt.

Dieses System, Wein zu verschneiden, nennt man *Solera*-Verfahren. Der Name stammt von dem Wort *solera* (Boden). Der Ausdruck wird auch für das Fass mit dem ältesten Wein verwendet.

Da der Wein verschnitten wird – der junge in den älteren, in einen noch älteren und irgendwann in den ältesten – und nie mehr als die Hälfte eines Fasses entnommen wird, enthält theoretisch jede Solera-Reihe noch einen kleinen (und immer weiter sinkenden) Anteil von sehr altem Wein. Da jeder Jungwein mit älterem Wein verschnitten wird, nimmt er auch die Charaktereigenschaften des älteren Weines an. Innerhalb weniger Monate sind die verschiedenen Generationen von Wein nicht mehr zu unterscheiden und werden dann wieder mit jungem Wein aufgefrischt. So gewährleistet das Solera-Verfahren eine gleich bleibende Qualität und einen gleich bleibenden Typ von Sherry.

Da die Fässer mit Sherry in trockenen, luftigen Bodegas, die durch das andalusische trockene Klima begünstigt werden, über der Erde lagern (und nicht wie andere Weine in feuchten, unterirdischen Kellern), verdunstet ein Teil der Flüssigkeit, und der Alkoholgehalt steigt etwas an. Einige Olorosos, die mehr als zehn Jahre gelagert wurden, können einen Alkoholgehalt von 24 Prozent erreichen, anfangs hatten sie bloß 18 Prozent.

Aus zwei mach zwölf

So weit, so gut: zwei Stilrichtungen an Sherry – *zarte Finos*, unter ihrem schützenden Flor gereift, und volle *Olorosos*, oxidativ ausgebaut – und kein Jahrgang, da die jungen Weine mit den alten Weinen verschnitten werden. Aber jetzt wird Sherry etwas verwirrend. Diese zwei Grundtypen verzweigen sich in mindestens zwölf. Neue Stile entstehen, wenn der natürliche Alterungsprozess den Charakter des Sherrys so verändert, dass sein Geschmack nicht mehr in eine der beiden Grundkategorien passt. Auch das nachträgliche Süßen des Weins kreiert verschiedene Richtungen.

Unter den trockenen Sherrys sind das die Hauptrichtungen:

✔ **Fino:** Helle, strohgelbe Farbe, leicht, trocken und zart. Ein Sherry Fino reift immer unter dem Flor, entweder in Jerez oder in Puerto de Santa María. Sie haben 15 bis 17 Prozent Alkohol. Nachdem sie ihren schützenden Flor verloren haben (bei der Abfüllung), werden die Finos sehr anfällig für die Oxidation. Lagern Sie einen Fino immer kühl, trinken Sie ihn jung und stellen Sie die offene Flasche in den Kühlschrank. Am besten schmecken die Finos gekühlt.

✔ **Manzanilla:** Ein heller, strohgelber, zarter, leichter, nach Tang duftender, sehr trockener Fino-ähnlicher Sherry, der nur in Sanlúcar di Barrameda gemacht wird. (Auch wenn verschiedene Stile des Manzanillas produziert werden, ist der *Manzanilla Fina*, der Fino-Stil, der weitaus geläufigste.) Das kühlere Klima am Meer lässt die Flor-Schicht in dieser Stadt deutlich dicker werden, und daher ist der Manzanilla der trockenste und eigenwilligste Sherry von allen. Behandeln Sie ihn wie einen Sherry Fino.

✔ **Manzanilla Pasada:** Ein Manzanilla, der für etwa sieben Jahre im Fass gelagert wurde und seinen schützenden Flor verloren hat. Er ist eher bernsteinfarben und kräftiger als ein Manzanilla Fina. Er ähnelt bereits einem trockenen Amontillado (lesen Sie die nächste Variante), aber ist immer noch knackig und hat Ecken und Kanten. Kühl servieren.

✔ **Amontillado:** Ein gereifter Fino, der während der Fasslagerung seinen Flor verloren hat. Seine Farbe gleicht dunklem Bernstein, und er ist kräftiger und nussiger als die vorherigen Stile. Ein Amontillado ist trocken und hat noch etwas von dem Tangaroma des verlorenen Flors. Echte Amontillados sind ziemlich selten. Die besseren Exemplare kosten zwischen 19 Euro und 30 Euro die Flasche. Es gibt viele billige Sherrys, die Amontillado genannt werden und dann einen halbtrockenen, langweiligen Sherry enthalten. Seien Sie misstrauisch, wenn die Flasche weniger als zehn Euro kostet. Servieren Sie den Amontillado leicht gekühlt und leeren Sie die Flasche innerhalb einer Woche, um die feinen Aromen nicht zu verlieren.

✔ **Oloroso:** Dunkles Gold beziehungsweise dunkelbraun in der Farbe (abhängig vom Alter), vollmundig, mit kräftigen Rosinenaromen, aber trocken. Den Olorosos fehlt die Schärfe des Sherry Fino (kein Flor). Sie haben meistens zwischen 18 und 20 Prozent Alkohol, und man kann die geöffnete Flasche ohne Weiteres über einige Wochen genießen, da sie bereits während ihres Reifeprozesses viel Luft bekommen haben. Servieren Sie ihn bei Raumtemperatur.

✔ **Palo Cortado:** Der seltenste Sherry von allen. Er beginnt als Fino mit einem Flor und entwickelt sich zu einem Amontillado, da hat er bereits seinen Flor verloren. Aber dann beginnt er aus ungeklärten Gründen dem kräftigeren, dichteren Oloroso zu ähneln, ohne dabei die Eleganz des Amontillado zu verlieren. In der Farbe und dem Alkoholgehalt ähnelt der Palo cortado mehr dem Oloroso, aber die Aromen bleiben die eines Amontillado. Wie beim Amontillado sollten Sie nicht auf billige Imitate hereinfallen. Servieren Sie ihn bei Raumtemperatur. Er hält sich ähnlich gut wie ein Oloroso.

Süßer Sherry wird dadurch gemacht, dass man trockenen Sherry aufzuckert. Das Süßen kann auf verschiedene Arten geschehen, zum Beispiel indem man Pedro-Ximénez-Trauben zufügt, die vorher wie Rosinen getrocknet wurden. Die nachfolgenden süßen Stilrichtungen des Sherrys serviert man am besten bei Raumtemperatur:

✔ **Medium Sherry:** Amontillados und leichte Olorosos, die leicht gesüßt werden. Sie sind hellbraun in der Farbe.

✔ **Pale Cream:** Ihn macht man, indem man Fino- und leichte Amontillado-Sherrys verschneidet und leicht süßt. Sie haben eine goldgelbe Farbe. Pale Cream ist ein relativ neuer Stil.

✔ **Cream Sherry:** Cream Sherrys sind kräftige Amorosos (der Ausdruck für gesüßte Olorosos). Sie schwanken gewaltig in der Qualität, je nachdem, welche Olorosos verwendet werden. Die entwickeln sich auch noch in der Flasche. Dieser Sherry-Typ ist sehr beliebt.

✔ **Brown Sherry:** Sehr dunkler, kräftiger, süßer Dessert-Sherry, der normalerweise einen rustikaleren Stil an Oloroso enthält.

✔ **East India Sherry:** Eine Version des Brown Sherrys, die stark gesüßt und zusätzlich gefärbt ist.

✔ **Pedro Ximénez und Moscatel:** Extrem süße, dunkelbraune, sirupartige Dessert-Sherrys: Niedrig im Alkohol werden diese Sherrys aus den getrockneten Trauben der beiden Rebsorten gekeltert. Es ist inzwischen selten, dass man diese Sherrys mit Rebsortenbezeichnung bekommt. Schmecken fantastisch über Vanilleeis (wirklich!).

Auch in anderen Ländern werden bestimmte Weine Sherry genannt, aber authentischer Sherry wird nur in der Region von Jerez in Spanien gemacht und trägt den offiziellen Namen *Jerez-Xerès-Sherry* (der spanische, französische und englische Name der Stadt) auf dem vorderen oder hinteren Etikett.

Nussiger Sherry

Das Aroma eines Sherry Fino wird oft mit Mandeln verglichen. Den Amontilla-dos wird nachgesagt, sie riechen nach Haselnuss, und Olorosos riechen angeblich nach Walnüssen. Ganz nebenbei: Die jeweiligen Nüsse sind eine perfekte Begleitung zu dem jeweiligen Sherry.

Sherry lagern und servieren

Die leichten, trockenen Sherrys Fino und Manzanilla müssen frisch sein. Kaufen Sie diese in Läden mit einem entsprechenden Warenumschlag. Ein Fino oder Manzanilla, der seit mehreren Monaten im Regal steht, wird ihnen keine authentische Erfahrung liefern.

Obwohl ein Fino oder Manzanilla ein hervorragender Aperitif ist, sollten Sie im Restaurant oder in der Bar vorsichtig sein, wenn Sie ein Glas ordern. Akzeptieren Sie nie ein Glas aus einer geöffneten Flasche, wenn diese nicht im Kühlschrank stand. Fragen Sie auch danach, wie lange die Flasche schon offen ist – mehr als zwei Tage ist zu lang. Auch zu Hause sollten Sie eine geöffnete Flasche in den Kühlschrank stellen und innerhalb weniger Tage aufbrauchen.

Wir kaufen bevorzugt halbe Flaschen vom Fino oder Manzanilla, so dass nichts übrig bleibt und oxidiert. Alle Sherrys können stehend gelagert werden. Achten Sie jedoch darauf, dass ein Fino oder Manzanilla nicht älter als drei Monate wird. Der höhere Alkohol und die oxidative Lagerung der anderen Sherry-Typen (Amontillado, Oloroso, Palo Cortado und alle süßen Sherrys) erlauben es, diese Sorten auch mehrere Jahre aufzuheben.

Manzanilla und Sherry Fino schmecken fantastisch zu Mandeln, Oliven, Shrimps, allen anderen Arten von Meeresfrüchten und den wundervollen Tapas in spanischen Bars und Restaurants. Ein Amontillado kann ebenfalls gut zu den Tapas vor dem Essen getrunken werden, er passt aber auch gut zu leichten Suppen, Käse, Schinken und Salami (vor allem der spanischen Variante *chorizo*). Trockene Olorosos und Palo Cortados schmecken am besten mit Nüssen, Oliven und Hartkäse (wie etwa dem ausgezeichneten spanischen Schafskäse *manchego*). Die süßen Sherrys serviert man zum Dessert nach dem Essen oder man genießt sie einfach so für sich.

Empfehlenswerte Sherrys

Sherry gehören zu den günstigen Schnäppchen in der Weinwelt: Bereits für vier bis fünf Euro können Sie einen ordentlichen, authentischen Sherry kaufen. Aber wenn Sie die wirklich guten probieren wollen, müssen Sie mindestens zehn Euro ausgeben. Hier sind einige unserer Lieblings-Sherrys, aufgelistet nach Typ:

Fino

Diese Sherry Fino kosten alle etwa zehn bis 14 Euro:

✔ **Tío Pepe** von González Byass

✔ **La Iña** von Pedro Domecq

✔ **Jarana** von Emilio Lustau

✔ **Inocente** von Valdespino

Manzanilla

✔ **La Gitana** von Hidalgo, aber auch sein Manzanilla Pasada (etwa 14 Euro)

Amontillado

In dieser Kategorie finden Sie viele billige Imitate. Für einen richtigen Amontillado sollten Sie bei einer der folgenden Marken bleiben:

✔ **Del Duque** von González Byass (der ist authentisch! – etwa 39 Euro)

✔ **Emilio Lustau** (alle seine Amontillados aus der Almacenista-Serie, 27 bis 36 Euro)

✔ **Napoleon** von Hidalgo (etwa 13 Euro)

✔ **Solera A.O.S.** von Osborne (etwa 30 Euro)

Oloroso

✔ **Matusalem** von González Byass (39 Euro)

✔ **Emilio Lustau** (alle seine Olorosos aus der Almacenista-Serie, 27 bis 30 Euro)

✔ **»Very Old«** von Osborne (29 Euro)

Palo Cortado

Auch bei diesem Stil finden sich viele Nachahmer. Echte Palo Cortados sind ziemlich selten.

✔ **Apostoles** von González Byass (etwa 35 Euro)

✔ **Emilio Lustau** (jeden seiner Palo Cortados aus der Almacenista-Serie, 27 bis 30 Euro)

✔ **Jerez Cortado** von Hidalgo (etwa 25 Euro)

Cream

✔ **Armada Cream** von Sandeman (etwa acht bis 10 Euro)

✔ **Rare Cream Solera Reserva** von Emilio Lustau (19 bis 20 Euro)

East India, Pedro Ximénez, Moscatel

✔ **Emilio Lustau** (eine Qualitätsmarke für alle drei Sherrys)

✔ **Pedro Ximénez »Noe«** von González Byass (etwa 40 Euro)

Montilla: Sieht aus wie ein Sherry

Nordöstlich der Sherry-Region liegt die Region Montilla-Moriles (meist nur kurz als Montilla bezeichnet), wo Sherry-ähnliche Weine gemacht werden, sowohl im Fino- und Amontillado- als auch Oloroso-Stil. Die zwei großen Unterschiede zwischen Montilla und Sherry sind:

✔ **Pedro Ximénez** ist die dominierende Rebsorte in Montilla.

✔ **Die Montillas** erreichen ihren hohen Alkoholgehalt auf natürliche Weise (die Weine werden nicht mit Alkohol aufgespritet).

Alvear ist der führende Produzent in Montilla. Man muss etwas suchen, aber dafür sind die Weine günstig. Es gibt sie als Fino oder Amontillado.

Marsala, Vin Santo und all die anderen

Italien hat eine ganze Anzahl interessanter Dessertweine, von denen der Marsala (benannt nach der gleichnamigen Hafenstadt [von arabisch _Marsah-el-Allah_, deutsch _Hafen_ oder _Tor Gottes_] in der Provinz Trapani in Sizilien) der bekannteste ist. Marsala ist ein aufgespriteter Wein, der aus regionalen Rebsorten gekeltert wird. Es gibt ihn in unzähligen Stilrichtungen, aber alle werden erst nach der Gärung aufgespritet und reifen in einer Art Solera-Verfahren. Man findet trockene, halbtrockene und süße Versionen in Bernstein, Gold oder als rote Variante, aber die besten haben den Begriff _Superiore_ oder – noch besser – _Vergine_ oder _Vergine Soleras_ auf dem Etikett. Marsala Vergine ist nicht gesüßt und gefärbt und wird länger gelagert als die anderen Arten.

Marco De Bartoli ist der meistbeachtete Produzent von trockenem Marsala. Sein 20-year-old Vecchio Samperi (etwa 38 Euro für eine 0,5-Liter-Flasche) ist ein exzellentes Beispiel für einen trockenen Aperitif-Marsala. Pellegrino, Rallo und Florio zählen zu den großen Produzenten für Marsala.

Zwei faszinierende Dessertweine werden aus getrockneten Trauben auf zwei kleinen Inseln vor Sizilien gemacht. Einer ist der Malvasia delle Lipari vom Weingut des alten Carlo Hauner. Dieser Wein hat eine herrliche, orange-braune Farbe und ein unvorstellbares Aroma nach Blüten, Aprikosen und Kräutern (19 bis 20 Euro für eine halbe Flasche). Der andere ist der Moscato di Pantelleria, ein sehr eleganter Süßwein. De Bartoli ist einer der besten Produzenten. Suchen Sie nach seinem Bukkuram Passito Pantelleria (etwa 53 Euro für eine 0,5-Liter-Flasche).

Die Region Toskana ist zu Recht stolz auf ihren *Vin Santo* (bedeutet *heiliger Wein*, weil er gerne als Messwein verwendet wird), einem goldfarbenen Wein aus getrockneten Trauben, der über viele Jahre im Fass gelagert wird. Vin Santo kann trocken, halbtrocken oder süß sein. Wir bevorzugen die ersten beiden – die trockene Variante als Aperitif und die halbtrockene Version zum wundervollen italienischen Mandelgebäck *biscotti*.

 Viele Winzer in der Toskana machen einen Vin Santo. Vier außergewöhnliche Beispiele für einen guten Vin Santo (meist in halben und in ganzen Flaschen verfügbar!) kommen von Avignonesi (sehr teuer!), Badia a Coltibuono, Castello di Cacchiano und San Giusto a Rentennano.

Portwein: Der Ruhm Portugals

Port ist der größte, rote Dessertwein der Welt.

Die Briten entdeckten den Port dank einem der vielen Kriege, die sie mit den Franzosen führten. Sie waren gezwungen, portugiesische Weine als Ersatz für den französischen Wein zu kaufen. Damit die portugiesischen Weine für den Seetransport stabil genug waren, haben die Briten dem fertigen Wein einfach etwas Weinbrand zugegeben, und das Ergebnis waren die ersten Portweine. Die Engländer gründeten 1670 ihr erstes Portweinhaus, Warre in der Stadt Oporto, und es folgten weitere.

Ironischerweise trinken die Franzosen, die damals die Briten nach Portugal getrieben haben, heute etwa dreimal so viel Port wie die Briten! Aber es ist halt so, dass die Franzosen noch den höchsten Weinverbrauch pro Einwohner auf der Welt haben.

Am Douro zu Hause

Port hat seinen Namen von der Stadt Oporto, die an der Mündung des Douro im nördlichen Portugal liegt. Aber seine Weinberge liegen weit entfernt im heißen, gebirgigen Douro-Tal. (Bereits 1756 wurde diese Weinregion per Gesetz zu einem geschützten Weinanbaugebiet erklärt.) Am oberen Douro finden Sie eine der schönsten, aufregendsten und ursprünglichsten Reblandschaften der Welt – noch heute gibt es große, unberührte Gebiete.

Portwein wird im Douro-Tal vergoren und aufgespritet, und erst dann reist der größte Teil von ihm flussabwärts an die Küste. Der Wein der großen Auslandsspediteure reift bis zu seiner Abfüllung in Vila Nova de Gaia, einem Vorort von Oporto. Die kleineren Erzeuger dagegen belassen ihn im Tal, bis er trinkreif wird. Von Oporto aus wird der Wein in die ganze Welt verschifft.

 Wenn Sie Ihre weinverrückten Freunde zum Verstummen bringen wollen, dann fragen Sie einfach nach den Rebsorten, die für den Portwein zugelassen sind (es sind mehr als 80!). In der Praxis kann kaum ein Weinliebhaber – sogar Portweinkenner – mehr als eine Rebsorte nennen. Es sind in der Mehrheit lokale und außerhalb Portugals völlig unbekannte Sorten. Der Vollständigkeit halber hier die fünf wichtigsten Rebsorten: *Touriga Nacional, Tinta Roriz* (Tempranillo), *Tinta Barroca, Tinto Cão* und *Touriga Francesca*.

So viele verschiedene Ports

Sie denken, Sherry ist kompliziert? In gewisser Weise ist Port noch verzwickter. Obwohl alle Portweine süß und die meisten rot sind, existieren zig verschiedene Stile. Der Stil variiert je nach Qualität der verwendeten Grundweine (das reicht von einfach bis außergewöhnlich), wie lange er vor der Abfüllung im Holz lag (reicht von zwei bis über 40 Jahre) und ob der Wein aus einem einzelnen Jahr oder ein Verschnitt aus verschiedenen Jahrgängen ist.

Nachfolgend eine kurze Beschreibung der wichtigsten Stilrichtungen, vom einfachsten zu den komplexesten:

✔ **White Port:** Aus weißen Trauben gekeltert kann dieser goldfarbene Wein fast trocken oder süß sein. Wir konnten nicht herausfinden, warum er überhaupt existiert – Sherrys und Sercial Madeira (dazu kommen wir etwas später in diesem Kapitel) sind als Aperitif erheblich besser, und roter Port ist der viel interessantere Dessertwein – bis uns jemand einen weißen Port mit Tonic und Eis kredenzte. So serviert ist White Port ein angenehmer Aperitif für warme Abende.

✔ **Ruby Port:** Dieser junge, jahrgangslose Port wird für etwa drei Jahre im Holz gelagert, bis er für den Verkauf freigegeben wird. Fruchtig, einfach und günstig (etwa acht Euro) ist er der meistverkaufte Typ. Ein Ruby Port ist ein guter Einstieg in die Welt des Portweins.

✔ **Vintage Character Port:** Ungeachtet des Namens trägt dieser Wein keinen Jahrgang – er versucht nur, wie ein Vintage Port zu schmecken. Vintage Character Port ist eigentlich nur hochwertiger Ruby aus qualitativ besseren Weinen aus verschiedenen Jahrgängen, der für etwa fünf Jahre im Holz reift. Vollmundig, kräftig und trinkreif, wenn er zum Verkauf freigegeben wird. Diese Weine sind oft für günstige 13 Euro zu bekommen. Aber auf den Etiketten steht nicht immer etwas von *Vintage Character*, oft tragen sie nur den Markennamen wie Founder's Reserve (von Sandeman), Bin 27 (Fonseca), Six Grapes (Graham), First Estate (Taylor Fladgate), Warrior (Warre) oder Distinction (Croft). Als ob *Vintage Character* nicht schon irreführend genug wäre!

Port – das Original

Den Ausdruck *Port* hat man sich weltweit noch sehr viel häufiger ausgeliehen als den Namen Sherry. In vielen Ländern außerhalb der EU wird süßer Rotwein im Portweinstil gemacht und auch Port genannt. Einige von ihnen können durchaus gut sein, aber sie sind nie so fein wie das Original, das nur in Portugal gemacht wird. Um echten portugiesischen Port zu identifizieren, gibt es einen ganz einfachen Trick: Irgendwo auf dem Etikett taucht die portugiesische Bezeichnung *Porto* auf.

✔ **Tawny Port:** Tawny ist der vielfältigste Portwein-Stil. Die besten Tawnys sind hochwertige Weine mit einer rotbraunen Farbe oder einer wie heller Bernstein, die von der langen Lagerung im Holz herrührt. Auf dem Etikett tragen sie einen Hinweis auf ihr durchschnittliches Alter (das durchschnittliche Alter der Weine, aus denen sie komponiert wurden) – 10, 20, 30 oder 40 Jahre. 10-years-old Tawnys kosten etwa 23 Euro, 20-years-old werden für 33 bis 38 Euro angeboten und 30- beziehungsweise 40-years-old kosten gleich deutlich mehr (67 bis weit über 75 Euro). Wir finden, dass die 10- und 20-years-old die interessanteren Tawnys sind, die älteren sind ihr Geld oft nicht wert. Tawny Ports haben mehr Finesse als alle anderen Stile, und man kann sie sowohl als Aperitif als auch als Dessert nach dem Essen servieren. Billige Tawnys, die oft schon in der gleichen Preisklasse wie Ruby Ports verkauft werden, sind meist fade im Geschmack, und man sollte die Finger davonlassen. Ein hervorragender Tawny ohne Altersangabe ist der Senior Tawny von Niepoort.

Einen anständigen Tawny Port kann man auch an warmen Tagen servieren (sogar mit ein paar Eiswürfeln!), wenn ein Vintage Port viel zu schwer und tanninlastig ist.

✔ **Colheita Port:** Wird oft mit den Vintage Ports verwechselt, weil ebenfalls der Jahrgang genannt wird. Aber ein Colheita ist nichts anderes als ein Tawny aus einem bestimmten Jahrgang. Mit anderen Worten, er reifte (wurde weich und bernsteinfarben) über viele Jahre im Holz, nur dass er im Gegensatz zu den anderen Tawnys aus einem einzelnen Jahrgang kommt. Niepoort ist eines der wenigen Portweinhäuser, das sich auf Colheita Port spezialisiert hat. Er kann sehr gut sein, aber je nach Alter auch sehr teuer (ein Colheita von 1900 kostet etwa 1.500 Euro). Smith Woodhouse und Delaforce verkaufen Colheita Port für unter 38 Euro.

✔ **Late Bottled Vintage Port (LBV):** Dieser Typ _kommt_ aus dem jeweiligen Jahr, aber normalerweise nicht aus einem Spitzenjahrgang. Der Wein reift für etwa sechs Jahre in Holz, bevor er abgefüllt wird und dann auch sofort trinkreif ist – im Gegensatz zum Vintage Port. Kraftvoll und dicht, aber nicht so konzentriert wie ein Vintage Port, kostet er zwischen 14 und 16 Euro.

✔ **Vintage Port:** Die absolute Spitze der Portweinproduktion! Der Vintage Port wird aus den besten Lagen eines Portweinhauses komponiert und das nur in den ganz besonderen Jahrgängen. Er wird etwa zwei Jahre nach der Lese abgefüllt, lange bevor der Wein eine Chance hatte, seine rauen, harten Tannine abzuschleifen. Deshalb verlangt er nach einer langen Lagerzeit in der Flasche, um die Entwicklung nachzuholen, die im Fass nicht erfolgt ist. Vintage Port sollte man möglichst für 20 Jahre im Keller vergessen.

Da er sehr gehaltvoll ist und viel Tannin hat, bildet dieser Wein enorm viel Bodensatz und _muss_ unbedingt dekantiert werden, am besten etliche Stunden vor dem Trinken (er braucht die Luft). Vintage Port aus einem guten Jahrgang kann ohne Weiteres 70 und mehr Jahre alt werden.

Ein guter Vintage Port kostet 56 bis 76 Euro, wenn er erstmalig in den Verkauf kommt (und noch Jahre von seiner Trinkbarkeit entfernt ist). Gereifte Vintage Ports kosten dementsprechend erheblich mehr. Vintage Port wird nur in den besten Jahren gemacht. Der Jahrgang muss vorher in Oporto *zu einem Vintage-Jahr deklariert* worden sein – ein Ausdruck, den Sie in Portkreisen häufiger hören werden.

✔ **Single Quinta Vintage Port:** Das ist ein Vintage Port aus einem einzelnen Weingut (quinta). Meist handelt es sich dabei um das Top-Anwesen eines Produzenten (wie etwa Taylor's Vargellas und Graham's Malvedos). Sie werden in den guten, aber nicht in den besten Jahren gemacht, denn dann werden ihre Trauben für den Verschnitt des Vintage Ports gebraucht. Sie haben den Vorteil, dass sie schneller trinkreif sind als die deklarierten Vintage Ports, oft nur halb so viel kosten wie diese und zudem meist auf den Markt gebracht werden, wenn sie trinkreif sind. Sie sollten ihn jedoch ebenfalls vorher dekantieren und atmen lassen. (Manche Portweinhäuser bestehen unglücklicherweise nur aus einem Weingut wie etwa Quinta do Noval, Quinta do Infantado und Quinta do Vesuvio. Wenn diese Häuser einen Vintage Port machen, ist er gleichzeitig auch ein Single Quinta Port, aber das ist Haarspalterei.)

Portwein lagern und servieren

Behandeln Sie Vintage Ports wie andere gute Rotweine auch: Lagern Sie die Flaschen liegend an einem kühlen Ort. Andere Ports können Sie liegend (wenn sie einen normalen und keinen Plastikkorken haben) oder stehend lagernd. Alle Ports außer den weißen, dem Ruby und den älteren Weinen halten sich auch geöffnet ohne Probleme eine gute Woche. Ein Tawny, bei dem das Durchschnittsalter des Verschnitts angegeben ist, kann sich sogar bis zu einigen Wochen halten.

Sie bekommen inzwischen manchen Vintage Port und einige Vintage Character Ports wie den Fonseca Bin 27 auch in halben Flaschen – eine brillante Entwicklung für uns Portweinfans. Es ist noch viel einfacher, sich für ein Fläschchen nach dem Essen zu entscheiden, wenn's nur eine kleine ist. Der Wein reift in den halben Flaschen etwas schneller, aber wenn man seine Langlebigkeit berücksichtigt, ist das eher ein Vorteil!

Servieren Sie Portwein bei kühler Raumtemperatur (18 Grad Celsius), wobei Tawny Port ein besonderes Vergnügen sein kann, wenn er bei warmem Wetter kühl serviert wird. Die klassische Begleitung zum Port sind Walnüsse und kräftige Käse mit einer gewissen Schärfe wie Stilton, Gorgonzola, Roquefort oder auch ein richtig alter Gouda.

Probieren Sie ihn - er ist es wert!

Lassen Sie sich nicht von der Vielfalt der unterschiedlichen Stile abschrecken. Kaufen Sie sich eine Flasche und probieren Sie ihn. Wenn Sie noch nie einen guten Port im Glas hatten, werden Sie begeistert sein – es ist fast egal, welchen Typ Sie probieren. (Später können Sie immer noch Ihre Vorlieben für den einen oder anderen Stil entwickeln.) Port ist einfach immer ein Vergnügen!

Empfehlenswerte Portwein-Produzenten

Was die Qualität betrifft, ist Portwein mit Ausnahme von wenigen Billigproduzenten der zuverlässigste von allen Weinen. Wir haben unsere bevorzugten Portweinhäuser in die beiden Kategorien *herausragend* und *sehr gut* eingeteilt, sortiert nach unseren Präferenzen. Wie Sie sich denken können, sind die Weine aus der ersten Gruppe meist etwas teurer. Unsere Bewertung bezieht sich in erster Linie auf die Vintage Ports, kann aber im Allgemeinen auf die verschiedenen Portweinstile der einzelnen Häuser übertragen werden.

Herausragend

Taylor-Fladgate	Dow
Fonseca	Smith-Woodhouse
Graham	Cockburn
Quinta do Noval »Nacional« (wird aus nicht aufgepfropften Reben gemacht [mehr dazu in Kapitel 3], eine Einzellage)	

Sehr gut

Ramos Pinto	Ferreira
Warre	Cálem
Quinta do Noval	Churchill
Niepoort	Delaforce
Croft	Gould Campbell
Sandeman	Martinez
Quinta do Infantado	Osborne
Quinta do Vesuvio	Offley
Rozes	

Gute Jahrgänge für Vintage Port, die man sich zulegen sollte, sind: 2000, 1994, 1992 und 1991. Sowohl 2003 (ist gerade auf den Markt gekommen) und 2004 (gelangt 2007 erstmals in den Verkauf) scheinen sehr erfolgversprechend zu sein. (Eine Auflistung der Vintage-Port-Jahrgänge finden Sie auf der Schummelseite.)

Ein anderer portugiesischer Klassiker

Eine der besten Dessertweine, der hauptsächlich aus weißen oder rosafarbenen Muscat-Trauben gemacht wird, ist der Setúbal. Er wird auf einer Halbinsel direkt südlich von Lissabon angebaut. Setúbal wird so ähnlich wie Portwein gemacht, indem man die Gärung durch Zugabe von Alkohol stoppt. Wie Port ist es ein kräftiger, langlebiger Wein. Der mit Abstand beste Produzent ist J. M. da Fonseca.

Lang lebe Madeira

Der legendäre Madeira kommt von der Insel desselben Namens, die mitten im Atlantik auf dem Weg von Europa nach Amerika liegt. Madeira ist eine subtropische Insel, deren Weinberge malerisch an den steil aus dem Meer emporsteigenden Berghängen kleben. Die Insel ist eine portugiesische Provinz, aber es waren immer schon die Engländer, die den Weinhandel dominierten. Historisch gesehen könnte es auch fast ein amerikanischer Wein sein, da Madeira die letzte Gelegenheit vor der Überfahrt war, Proviant aufzunehmen, und so war Madeira der letzte anständige Wein für die amerikanischen Einwanderer.

Der Madeira kann sich zu Recht rühmen, der langlebigste Wein der Welt zu sein. Vor einigen Jahren hatten wir einmal das Glück, einen Jahrgangsmadeira von 1799 probieren zu dürfen und er schmeckte immer noch großartig. Nur der Tokaji Aszú aus Ungarn (lesen Sie in Kapitel 12 den Abschnitt *Die Wiederauferstehung Ungarns*) kann dem Madeira in Sachen Langlebigkeit Konkurrenz machen und das gilt auch nur für einige seltene Vertreter wie etwa den ungarischen Essencia.

Obwohl die aufgespriteten Weine aus Madeira vor 200 Jahren in Mode waren, haben die Weinberge der Insel am Ende des 19. Jahrhunderts eine schwere Zeit durchgemacht. Zuerst hat der Mehltau und dann die Reblaus fast alle Weinberge zerstört. Viele Weinberge wurden nur noch mit einfachen Rebsorten bestockt. Madeira hat sehr lange gebraucht, um sich von diesem Schlag zu erholen. Im 19. Jahrhundert gab es mehr als 70 Betriebe, die jedes Fleckchen der Erde mit Madeira beliefert haben, heute gibt es nur noch sechs nennenswerte Unternehmen: Barbeito, H. M. Borges, Henriques & Henriques, Justino Henriques, die Madeira Wine Company (das bei Weitem größte Unternehmen und ein Zusammenschluss aus vier etablierten Firmen – Blandy's, Cossart Gordon, Leacock's und Miles) und Pereira d'Oliveira.

Die allerbesten Madeiras sind immer noch die aus den Tagen des alten Glanzes, den Jahrgängen von 1920 bis zurück zu 1795. Überraschenderweise kann man immer noch etliche Madeiras aus dem 19. Jahrhundert finden. Die Preise sind gar nicht so hoch (etwa 230 bis um die 300 Euro die Flasche), wenn man bedenkt, was andere ähnlich alte Weine wie etwa entsprechende Bordeaux kosten.

Zeitlos, unzerstörbar und gut

Die besten Madeiras gibt es in vier Stilrichtungen, zwei relativ trockene und zwei süße. Die süßen Madeiras verdanken diesen Umstand der Tatsache, dass ihre Gärung irgendwann durch Zugabe von Alkohol gestoppt wurde. Den trockenen Madeiras wurde der Alkohol erst nach der Gärung zugesetzt.

Das Besondere bei der Madeira-Herstellung ist ein Erhitzungsprozess, den man *estufagem* nennt und der der Gärung folgt. Die Tatsache, dass Madeira besser wird, wenn er Hitze ausgesetzt ist, wurde im 17. Jahrhundert entdeckt. Wenn Handelsschiffe mit Fässern voll Madeira als Ballast in ihren Laderäumen den Äquator querten, wurde dieser dadurch stets besser! Die heutige Praxis, den Wein gleich zu Hause zu erhitzen, ist erheblich praktischer, als ihn in langsamen Schiffen um den Globus zu schicken.

Bei dem so genannten Estufagem-Prozess verbringt Madeira mindestens drei Monate (oft länger) in beheizten Tanks in *estufas* (Heizräume). Jeglicher Zucker im Wein wird karamellisiert, und der Wein wird dadurch *maderisiert* (eine Oxidation durch Hitze), ohne dabei unangenehme Aromen zu entwickeln.

Ein arbeitsintensiverer und bedeutend teurerer Weg, um den Madeira zu erhitzen, ist die *Canteiro*-Methode, bei der die Fässer für ganze drei Jahre auf warmen Dachböden gelagert oder der Sonne ausgesetzt werden (das Wetter bleibt das ganze Jahr warm). Die Weine machen dabei die gleiche magische Umwandlung wie bei der anderen Methode durch. Für Madeiras eignet sich die Canteiro-Methode am besten, da der hohe Säuregehalt, die Farbe und der Extrakt in diesem langsamen, drei Jahre andauernden Prozess viel besser erhalten bleiben. Nur die besseren Madeiras lässt man mit dieser Methode reifen.

Ein Abgang ohne Ende

Technisch gesehen sind alle Madeiras zu Beginn Weißweine, aber der Erhitzungsprozess und die jahrelange Lagerung verleiht ihnen einen Goldton. Sie haben ein salziges Aroma, einen einzigartigen Geschmack und den längsten Abgang am Gaumen, den Sie auf diesem Planeten finden können. Wenn der Madeira aus einer der fünf noblen Rebsorten gemacht wurde (finden Sie etwas weiter unten), dann ist mit der Rebsorte auch der Stil festgelegt. Wenn der Madeira keine Rebsortenangabe trägt – bei den meisten jungen Madeiras ist dem so –, dann definieren die Begriffe *dry, medium-dry, medium-sweet* und *sweet* den jeweiligen Stil.

Ein Jahrgangsmadeira muss mindestens 20 Jahre im Fass bleiben, aber für die alten Weine waren die Lagerzeiten noch länger. Einige der beeindruckendsten Weine, die wir je probiert haben, waren alte Madeiras, und so haben wir jetzt Bedenken, dass uns unsere Begeisterung etwas übertreiben lässt. Allein der Duft ist göttlich, und Sie schmecken den Wein noch lange, nachdem Sie ihn hinuntergeschluckt haben. (Ausspucken kommt gar nicht in Frage.) Worte sind einfach nicht ausreichend, um diesen Wein zu beschreiben.

Wenn Sie es sich leisten können, eine alte Flasche Madeira mit Jahrgang zu kaufen (der Name des Produzenten ist relativ unwichtig), werden Sie unseren Enthusiasmus verstehen. Und vielleicht kann eines Tages, wenn die Madeira-Produktion wieder auf die Füße kommt, jeder Weinliebhaber einen Jahrgangsmadeira kosten. In der Zwischenzeit achten Sie für eine weniger teure Erfahrung mit Madeira einfach auf Weine mit den Altersangaben *15-years-old, 10-years-old* oder *5-years-old*. Versuchen Sie es erst gar nicht mit einfacheren Typen, die sind nichts Besonderes und dann stehen wir blöd da.

Sie brauchen nie Angst zu haben, ein Madeira könnte zu alt werden. Er ist unzerstörbar. Die Feinde eines jeden Weines – Hitze und Sauerstoff – haben den Kampf mit dem Madeira bereits bei der Herstellung beziehungsweise bei der Lagerung verloren. Nichts, was Sie nach dem Öffnen mit ihm anstellen, kann ihn auch nur verwirren.

 Wenn ein Madeira mit dem Begriff *Solera* datiert ist – etwa »Solera 1890« –, dann ist es kein Jahrgangsmadeira, sondern ein Verschnitt aus vielen jüngeren Jahrgängen, dessen erstes Fass (oder Solera) auf das Jahr 1890 zurückgeht. Diese Madeiras können sehr gut sein, und sie sind vor allem nicht besonders teuer – aber eben auch nicht so großartig wie ein richtig alter Madeira. Solera Madeiras sind heute ein wenig aus der Mode gekommen. Ein neuer Madeira-Stil, *Colheita* oder *Harvest* genannt, ist an ihre Stelle getreten. Der Stil ist dem *Colheita Porto* nachempfunden (lesen Sie den Abschnitt *So viele verschiedene Ports* in diesem Kapitel), da dieses Getränk mit einem einzelnen Jahrgang gekennzeichnet wird. Colheita Madeira muss nicht wie ein Jahrgangsmadeira mindestens 20 Jahre im Fass reifen, sondern lediglich fünf oder höchstens sieben, wie es beim trockensten Vertreter, dem Sercial, der Fall ist. (Der Colheita Madeira von 1994 ist beispielsweise 2000, nach nur sechs Jahren Lagerung, auf den Markt gekommen.) Colheita Madeira ist viel günstiger als Jahrgangsmadeira. Die Mehrheit der sechs großen Madeira-Händler hat nun auch den Colheita ins Programm aufgenommen. Die Verkäufe haben sich seit der Einführung des neuen Stils verdoppelt.

Die Jahrgangsmadeiras, die Colheita Madeiras und die Solera Madeiras werden aus einer einzigen Rebsorte gemacht. Sie steht auch auf dem Etikett. Die Trauben stammen von einer der fünf edlen weißen Rebsorten oder einer herkömmlichen roten Sorte. (Bastardo, eine weitere edle rote Rebsorte, wird in der gewerblichen Produktion nicht mehr verwendet.) Jede Rebsorte korrespondiert mit einem besonderen Stil von Wein. Wir haben sie vom trockensten bis zum ganz süßen aufgeführt.

✔ **Sercial:** Die Sercial-Trauben wachsen in den höchsten Lagen. So sind diese Trauben als letzte reif und ergeben den trockensten Madeira. Der Wein hat viel Säure und eine ausgeprägt salzige Note. Sercial ist ein hervorragender Aperitif mit Mandeln, Oliven oder leichten Käsesorten. Leider ist richtiger Sercial heute sehr selten.

✔ **Verdelho:** Die Verdelho-Trauben ergeben einen halbtrockenen Stil mit Aromen von Nüssen und Pfirsichen und einer gewissen Schärfe von der Säure. Er ist ebenfalls ausgezeichnet als Aperitif oder zu einer Consommé.

✔ **Bual (oder Boal):** Mit einer Farbe wie dunkles Gold ist der Bual ein kräftiger, halbsüßer Madeira mit würzigen Aromen von Mandeln und Rosinen und einem langen, leicht salzigen Abgang. Bual schmeckt am besten nach dem Essen. Wie der Sercial ist Bual heute sehr selten.

✔ **Malmsey:** Er wird aus Malvasia-Trauben gemacht und ist sehr dunkel in der Farbe, süß und ganz besonders konzentriert mit einem sehr langen Nachhall. Trinken Sie ihn nach dem Essen.

Zwei seltene Sorten, deren Namen Sie vielleicht noch auf ganz alten Flaschen entdecken, sind:

✔ **Terrantez**: Halbsüß, im Stil zwischen Verdelho und Bual, ist er ein gehaltvoller und doch zerbrechlich wirkender Madeira mit einer ausgeprägten Säure. Einige Madeira-Liebhaber sind der Meinung, diese Sorte sei die beste von allen. Unglücklicherweise findet man Terrantez heute kaum noch. Henriques & Henriques stellt ihn aber immer noch her. Trinken Sie ihn nach dem Essen.

✔ **Bastardo:** Dies ist die einzige rote Rebsorte unter den noblen Sorten. Alte Bastardos aus dem vorletzten Jahrhundert sind mahagonifarben und dicht, aber nicht so gehaltvoll wie ein Terrantez.

Die weniger edle rote Rebsorte Tinta Negra Mole dominiert in der heutigen Madeira-Produktion (sie wird für mehr als 85 Prozent der Weine verwendet), da sie ergiebiger als die anderen fünf edlen Sorten (Sercial, Verdelho, Bual, Malmsey und Terrantez) und nicht so anfällig für Krankheiten ist. Außerdem gedeiht sie gut auf verschiedenen Böden und kann überall auf der Insel angebaut werden. Bei den edlen Rebsorten sieht es anders aus. Sie wachsen in Weinbergen in Küstennähe und werden durch die Zersiedelung der Stadt Funchal, der Hauptstadt der Insel, negativ beeinflusst. Früher wurde die kaum beachtete Tinta Negra Mole auf den Etiketten der Madeira-Flaschen nicht aufgeführt, doch heute weist die riesige Madeira Wine Company auf ihren Produkten diese Rebsorte aus.

Sauternes und die edelfaulen Weine

Warmes, nebliges Herbstwetter fördert das Wachstum eines Pilzes mit dem Namen *botrytis cinerea* in den Weinbergen. Auch als *Edelfäule* bezeichnet, perforiert der Botrytis die Beerenhaut, lässt das Wasser aus den Trauben verdunsten und konzentriert so den Zucker in den Beeren. Dem Weinmacher verbleibt für die Gärung ein hocharomatischer, sehr süßer Traubenmost. Die besten Weine aus botrytisinfizierten Trauben mit ihren intensiven, hochkonzentrierten Aromen und einer ausgleichenden, kräftigen Säure, die den Wein davor bewahrt, pappig süß zu sein, gehören zu den größten Dessertweinen der Welt.

Die größten edelfaulen Weine werden in Sauternes, einer Anbauzone von Graves (Bordeaux) und in Deutschland (lesen Sie Kapitel 9) hergestellt, aber es gibt sie auch aus Österreich und aus Kalifornien sowie einigen anderen Gegenden.

Sauternes: Flüssiges Gold

Sauternes ist ein sehr arbeitsintensiver Wein. Die Trauben müssen mit der Hand gelesen werden. Die Pflücker gehen dafür oft etliche Male durch die Weinberge – oft über mehrere Wochen verteilt – und lesen dabei jeweils nur die botrytisbefallenen, perfekt reifen Beeren. Beere für Beere, die Ausbeute ist gering. Die Lese zieht sich oft bis in den November, aber das ein oder andere Mal macht auch das schlechte Wetter im Oktober jede Hoffnung auf edelfaule Weine zunichte. Oft sind es nur zwei bis vier Jahrgänge in einem Jahrzehnt, in denen ordentliche Sauternes hergestellt werden können (aber die 80er-Jahre waren außergewöhnlich und auch die Zeit seit der Jahrtausendwende war bis jetzt hervorragend – lesen Sie die Jahrgangs-Tabelle auf der Schummelseite).

Somit ist verständlich, dass guter Sauternes teuer ist. Die Preise reichen von 19 bis 38 Euro für eine Flasche bis zu etwa 230 Euro (abhängig vom Jahrgang) für einen Château d'Yquem. Der größte Sauternes, Château d'Yquem, wurde schon immer von den Sammlern verehrt. Er war der einzige Sauternes, dem in der Klassifizierung von Bordeaux aus dem Jahre 1855 der Status *Premier Grand Crû* verliehen wurde (lesen Sie Kapitel 10).

 Sauternes ist auch in halben Flaschen erhältlich, was die Kosten deutlich senkt. Eine Flasche mit 0,375 Liter hat die perfekte Größe für einen abschließenden Höhepunkt nach dem Essen, auch für einen Tisch mit vier Personen. Sie bekommen eine halbe Flasche guten Sauternes oder Barsac, einen ähnlichen Dessertwein, wie Château Doisy-Védrines oder Château Doisy-Daëne für 19 bis 23 Euro.

Das Gold schürfen

Das Anbaugebiet von Sauternes umfasst fünf Gemeinden im südlichsten Teil des Graves (eine davon heißt Sauternes). Eine von den fünf, Barsac, darf ihre eigene Herkunftsbezeichnung führen. Dort werden Weine hergestellt, die etwas leichter und nicht ganz so süß wie Sauternes sind. Die Garonne und der Nebenfluss Ciron sind für den Nebel verantwortlich, der wiederum mikroklimatisch das Entstehen des *botrytis cinerea* auf den Beeren fördert.

Die drei zugelassenen Rebsorten sind Sémillon, Sauvignon Blanc und Muscadelle, obwohl die letzte überhaupt nur von wenigen Châteaux verwendet wird, und auch dann nur in kleinen Mengen. Der Sémillon ist der König von Sauternes. Die meisten Produzenten verwenden mindestens 80 Prozent Sémillon in ihrer Komposition.

Empfehlenswerte Sauternes

 Alle Sauternes in der folgenden Liste gehören in die Kategorie hervorragend oder gut. (Weine, die aus Barsac stammen, sind als solche gekennzeichnet.) In Sauternes sind die Jahrgänge mindestens genauso wichtig wie im sonstigen Bordeaux.

Herausragend

✔ **Château d'Yquem:** kann 100 Jahre und älter werden

✔ **Château de Fargues:** im Besitz von d'Yquem und fast genauso gut wie d'Yquem, zu einem Drittel des Preises (76 Euro)

✔ **Château Climens (Barsac):** mit etwa 56 Euro ein Schnäppchen; kommt nahe an die d'Yquem-Qualität

✔ **Château Coutet (Barsac):** ein günstiger Kauf (41 bis 46 Euro)

Exzellent

✔ **Château Suduiraut:** an der Grenze zur Großartigkeit (46 bis 50 Euro)

✔ **Château Rieussec:** kräftiger, weicher Stil (50 bis 52 Euro)

✔ **Château Raymond-Lafon:** ein Nachbar von d'Yquem (etwa 46 Euro)

Sehr gut

✔ Château Lafaurie-Peyraguey

✔ Château Latour Blanche

✔ Château Guiraud

✔ Château Rabaud-Promis

✔ Château Sigalas-Rabaud

✔ Château Nairac (Barsac)

✔ Château Doisy-Védrines (Barsac)

✔ Château Doisy-Daëne (Barsac)

Gut

✔ Château Bastor-Lamontagne

✔ Château Rayne Vigneau

✔ Château d'Arche

✔ Château de Malle

✔ Château Suau (Barsac)

✔ Château Lamothe-Guignard

✔ Château Romieu-Lacoste (Barsac)

✔ Château Liot (Barsac)

✔ Château Doisy-Dubroca (Barsac)

✔ Château Filhot

Das Baby gedeihen lassen

 Sauternes hat eine solche Balance von natürlicher Süße und Säure, dass er gut über eine außergewöhnlich lange Zeit reifen kann (besonders die besseren Sauternes, die hier empfohlen werden). Leider trinken die Leute Sauternes oft, wenn er noch richtig fett und süß ist. Aber Sauternes ist wirklich am besten, wenn er seinen Babyspeck verloren hat und bereits eine gewisse Reife besitzt. Man kann guten Sauternes aus den 1920er Jahren für ungefähr 100 Euro finden. Besonders zu empfehlen sind auch Sauternes von vor 1940.

Nach etwa zehn bis fünfzehn Jahren ändert sich die Farbe eines Sauternes von einem hellen Gold zum alten Gold einer Münze, manchmal mit orange- oder bernsteinfarbenen Reflexen. An diesem Punkt verliert der Wein etwas von seiner Süße und entwickelt Aromen, die an Aprikosen, Orangenschalen, Honig und Karamell erinnern. Dieses Stadium ist die beste Gelegenheit, einen Sauternes zu genießen. Je besser der Jahrgang ist, umso länger dauert es, bis der Sauternes diesen Zustand erreicht, aber dafür bleibt er auf diesem Niveau für viele Jahre – manchmal Jahrzehnte – und die Farbe wechselt ganz langsam zu einer dunklen Bernsteinfarbe oder hellem Braun. Auch in diesem Endstadium behält der Sauternes viel von seinem komplexen Geschmack.

Aus guten Jahrgängen kann ein Sauternes ohne Weiteres 50 bis 60 Jahre oder sogar noch älter werden. Château d'Yquem und Château Climens sind besonders langlebig. (Wir tranken kürzlich eine halbe Flasche Château d'Yquem 1893, sie war fantastisch!)

Sauternes schmeckt kalt am besten, aber nicht eiskalt, optimal sind etwa 11 Grad Celsius. Gereifte Sauternes sollten etwas wärmer serviert werden. Da der Wein so aromatisch ist, passt ein Sauternes perfekt zu einer *foie gras*, auch wenn ansonsten dieser Wein nach dem Essen erheblich mehr Spaß macht, zum Beispiel als Digestif. Eigentlich ist er für sich allein ein perfektes Dessert, aber er schmeckt auch vorzüglich zu reifen Früchten oder Zitronenkuchen.

Sauternes-Ähnliches

Es gibt viele süße, edelfaule Weine, die so ähnlich wie Sauternes gemacht werden. Sie werden meist für erheblich weniger Geld angeboten als Sauternes oder Barsac. Diese Weine sind zwar selten so komplex in ihren Aromen, aber für zehn bis 19 Euro oft ein günstiger Kauf.

Direkt nördlich und an Barsac angrenzend liegt die häufig übersehene Weinregion Céron. Es dürfte kein Problem sein, Ihre Freunde davon zu überzeugen, dass der servierte Céron ein Sauternes oder Barsac ist. Aus der Region Entre-deux-Mers, ebenfalls Bordeaux, kommen die Weine mit der Herkunftsbezeichnung Cadillac, Loupiac und Sainte-Croix-du-Mont – alles deutlich günstigere Versionen eines Sauternes oder des Sauternes-ähnlichen Monbazillac, die lediglich ein bisschen weiter entfernt hergestellt werden.

Teil V

Wenn Sie den Virus schon haben

The 5th Wave   By Rich Tennant

»Ich brauche einen Wein, der gut zu einem pensionierten
Admiral und seiner Frau, einem Bestseller-Autor aus Amerika
und einer mittleren Katastrophe passt ...«

Die Inkubationszeit des Weinvirus ist unberechenbar. Einige Menschen, die sich bisher nie besonders für Wein interessiert haben, kommen auf einen Schlag von diesem Thema nicht mehr los. Andere zeigen über lange Jahre nur schwache Symptome und dann wird der Wein ganz plötzlich zur Leidenschaft. (Und, ob Sie es glauben oder nicht, viele Leute sind sogar immun dagegen.)

Aber wenn der Weinvirus Sie erwischt hat, dann werden Sie es bemerken. Sie abonnieren auf einmal Zeitschriften, von denen Ihre Freunde noch nie gehört haben, Sie schließen neue Freundschaften, die einzig auf dem gemeinsamen Interesse am Wein beruhen, Sie boykottieren Restaurants mit uninteressanten Weinkarten und Sie planen nur noch Urlaube in Weinregionen!

Unabhängig davon, wie schnell Sie dieses Stadium erreichen, die folgenden vier Kapitel werden Ihre Leidenschaft noch weiter anfachen.

Wein kaufen und sammeln

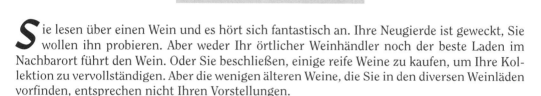

In diesem Kapitel

▷ Der harte Kampf um rare Weine

▷ Das kleine schwarze Büchlein mit wichtigen Adressen

▷ Virtuelles Einkaufen von Weinen

▷ Wein sammeln

▷ Wein richtig lagern

S ie lesen über einen Wein und es hört sich fantastisch an. Ihre Neugierde ist geweckt, Sie wollen ihn probieren. Aber weder Ihr örtlicher Weinhändler noch der beste Laden im Nachbarort führt den Wein. Oder Sie beschließen, einige reife Weine zu kaufen, um Ihre Kollektion zu vervollständigen. Aber die wenigen älteren Weine, die Sie in den diversen Weinläden vorfinden, entsprechen nicht Ihren Vorstellungen.

Wie schaffen es andere Weinliebhaber, immer wieder besondere Flaschen zu ergattern, und warum Sie nicht?

Weine, die es nirgends zu kaufen gibt

Wenn sie der Virus erst einmal gepackt hat, gibt es für Weinliebhaber ein großes Problem: Je gefragter ein Wein ist, desto schwerer ist es, ihn auch wirklich zu bekommen. Und je schwerer ein Wein zu bekommen ist, desto gefragter ist er.

Verschiedene Kräfte arbeiten zusammen, um einen Weinkäufer zu frustrieren, der bestimmte Flaschen ergattern will. Erstens werden einige der Topweine nur in unglaublich kleinen Mengen produziert. Wir würden nicht sagen, dass Menge und Qualität beim Weinmachen grundsätzlich nicht vereinbar wären, aber bei den absoluten Spitzenweinen steht meist keine große Menge zur Verfügung.

Wir haben mal sechs Flaschen eines roten Grand Crû aus Burgund gekauft, der von einem kleinen Winzer, Hubert Lignier, produziert wurde. Wir haben erfahren, dass Lignier nur 150 Kisten von diesem Wein gemacht hat, und nur 50 Kisten für den amerikanischen Markt verfügbar waren. Wir fanden es unglaublich, dass wir eine halbe Kiste eines so raren Weines kaufen konnten und sich der Rest von Amerika mit 49 Kisten begnügen musste. Wir waren einfach zur richtigen Zeit am richtigen Ort gewesen!

Heute werden solche Weine oft *zugeteilt* – das heißt, dass das Weingut beziehungsweise der jeweilige Großhändler die Mengen pro Händler limitiert. Manchmal bekommt jeder Laden nur sechs Flaschen von einem bestimmten Wein. Und so geben viele Läden dann wiederum nur ein oder zwei Flaschen pro Kunde ab. Mancher Wein wird derart rationiert, dass er fast ausschließlich in Restaurants zu bekommen ist.

Das Prinzip der Zuteilung bringt uns zum zweiten Frustfaktor beim Weineinkauf: die nicht vorhandene Gleichbehandlung. Wenn Sie der Erste sind, dann bekommen Sie den Wein, der Nächste hat Pech gehabt. (Auch wir haben schon oft in die Röhre geguckt.)

Gerade bei hoch bewerteten Weinen gibt es einen harten Konkurrenzkampf der Käufer. Sobald ein Wein von bestimmten Kritikern Bestnoten bekommt, geht der Verteilungskampf unter den Weinfreaks los. Für Langschläfer bleibt nichts übrig. (In Kapitel 18 finden Sie mehr zu Weinkritikern und wie Weine bewertet werden.)

Ein weiterer Umstand, der die Verfügbarkeit einiger Weine einschränkt, ist, dass Weingüter ihren Wein nur einmal verkaufen, und zwar meist in einem frühen Entwicklungsstadium. Gerade viele der besonders feinen Weine wie die Top-Bordeaux sind in diesem Stadium eigentlich noch nicht gut. Aber viele Weinhändler können es sich nicht mehr leisten, die Weine zu lagern und erst Jahre später zu verkaufen. Somit sind perfekt gereifte Weine nur sehr schwer zu bekommen.

Nutzen Sie konsequent alle Einkaufsquellen

Wenn ein Wein schwierig zu bekommen ist, müssen Sie konsequent alle Einkaufsquellen nutzen. Sie müssen einfach über Ihren Tellerrand hinausschauen und alternative Beschaffungswege nutzen. Wie wär's mit Weinauktionshäusern, Weinversendern und bei der Suche nach deutschen Weinen den Weingütern selbst?

Weinauktionen

Der klare Vorteil von Weinauktionen ist, dass hier sehr viele alte und seltene Weine verfügbar sind. Auktionshäuser sind eindeutig die beste Quelle für gereifte Weine – das ist schließlich ihre Aufgabe. (Oft können Sie auch jüngere Weine zu besseren Preisen als im Laden ergattern.) Auf Auktionen können Sie Weine kaufen, die sonst praktisch unmöglich zu bekommen sind. Viele dieser Weine sind bereits seit Jahren, manchmal schon seit Jahrzehnten vom normalen Markt verschwunden.

Der entscheidende Nachteil beim Weinkauf auf Auktionen ist, dass Sie nicht immer die _Vorgeschichte_ kennen, dass Sie nicht wissen, wie die Weine gelagert wurden. Vielleicht lagen die Weine über Jahre in einer warmen Dachgeschosswohnung. Und wenn sie aus dem klimatisierten Keller eines renommierten Weinsammlers stammen – die haben meist ja die entsprechenden Tröpfchen –, dann wird er diese auch nur zu einem für ihn interessanten Preis verkaufen.

Auch dürfen Sie nicht vergessen, dass Auktionshäuser auf Ihr Gebot noch eine Käuferprovision von zehn bis 15 Prozent draufschlagen. Im Allgemeinen reichen die Weine auf Auktionen von fair (ganz selten kann man hier auch mal ein richtiges Schnäppchen machen) bis zu exorbitant.

Verbessern Sie Ihre Chancen, eine gute, alte Flasche zu ergattern

Wenn Sie alte Weine kaufen und trinken wollen, brauchen Sie eine gewisse Spielernatur. Aber Sie können durchaus die Gefahr verringern, eine Flasche zu erwerben, die ihren Höhepunkt schon lange überschritten hat. Beachten Sie die folgenden Tipps:

✔ Kaufen Sie nur von renommierten Weinhändlern und Auktionshäusern. Die kennen meist die Vorgeschichte ihrer alten Weine und beziehen ihre Weine meist nur aus Quellen, denen sie trauen.

✔ Tauschen und handeln Sie nur mit Weinfreunden, die die Herkunft jeder einzelnen Flasche kennen.

✔ Bleiben Sie bei namhaften Weinen, die für ihre Langlebigkeit bekannt sind.

✔ Wenn möglich, schauen Sie sich die Flaschen vorher an. Achten Sie auf das *Füllniveau* der Flasche (der Luftraum zwischen Wein und Korken). Ein zu niedriges Füllniveau ist ein gefährlicher Hinweis darauf, dass schon einiges an Wein verdunstet ist – entweder durch zu warme oder zu trockene Lagerung. Beides kann dem Wein schaden. (Das zu akzeptierende Füllniveau hängt sehr stark vom Alter der Flasche ab. Man spricht hier von hoher, mittlerer oder niedriger Schulter. Mehr dazu finden Sie in vielen Auktionskatalogen.) Ein weiterer Hinweis auf schlechte Lagerung ist ein schmieriger Belag auf dem Korken, was nahelegt, dass Wein herausgesickert ist. Ein mehliger Belag auf dem Korken deutet auf den Befall mit Korkmotten hin, was den Korken und damit meist auch den Wein nachhaltig schädigt.

✔ Versuchen Sie, die Farbe des Weins zu beurteilen, falls die Farbe der Glasflasche es zulässt. Weißwein, der bereits dunkelbraun ist, oder ein Rotwein, der sämtliche Farbe verloren hat, ist wahrscheinlich oxidiert und zu alt. (Beleuchten Sie die Flasche mit einem Feuerzeug von hinten, damit Sie die Farbe eines Rotweins beurteilen können.) Aber es gibt auch Rotweine und Sauternes, die können einen sehr deutlichen Braunton haben und trotzdem noch wunderbar lebendig sein. Wenn Sie sich nicht sicher sind, was die Farbe betrifft, ziehen Sie am besten jemanden zurate, der sich mit alten Weinen auskennt.

✔ Bevor Sie einen Wein im Internet ersteigern, sollten Sie den Anbieter bitten, sich die Flasche zunächst anzusehen und dann das Füllniveau und die Farbe zu beschreiben.

✔ Seien Sie skeptisch, wenn der Preis einer Flasche sich recht günstig anhört. Oft entpuppt sich ein vermeintliches Schnäppchen hinterher als völlig überlagerter Wein.

✔ Befragen Sie versierte Freunde und Weinhändler zu dem Wein, den Sie kaufen wollen. Es ist eigentlich immer einer dabei, der Ihnen etwas zu diesem Wein sagen kann.

✔ Sprechen Sie ein Gebet, nehmen Sie einen Korkenzieher und versuchen Sie es. Das Leben ist voller Gefahren!

Wenn Sie selbst auf der Auktion anwesend sind, müssen Sie aufpassen, dass Sie sich nicht vom Auktionsfieber anstecken lassen. Der Wunsch, die Bieterschlacht zu gewinnen, kann Sie so weit bringen, dass Sie am Ende für den Wein mehr zahlen, als er wert ist. Ein kühler Kopf und entsprechende Limits sind Pflicht. Um sich vorzubereiten, können Sie normalerweise den Auktionskatalog, meist gegen eine geringe Gebühr, bereits vorab bekommen. Der Katalog listet alle zum Verkauf stehenden Weine in Lots auf (meist in Gebinden von drei, sechs oder zwölf Flaschen) und nennt jeweils ein vorgeschlagenes Mindestgebot per Lot.

Kauf über Versandhandel oder Internet

Ein echter Pluspunkt bei der Online-Suche oder dem Durchblättern der Weinkataloge und dem anschließenden Bestellen vom heimischen Sofa aus ist natürlich die Bequemlichkeit (ganz abgesehen von der Zeitersparnis). Die meisten der wichtigen Weinhändler haben informative Websites und versenden zwei- oder mehrmals im Jahr einen neuen Katalog an ihre Kunden. Sie brauchen nur anzurufen, dann bekommen Sie einen kostenlosen Katalog.

Ein weiterer Vorteil beim Versandhandelkauf ist die Verfügbarkeit von ausgefallenen Weinen und (ab und an) auch bessere Preise als bei Ihnen im Umkreis.

Manchmal ist der Katalog auch die *einzige* Möglichkeit, bestimmte Weine zu kaufen, weil manche gesuchten Weine nur in kleinen Mengen produziert wurden und so gar nicht überall verfügbar sein können. Wenn Sie einen von Ihnen gesuchten Wein bei Ihrem örtlichen Weinhändler bekommen können, kann es sich aber trotzdem lohnen, die Preise zu vergleichen. Sie sparen eventuell Geld, selbst wenn Sie die zusätzlichen Versandkosten mit einberechnen.

 Ein Nachteil beim Bestellen per Katalog oder im Internet ist allerdings, dass man nie weiß, wann die Lieferung eintrifft und irgendwer ja die Lieferung in Empfang nehmen muss. Außerdem sollten Sie aufpassen, dass die Weine nicht gerade im Hochsommer (über 25 Grad Celsius) oder in einer Winterperiode mit strengem Frost (unter -2 Grad Celsius) geliefert werden. Frühjahr und Herbst sind somit die beste Zeit für Weinlieferungen.

Einige Weinversender in Deutschland und anderswo, die man kennen sollte

Wir können unmöglich alle Weinhändler aufzählen, die per Katalog oder Internet verkaufen. Aber wir haben versucht, die Wichtigen herauszugreifen. Die meisten von ihnen sind auf bestimmte Weine spezialisiert, die sonst schwierig zu bekommen sind.

✔ **ChâteauOnline SA**, 29, rue Ganneron, 75018 Paris, Tel. 0033-1-55303030, www.chateauonline.com (Die Website ist auch auf Deutsch verfügbar.)

✔ **Gute Weine Lobenberg Gmbh & Co.**, Tiefer 10, 28195 Bremen, Tel. 0421-70566, www.gute-weine.de

✔ **HAWESKO** (Hanseatisches Wein & Sekt Kontor), Hamburger Str. 14–20, 25436 Tornisch, Tel. 04122-504-433, www.hawesko.de

✔ **Pinard de Picard**, Fort Rauch 2, 66740 Saarlouis, Tel. 06831-122729, www.pinard-de-picard.de

✔ **Rouge & Blanc**, 10–12 Place du Pont Neuf, F-31000 Toulouse, Tel. 0180-5303838, www.rouge-blanc.de

✔ **Südwein Handel & Import GmbH**, Drygalski-Allee 33, 81477 München, Tel. 089-78019737, www.suedwein.de

✔ **WeinArt Handelsgesellschaft mbH & Co. KGm**, Winkeler Str. 93, 65366 Geisenheim, 06722-7108-0, www.weinart.de

✔ **Weinforum Deutzmann GmbH**, Königswinterer Str. 111, 53227 Bonn, Tel. 0228-9737780, www.weinforum-deutzmann.de

✔ **Weinzeche**, Rotthauer Str. 44, 45309 Essen, Tel. 0201-550024, www.weinzeche.de

Der richtige Zeitpunkt: In Subskription kaufen?

Immer wieder werden Ihnen Anzeigen in Zeitungen oder in Weinkatalogen auffallen, in denen Ihnen Weine *in Subskription* angeboten werden (meist hochwertige Bordeaux, aber manchmal auch entsprechende Italiener oder die Spitzenweine aus Deutschland). Die Werbung suggeriert Ihnen, dass Sie den Wein jetzt kaufen müssen, um ihn günstig zu bekommen. Geliefert wird er allerdings erst später. Mit anderen Worten: »Geben Sie uns Ihr Geld jetzt, den Wein bekommen Sie dann irgendwann nächstes Jahr, wenn ihn das Weingut freigibt.«

Wir empfehlen Ihnen, *nicht* in Subskription zu kaufen. Oft bekommen Sie den Wein auch später noch zum gleichen Preis oder nur unwesentlich teurer. Sie haben nichts oder nur wenig gespart, und Ihr Geld ist ein Jahr oder länger gebunden, ohne dass Sie dafür eine anständige Verzinsung bekommen. Manche dieser Händler sind auch schon in Konkurs gegangen. Und es gab schon mehrfach auch im Weinhandel eine Rezession, so dass viele Leute, die Weine in Subskription gekauft haben, am Ende mehr dafür bezahlt haben als die anderen, die erst zugeschlagen haben, sobald der Wein auch wirklich verfügbar war. Seien Sie sich darüber im Klaren, dass dies eine Form der Spekulation ist.

Subskription ist nur in zwei Fällen sinnvoll: für Weine, die in so kleinen Mengen produziert wurden und so gefragt sind, dass Sie von einem schnellen Ausverkauf ausgehen müssen. Und für Weine, die bereits vorab eine so außergewöhnlich hohe Bewertung in der Presse bekommen, dass man von einer Preisexplosion ausgehen muss, sobald der Wein auf den Markt kommt.

Hier noch mal die Grundregeln: Kaufen Sie Weine nur in Subskription, wenn Sie den Wein unbedingt haben müssen und es die einzige Möglichkeit ist, ihn zu bekommen. Für die meisten Weine gilt allerdings, dass Sie Ihr Portemonnaie in der Tasche lassen sollten, bis der Wein wirklich erhältlich ist.

Weine im Internet bestellen

Die wichtigsten Websites zur Online-Bestellung von Weinen finden Sie im vorangegangenen Abschnitt, da die meisten Versender sowohl mit Katalogen als auch im Internet arbeiten. Der Vorteil einer Online-Bestellung ist die tagesaktuelle Pflege der Internetauftritte. So kann man sofort bei der Bestellung sehen, ob der Wein auch lieferbar ist. Wir listen Ihnen hier noch einige Internetadressen auf, die beim Weinkauf über dieses Medium hilfreich sein können.

✔ **Wine-Searcher** (www.wine-searcher.com): Mit dieser Website können Sie gezielt nach Weinen suchen. Es werden sowohl deutsche als auch internationale Händler genannt und Preise aufgelistet.

✔ **Wein CC**, die Wein-Suchmaschine (www.wein.cc): Auch hier gibt man einfach den Namen des gewünschten Weins ein und erfährt dann, wer diesen zu welchen Preisen anbietet.

✔ **Wein-Plus** (www.wein-plus.de): Diese Seite eignet sich wunderbar zur Weinsuche und ist außerdem sehr informativ, da sie unter anderem Begriffe aus der Weinwelt erläutert.

Spaß am Besitzen: Die Weinsammlung

Die meisten Menschen konsumieren den Wein bald, nachdem sie ihn gekauft haben. Wenn das Ihre Art ist, dann sind Sie in guter Gesellschaft. Aber viele, die Wein genießen, verhalten sich etwas anders. Schon klar, auch sie kaufen den Wein, um ihn zu trinken, aber sie wissen noch nicht genau, *wann* sie ihn trinken werden. Und bis sie ihn trinken, freuen sie sich daran zu wissen, dass die Flasche auf sie wartet. Wenn Sie sich zu dieser zweiten Gruppe zählen, dann sind Sie vom Herzen her bereits ein Weinsammler. Die Jagd nach bestimmten Weinen ist für Sie genauso wichtig wie der Genuss.

Wenn Sie ein ernsthafter Weinsammler werden wollen, ist es nützlich, eine Strategie für Ihren Weineinkauf zu entwickeln, um so eine Sammlung von uninteressanten oder wertlosen Flaschen zu vermeiden. (Auch, wenn Sie nicht vorhaben, eine Weinsammlung aufzubauen, ist es sinnvoll, sich ein wenig Gedanken über Ihre Weineinkäufe zu machen.)

Der erste Schritt zur Formulierung einer Einkaufsstrategie ist, sich darüber klar zu werden,

✔ wie viel Wein Sie trinken

✔ wie viel Wein Sie besitzen wollen (und Sie ordentlich lagern können)

✔ wie viel Geld Sie für Wein ausgeben wollen

✔ welche Typen von Wein Sie gerne trinken

 Sollten Sie bei diesen Themen nicht einen Mittelweg für sich entdecken, kann es sein, dass Sie schließlich pleite, gelangweilt, frustriert sind oder im Essiggeschäft enden.

Für einen ausgewogenen Bestand sorgen

Solange es nicht Ihre Absicht ist, Ihren Keller mit Flaschen zu füllen, die Ihnen bei einem späteren Verkauf den größten Gewinn bringen – mit anderen Worten, wenn Sie eigentlich daran interessiert sind, die Weine selbst zu trinken – sollten Sie den Wein mögen, bevor Sie ihn kaufen. (Wir meinen hier nicht all die Flaschen, die Sie kaufen, um neue Weine zu probieren und zu experimentieren – sondern die, die Sie sich in größerer Menge für den Genuss zulegen.) Einen Wein zu mögen, bevor man ihn kauft, klingt jetzt nach einer recht platten Aussage, aber Sie würden erstaunt sein, wie viele Menschen einen Wein kaufen, nur weil er von jemandem eine hohe Bewertung bekommen hat!

Ein gut geplanter Weinbestand umfasst unterschiedlichste Weine: Er kann Schwerpunkte in ein oder zwei Weintypen haben, aber er umfasst auch andere Richtungen. Wenn Sie ein Faible für deutschen Riesling haben, werden Sie sich dafür entscheiden, hier einen Schwerpunkt Ihrer Sammlung zu setzen. Ihnen sollte aber klar sein, dass Sie dieses Weins schnell überdrüssig werden, wenn Sie Abend für Abend nichts anderes zu trinken haben. Wenn Sie auch andere Weine einlagern, haben Sie das Vergnügen, die unterschiedlichsten Weintypen zu erkunden.

Die Tischweine (oder auch Stillweine) bilden den Grundstock der meisten Weinsammlungen. Aber es ist keine schlechte Idee, auch ein paar gute Aperitifweine wie Champagner oder trockene Sherrys und Dessertweine wie Port und süße Weißweine im Keller zu haben, um auf eventuelle Gelegenheiten vorbereitet zu sein. (Wenn Sie ähnlich veranlagt sind wie wir, dann finden Sie jede Menge Gelegenheiten, eine Flasche Champagner, Cava oder Sekt zu öffnen!)

 Ein weiteres Merkmal einer ausgewogenen Weinsammlung ist die sinnvolle Zusammenstellung von sowohl günstigen Weinen (fünf bis 14 Euro die Flasche), die man jederzeit aufmachen kann, und anspruchsvolleren Weine für die entsprechenden Anlässe. In Wirklichkeit kauft niemand ausschließlich teure Weine. Sie benötigen welche, die Sie jederzeit und mit den unterschiedlichsten Gästen trinken können.

Kaufen Sie Weine, die trinkfertig sind, und Weine, die noch weiterer Lagerung bedürfen. Wir zeigen Ihnen in den nächsten beiden Abschnitten, wie Sie das anstellen.

Alltagsweine

 Was Sie als Wein für alle Tage vorrätig haben, hängt von Ihrem persönlichen Geschmack ab. Unsere Kandidaten für Alltagsweißweine umfassen:

- ✔ einfache weiße Burgunder wie Mâcon-Villages oder St. Véran

- ✔ Sauvignon Blanc aus Neuseeland und Frankreich (Sancerre und Pouilly-Fumé) und Kalifornien

- ✔ Pinot Gris/Pinot Grigio aus Italien und dem Elsass beziehungsweise Grauburgunder aus Baden

- ✔ italienischen Pinot Bianco

✔ aromatische, italienische Weiße wie Vermentino, Verdicchio oder Falanghina

✔ bukettreiche und frische Müller-Thurgau-Weine aus Deutschland und Italien

✔ Grüner Veltliner aus Österreich

✔ Riesling aus Deutschland, Österreich oder dem Elsass

✔ Moschofilero aus Griechenland

✔ Albariños aus Spanien

Als Alltagsrotweine mögen wir besonders die italienischen Roten wie Barberas, Dolcetto, Montepulciani d'Abruzzo, Valpolicellas und einfache (unter 14 Euro) Chiantis. Diese Rotweine kann man jung trinken, und sie sind anpassungsfähig genug, um hervorragend zu vielen einfachen, geschmackvollen Alltagsgerichten zu schmecken, und haltbar genug, um einige Jahre zu reifen, wenn Sie gerade nicht dazu kommen, sie zu trinken (das heißt, sie verderben nicht zu schnell).

Weitere Alltagsrotweine, die wir empfehlen können, wären Beaujolais, Côtes du Rhône und leichtere (unter zehn Euro) Bordeaux.

Ist der Himmel die Grenze?

Manche Weinsammler besitzen mehr als 10.000 Flaschen! So nennt man es wohl, wenn man ein Hobby auf die Spitze treibt. Wir glauben, dass eine Sammlung von 1.000 bis 1.500 Flaschen genügt, um wirklich sämtliche Ansprüche erfüllen zu können. Im Übrigen sind auch 100 Flaschen nicht schlecht!

Lagerfähige Weine

Wenn Sie Ihre Weinsammlung planen, dann sollten Sie auch an einige hochkarätige Weine denken, die die Lagerung wert sind, die Sie aber jung kaufen müssen, da so der Preis noch am niedrigsten ist. Viele der besseren Rotweine wie Bordeaux, Barolo und Hermitage brauchen oft zehn Jahre, bis sie trinkreif sind – und dann sind sie kaum noch zu finden. Eine gewisse Lagerung ist auch für bessere weiße Burgunder (wie Corton Charlemagne), bessere weiße Bordeaux, Sauternes, deutsche Rieslinge, Dessertweine und Port, der oft 20 Jahre braucht, bevor er reif ist, angesagt.

Lagerfähige Weißweine, die wir empfehlen:

✔ allen voran, weiße Grands Crûs und Premiers Crûs aus Burgund – wie etwa Corton-Charlemagne, Bâtard- und Chevalier-Montrachet, Meursault und Chablis Grands Crûs

✔ bessere (über 23 Euro) weiße Bordeaux

✔ große deutsche und österreichische Rieslinge

✔ Elsässer Rieslinge oder Gewürztraminer

In den Kapiteln 9 bis 13 finden Sie nähere Erläuterungen zu den Weinen.

Unter den vielen langlebigen Rotweinen gibt es einige Kandidaten, die wir besonders für die *Einlagerung* empfehlen:

✔ feine Bordeaux

✔ Grands Crûs und Premiers Crûs aus Burgund

✔ große italienische Rote wie Barolo, Barbaresco, Chianti Classico Riserva, Brunello di Montalcino, Taurasi und die Super-Tuscans

✔ aus Spanien: Rioja, Ribeira del Duero und Weine aus dem Priorato

✔ aus Kalifornien: bessere Cabernet Sauvignon

✔ Portugals Barca Velha und andere gute Weine aus dem Douro-Tal

✔ Australiens Grange (Penfolds), die Shiraz von Henschke wie der Hill of Grace und andere Top-Shiraz

Außerdem gehören zu den lagerfähigen Weinen

✔ die feineren Champagner (meist Jahrgangschampagner und Prestige Cuvées – mehr dazu in Kapitel 14)

✔ die besten Dessertweine wie deutsche Riesling-Auslesen, Beerenauslesen und Eisweine von Rhein und Mosel (mehr in Kapitel 9), Sauternes aus Bordeaux, süße Vouvray von der Loire (Kapitel 10), Vintage Port und Madeira (mehr dazu finden Sie in Kapitel 15)

Ordnung für Ihren Seelenfrieden

Wenn Sie inzwischen nicht nur Weintrinker, sondern auch Weinsammler sind, dann wird Ihnen langsam klar, dass Sie den Überblick über Ihren Bestand behalten müssen, damit Sie

✔ eine Flasche schnell finden, nach der Sie suchen

✔ wissen, was Sie alles haben (es sind schon viele Flaschen über die Wupper gegangen, weil der Besitzer vergessen hat, dass er sie im Keller hat!)

✔ Ihre Weinsammlung Ihren Freunden zeigen können (das ist in etwa so, als ob Sie die Bilder Ihres Nachwuchses herumzeigen)

Sie können Ihre Weine auf unterschiedlichste Weise katalogisieren. Eine Bestandsliste auf Papier sollte die einzelnen Weine Ihrer Sammlung, die jeweilige Anzahl und den Lagerort umfassen.

Die Verwaltung der Weinsammlung per Computer ist deutlich einfacher, als wir erwartet hätten. Wir benutzen ein Datenbankprogramm auf unserem Computer, um die Datenbank anzulegen.

Für die folgenden Informationen haben wir jeweils ein Feld festgelegt:

- ✔ Jahrgang

- ✔ Produzent

- ✔ Weinname

- ✔ Herkunftsbezeichnung

- ✔ Region

- ✔ Land

- ✔ Art des Weines (rot, weiß, rosé, Sekt, Aperitif oder Dessertwein)

- ✔ Bestand in Flaschen

- ✔ bezahlter Preis (pro Flasche)

- ✔ Wert (der letzte geschätzte Wert pro Flasche)

- ✔ Flaschengröße (um 1,5-Liter-Magnumflaschen und halbe Flaschen zu kennzeichnen)

Zwei Summenfelder halten uns über den aktuellen Gesamtbestand an Flaschen (oder die Menge in jedem Segment unseres Bestandes wie etwa roter Bordeaux) sowie den aktuellen Wert unseres Bestandes auf dem Laufenden.

 Es gibt auch eine Vielzahl an Software (Freeware oder kommerziell), die einen bei der Weinverwaltung für relativ wenig Geld unterstützen (zum Beispiel das Progamm WinWein aus der Schweiz; www.winwein.ch).

Eine gesunde Umgebung für Ihre Weine

 Wenn Sie sich aber dazu entschieden haben, Wein zu sammeln – oder wenn Sie auf einmal feststellen, dass Sie unbeabsichtigt zu einer Weinsammlung gekommen sind –, dann beherzigen Sie unseren Rat. Wenn Ihre Flaschen schlecht gelagert sind, ist eine Enttäuschung nach der anderen vorprogrammiert.

Sollten Sie vorhaben, die Weine für unbestimmte Zeit zu lagern, dann brauchen Sie eine temperaturkontrollierte und feuchtigkeitsregulierte Lagermöglichkeit. Dies ist besonders wichtig, wenn Sie in einer Gegend wohnen, in der die Temperaturen für längere Zeit über 21 Grad Celsius liegen. Ohne angemessene Lagerung kommen Sie eventuell in Versuchung, Ihre Topweine viel zu früh zu trinken (in Weinzirkeln spricht man von Babymord). Oder, was noch viel schlimmer wäre, sie sterben einen frühzeitigen Tod in irgendeinem Schrank, einer Garage oder einem zu warmen Keller.

Der passive Weinkeller

Vielleicht sind Sie in der glücklichen Lage und haben Lagerbedingungen für einen so genannten *passiven Weinkeller* (wenn Sie vor Kurzem ein Schloss in Schottland geerbt haben).

Wenn der Ort, an dem Sie Ihre Weine lagern wollen, sehr kühl (unter 15 Grad Celsius) und sehr feucht ist (75 Prozent Luftfeuchtigkeit oder höher) und das das ganze Jahr über, dann sind Sie der glückliche Besitzer eines *passiven Kellers*. (Er wird *passiv* genannt, weil Sie nichts mehr unternehmen müssen – weder Kühlen noch Befeuchten.) Normalerweise werden nur tiefe Keller, die vollständig unter der Erde liegen oder dicke Steinmauern besitzen, diesen Anforderungen einer passiven Temperaturkontrolle gerecht. Passive Keller sind die ideale Lagermöglichkeit für Ihren Wein.

Der Charme eines gereiften Weines

Reife Weine sind eine eigene Welt und haben nichts mit jungen Weinen gemein – und manche Weine erreichen ihren vollen Ausdruck erst, wenn sie reif sind. Versuchen Sie, einen hochkarätigen jungen roten Bordeaux zu trinken, sagen wir einen 2002 Château Lafite-Rothschild. Sie haben den Mund voller Tannin, und obwohl der Wein sehr dicht und konzentriert ist, fragen Sie sich, was all das Gerede soll. Probieren Sie ihn zehn bis 15 Jahre später: Das extrovertierte Tannin wurde weich, ein wundervolles Bouquet von Zedernholz, Tabak und Schwarzer Johannisbeere entströmt dem Glas, und ein herrlich süßlicher Geschmack hat sich entwickelt.

Wenn ein Topwein in der Flasche reift, laufen verschiedene chemische und physikalische Prozesse ab. Diese Prozesse sind nur schwer zu verstehen, aber der Effekt auf den Stil des Weines ist sehr einleuchtend:

✔ Der Wein wird heller in der Farbe.

✔ Die Aromen wandeln sich von der Fruchtaromatik der Jugend zu einem komplexeren Bouquet mit erdigen und ledrigen Noten.

✔ Sein Tannin, die harte Textur, schwächt sich ab, und der Wein wird seidig.

✔ Weißweine reifen meist mit einer typisch firnigen Note, die in geringen Konzentrationen unter Fachleuten als positiv angesehen wird. Rieslingweine prägen teilweise eine Petrolnote aus.

Reife Weine scheinen bekömmlicher zu sein und sie steigen einem nicht so schnell zu Kopf. (Das kommt vielleicht daher, dass wir sie langsam und andächtig trinken.) Neben diesem Vergnügen bieten sie auch oft eine besondere emotionale Befriedigung. Einen reifen Wein zu probieren, kann wie eine Reise in die Vergangenheit sein. Sie schaffen mit dem Wein eine Verbindung in längst vergangene Zeiten.

Wenn Sie nicht passiv bleiben wollen, werden Sie aktiv

Die meisten von uns haben nicht das Glück, einen passiven Weinkeller zu besitzen, noch sind sie in der Lage, ohne extreme Kosten und Mühen einen zu bauen. Die zweitbeste Lösung – ein künstlich gekühlter und/oder feucht gehaltener Raum – ist besser als nichts.

Die folgenden Punkte sind Grundvoraussetzungen für einen Weinlagerraum:

✔ Es bleibt dort kühl, ideal ist der Bereich zwischen 12 und 16 Grad Celsius.

✔ Die Temperatur ist weitgehend konstant, heftige Temperaturschwankungen sind nicht gut für den Wein.

✔ Der Raum ist nicht zu trocken, eine Luftfeuchtigkeit von 70 Prozent ist Minimum, das Maximum liegt bei etwa 95 Prozent (ab 95 Prozent beginnt sich Schimmel zu bilden).

✔ Die Weine werden vibrationsfrei gelagert. Starker Verkehr oder große Maschinen im Umkreis oder die Kompressoren selbst von normalen Kühlschranken sind für den Wein schädlich.

✔ Der Raum ist dunkel. Auf alle Fälle ist direkte Sonneneinstrahlung zu vermeiden, da die ultravioletten Strahlen der Sonne besonders problematisch für den Wein sind.

✔ Der Raum ist gut belüftet und es dürfen sich keine geruchsintensiven Stoffe in der Nähe befinden, egal ob Farbeimer, Kartoffeln oder Autoreifen.

Wir haben einen Raum in unserem Keller als Weinlager umgebaut. Aber egal wo sich der Raum befindet, solange er die oben genannten Punkte erfüllt, wird sich Ihr Wein dort wohlfühlen.

Kaufen Sie sich ein *Hygrometer* (ein Instrument, das die Luftfeuchtigkeit misst) für Ihr Weinlager. Unser Hygrometer gibt uns sowohl die Luftfeuchtigkeit als auch die aktuelle Temperatur an. Die Informationen sind so wichtig, dass wir sie fast täglich überprüfen.

Meiden Sie den Kühlschrank für die Weinlagerung. Lassen Sie guten Wein oder Sekt nicht länger als eine Woche im Kühlschrank. Nicht nur die Vibrationen des Kühlkompressors sind schädlich, auch die zu niedrigen Temperaturen schaden dem Wein und lassen ihn flach und dumpf schmecken.

Temperaturkontrolle

Es gibt Klimageräte für Weinkeller. (Entsprechende Anzeigen der Hersteller finden Sie in den Weinzeitschriften.) Diese Geräte halten den Raum nicht nur kühl, sondern achten auch auf die Luftfeuchtigkeit. Es gibt sie in verschiedenen Leistungsklassen und damit für unterschiedlich große Räume. Viele erfordern einen professionellen Einbau, andere wiederum werden in Form von Türen in den Standardgrößen geliefert und erfordern somit keine größeren Umbauten. Lassen Sie sich wegen einer individuellen Lösung für Ihren Keller von einem Fachmann beraten.

Je nachdem, wo Sie leben, muss das Kühlgerät nicht das ganze Jahr laufen. Die Stromkosten für die Sommermonate sind gut angelegt, wenn wir den Wert unserer Weinsammlung überschlagen.

Weinregale

Es gibt unterschiedlichste Regalsysteme: aus Edelhölzern, aus Metall oder auch aus Kunststoff. Die Auswahl des Materials und der Art hängt eigentlich nur von Ihrem persönlichen Geschmack ab und davon, wie viel Sie ausgeben wollen.

Große, rautenförmige Holzfächer sind sehr beliebt, weil sie bis zu acht Flaschen effizient aufnehmen, nichts wegrutschen kann und der Platz bestmöglich genutzt wird (ein Beispiel sehen Sie in Abbildung 16.1). Außerdem erleichtern diese Regale die Entnahme von einzelnen Flaschen.

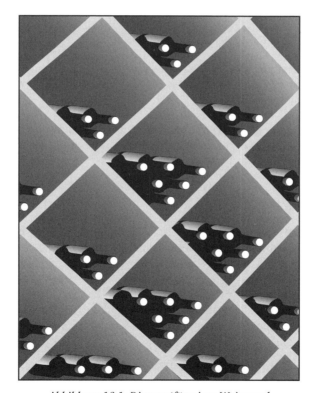

Abbildung 16.1: Diamantförmiges Weinregal

Eine Regalkonstruktion, die jedem Wein sein eigenes Fach lässt, ist deutlich teurer. Wenn Sie sich für so ein System interessieren, dann prüfen Sie vorher, ob Ihre Sonderformate (wie bauchige Sektflaschen oder Bocksbeutel) nicht zu groß dafür sind. (Vielleicht sind Ihre halben Flaschen auch zu klein!)

Viele Weinliebhaber lagern ihren Wein auch gerne in den Original-Holzkisten. (Viele klassische Weine wie Bordeaux und Vintage Ports werden in Holzkisten ausgeliefert. Vielleicht ergattern Sie auch leere Holzkisten bei Ihrem Weinhändler.) Die Holzkisten eignen sich sehr gut zum Lagern, da der Wein dunkel liegt und sich die Temperatur wegen der vielen Flaschen in der Kiste auch nur langsam ändert. Aber es kann etwas mühsam sein, eine bestimmte Flasche aus der untersten Kiste herauszubekommen.

 Pappkartons sind dagegen nicht zum Lagern von Wein geeignet. Die chemischen Zusätze, die bei der Kartonherstellung verarbeitet werden, können dem Wein schaden. Außerdem weichen die Kartons in einem feuchten Keller auf, fangen an zu schimmeln und riechen unangenehm modrig – vorausgesetzt, Sie haben einen feuchten Keller.

Isolierung

Viel wichtiger als die Wahl der Regale ist die Isolierung.

 Achten Sie darauf, dass die Isolierung nicht die Feuchtigkeit aufnimmt. Wir kennen Fälle, da wurde die Isolierung so schwer, dass Teile der Wände einstürzten und beträchtliche Schäden verursachten.

Ideal ist eine Isolierung, die geruchlos ist, keine Feuchtigkeit aufnimmt und die möglichst gut isoliert. Das spart Energiekosten, und wenn das Kühlgerät einmal ausfällt, dauert es entsprechend lange, bis die Temperatur ansteigt.

Weinkeller für die Wohnung

Wenn Sie in einem Haus wohnen, das über einen für die Weinlagerung geeigneten Keller verfügt oder sich sonst irgendwo ein passender Raum finden lässt, sollten Sie glücklich sein. Aber was ist, wenn Sie keinen Platz haben – da Sie nur in einer Wohnung leben?

In einer Wohnung haben Sie drei Möglichkeiten:

✔ Lagern Sie Ihre Weine bei Freunden oder Verwandten (vorausgesetzt diese haben entsprechende Lagermöglichkeiten – und Sie vertrauen ihnen, dass sie sich nicht an Ihren Beständen vergreifen!)

✔ Mieten Sie sich Lagerfläche in einem Kühlhaus.

✔ Kaufen Sie sich einen Weinklimaschrank. Er sieht aus wie ein Kühlschrank und funktioniert auch so ähnlich, ist aber insbesondere für die Lagerung von Wein konzipiert. Er muss nur eingesteckt werden und kann wie das restliche Inventar in der Wohnung stehen.

Wir finden die ersten beiden Möglichkeiten nicht sonderlich überzeugend, da Sie nicht ständig Zugriff auf Ihre Weinauswahl haben. Es ist einfach umständlich, für jede Flasche Wein, die Sie trinken wollen, einen Ausflug machen zu müssen. Und beide Möglichkeiten rauben Ihnen das Vergnügen, Ihre Weine um sich zu haben, wo Sie diese betrachten, streicheln und Ihren Freunden zeigen können.

Wenn wir in einer Wohnung wohnen würden, hätten wir uns sicher schon einen Weinklimaschrank zugelegt. Weinklimaschränke sind in den unterschiedlichsten Dekors verfügbar und lassen sich in die Wohnatmosphäre integrieren. Es gibt sie auch mit Glastüren, und meist sind sie abschließbar.

Weinklimaschränke variieren in Größe und Kapazität von kleinen Geräten, die nur 24 Flaschen fassen, über die Größe eines hohen Kühlschranks, der etwa 180 Flaschen aufnehmen kann, bis hin zu Klimazellen mit einem Fassungsvermögen von 2.800 Flaschen. Die Preise reichen von 230 bis zu 20.000 Euro. In Weinzeitschriften und Zubehörkatalogen finden Sie jede Menge Anzeigen für Weinklimaschränke.

 Falls Sie gerade vorhaben, sich einen Weinkeller zu bauen oder einen Weinklimaschrank zu kaufen, dann planen Sie nicht zu knapp. Mit den Jahren wird eine Weinsammlung doch immer etwas größer als gedacht.

Fortbildung für Weinliebhaber

In diesem Kapitel

▶ Schule hat noch nie so viel Spaß gemacht

▶ Geschmacksschule für den Gaumen

▶ Der Inhalt hinter dem Etikett

▶ Weinpublikationen, die auf dem Laufenden halten

▶ Der Wein im Web

Mehr über Wein zu lernen, ist wie eine Reise ins All: Wenn Sie erst mal begonnen haben, ist kein Ende in Sicht. Für diejenigen, die sich darauf einlassen und mehr über Wein lernen wollen, ist dies eine faszinierende Erfahrung: viele neue Aromen, unbekannte Gegenden und neue Freunde.

Obwohl wir andere im Weinverkosten unterrichten, bleiben wir gleichzeitig auch weiter Studierende. Wir können uns nicht vorstellen, dass wir einmal einen Punkt erreichen, wo wir sagen können: »Jetzt wissen wir genug über Wein, jetzt können wir aufhören.« So besuchen wir eine weitere Weinregion, gehen zur nächsten Weinverkostung und vertiefen uns in noch eine Weinzeitschrift. Jeder Schritt vermittelt uns nicht nur neues Wissen, sondern auch mehr Spaß an diesem einzigartigen Getränk.

Zurück ins Klassenzimmer

Die beste Möglichkeit, um mehr über Wein zu lernen und Ihre Fähigkeiten als Verkoster zu verbessern, ist der Besuch eines Weinseminars. Weinseminare bieten eine ideale Kombination aus erläuterten Anleitungen und der Möglichkeit, Ihre Verkostungseindrücke sofort in der Gruppe zu diskutieren.

Wenn Sie in einer etwas größeren Stadt leben, dann findet sich sicherlich eine Möglichkeit, verschiedene Weinseminare zu besuchen. Gerade die Volkshochschulen und Bildungswerke bieten sehr oft solche Kurse an, aber auch viele Weinfachhändler und Restaurants haben entsprechende Angebote.

Die meisten Weinseminare sind *Weingenuss-Kurse* – dort lernen Sie nicht, wie man Wein macht, noch werden Sie mit akademischer Genauigkeit konfrontiert. Der Zweck der meisten Weinseminare ist, Ihnen sowohl Wissen über Wein zu vermitteln, als auch Ihre Fähigkeiten als Verkoster zu schulen.

Bei den einführenden Seminaren geht's um die Rebsorten und wie man Wein verkostet. In den weiterführenden Seminaren werden dann die verschiedenen Weinbaugebiete der Welt und die

Weine aus bestimmten Regionen besprochen und diskutiert. Wein- und Sensoriktrainer sind meist erfahrene Profis, die im Weinhandel oder als Weinjournalisten arbeiten.

 Verkaufsförderung und Weiterbildung bilden im Weingeschäft häufig eine enge Partnerschaft. Viele Seminarleiter verdienen ansonsten ihr Geld als Vertriebsmitarbeiter oder als Repräsentanten von Weingütern und sind somit natürlich daran interessiert, Sie mit den entsprechenden Kostproben von den Qualitäten ihrer Weine zu überzeugen. Solange der Trainer entsprechende Fachkenntnisse hat und auch mal über den Tellerrand hinausgucken kann, können Sie von seinen Erläuterungen durchaus profitieren. Aber Sie sollten darauf achten, dass es nicht zu einer reinen Verkaufsveranstaltung verkommt. Noch besser ist es allerdings, sich an unabhängige Seminaranbieter und Lehrer zu halten. Sie lernen einfach mehr.

Eine Weinschule in Aktion

Die Autoren von *Wein für Dummies* haben eine Weinschule in New York City und bieten dort ein sehr umfangreiches Weiterbildungsprogramm an. Wem das zu weit ist, der findet an verschiedenen Orten in Deutschland und Österreich ganz ähnliche Angebote. Es werden einerseits entsprechende Weiterbildungsmöglichkeiten im professionellen Bereich als auch Weinseminare für alle angeboten, die sich für Wein interessieren. Die Seminare decken meist ein breites Spektrum an Themen ab. Die Seminarthemen sind oft auf die Praxis bezogen, das heißt, gelernt wird mit dem Glas in der Hand. Mehrheitlich handelt es sich um Abendkurse, die etwa zwei bis drei Stunden dauern. Für zu Hause gibt es häufig noch weiterführende Unterlagen und manchmal erhält jeder Teilnehmer ein Zertifikat.

Damit Sie aber einen gewissen Überblick haben, folgen hier die wichtigsten Anbieter auf dem deutschen und österreichischen Markt:

✔ **Deutsches Weininstitut,** Gutenbergplatz 3–5, 55116 Mainz, Tel. 06131-2829-0, www.deutsches-weininstitut.de: In erster Linie Aus- und Weiterbildung für Mitarbeiter aus Handel und Gastronomie. Beschränkt sich auf das deutsche Weinangebot.

✔ **Deutsche Wein- und Sommelierschule,** Hohenfelder Str. 12, 56068 Koblenz, Tel. 0261-30489-31, www.weinschule.com: Bietet ein umfangreiches Ausbildungsprogramm zum/zur IHK-geprüften Sommelier/Sommelière.

✔ **Mundus-Vini-Akademie,** Maximilianstr. 11, 67433 Neustadt/Weinstraße, Tel. 06321-89 08 50, www.mundus-vini.de: Ziel ist es, den Wein in all seinen Facetten sowohl dem Konsumenten als auch dem Profi näherzubringen und ihm darüber hinaus eine entsprechende Qualitäts-Orientierung zu geben.

✔ **Campus-Geisenheim,** Von-Lade-Str.1, 65366 Geisenheim, Tel. 06722-502743, www.campus-geisenheim.de: Seminare für Weininteressierte und -profis an der Lehr- und Forschungseinrichtung in Geisenheim im Rheingau

✔ **Viniversität** (Die Weinschule GmbH), Haus Meer 2, 40667 Meerbusch, Tel. 02132-75680, www.viniversitaet.de: Entstanden aus dem Ausbildungsprogramm von Jacques' Weindepot für die eigenen Mitarbeiter, werden von diesem Tochterunternehmen in vielen größeren deutschen Städten Weinseminare angeboten.

✔ **Weinakademie Österreich,** Hauptstr. 31, A-7071 Rust, Tel. 0043-2685-6853, `www.wein akademie.at`: Eine Tochtergesellschaft des österreichischen Weinmarketing-Service mit einem guten Seminarprogramm.

Ob es nun um die Weiterbildung von Mitarbeitern aus dem Handel oder um Seminare für Normalsterbliche geht – sie haben vieles gemeinsam. Der Seminarleiter referiert über ein bestimmtes Thema, und es werden dabei etwa sechs bis acht zum Thema passende Weine probiert. Es sollte auch auf entsprechende Fragen eingegangen werden. Relevante Unterlagen und Kartenmaterial erleichtern die Zuordnung der verschiedenen Weinbaugebiete.

Im Unterschied zu den vielen Weinproben, die in erster Linie der Verkaufsförderung dienen, wird bei einem seriösen Seminar niemand genötigt, den Wein zu trinken. Es stehen entsprechende Spucknäpfe bereit, wo man zumindest seine Weinreste entsorgen kann. Und man bekommt nicht nur die Weine eines Weinguts oder Weinhändlers vorgesetzt. Schließlich will man sich ja selbst ein Bild machen. In einem seriösen Seminar hat jeder Teilnehmer ausreichend Platz, um sich Notizen zu machen, eine entsprechende Zahl Gläser, Wasser und Brot, damit jeder Teilnehmer zwischendurch seinen Gaumen neutralisieren kann, und der obligatorische Spucknapf stehen auf dem Tisch. Dazu sollte jeder Teilnehmer eine Liste mit den verkosteten Weinen sowie weiterführende Unterlagen zum Seminarthema bekommen.

Weinproben in allen Größen und Arten

Weinverkostungen sind Veranstaltungen, die Wein-Fans die Möglichkeit geben, eine Auswahl an Weinen zu verkosten. Die Veranstaltung kann fast wie im Klassenzimmer ablaufen (jeder sitzt, also eine seminarähnliche Veranstaltung) oder auch ähnlich wie eine Party (die Verkoster wandern umher und informieren sich). Im Vergleich zu einem Weinseminar haben die Teilnehmer einer Weinverkostung meist einen sehr unterschiedlichen Wissensstand. Verkostungen gibt's nicht in verschiedenen Ausführungen für Anfänger, Fortgeschrittene und Profis – es gibt nur eine Einheitsgröße.

Weinverkostungen sind sehr beliebt, da dem Weinverkosten zu Hause doch sehr schnell Grenzen gesetzt werden. Wie viele Weine können Sie alleine zu Hause probieren (außer Sie haben kein Problem damit, neun Zehntel jeder Flasche in den Ausguss zu schütten)? Wie viele Weine würden Sie sich selbst kaufen? Und wie viel können Sie lernen, wenn Sie den Wein in der Isolation probieren – oder mit einem Freund, der sich auch nicht besser auskennt als Sie?

Auf Weinverkostungen können Sie viel Wissen aus den entstehenden Diskussionen mitnehmen, und oft finden sich auch neue Freunde, die Ihr Interesse am Wein teilen. Und am wichtigsten: Sie probieren die Weine zusammen mit anderen, die bereits mehr Erfahrung als Sie haben, was einfach die beste Schule für Ihren Gaumen darstellt.

Wir haben in unserem Leben bereits an Tausenden von Weinverkostungen teilgenommen oder sie sogar geleitet – bis jetzt. Und man kann sagen, wir haben bei fast jeder dieser Verkostungen etwas gelernt.

Am besten fragen Sie Ihren Weinhändler nach Terminen von interessanten Weinverkostungen oder Weinmessen in Ihrer Region. Vielleicht veranstaltet oder unterstützt Ihr Weinladen ja (neben den zwanglosen Verkostungsmöglichkeiten im Laden) die eine oder andere Veranstaltung. Er sollte auch einen Überblick über die verschiedenen örtlichen Seminaranbieter und Organisatoren von Weinverkostungen haben.

Warum nicht mal eine Weinverkostung zuhause veranstalten? Das Weindirektvertriebsunternehmen Bacchus Weinhaus Graf Eltz bietet ein sehr umfassendes internationales Weinprogramm für nahezu jeden Geschmack an. Unter www.bacchus.de kann man über eine Hausweinprobe anfordern, wobei man dieses fairerweise auch nur dann tut, wenn man wirklich auch Wein kaufen will. Der Bacchus-Weinberater wird sich dann mit einem in Verbindung setzen und einen Termin vereinbaren.

Was bedeutet der Titel MW?

Vielleicht ist Ihnen aufgefallen, dass die Koautorin dieses Buches den Titel *Master of Wine* führt (der oft mit »MW« abgekürzt wird). Es ist der renommierteste Titel für Profis aus dem Weinbusiness. Die Prüfung besteht aus drei Teilen und ist unglaublich schwer. Verliehen wird der Titel vom Institute of Masters of Wine, das inzwischen auch in Australien, den USA und auf dem Kontinent entsprechende Vorbereitungskurse anbietet.

Bereits die für die Zulassung zu den Vorbereitungskursen notwendigen Kenntnisse und Erfahrungen sind enorm umfangreich. Dazu zählen Erfahrungen auf dem Gebiet des Weinhandels, die erfolgreiche Teilnahme an jeglichen verfügbaren Weinseminaren und Ähnliches. Zum Zeitpunkt der Drucklegung gab es genau 257 Masters of Wine auf der Welt. Die meisten davon kommen aus Großbritannien, nur 22 aus den USA und drei aus Deutschland (Markus del Monego, Jürgen von der Mark und Alison Flemming).

Weitere Informationen (auf Englisch) finden Sie auf der Website www.masters-of-wine.org.

Wenn's so weit ist ...

Wenn Sie vorher noch nie auf einer Weinverkostung waren, sollten wir Sie vorwarnen, dass auch dabei gewissen Grundregeln zu beachten sind. Machen Sie sich mit dieser Etikette vertraut, dann fühlen Sie sich gleich wohler auf dem glatten Parkett. Andererseits sind Sie vielleicht überrascht, was Sie sehen und hören. Warum benehmen sich diese Leute so?!

Spucken oder nicht spucken?

Erinnern Sie sich noch, dass wir einen Napf für jeden Teilnehmer eines Weinseminars erwähnt haben, in den er seine Weinreste reinschütten kann? Wir haben gelogen. (Wir wollten Sie nicht gleich zu Anfang vergraulen.) Dieser Napf oder Plastikeimer ist wirklich dafür da, *dass die Teilnehmer ihren Wein dort hinein ausspucken*, nachdem sie ihn verkostet haben.

Professionelle Weinverkoster haben sehr schnell herausgefunden, dass es, wenn sie jeden Wein getrunken haben, bereits bald mit der Konzentration und damit mit der Qualität ihrer Bewertungen vorbei war, spätestens bei Wein neun oder zehn. So wurde das Ausspucken sehr schnell akzeptiert. Auf manchen Weingütern spucken die Verkoster oft direkt auf den Kies oder in den Gulli. In etwas eleganterer Umgebung stehen dafür entsprechende *Spucknäpfe* bereit. Oft ist es nur ein Eiskühler mit etwas Holzwolle oder eine große Tonne mit Sägespänen.

Zuerst weigern sich die meisten Teilnehmer, den Wein wieder auszuspucken. Es ist ja nicht nur so, dass es sich nicht gehört, sondern man hat ja auch dafür bezahlt, die Weine probieren zu dürfen. Warum soll man sie so verschwenden?

Gut, Sie können natürlich alle Weine auf einer Verkostung auch trinken, wenn Sie das wollen – und manche tun das auch. Aber wir würden es Ihnen aus den folgenden Gründen nicht empfehlen:

✔ Wenn Sie die Weine am Anfang gleich trinken, wird es schwierig, die späteren Weine zu beurteilen. Der Alkohol benebelt Ihre Sinne.

✔ Das Herunterschlucken ist nicht notwendig, um einen Wein vollständig wahrzunehmen. Wenn Sie den Wein für acht bis zehn Sekunden (lesen Sie Kapitel 2) in Ihrem Mund belassen, haben Sie einen vollständigen Geschmackseindruck – und müssen sich trotzdem wegen des Alkohols keine Sorgen machen.

✔ Wenn Sie mit dem Auto zur Verkostung gekommen sind, haben Sie auch beim Heimfahren keine Probleme, vorausgesetzt, Sie haben ausgespuckt. Der Einsatz ist hoch – Ihr Leben und Ihre Gesundheit, das Leben anderer und Ihr Führerschein. Warum also ein Risiko eingehen?

Die einfache Lösung: Spucken Sie den Wein einfach aus. Nahezu alle erfahrenen Weinverkoster tun es oder erlernen es gar in »Spuck«-Kursen. Ob Sie es glauben oder nicht, das Ausspucken wird auf einer Weinverkostung ganz schnell selbstverständlich und ist völlig normal. (Und außerdem ist es ein absolut sicherer Weg, sofort als erfahren eingestuft zu werden!)

 Wenn Sie wissen, dass Sie das Ausspucken nicht über sich bringen werden, dann essen Sie vorher etwas Gehaltvolles. Mit einem vollen Magen nehmen Sie den Alkohol langsamer auf – das bisschen Brot auf den meisten Weinverkostungen reicht dafür nicht aus.

Was ist mit der Geräuschkulisse?

Muss man wirklich so laut schlürfen und gurgeln, wie es die ernsthaften Verkoster bei den Proben machen?

Natürlich müssen Sie nicht. Aber wenn Sie den Wein im Mund nochmals mit Luft verwirbeln, können Sie seine Aromen besser wahrnehmen (wie in Kapitel 2 erklärt). Mit etwas Übung können Sie das aber auch lautlos bewerkstelligen.

Horizontal oder vertikal

Zwei der schrägsten Begriffe in der Weinwelt beziehen sich auf Weinproben. Je nach der jeweiligen Weinzusammenstellung kann eine solche Veranstaltung als *vertikale oder horizontale Verkostung* bezeichnet werden. Diese Einteilung hat nichts mit der Position der Verkoster zu tun – diese sitzen oder stehen. (Das Trinken im Liegen kam mit den alten Römern aus der Mode.)

Bei einer vertikalen Verkostung werden verschiedene Jahrgänge desselben Weins probiert – Château Latour in allen Jahrgängen von 1988 bis 1998 beispielsweise. Eine horizontale Verkostung umfasst verschiedene Weingüter aus dem gleichen Jahrgang, meist Weine eines bestimmten Typs wie Riesling aus dem Rheingau, Jahrgang 2006.

Für Verkostungen mit einem weniger eng gefassten Thema gibt es keinen besonderen Namen.

Weitere Benimmregeln der Weinetikette

Da der Geruch ein so wichtiger Aspekt beim Weinverkosten ist, versuchen höfliche Verkoster möglichst, die Riechfähigkeiten der anderen nicht zu beeinträchtigen. Das bedeutet:

✔ Rauchen (egal was) ist auf Weinverkostungen absolut verpönt. Es ruiniert Ihre Geschmackspapillen (lateinisch: *papillae gustatoriae*) über Stunden.

✔ Den Gebrauch von Düften (Parfüm, Rasierwasser, parfümierte Seife …) sollten Sie den anderen Personen nicht zumuten. Diese fremden Gerüche können wirklich die Fähigkeit der anderen Verkoster, feine Aromen wahrzunehmen, beeinträchtigen.

Höfliche Weinverkoster warten damit, ihre Meinung über einen Wein kundzutun, bis auch die anderen die Möglichkeit hatten, den Wein zu verkosten. Ernsthafte Verkoster bevorzugen es, sich möglichst unabhängig eine Meinung zu bilden, und Sie ernten sicherlich böse Blicke, wenn Sie deren Konzentration stören.

Ein Dinner mit dem Weinmacher

Eine beliebte Art von Weinveranstaltungen ist ein Essen mit dem Weinmacher. Es handelt sich meist um ein mehrgängiges Menü mit ihm oder der Führungskraft eines Weinguts als Ehrengast. Die Gäste zahlen einen Pauschalpreis für das Essen und probieren verschiedene, auf den jeweiligen Gang abgestimmte Weine des vorgestellten Weinguts.

So weit es ums Lernen geht, rangieren diese Essen hinter den seminarähnlichen Weinverkostungen, aber vor den reinen Verkaufsveranstaltungen. Diese Essen bieten immerhin die Möglichkeit, die Weine unter optimalen Bedingungen zu verkosten – mit Essen –, doch die meisten Redner bieten nur sehr wenig echte Informationen und oft gibt es kaum Gelegenheit, Fragen zu stellen.

Wenn es allerdings in erster Linie um den Spaßfaktor geht, dann rangieren diese Events ganz oben auf der Liste – auch wenn man vielleicht nicht direkt beim Weinmacher am Tisch sitzt.

Weingüter besichtigen

Eine der besten – und interessantesten – Möglichkeiten, mehr über Wein zu lernen, ist, die verschiedenen Weinregionen zu besuchen, und sich wenn möglich mit den Weinmachern und Produzenten der Weine zu unterhalten. Erst wenn Sie die Region besuchen, können Sie sich wirklich ein Bild machen – Sie erleben das Klima, sehen den Boden und die Hügel, können die Trauben berühren und vieles mehr. Sie können durch die Weinberge wandern, nahe gelegene Orte oder Dörfer besuchen, die lokalen Spezialitäten probieren und die Weine der Region immer wieder probieren und im Kontext erleben.

Sie werden entdecken, dass es mit diesen Menschen, die ihr Leben dem Weinmachen widmen, etwas Besonderes auf sich hat. Vielleicht ist es ihre Kreativität, ihr Respekt vor der Natur oder nur die Tatsache, dass sie mit ihrer Arbeit Freude in die Welt bringen. Was auch immer der Grund ist, es sind außergewöhnliche Menschen. Wir haben einige unserer engsten Freunde in den Weinregionen dieser Welt gefunden.

Melden Sie sich vorher an

Wenn Sie ein Weingut besichtigen wollen, ist es üblich, vorher telefonisch einen Termin zu vereinbaren.

Die einzige Ausnahme sind die großen Kellereien in den bekannten Anbaugebieten, die geführte Touren anbieten und meist feste Öffnungszeiten haben. Während der Hauptsaison sind manche Weingüter täglich geöffnet, in der Nebensaison ist es besser, vorher anzufragen. In all diesen Weingütern kann man selbstverständlich auch Weine verkosten (manchmal gegen eine geringe Gebühr) und Weine kaufen.

Wenn Sie ein Weingut besuchen, das nicht so auf Besuche ausgerichtet ist – was bei den meisten kleineren Weingütern der Fall ist –, können Sie die Weine probieren, sich mit dem Winzer unterhalten, wenn er Zeit hat (Sie haben doch vorab einen Termin vereinbart?), eine Besichtigungstour durch den Keller machen und natürlich den Wein kaufen, wenn Sie wollen (besonders dann eine gute Idee, wenn es den Wein bei Ihnen zu Hause nicht gibt).

Sie können die Sprache nicht? No problema

Lassen Sie sich von den fehlenden Sprachkenntnissen nicht zu sehr einengen. Heute leben auch die Winzer nicht mehr hinter dem Mond, und zumindest der Nachwuchs spricht meist ausreichend gut Englisch. Außerdem ist der Wein selbst eine universelle Sprache. Ein Lächeln, ein Händedruck – und schon geht's auch mit Händen und Füßen!

Eine Weinreise vom heimischen Sofa aus

Um die Welt zu reisen, kostet Zeit und Geld. Alternativ dazu können Sie auch mit dem Komfort Ihres Wohnzimmers durch die Weinwelt reisen. Lassen Sie sich vom geschriebenen Wort in weit entfernte Weinregionen tragen. Viele Weinläden und gut sortierte Buchhandlungen verkaufen auch Weinzeitschriften, Zeitungen und Bücher. In den meisten Buchhandlungen finden Sie Bücher zum Thema Wein in oder in der Nähe der Kochbuchabteilung.

Empfehlenswerte Bücher

Grundlegendes Weinwissen

✔ *Der Brockhaus Wein,* Internationale Anbaugebiete, Rebsorten und Fachbegriffe. von Christa Hanten, Randolf Kauer, Wolfgang Pfeifer und David Schwarzwälder von Brockhaus, Mannheim. Das Nachschlagewerk lädt eher zum Schmökern als zum gezielten Nachschlagen ein. Das ist ein Vorteil, weil man hinter sehr vielen der 3.800 Stichworte unvermutet Interessantes erfährt,

✔ *Wein, Die neue große Schule* von Jens Priewe, Verlag Zabert Sandmann. Ein mehrfach ausgezeichnetes Buch, das in einer lockeren Sprache alles Wissenswerte über Wein erklärt. Dazu gibt es aufschlussreiche Bilder.

✔ *Der Weinatlas* von Hugh Johnson und Jancis Robinson, Gräfe & Unzer Verlag. Zwei der renommiertesten Weinjournalisten weltweit bieten hier einen umfangreichen Überblick über sämtliche Weinbaugebiete der Welt. Außerdem empfehlenswert von Hugh Johnson: *Der kleine Johnson* als handliches Büchlein (erscheint jährlich) und *Der große Johnson* als umfangreiches Lexikon.

✔ *Das Oxford Weinlexikon* von Jancis Robinson, Gräfe & Unzer Verlag. Die Referenz unter den Nachschlagewerken. Aber von Jancis Robinson haben wir auch keinen Strich weniger erwartet. Dieses Buch ist ein »Muss« für alle ernsthaften Weinstudierenden.

Bordeaux

✔ *Bordeaux Total* von Rene Gabriel, Orell Füssli. Vielleicht das umfangreichste und detaillierteste Werk über die Weine aus Bordeaux. Gabriel gilt als profunder Kenner der Szene, aber auch als eigenwillig und respektlos, unbeirrbar und unermüdlich.

✔ *Parker Bordeaux* von Robert M. Parker, Gräfe & Unzer Verlag. Die Bibel für alle Parker-Gefolgsleute, wobei Parker gerade in Bordeaux einer der kompetentesten Verkoster ist. Das Buch umfasst Verkostungsnotizen aller klassifizierter Bordeaux von 1961 bis 2003.

Burgund und Rhône

✔ Unter den englischsprachigen Büchern ist **Burgundy** von Anthony Hanson, der den Titel Master of Wine trägt, zu empfehlen. Der Autor hat ein prägnantes, hervorragendes Werk über diese sehr komplizierte Weinregion verfasst.

Champagne

✔ *Champagner* von Gerhard Eichelmann, Mondo, Heidelberg.

✔ *Für Kenner und Genießer entdeckt: Die besten Champagnerlagen* von Halwart Schrader, Hoffmann, Gerlingen.

Frankreich

✔ *Für Kenner und Genießer entdeckt: Weingüter in Frankreich* von Halwart Schrader, Hoffmann, Gerlingen.

✔ *Le Guide Hachette des vins,* Hachette, Paris. Das umfassendste unabhängige Nachschlagewerk zum Thema französischer Wein (auf Französisch).

Italien

✔ *Das ABC der Weine Italiens* von Eckhard Supp, Die Werkstatt.

✔ *Gambero Rosso, Vini d'Italia* von Daniele Cernilli (Herausgeber), Gräfe & Unzer Verlag. Das Nachschlagewerk über die Top-Güter in Italien und ihre Weine. Alle Jahre neu und somit immer aktuell.

Deutschland

✔ *Wein spricht deutsch* von Stuart Pigott, Scherz. Ein Engländer, der in Berlin lebt und von dort die deutsche Weinlandschaft beleuchtet. Und doch ist er ein unbarmherziger Fan des deutschen Weißwein …

✔ *Weinatlas Deutschland* von Dieter Braatz, Ulrich Sautter und Ingo Swoboda, Gräfe & Unzer.

✔ *Gault Millau WeinGuide Deutschland* von Armin Diel, Joel Payne, Christian Verlag. Jedes Jahr wird er neu aufgelegt und wieder aufs Neue kontrovers diskutiert: Wer ist aufgestiegen, wer ist abgestiegen, welche Bewertung ist gerecht … Ein guter Gradmesser, was sich in Deutschland tut.

✔ *Zur Lage des deutschen Weins* von Daniel Deckers, Verlag Klett-Cotta.

Weinzeitschriften

Weinzeitschriften zum Thema sind erheblich aktueller als Weinbücher und können sich viel mehr den einzelnen Weinen und deren Produzenten widmen. Sie halten Sie auf dem Laufenden, was in der Weinwelt passiert, liefern Ihnen zeitnahe Verkostungsnotizen zu neu erschienenen Weinen und stellen Ihnen die aktuellen Überflieger der Weinszene in Wort und Bild vor. Auch die zielgruppengenauen Anzeigen in diesen Magazinen sind interessant und liefern Ihnen viele Informationen über Zubehör, Weinreisen und besondere Weinangebote. Von der einsteigerfreundlichen Weinwelt bis zum WeinWisser für eingefleischte Weinfreaks sind die Magazine in aufsteigender Reihe sortiert.

✔ **Weinwelt:** Leicht verständlich, richtet sich dieses Weinmagazin in erster Linie an Einsteiger.

✔ **Alles über Wein:** International renommierte Weinzeitschrift für Konsumenten und Fachleute.

✔ **Wein Gourmet:** Der Ableger des führenden Gourmetmagazins Der Feinschmecker widmet sich den Themen Wein und Spirituosen, Weinreise und Wein und Küche. Gewohnt kompetent und informativ.

✔ **Vinum:** Eines der besten Weinmagazine in deutscher Sprache. Fundiert, kenntnisreich und unabhängig.

✔ **Merum:** Das Insidermagazin zum italienischen Wein.

✔ **WeinWisser:** Ein Weinmagazin für die Spezialisten. Nicht immer unumstritten bezieht es klare Positionen.

Wein im Internet

Online-Weinmagazine und Infoportale

✔ `www.avinis.com`: Ein mehrsprachiges Weinportal aus der Schweiz. Es sind über 1.000 Weinregionen, 300 Rebsorten und 3.000 Jahrgangsbewertungen aufgeführt. Sehr akademisch, aber viele Informationen.

✔ `www.best-of-wine.com`: Ein unabhängiges Weinmagazin aus Hamburg mit vielen aktuellen Nachrichten.

✔ `www.forschungsanstalt-geisenheim.de`: Viele Informationen über Weinbau und Önologie direkt von renommierten Wein-Wissenschaftlern.

✔ `www.wein.de`: Die Website der Deutschen Landwirtschafts-Gesellschaft e.V. Eine sehr übersichtliche Seite rund um den Wein.

✔ `www.wein-plus.de`: Wein-Plus ist ein Weinportal von einem Weinliebhaber für Weinliebhaber. Es ist unabhängig von Weinhändlern oder Erzeugern. Man will Ihnen hier nichts verkaufen, sondern Sie neutral informieren und Ihnen eine Plattform zur Kommunikation unter Weinfreunden bieten.

Das Wein-Magazin als Online-Wein-Zeitschrift, die Wein-News mit aktuellem Nachrichtenticker, Podcasts, der Weinführer für deutsche Weine (12.000 Weine) und das Wein-Glossar mit seinen 6.700 Einträgen machen `wein-plus.de` zum wichtigsten Informationsportal im deutschsprachigen Raum.

Informationen der Weinbauländer

✔ http://www.austrian.wine.co.at: Der kompetente Auftritt des österreichischen Weinmarketing-Service.

✔ www.deutscheweine.de: Der Auftritt des deutschen Weininstituts. Informativ, kompetent mit vielen weiterführenden Links.

✔ www.deutschland-vinothek.de: Ein neuer multimedialer Ansatz, um Weingüter und Anbaugebiete audiovisuell darzustellen.

✔ www.hola-iberica.de: Eine gute Informationsquelle über spanische Weine.

✔ www.sa-wein.de: Der Online-Weinführer für Südafrika, eine wundervoll gestaltete, sehr informative Seite über südafrikanische Weine (auf Deutsch), Weingüter und Weinregionen.

✔ www.weinguide.de: Der Internetauftritt des Weinführers von Gault & Millau mit allen Bewertungen dieses wichtigsten Weinführers über deutsche Weine.

Internationale Online-Weinmagazine

✔ www.75cl.info: Ein interessantes Online-Weinmagazin in französischer Sprache. Beschäftigt sich auch in erster Linie mit französischem Wein.

✔ www.wineloverspage.com: Laut eigener Aussage das älteste, größte und populärste Online-Weinmagazin. Viele gute Beiträge, aber nur in Englisch.

✔ www.wine-pages.com: Ein gutes Online-Weinmagazin aus Großbritannien. Nur in Englisch.

✔ www.winespectator.com: Der Online-Auftritt des wichtigsten amerikanischen Weinmagazins. Sehr informativ und umfangreich. Große Datenbank mit Weinverkostungen.

Händler- und Weinsuche

✔ www.wein.cc: Eine Weinsuchmaschine aus Österreich. Leider ist das Angebot noch nicht sehr umfangreich.

✔ www.weinkompass.de: Wenn Sie auf der Suche nach einem Weinhändler in Ihrer Nähe sind. Die Datenbank kennt über 2.100 Weinhandlungen in Deutschland.

✔ www.wine-searcher.com: Internationale Suchmaschine, um bestimmte Weine zu finden (mit Preisvergleichsmöglichkeit).

✔ www.winelight.de: Viele Verkostungsnotizen quer durch das Angebot des deutschen Handels.

✔ www.supermarktwein.de: War eine nette Idee, es wurden die Weine quer durch die deutschen Supermärkte verkostet und bewertet. Leider haben die Initiatoren den Betrieb vorübergehend eingestellt, aber vielleicht findet sich ja ein Sponsor.

Interessantes nebenbei

✔ www.weinelf-deutschland.de: Deutsche Top-Winzer, Weinjournalisten und -wissenschaftler spielen gemeinsam in einer Benefiz-Fußballmannschaft. Der Hochgenuss ist in der dritten Halbzeit garantiert.

✔ www.wine-vision.de: Studierende der »Internationalen Weinwirtschaft« produzieren Online-Filme zum Thema Wein.

Wein im Fernsehen

✔ www.winetv.de: Das Spartenprogramm ist der deutsche Zweig des mittlerweile international sendenden Wine TV (Sitz in San Francisco). Gesendet wird alles über Weinsorten, Weinanbau, Weinlese und die Welt des Weinliebhabers, außerdem weitere Sendungen zu verwandten Themen, wie Kochrezepte mit Wein, Zigarren, Mode und Lifestyle.

Weine beschreiben und bewerten

18

In diesem Kapitel

▷ Wie man zu einem besseren Verkoster wird

▷ Tipps für bessere Verkostungsnotizen

▷ Die Weinqualität in Punkten

*I*n unserer anfänglichen Begeisterung für Wein haben wir versucht, diese mit einem unserer Verwandten zu teilen, der ebenfalls ein gewisses Interesse an dem Thema hatte (gut, er hat ab und zu ein Glas Wein getrunken). Jedes Mal, wenn wir einen Wein kredenzten, haben wir in aller Ausführlichkeit darüber diskutiert. Aber er hat sich nicht dafür interessiert. »Ich will nicht über Wein reden – ich will ihn nur trinken!« war seine einzige Aussage dazu.

Wenn man Wein einfach nur ein Getränk betrachtet, ist es sicherlich möglich, den Wein zu trinken und sich weiter keine Gedanken darüber zu machen. Aber wenn Sie jemand sind, der gerne über Essen redet, oder wenn der Weinvirus Sie erwischt hat, dann wissen Sie, dass es schwierig ist (wenn nicht unmöglich), einen Wein zu genießen, ohne sich wenigstens am Rande darüber zu unterhalten. Wein ist ein geselliges Vergnügen, das auch davon lebt, dass man es mit anderen teilen kann.

Ironischerweise ist der Wein eine sehr persönliche Erfahrung. Wenn Sie zusammen mit drei anderen Personen denselben Wein zur selben Zeit probieren, wird jeder von Ihnen einen eigenen Eindruck von dem Wein haben. Dieser Eindruck basiert auf persönlichen Vorlieben und Abneigungen, Psychologie und Erfahrung. Vielleicht ist es eines Tages möglich, wenn die Menschen ihre Gehirne per Internet verbinden können, dass ein anderer Ihre Eindrücke eines Weines teilen kann – aber bis dahin ist Ihr Geschmack einzigartig. Die einzige Möglichkeit, Ihre Eindrücke mit anderen teilen zu können, besteht im Gespräch darüber.

Worte können ihn nicht beschreiben ...

Die Sprache ist in unserem gesamten Lebensumfeld das wichtigste Kommunikationsmittel. Aber gerade zum Thema Geschmack ist unser Wortschatz gewaltig unterentwickelt. Schon als Kind wird uns ein visuelles Weltbild vermittelt: Etwas ist grün, gelb, rot oder orange – und so unterscheiden wir zwar zwischen Piniengrün, Dschungelgrün, Olivegrün, Waldgrün und Meergrün. Aber keiner vermittelt uns den präzisen Unterschied zwischen *bitter, adstringierend* und *hart*. Aber wenn wir über Wein reden, benutzen wir diese Ausdrücke, als ob wir alle genau wüssten, was damit gemeint ist.

Jede Diskussion über Wein ist deshalb so schwierig, da Wein ein sehr komplexes Getränk mit vielfältigen Geschmackseindrücken ist:

✔ olfaktorische Eindrücke (all die Aromen, die wir beim Riechen mit unserem Mund wahrnehmen – wie wir in Kapitel 2 erklären)

✔ die grundlegenden Geschmackseindrücke (süß, sauer, salzig, bitter und umami)

✔ die gefühlten Eindrücke (das leicht Adstringierende etwa oder das Prickelnde, das Raue, das Weiche oder was Ihnen die Textur eines Weines in Ihrem Mund sonst so vermittelt)

✔ oder die Eindrücke auf einem übergeordneten Level, ein Zusammenspiel aller Charakteristiken eines Weines

Probieren wir einen im Barrique ausgebauten Sauvignon Blanc aus der Neuen Welt. Wir empfinden den Wein als sehr intensiv, mit seiner holzigen Note und den würzigen Kräuteraromen zusammen mit etwas Melone (olfaktorischer Eindruck), mit einer leichten Süße, aber einer festen Säure (grundlegende Geschmackseindrücke), weich und kräftig (Gefühlseindruck). Ein faszinierender Wein mit einer eigenen Persönlichkeit (Gesamteindruck). Was sich wie die Beschreibung eines Weinsnobs anhört, ist eigentlich nur der klägliche Versuch eines Weinliebhabers, wiederzugeben, was ihm ein Wein an geschmacklichen Eindrücken vermittelt.

Sie haben sicherlich schon oft über Weinbeschreibungen in Zeitschriften gelacht. Im Grunde genommen hören die sich ja wirklich absurd an: *ölig, mit Butter und Vanillearomen, die Ihre Wangen streicheln. Weich und geschmeidig, wirkt er fast fett im Mund mit einem langen Abgang.* (Warten Sie! Da steht nichts von »nass« und »flüssig«!) So ungenügend das Medium Sprache auch ist, es ist unsere einzige Möglichkeit, über Wein zu kommunizieren.

Weinbeschreibungen (oder *Verkostungsnotizen*, wie sie auch oft genannt werden) in Weinzeitschriften und Büchern zu lesen, ist oft genauso schwierig, wie sie zu schreiben. Wir geben zu, dass wir auch oft glasige Augen bekommen, wenn wir versuchen, Verkostungsnotizen zu lesen und uns den Wein vorzustellen. Und das geht nicht nur uns so. Frank Prial, der frühere Weinkolumnist der *New York Times*, schrieb einmal: »… die Verkostungsnotiz eines Fremden ist für mich in etwa so informativ wie der Busfahrplan von Peking.«

Wenn Sie dran sind zu reden

Ihren Eindruck und das Geschmackserlebnis zu einem Wein zum Ausdruck zu bringen, umfasst zwei Schritte: Zuerst müssen Sie sich der Eindrücke bewusst werden, dann müssen Sie diese in Worte fassen.

Wenn Sie den Wein zusammen mit Freunden nur zum Vergnügen und zum Genuss trinken – etwa zum Essen –, sind einfache Ausdrücke und dumme Kommentare absolut ausreichend. Wenn Ihnen ein Wein ungewöhnlich voll und ausladend vorkommt, warum vergleichen Sie ihn nicht mit Pamela Anderson? Wenn ein Wein recht zurückhaltend und ohne Aroma ist, warum bezeichnen Sie ihn nicht als dünnen Hering? Jeder in der Runde wird genau wissen, was Sie meinen.

In einem anderen Umfeld, wenn Sie etwa an einer Weinverkostung teilnehmen, wollen Sie wahrscheinlich etwas gediegenere Beschreibungen für die verschiedenen Weine finden, damit Sie an der Diskussion teilnehmen können und somit auch etwas von der Veranstaltung haben. Um eine aussagekräftige Beschreibung formulieren zu können, müssen Sie konzentriert verkosten.

Haben Sie immer den Mut, Ihre Meinung deutlich zu vertreten; Ihr Geschmackserlebnis kennen nur Sie selbst, da kann Ihnen keiner reinreden.

Wahrscheinlich werden Sie sich auch sehr schnell wundern, wie viele Weintrinker Ihnen bei einer Weinprobe zustimmen werden, wenn Sie beispielsweise vehement bei einem Sauvignon Blanc postulieren: »Der Wein schmeckt nach reifen Stachelbeeren«; fast jeder wird zunächst versuchen, die »reifen Stachelbeeren« zu schmecken und Ihnen gerne zustimmen. Das ist Psychologie, weniger eine Geschmacksfrage.

Der Wert eines Wortes

Wir haben einmal an einem deprimierenden, aber faszinierenden Experiment teilgenommen. Mehreren Weinjournalisten wurde ein Wein zur Verkostung vorgesetzt, zusammen mit acht publizierten Verkostungsnotizen anderer Journalisten, wobei nur eine zu diesem Wein gehörte. Wir sollten die zu diesem Wein veröffentlichte Beschreibung heraussuchen und sagen, welche Beschreibung am wenigsten auf diesen Wein passt. Die Verkostungsnotizen, die unserer Meinung nach am *wenigsten* auf den Wein passte, stammte vom Rücketikett der verkosteten Flasche! Keiner von uns hat die Beschreibung mit dem Wein in Verbindung gebracht. Bei einem weiteren Wein haben wir erneut feststellen müssen, dass *unser* Geschmack nicht mit *deren* Beschreibung zusammenpasst. Die einzige Lösung des Dilemmas: Entweder sind wir keine guten Verkoster oder die Verfasser konnten sich nicht gut ausdrücken. Oder der Versuch, Geschmack zu beschreiben, ist ein hoffnungsloses Unterfangen.

Bringen Sie Ordnung in Ihre Gedanken

Die Sprache, die Sie zur Beschreibung eines Weines verwenden, hängt direkt mit Ihren Gedanken beim Verkosten des Weines zusammen. So beeinflussen sich der Verkostungsprozess und der Beschreibungsprozess gegenseitig.

Obwohl das Weinverkosten sowohl die visuelle Prüfung und das Riechen als auch das Schmecken umfasst, sind die ersten beiden Schritte einfach, verglichen mit dem dritten. Wenn sich der Wein in Ihrem Mund befindet, ist dies ein vielfältiger Geschmackseindruck – Aromen, Textur, Körper, süß oder trocken, Säure, Tannin, Balance, Länge – alles macht sich mehr oder weniger gleichzeitig bemerkbar. Um den vielfältigen Informationen, die Ihnen der Wein vermittelt, eine Struktur zu geben, müssen Sie diese Eindrücke ordnen. (mehr Informationen über die verschiedenen Verkostungsschritte des Prüfens, Riechens und Schmeckens finden Sie in Kapitel 2.)

Eine Möglichkeit, die Verkostungseindrücke in ein System zu bringen, ist die Art des »Geschmacks«:

✔ **die Aromen** des Weins (die olfaktorischen Daten, all die Aromen, die Sie in Ihrem Mund wahrnehmen)

✔ **die Struktur** des Weins (sein Alkohol, seine Süße/Säure, sein Tannin und somit sein Grundgerüst)

✔ **die Textur** des Weins (wie sich der Wein in Ihrem Mund anfühlt; die Textur ist eine direkte Folge der Strukturkomponenten – ein säurebetonter, trockener Weißwein mit wenig Alkohol fühlt sich dünn oder sauer an, während sich ein Rotwein mit viel Alkohol und wenig Tannin weich und samtig anfühlt)

Eine andere Möglichkeit, Ihre Verkostungseindrücke zu ordnen, ist die Reihenfolge der Eindrücke, wie wir sie in Kapitel 2 beschrieben haben. Die Begriffe, die Verkoster für den Ablauf verwenden, sind die folgenden:

✔ **Auftakt:** Der erste Eindruck des Weins: Süße, Säure, Dichtheit oder Dünnheit der Textur oder sogar Fruchtigkeit (obwohl man die meisten Aromen erst ein paar Momente später bemerkt).

✔ **Entwicklung:** Wie sich der Wein in Ihrem Mund entfaltet. Stellen Sie sich diesen Teil in zwei Phasen vor. Zunächst ist da der Eindruck, den der Wein *in der Mitte des Mundes* macht, wenn Sie die Säure des Weins, das Tannin (bei Rotweinen), die Aromen und ihre Intensität registrieren. Danach folgt der Eindruck *im hinteren Teil des Mundes*, bei dem man feststellt, wie gleichmäßig der Wein den gesamten Mundraum ausfüllt, über welche Menge und welche Art von Tannin er verfügt und ob übermäßig hoher Alkoholgehalt ein brennendes Gefühl verursacht.

✔ **Der Abgang oder der Nachhall:** Aromen und Eindrücke, die Sie wahrnehmen, nachdem Sie den Wein geschluckt oder ausgespuckt haben. Es ist dabei sowohl auf die Länge des Abgangs als auch auf seine Art zu achten. Ein langer Abgang beispielsweise ist lobenswert, während ein bitterer nicht erwünscht ist. Bemerkt man im Abgang einen konzentrierten fruchtigen Charakter, dann ist dies häufig ein Zeichen dafür, dass der Wein lagerfähig ist.

Verkostungsnotizen verfassen

Manche Menschen haben eine besondere Fähigkeit, sich an einen bestimmten Geschmack zu erinnern. Aber die meisten anderen müssen sich Notizen machen, um sich erinnern zu können, was sie verkostet und sich dabei gedacht haben. Wenn Sie nur die geringste Schwierigkeit haben, sich an die Namen der probierten Weine zu erinnern, dann notieren Sie die Namen derjenigen Vertreter, die Ihnen gefallen haben, damit Sie diese – oder ähnliche – wieder einmal genießen können.

 Es ist so oder so eine gute Idee, sich zu den Weinen, die Sie verkosten, Notizen zu machen, auch wenn Sie zu den wenigen Glücklichen zählen, die sich an alles erinnern können, was sie probieren. Wir empfehlen Ihnen, wenigstens ab und zu Verkostungsnotizen zu schreiben, da es eine hervorragende Übung ist, um sich selbst in der Verkostungsmethodik zu disziplinieren.

Wenn wir uns Notizen zu einem Wein machen, schreiben wir als Erstes die folgenden drei Buchstaben aufs Blatt:

✔ **A** (für Auge, die Farbe und das allgemeine Erscheinungsbild)

✔ **N** (für die Nase, viele Weinfehler lassen sich hier schon feststellen)

✔ **M** (für den Geschmack oder den Eindruck im Mund)

Wir setzen sie untereinander auf unser Verkostungsblatt und lassen etwas Platz, damit wir unsere jeweiligen Eindrücke dazu eintragen können.

Weine verkosten – Weine trinken

In Weinzirkeln sind Verkosten und Trinken von Wein zwei verschiedene Dinge. Das Verkosten umfasst die Prüfung der Weinqualität, seiner Aromen, seiner Textur, seines Alterungspotenzials und einiges mehr. Wenn mehrere Weine vergleichend verkostet werden, dann spucken die Verkoster normalerweise aus (wie wir in Kapitel 17 ausgeführt haben), um sich auch bei den später verkosteten Weinen noch konzentrieren zu können. Das Trinken eines Weines ist dagegen der reine Konsum und der pure Genuss, ohne besondere Analyse des Weines oder einer Aussage, die über »Der schmeckt mir« hinausgeht. (Wenn er Ihnen nicht schmeckt, dann trinken Sie ihn auch nicht.)

Solange Sie kein Profi aus dem Weinbusiness sind, kommen Sie niemals in die Verlegenheit, einen Wein ernsthaft verkosten zu müssen, Sie können ihn immer einfach nur trinken. Viele Weinliebhaber haben jedoch entdeckt, dass das Verkosten von Wein eine angenehme Möglichkeit ist, mehr über Wein zu lernen.

Wenn wir verkosten, nehmen wir jeden Wein, wie er sich präsentiert: Wenn ein Wein sehr aromatisch ist, dann notieren wir eine Menge zu *N*, wenn aber das Aroma nicht weiter bemerkenswert ist, dann schreiben wir vielleicht nur *zurückhaltend* oder sogar *leer*. Wenn wir den Wein probieren, achten wir auf seine Entfaltung im Mund, seinen ersten Eindruck und seine Entwicklung. Und wir behalten den Wein lange genug im Mund, um auch seine Balance und seine Textur wahrnehmen und notieren zu können. Dann (wir haben ausgespuckt) nehmen wir oft einen zweiten Schluck, um zu überprüfen, was es sonst noch über den Wein zu sagen gibt. Manchmal haben wir an diesem Punkt bereits eine zusammenfassende Beschreibung des Weins im Kopf, wie *ein mächtiger Wein, vollgepackt mit Frucht, der bereits jetzt perfekt zu trinken ist* oder *ein zurückhaltender, dünner Wein, der zum Essen wohl besser schmeckt als solo*. Unsere Verkostungsnotizen sind somit eine Kombination aus Fragmenten der Wahrnehmung – *hohe Säure, sehr knackig* – und einer zusammenfassenden Beschreibung.

Am Anfang werden Ihre Notizen sehr knapp ausfallen. Nur ein paar Begriffe, wie *weich, fruchtig* oder *viel Tannin, hart* sind ausreichend, dass Sie sich später daran erinnern können, wie der Wein geschmeckt hat. Und als Schlussbemerkung zum Gesamteindruck ist absolut nichts gegen ein *Lecker!* einzuwenden.

Weine beschreiben: Purismus kontra Poesie

Manche Menschen glauben, dass es eine richtige und eine falsche Art gibt, Wein zu beschreiben. Die *Önologen* (Menschen, die das Weinmachen studiert haben) bevorzugen beispielsweise meist einen sehr wissenschaftlichen Ansatz bei der Weinbeschreibung, den man Sensorik nennt. Dieser Ansatz hält sich an Faktoren, die objektiv, messbar und reproduzierbar sind – wie der Säurewert eines Weines (der messbar ist) oder definierte Aromen und Geschmacksbeschreibungen (sind im Labor reproduzierbar), um möglichst objektiv einem Wein bei der Herstellung gerecht zu werden. Was sie in diesem Zusammenhang gar nicht mögen, sind witzige oder nicht näher spezifizierte Ausdrücke wie *reich, verschwenderisch, glamourös* oder *atemberaubend*.

Andere Menschen, die eher einen unterhaltenden oder beratenden Hintergrund haben wie Sommeliers, Weinhändler, Weinakademiker, Weinbetriebswirte oder Masters of Wine (uns eingeschlossen), glauben, dass der strikte wissenschaftliche Ansatz meist nicht die ganze Faszination eines Weines vermitteln kann. Wir sind durchaus dafür, die Kenndaten eines Weines wie Säure, Tannin und Alkoholgehalt und eine deskriptive Aromasystematik (zum Beispiel des Aroma-Rads für Wein) zu nennen, aber wir lassen es dabei ungern bewenden. Wir wollen die Persönlichkeit eines Weines beschreiben, auch wenn wir dazu eine Sprache benutzen müssen, die eher subjektiv als objektiv ist.

Manchmal, wenn es sich wirklich um einen großen Wein handelt, stolpern Verkoster in eine sehr kontroverse Form der Weinbeschreibung: die Poesie. Wir *verfallen nie* absichtlich in bildhafte, metaphysische Beschreibungen, aber manchmal legt uns ein Wein diese Worte einfach in den Mund. Ein Wein aus den frühen Tagen unserer Verkostertätigkeit, der uns immer in Erinnerung bleiben wird, war ein 1970er Brunello di Montalcino, den wir als Regenbogen im Mund beschrieben haben. Die verschiedenen Aromen waren so perfekt kombiniert, dass sie ineinander verlaufen sind. Vor Kurzem hat ein Freund von uns einen großartigen, aber jungen Vintage Port mit den Worten beschrieben: »Als ob man eine Katze gegen den Strich streichelt.«

Wenn Sie ein Wein zu solchen fantasievollen Beschreibungen inspiriert, dann lassen Sie es zu – nur ein kaltherziger Sensoriker könnte sich dagegen wehren. Das Erleben dieses Weins wird Ihnen schon aufgrund der persönlichen Worte, die Sie dafür gefunden haben, in Erinnerung bleiben.

Aber seien Sie vorsichtig, wenn jemand in jedem Wein etwas Poetisches entdeckt. Die große Mehrheit der Weine ist prosaisch, und dem sollten auch die Beschreibungen entsprechen.

Und wenn Sie in fantasievolle Metaphern entschweben, dann dürfen Sie nicht erwarten, dass Sie verstanden werden oder allgemeine Zustimmung ernten. Sie stoßen überall auf diese ungläubigen Typen, die dann wissen wollen, wie ein Regenbogen schmeckt und was ein Wein mit einer Katze zu tun hat.

Am Ende ist jeder Wein ein persönliches Erlebnis, und wir können nur *versuchen*, unseren Eindruck an andere zu vermitteln. Ihre Beschreibung wird in erster Linie von Menschen verstanden, die Ihre Erlebniswelt und Ihre Ausdrucksweise kennen und teilen. Am besten funktioniert das, wenn Sie den Wein gemeinsam probiert haben. Aber ein Fremder, der Ihre Notizen in die Hand nimmt, findet sie unverständlich. Genauso werden Sie wiederum Weinbeschreibungen lesen, mit denen Sie nichts anfangen können. Das liegt einfach in der Natur der Sache.

Weinqualität bewerten

Wenn ein Weinkritiker eine Verkostungsnotiz schreibt, schließt er sie meist mit einer Punktbewertung ab. Er bewertet die Weinqualität auf einer Skala von 5, von 20 oder 100 Punkten. Sie finden diese Zahlenwerte überall an den Regalen, in den Weinkatalogen und in der Werbung.

Da Worte ein so schwieriges Werkzeug sind, um Wein zu beschreiben, hat sich die Popularität von Punktbewertungen wie ein Lauffeuer verbreitet. Viele Weinliebhaber machen sich gar nicht die Mühe, die Beschreibung in einer Weinzeitschrift zu lesen – sie laufen los und kaufen einfach die Weine mit den höchsten Bewertungen. (Das sind schließlich die besten Weine, oder?) Weine, die von bekannten Kritikern Höchstbewertungen erhalten, sind oft über Nacht – aufgrund der plötzlich einsetzenden Nachfrage – ausverkauft.

Zahlen wirken sehr überzeugend und kommunizieren auf einfachste Weise die Kritikermeinung über einen Wein. Aber diese reinen Zahlen sind auch aus verschiedenen Gründen problematisch:

✔ Die genauen Punktzahlen wirken objektiv und unverrückbar, dabei sind sie nur Ausdruck einer subjektiven Meinung eines einzelnen Kritikers oder der Durchschnittswert einer Gruppe von Verkostern.

✔ Verschiedene Kritiker verwenden dieselbe Punkteskala unterschiedlich. Ein Beispiel: Der eine Kritiker vergibt 95 Punkte nur, wenn der Wein im Vergleich mit allen anderen Weinen wirklich großartig ist, während ein anderer dieselbe Punktzahl vergibt, wenn der Wein in der jeweiligen Kategorie oder Region als herausragend anzusehen ist.

✔ Die Punktzahl gibt eine Bewertung wieder, die unter ganz anderen Umständen stattfand, als Ihre es sein werden. Die meisten Weinkritiker verkosten Wein beispielsweise, ohne dabei zu essen, während die meisten Weintrinker den Wein zum Essen genießen. Außerdem trinken die Kritiker möglicherweise aus anderen Weingläsern als Sie und schon dieses kleine Detail kann den Eindruck eines Weins verändern.

✔ Eine Punktzahl sagt Ihnen absolut nichts darüber, wie der Wein schmeckt.

Dieser letzte Punkt ist für uns der ausschlaggebende. Sie können einen Wein, der hoch bewertet wurde, richtiggehend verabscheuen. Und nicht nur das: Am Ende fühlen Sie sich als Trottel, der die wahre Weinqualität nicht einmal erkennt, wenn sie vor ihm steht. Sparen Sie Ihr Geld und lassen Sie sich nicht beirren, indem Sie sich vorher überlegen, was Ihnen persönlich gefällt, und dann versuchen Sie, den Beschreibungen zu entnehmen, ob ein Wein Ihrem Stil entspricht – *unabhängig von der Punktbewertung.*

Unabhängig von den Stolperfallen der Punktbewertung möchten Sie vielleicht selbst Punkte vergeben, wenn Sie Weine verkosten – und wir möchten Sie hierzu sogar ermutigen. Punkte sind gerade für den, der sie vergibt, sehr aussagekräftig.

Zuerst müssen Sie sich entscheiden, welches Schema Sie verwenden wollen. Wir schlagen das System mit 100 Punkten vor, da es intuitiver ist, als 20 oder 5 Punkte zu vergeben. (Wobei die meisten 100-Punkte-Schemata eigentlich nur 50 Punkte zu vergeben haben, da 50 und nicht 0 Punkte der schlechtesten Bewertung entsprechen.)

Nachdem Sie sich für ein System entschieden haben, unterteilen Sie es und definieren sich dafür verschiedene Qualitätslevels. Es könnte ähnlich wie folgendes Schema aussehen:

✔ **95 bis 100 Punkte:** Absolut herausragend; einer der besten Weine überhaupt

✔ **90 bis 94 Punkte:** Außergewöhnliche Qualität; exzellenter Wein

✔ **85 bis 89 Punkte:** Sehr gute Qualität

✔ **80 bis 84 Punkte:** Überdurchschnittliche Qualität; gut

✔ **75 bis 79 Punkte:** Durchschnittliche Qualität (eine 3 bis 4 als Schulnote)

✔ **70 bis 74 Punkte:** Unterdurchschnittliche Qualität

✔ **unter 70 Punkte:** Schlechte Qualität

Bis Sie sich an das System gewöhnt haben, können Sie jeden Wein einfach nur einem Bereich und keiner konkreten Punktzahl zuordnen, wie es etwa bei 80 bis 84 Punkten (gut) oder (85 bis 89 Punkte) (sehr gut) der Fall wäre. Wenn Sie dann mehr Erfahrung im Verkosten von Wein und im Einschätzen der Qualität sammeln, haben Sie mit diesem System alle Möglichkeiten offen und Ihre Punktbewertung wird mit der Zeit immer präziser.

Denken Sie daran, es ist hier wie mit jeder anderen Kritik: Sie haben Ihre eigenen Geschmacksvorlieben, die Ihre Punktbewertung unbewusst beeinflussen, auch wenn Sie versuchen, so objektiv wie möglich zu sein. Verfallen Sie nicht dem Irrglauben, dass Ihre Freunde und andere Menschen unbedingt Ihre Meinung teilen.

Wein und Speisen vermählen

In diesem Kapitel

▶ Vorhersehbare Reaktionen von Wein und Speisen

▶ Leitfaden für den Gastgeber

▶ Klassische Kombinationen, die immer funktionieren

A b und zu stoßen wir auf einen Wein, der alles bisher Dagewesene in den Schatten stellt. Er ist so herausragend, dass wir kurzfristig das Interesse an allen anderen Weinen verlieren. Wir trinken ihn mit größter Konzentration und versuchen, uns seinen Geschmack einzuprägen. Wir würden nicht im Traum daran denken, seine Perfektion durch ein begleitendes Essen zu stören.

Aber in 99 von 100 Fällen trinken wir unseren Wein zum Essen. Wein ist dafür gedacht, ein Essen zu begleiten. Und ein gutes Essen sollte von einem guten Wein begleitet werden.

Gut, das hätten wir. Wein gehört zum Essen und zum Essen gehört ein Wein. Noch Fragen?

Ganz so einfach ist es aber nicht. Es gibt zigtausend verschiedene Weine auf der Welt und jeder ist anders. Und es gibt Tausende von Nahrungsmitteln auf der Welt, jedes anders – ganz abgesehen von unzähligen Zubereitungsvariationen. In der Realität ist das Zusammenspiel von Wein und Speisen genauso simpel wie das Zusammenleben von Mann und Frau.

Die Dynamik von Essen und Wein

Jedes Gericht ist dynamisch – es wird aus verschiedenen Zutaten bereitet und die Aromen reagieren miteinander, um sich (mehr oder weniger) zu einem delikaten Ganzen zu verbinden. Jeder Wein ist auf die gleiche Weise dynamisch. Wenn Essen und Wein sich in Ihrem Mund verbinden, wird die Dynamik von beiden beeinflusst. Das Ergebnis kann bei jeder Wein-Speisen-Kombination wieder komplett anders ausfallen. (Wir wollen auch noch mal daran erinnern, dass auch jeder seinen eigenen Gaumen benutzt, um den Erfolg der verschiedenen Kombinationen zu beurteilen. Kein Wunder, dass es für dieses Spiel keine Regeln gibt!)

Wenn Wein auf Essen trifft, können verschiedene Dinge passieren:

✔ Das Essen kann eine Charakteristik des Weins überbetonen. Wenn Sie etwa Walnüsse (diese haben viel Tannin) zu einem tanninbetonten Rotwein wie einem Bordeaux knabbern, dann schmeckt der Wein so unangenehm trocken und bitter, dass ihn viele Leute als ungenießbar einstufen würden. Probieren Sie dagegen grüne Walnüsse zu einem (halb)trockenen Riesling, so werden Sie eine angenehme Synergie erleben.

✔ Eine Speise kann eine bestimmte Eigenart des Weines nahezu aufheben. Eiweiß dämpft den Eindruck des Tannins, und so kann ein harter, tanninbetonter Rotwein – für sich allein noch kein Vergnügen – zu einem blutigen Steak oder zu einem Roastbeef hervorragend sein.

✔ Die Geschmacksintensität des Essens kann die Aromen des Weins komplett überlagern oder umgekehrt. Wenn Sie jemals einen großen, kräftigen Rotwein zu einem zarten Seezungenfilet getrunken haben, dann kennen Sie diese Erfahrung aus erster Hand.

✔ Der Wein kann dem Gericht neue Geschmackskomponenten hinzufügen. Ein Beispiel: Ein Zinfandel mit seinen überschwänglichen Beerenaromen kann eine Soße ergänzen und so ein Gericht zum Gesamtkunstwerk machen. Es wirkt, als ob man der Soße Beeren beigefügt hätte.

✔ Die Kombination von Wein und Speisen schafft einen nicht erwünschten dritten Geschmack, der weder im Wein noch im Essen seinen Ursprung hat. Spargel und Säure können einen metallischen Geschmack ergeben. Auch ein kräftiger Rotwein mit Ziegen- oder Blauschimmelkäse kann dieselben Folgen haben.

✔ Essen und Wein passen einfach perfekt zusammen und ergeben ein Gesamtkunstwerk, das viel besser ist als der Wein oder das Gericht für sich allein. (Dieses Gesamtkunstwerk haben wir jedes Mal im Sinn, wenn wir einen Wein zum Essen aussuchen, aber wirklich perfekt wird es auch bei uns nur selten.)

Glücklicherweise ist nicht alles, was zwischen Wein und Speisen passiert, reiner Zufall. Bestimmte Elemente im Essen reagieren in vorhersehbarer Weise mit bestimmten Elementen im Wein und geben uns damit eine gewisse Chance, eine erfolgreiche Kombination zu finden. Die Hauptkomponenten des Weins (Alkohol, Süße, Säure und Tannin) reagieren auf die Basiskomponenten im Essen (Süßes, Säuerliches, Bitteres und Salziges) ähnlich, wie die Balance im Wein funktioniert: Manche Elemente verstärken einander und andere heben sich gegenseitig auf. (Lesen Sie auch noch mal die Beschreibung der Balance in Kapitel 2.)

 Hier sind einige Möglichkeiten, wie Essen und Wein aufeinander reagieren können, geordnet nach den Strukturkomponenten im Wein. Denken Sie daran, dass jeder Wein und jedes Gericht immer mehr als eine Komponente hat und dass die einfachen Beziehungen, die wir hier beschreiben, durch andere Bestandteile im Wein oder Essen doch wieder kompliziert werden können. Ob ein Wein als tanninbetont, süß, säurebetont oder hoch im Alkohol eingestuft wird, hängt von seiner dominierenden Strukturkomponente ab. (Mehr dazu beschreiben wir in Kapitel 2.)

Tanninreiche Weine

Zu den tanninreichen Weinen zählen alle Weine, die auf Cabernet Sauvignon basieren (inklusive der roten Bordeaux), die Weine der nördlichen Rhône, Barolo und Barbaresco und alle Weine – weiß wie rot –, die durch die Lagerung in neuen Barriques ein entsprechendes Tanningerüst mitbekommen haben. Diese Weine

✔ können die Wahrnehmung von Süße im Essen dämpfen

✔ schmecken weicher und weniger tanninreich, wenn sie mit proteinreichem, fettreichem Essen serviert werden wie etwa Steak oder Käse

✔ schmecken weniger bitter, wenn sie mit etwas Salzigem kombiniert werden

✔ schmecken adstringierend und trocknen den Mund aus, wenn sie mit scharfem Essen kombiniert werden

Das fünfte Rad

Es galt als bewiesen, dass der Mensch nur vier Geschmacksrichtungen unterscheiden kann: süß, sauer, salzig und bitter. Aber inzwischen hat sich durchgesetzt, dass es einen fünften Geschmack gibt. Man vermutet sogar, dass noch viel mehr Geschmacksrichtungen existieren. Dieser neu entdeckte Geschmack heißt Umami und man kann ihn auch den schmackhaften Charakter eines Gerichts nennen. Schellfisch, Fisch in Öl, Fleisch und Käse sind einige Lebensmittel, die reich an Umami sind. Ein Gericht mit viel Umami kann die Wahrnehmung von Bitterem im Wein steigern. Um diesen Effekt aufzuheben, fügen Sie dem Essen etwas Salziges (wie etwa Salz selbst) oder etwas Saures (wie etwa Essig) hinzu. Obwohl dieser Vorschlag außer Acht lässt, dass Essig und Wein nicht zusammenpassen, ist das Ergebnis doch der Beweis für die Zusammenhänge.

Süße Weine

Zu den Weinen, die oft eine gewisse Süße haben, zählen viele einfache Weißweine aus Kalifornien und Australien, viele deutsche Rieslinge (von einfachen bis edelsüßen Spitzengewächsen) und halbtrockene Vouvray. Zu den süßen Weinen zählen auch die Dessertweine wie Ports und süße Sherrys. Diese Weine

✔ schmecken weniger süß, dafür fruchtiger, wenn sie mit etwas Salzigem kombiniert werden

✔ können salziges, aber auch scharfes Essen angenehmer machen

✔ passen gut zu süßen Nachspeisen

Säurebetonte Weine

Zu den säurebetonten Weinen zählen die meisten italienischen Weißweine, aber auch Sancerre, Pouilly-Fumé und Chablis, traditionell gemachte Rotweine aus Rioja, die meisten trockenen Rieslinge und die trocken ausgebauten Weine aus Sauvignon Blanc. Diese Weine

✔ schmecken mit etwas Salzigem weniger sauer

✔ schmecken weniger sauer, wenn sich im Essen eine leicht süße Komponente findet

✔ können das Essen etwas salziger wirken lassen

✔ können das Schwere von öligem und fettem Essen ausbalancieren

Alkoholbetonte Weine

Zu den Weinen mit hohem Alkoholgehalt gehören viele kalifornische und australische Weine, weiße wie rote, Weine von der südlichen Rhône in Weiß und Rot, Barolo und Barbaresco, alkoholverstärkte Weine wie Port und Sherry und die meisten Weine, die aus heißen Regionen stammen. Diese Weine

✔ können leichte Gerichte oder dezent gewürzte Gerichte einfach übertünchen

✔ passen gut zu Gerichten mit einer leichten Süße

Harmonie oder Gegensätze?

Zwei Grundsätze können helfen, Wein mit Speisen zu kombinieren: das Prinzip der Harmonie und das Prinzip der Gegensätze. Wenn man auf die Harmonie setzt, wählt man einen Wein, der gewisse Eigenheiten des Gerichts aufnimmt, während beim Prinzip des Gegensatzes (nicht gerade überraschend) eine Speise mit einem Wein kombiniert wird, der irgendwie gegensätzlich ist.

 Die Charakteristiken in einem Wein, die entweder mit den charakterlichen Eigenheiten des Gerichts harmonieren oder nicht, sind

✔ **Die Aromen des Weins:** erdig, würzig, fruchtig, vegetativ und so weiter

✔ **Die Intensität der Aromen im Wein:** zurückhaltend, dezent aromatisch oder sehr aromatisch

✔ **Die Textur des Weines:** frisch und kernig oder weich und samtig

✔ **Der Körper des Weines:** leichter Körper, mittelgewichtig oder vollmundig

Das Prinzip des Gleichklangs nutzen Sie oft, ohne es zu merken: Sie wählen einen leichten Wein zu einem leichten Essen, einen mittelgewichtigen Wein zu volleren Aromen auf dem Teller und einen mächtigen Wein zu einem kräftigen Essen. Ein paar weitere Beispiele des Gleichklangs in Aktion sind

✔ **Gerichte mit Aromen, die zu den Aromen im Wein passen.** Denken Sie an die Aromen in einem Gericht wie an die Aromen im Wein – als Aromengruppen. Wenn in einem Gericht Pilze enthalten sind, dann hat es erdige Aromen, wenn es Zitronen oder andere Früchte enthält, dann hat es fruchtige Aromen (und so weiter). Dann überlegen Sie, welcher Wein seine eigenen erdigen, fruchtigen, würzigen Aromen mitbringt. Das erdige Aroma eines weißen Burgunders begleitet hervorragend ein Risotto mit Pilzen, und ein Sancerre mit Kräuternoten passt perfekt zu einer Hühnerbrust mit frischen Kräutern.

✔ **Essen mit einer ähnlichen Textur wie der des Weins.** Ein kalifornischer Chardonnay mit seiner cremigen, kräftigen Textur harmoniert gut mit der kräftigen, weichen Textur eines Hummers.

✔ **Speisen und Wein, die in der Intensität der Aromen harmonieren.** Ein sehr aromatisches asiatisches oder mexikanisches Gericht fühlt sich bei einem sehr geschmacksintensiven Wein viel besser aufgehoben als bei einem subtilen, zarten Wein.

Beim Spiel mit dem Gegensatz geht es darum, ein Aroma oder eine Textur zu finden, die zwar nicht im Gericht vorhanden ist, aber gut dazu passt. Ein Gericht mit Fisch oder Huhn in einer gehaltvollen, cremigen Sahnesauce lässt sich gut mit einem trockenen Rheingau-Riesling ergänzen. Ein Weißwein, dessen knackige Frische (dank seiner kräftigen Säure) das Schwere und Fette des Gerichts ausbalanciert. Ein Gericht mit erdigen Aromen wie Kartoffeln mit schwarzen Trüffeln würde einen perfekten Kontrast zu den puren Fruchtaromen eines Elsässer Rieslings darstellen.

Sie nutzen das Prinzip des Gegensatzes jedes Mal, wenn Sie sich dafür entscheiden, ein ganz einfaches Essen wie Lammkotelett oder Hartkäse zu einem herausragenden komplexen, ausgereiften Wein zu servieren.

 Um aber eines der beiden Prinzipien nutzen zu können, müssen Sie natürlich erst eine klare Vorstellung haben, wie das jeweilige Gericht und wie verschiedene Weine schmecken. Gerade der zweite Teil kann eine gewaltige Hürde darstellen, wenn jemand nicht bereit ist, seine gesamte freie Zeit zu nutzen, um möglichst alles über Wein zu lernen. Die Lösung ist, Ihren Weinhändler zu fragen. Ein Weinverkäufer hat zwar vielleicht nicht den allerbesten Überblick über die vielfältigen Kombinationsmöglichkeiten von Wein und Speisen (vielleicht ja doch ...), aber zumindest sollte er wissen, wie seine Weine schmecken.

»A chaque son goût« – Eine Frage des Geschmacks

Wir haben mal mit einem bekannten Châteaubesitzer (er ist der Besitzer eines der fünf Châteaux »1er Grand Crû«, Näheres dazu in Kapitel 10) über die Speisenwahl zu einem roten Bordeaux diskutiert. »Ich finde Bordeaux zum Lamm nicht gut«, erklärte uns der elegante Gentleman. Wir waren verwirrt: »Aber Bordeaux und Lamm ist eine klassische Kombination!« »Nein, da kann ich nicht zustimmen«, antwortet er und nach kurzer Pause fügte er hinzu: »Das liegt wohl daran, dass ich kein Lamm mag.«

Die Weisheit des Alters

Unabhängig davon, wie viel Fantasie und Kreativität Sie aufbringen können, macht es einfach keinen Sinn, das Rad neu zu erfinden. Beim Thema Wein und Speisen ist es sinnvoll, die klassischen Kombinationen zu kennen, da sie sich vielfach bewährt haben.

Hier sind einige berühmte und klassische Kombinationen:

✔ Austern und traditionell ausgebauter Chablis ohne Holznote

✔ Lamm und roter Bordeaux (wir mögen auch gerne einen Chianti zum Lamm)

✔ Port mit Walnüssen und Stilton (englischer, ziemlicher scharfer Blauschimmelkäse)

- ✔ Lachs mit Pinot Noir (auch ein deutscher Spätburgunder passt hervorragend)
- ✔ Amarone mit Gorgonzola
- ✔ Gegrillter Fisch mit Vinho Verde
- ✔ Forelle oder Krabben mit Riesling
- ✔ Gänseleber mit Sauternes oder einer Gewürztraminer Spätlese
- ✔ Geschmortes Rindfleisch mit Barolo
- ✔ Ein trockener Sherry Amontillado zur Rinderbrühe
- ✔ gegrilltes Geflügel mit Beaujolais
- ✔ geröstete Mandeln oder grüne Oliven mit einem Sherry Fino oder Manzanilla
- ✔ Ziegenkäse mit Sancerre oder Pouilly-Fumé
- ✔ dunkle Schokolade mit kalifornischem Cabernet Sauvignon

Achten Sie auf die vielen, zusätzlichen Vorschläge, Wein mit Speisen zu kombinieren, in den Kapiteln 9 bis 15 in diesem Buch.

Wein von der Venus, Essen vom Mars

Früher oder später machen Sie Ihre erste Erfahrung mit einem kulinarischen Desaster – wenn beides einfach überhaupt nicht zueinanderpasst. Wir hatten schon oft Gelegenheit, unsere persönliche Lösung für dieses Problem zu testen: So lange der Wein gut ist und das Essen schmeckt, essen Sie zuerst und genießen Sie den Wein danach in Ruhe – oder umgekehrt.

Teil VI

Der Top-Ten-Teil

The 5th Wave

By Rich Tennant

»Dieser hier schmeckt erdig und dennoch leicht. Er zeigt dabei Grundtöne von Brombeere, Vanille und Fleckenentferner.«

In diesem Teil ...

In den folgenden Kapiteln finden Sie schnelle Antworten und einfache Lösungen. Das nächste Mal, wenn Ihnen ein Freund erklärt, dass teure Weine grundsätzlich besser sind, das nächste Mal, wenn Sie sich fragen, wann Sie einen bestimmten Wein trinken sollen, oder wenn Ihnen das nächste Mal jemand erzählt, dass Champagner nicht reifen kann – finden Sie in diesem Teil unseren Rat.

Antworten auf zehn häufig gestellte Fragen über Wein

*I*n den Jahren, in denen wir versucht haben, andere Menschen an das Thema Wein heranzuführen oder Kunden in verschiedenen Weinläden beraten haben, hat sich herausgestellt, dass immer wieder die gleichen Fragen aufkommen. Hier sind unsere Antworten auf die häufigsten Fragen.

Welcher Wein ist der Beste?

Das ist wahrscheinlich die in einem Weinladen am häufigsten gestellte Frage. Der Verkäufer wartet dann meist mit einer Flut von Gegenfragen wie den folgenden auf:

✔ »Was bevorzugen Sie, Rotwein oder Weißwein?«

✔ »Wie viel möchten Sie für die Flasche ausgeben?«

✔ »Soll der Wein zu einem bestimmten Essen passen?«

All diese Fragen verdeutlichen, dass es von Ihrem Geschmack und den Umständen, unter denen der Wein getrunken wird, abhängt, ob der Wein für Sie der Beste ist. So etwas wie den perfekten Wein für jedermann gibt es nicht.

In jedem Weinladen findet man Hunderte von guten Weinen. Vor dreißig Jahren waren es deutlich weniger – inzwischen haben sich das Know-how und die Technologie im Weinbau und in der Weinbereitung gewaltig verbessert, und es gibt kaum noch schlechte Weine.

 Aber nicht jeder dieser guten Weine gefällt notwendigerweise auch Ihnen. Man darf nie vergessen, dass Geschmack immer eine sehr persönliche Sache ist. Wenn Sie einen »guten« Wein trinken wollen, dann müssen Sie sich erst einmal entscheiden, was Sie darunter verstehen. Versuchen Sie, Ihre Vorstellungen in Worte zu fassen, und lassen Sie sich dann von einem erfahrenen Weinhändler beraten.

Wann soll ich diesen Wein trinken?

Auch diese Frage hören Weinhändler oft von ihren Kunden. Die Antwort für die meisten Weine lautet: »Wann Sie wollen!«

Die große Mehrheit an Weinen ist bereits trinkreif, wenn Sie sie kaufen. Manche Weine werden sich noch leicht verbessern, wenn Sie sie für ein oder zwei Jahre liegen lassen (und die meisten Weine halten sich auch so lange). Aber in den meisten Fällen ist die Entwicklung so marginal, dass Sie kaum einen Unterschied feststellen werden, außer Sie sind ein besonders erfahrener und aufmerksamer Verkoster.

Eine kleine Zahl von Weinen, die absoluten Spitzen-Weine bilden die Ausnahme: Sie profitieren nicht nur von einer gewissen Reifezeit, sie _brauchen_ oft eine gewisse Zeit, um sich entwickeln zu können und um ihr ganzes Potenzial zu zeigen. Einige Beispiele, bei denen wir voraussetzen, dass die Weine gut gelagert werden (lesen Sie in Kapitel 16, was unter guten Lagerbedingungen für Wein zu verstehen ist):

✔ Sie können normalerweise darauf zählen, dass die Spitzenqualitäten bei den roten Bordeaux aus guten Jahrgängen wie 1982, 1986, 1989, 1990, 1995, 1996, 2000 oder 2005, der in Zukunft auf den Markt kommt (erhältlich ab Ende 2007 oder 2008), ohne Weiteres 20 bis 30 (oder mehr) Jahre alt werden können. Ein Hinweis: Viele Weine des Jahrgangs 1982 sind ab jetzt trinkbar.

✔ Die besten Barolos, Barbarescos und Brunello di Montalcino entwickeln sich, aus einem guten Jahrgang, über 20 bis 30 Jahre.

✔ Die besten weißen Burgunder und weißen Bordeaux entwickeln sich über einen Zeitraum von zehn bis 15 Jahren, einen guten Jahrgang vorausgesetzt.

✔ Die meisten modernen roten Burgunder mit der Lebenserwartung eines Jahrgangs wie 1996 oder 2002 sollten innerhalb von zehn bis 15 Jahren getrunken werden (die günstigeren sogar etwas früher).

✔ Hochwertige Rieslingweine großer Jahrgänge (zum Beispiel der Jahrgänge 1971, 1976 und 1990) von Mosel und Rheingau sind seit Jahrhunderten für deren Lagerbarkeit bekannt. 1748 wurde Goethe zu seinem 66. Geburtstag ein Schloss Johannisberg/Rheingau kredenzt und ein Exemplar davon soll noch im Alter von 237 Jahren genießbar gewesen sein.

Die Namen von besonders empfehlenswerten Produzenten in den verschiedenen Regionen finden Sie in Kapitel 9 bis 12.

Macht Wein dick?

 Wein hat relativ viel Kalorien, nämlich knapp 700 Kilokalorien pro Liter (Rotwein sogar noch etwas mehr), was vor allem auf den Alkoholgehalt zurückzuführen ist.

Ein Glas trockener Wein enthält zu 80 bis 85 Prozent Wasser, zehn bis 15 Prozent Alkohol, eine kleine Menge Säure sowie eine Vielzahl weiterer Komponenten. Wein enthält kein Fett.

Ein 0,2-Liter-Glas mit trockenem Weißwein hat etwa 120 Kalorien, ein entsprechendes Glas Rotwein etwa 140 Kalorien. Süßere Weine enthalten etwa zehn Prozent mehr Kalorien – je nachdem, wie süß sie sind. Aufgespritete Weine enthalten ebenfalls zusätzliche Kalorien, da sie einen höheren Alkoholgehalt haben.

Ein Liter Wein entspricht demnach etwa den folgenden Nahrungsmitteln: 800 Gramm Kartoffeln, einem Liter Milch, zehn Eiern, 100 Gramm Butter oder drei Brötchen mit 50 Gramm Fleischkäse. Bei leichter Arbeit benötigt der Mensch täglich rund 2.500 Kilokalorien, bei schwerer Arbeit etwa 4.000 Kilokalorien.

Von welcher Rebsorte stammt dieser Wein?

Die meisten Weine aus der Neuen Welt (Nord- und Südamerika, Australien und alle anderen Kontinente außerhalb Europas) sagen Ihnen heute bereits auf der Vorderseite der Flasche, aus welcher Rebsorte sie gemacht wurden (oft ist es sogar der Weinname), bei anderen wiederum finden Sie einen entsprechenden Hinweis auf dem Rückenetikett. Bei traditionellen europäischen Weinen, die aus mehreren Rebsorten komponiert werden, finden Sie meist keinen solchen Hinweis, denn a) der Weinmacher ist der Meinung, die Herkunft sei erheblich wichtiger als die Rebsorte, und b) die verwendeten Trauben stammen von lokalen Rebsorten, deren Namen den wenigsten Leuten etwas sagen.

Wenn Sie wirklich wissen wollen, aus welchen Rebsorten ein Soave, Valpolicella, Châteauneuf-du-Pape, Rioja, Côtes du Rhône oder ein anderer europäischer Klassiker gemacht wird, dann werden Sie meist einfach nachschauen müssen (lesen Sie zum Beispiel unsere Kapitel 9 bis 13).

Welchen Jahrgang soll ich kaufen?

Diese Frage setzt voraus, dass Sie die Auswahl aus verschiedenen Jahrgängen des gleichen Weines haben. In den meisten Fällen ist dem nicht so. Nahezu jeder Wein ist immer nur aus einem Jahr verfügbar, man spricht hier vom *aktuellen* Jahrgang.

Bei den Weißweinen bedeutet das, dass die Trauben meist in den vergangenen neun Monaten gelesen wurden. Der Lesezeitpunkt liegt aber je nach Weintyp selten länger als drei Jahre zurück. Bei den Rotweinen liegt der aktuelle Jahrgang ein bis vier Jahre zurück.

Klassifizierte Gewächse aus Bordeaux (schauen Sie in Kapitel 10) sind eine Ausnahme: Die meisten Weinläden haben von diesen Weinen mehrere Jahrgänge vorrätig. Bei ein paar der anderen feinen Weine – wie Burgunder, Barolos oder Weine von der Rhône – kann es ebenfalls der Fall sein, dass mehrere Jahrgänge verfügbar sind. Aber oft auch nicht, da die produzierten Mengen klein und die Weine daher schnell ausverkauft sind.

Auch bei den roten Riojas und bei den Chiantis Classicos scheint es so, als ob mehrere Jahrgänge verfügbar wären, aber wenn man das Etikett sorgfältig liest, dann entdeckt man, dass der eine Jahrgang ein *Crianza* (reift für zwei Jahre im Keller), der andere ein *Reserva* (reift drei Jahre) und ein weiterer gar ein *Gran Reserva* (reift über fünf Jahre) ist – somit sind es eigentlich verschiedene Weine und nicht verschiedene Jahrgänge des gleichen Weins. Beim

Chianti ist es ähnlich, es gibt ihn als gereiften _Riserva_ oder auch als normalen _Annata_ (die italienische Bezeichnung für einen Jahrgang).

Häufig ist es also bei den meisten Weinen nicht die Frage, welchen Jahrgang Sie kaufen sollen, sondern die Frage, welchen Jahrgang Sie kaufen können. Für die möglichen Ausnahmen nutzen Sie unsere JahrgangsTabelle auf der Schummelseite.

Gibt es auch Weine ohne Schwefel?

Schwefeldioxid kommt in jedem Wein natürlicherweise vor, da er unter anderem auch bei der alkoholischen Gärung entsteht. Auch in anderen fermentierten Lebensmitteln wie etwa in Brot, Keksen und Bier ist er zu finden. (Verschiedene Schwefelderivate werden allerdings auch regelmäßig zum Haltbarmachen von abgepackten Lebensmitteln verwendet.)

Weinmacher benutzen schweflige Säure in verschiedenen Stadien des Weinbereitungsprozesses, um den Wein zu stabilisieren (um ihn davon abzuhalten, sich in Essig zu verwandeln, und um ihn vor zu viel Sauerstoffkontakt zu schützen) und seinen Geschmack zu erhalten. Schwefel ist bereits seit den alten Römern ein unverzichtbares Werkzeug in der Weinbereitung.

Durch moderne Kellertechnik wurde der Einsatz in verschiedenen Stadien der Weinbereitung überflüssig, und die heute ausgewiesenen Werte bewegen sich bei hochwertigen Weinen nur noch bei 25 bis 50 Prozent dessen, was die Gesetzgeber in Europa für unbedenklich erachten.

Wenn Sie Ihren Verbrauch an Schwefelverbindungen minimieren wollen, sollten Sie sich an trockene Rotwein halten, denn diese haben die niedrigsten Werte – gefolgt von den trockenen Weißweinen. Süße Weine enthalten die höchsten Konzentrationen von Schwefeldioxid. Weitere Informationen finden Sie in Kapitel 1.

 Einen Wein ohne Schwefel (in kleinen Mengen gab es diese einige Zeit lang im Handel) würden Sie wohl kaum trinken wollen, denn er schmeckt nur entfernt nach Wein.

Gibt es auch Bio-Weine?

Ja, es gibt eine ganze Menge davon, aber auch hier ist zu klären, was Sie persönlich darunter verstehen:

✔ **Weine aus ökologischem Anbau:** Dann ist die Frage, von welchem Verband sich der Winzer überprüfen lässt und an welchen Richtlinien er sich orientiert.

✔ **Integrierter Pflanzenschutz,** bei dem man vorrangig biologische, biotechnische sowie pflanzenzüchterische Maßnahmen einsetzt und so den Einsatz von chemischen Mitteln auf ein Minimum beschränkt.

✔ **Wein aus biodynamischem Anbau:** Dabei werden beispielsweise bei allen wichtigen Arbeiten im Weinberg und im Keller auch die Mondphasen berücksichtigt.

Selbstverständlich sind hierbei nicht nur der eigentliche Weinbau, sondern alle vor- und nachgelagerten Produktionsprozesse bei der Weinbereitung zu berücksichtigen. Die erlaubten Werte an Schwefeldioxid liegen bei den Ökoverbänden bei etwa 50 Prozent dessen, was die Gesetzgeber als unbedenklich erachten.

Aber nicht alle Weine aus ökologischem Anbau werden auch als solche gekennzeichnet. Einige Winzer, die den ökologischen Anbau konsequent umsetzen, ziehen es vor, ihre Weine über deren Qualität und nicht mit dem Hinweis auf den ökologischen Anbau zu vermarkten. Für sie ist der ökologische Anbau kein Marketing-Gag, sondern Mittel zum Zweck, indem er eine höhere Traubenqualität und dementsprechend auch bessere Weine liefert. Château Beaucastel, Château Rayas an der Rhone, Alois Lageder in Südtirol, Weingut Wittmann in Westhofen und die großen Kellereien Fetzer und Robert Mondavi in Kalifornien sind prominente Beispiele für derartige Weine.

Was ist ein Weinexperte?

Ein Weinexperte ist jemand, der viel Wissen über Wein im Allgemeinen angesammelt hat. Das Wissen umfasst meist die Themen Weinbau, Weinbereitung und einen Überblick über die Vielzahl der Weine dieser Welt. Auch ein geschulter Gaumen und viel Erfahrung im Weinverkosten zählen dazu.

Die meisten Weinexperten sind heute noch Autodidakten, die ihr Wissen in der Praxis, bei vielen Weinreisen und Informationsveranstaltungen zusammengetragen haben. Für Menschen, deren Ziel ein möglichst breites Wissen über Wein ist, gibt es noch keine einheitlichen Ausbildungsrichtlinien, lediglich eine Vielzahl von hochwertigen Weinkursen.

Verschiedene Sommelierschulen bieten zwar eine profunde Ausbildung, diese haben aber den Schwerpunkt Gastronomie. Im angelsächsischen Raum gibt es vor allem für den Weinhandel den Titel des »Master of Wine« (MW), der von einer englischen Organisation (Wine & Spirit Education Trust) nach anspruchsvollen Prüfungen verliehen wird und auch in Deutschland sehr angesehen ist.

 Sehr komplexes und spezielles Weinwissen erlernen Weinprofis, die als Weinmacher oder Önologen tätig werden wollen, vor allem während eines akademischen Studiums des Weinbaus und der Önologie. Im deutschsprachigen Raum ist vor allem die Hochschule in Geisenheim im Rheingau erste Wahl, die durch internationale Austauschprogramme (zum Beispiel Bordeaux, Montpellier, Udine, Stellenbosch in Südafrika, Davis in Kalifornien oder Adelaide in Australien) weltweit tätige Weinexperten ausbildet. Weinmacher und -experten wie Dr. Rowald Hepp, Gutsdirektor Weingut Schloss Vollrads, oder Wilhelm Weil, Weingut Robert Weil, sind Absolventen dieser 1872 gegründeten Einrichtung. Auch die »Master of Wine«-Ausbildung und die österreichische Weinakademie belegen dort einzelne Seminare.

Wie finde ich heraus, wann ich meine älteren Weine im Keller trinken soll?

Leider gibt es dafür keine genaue Antwort, da jeder Wein mit einer unterschiedlichen Geschwindigkeit reift. Sogar zwei Flaschen vom selben Wein, die unter den gleichen Bedingungen gelagert werden, können sich unterschiedlich entwickeln.

Wenn Sie einen bestimmten Wein im Hinterkopf haben, können Sie auf unterschiedliche Weise Rat einholen:

✔ Suchen Sie in den Kommentaren und Kritiken von Spezialisten wie Robert Parker, Michael Broadbent, Steve Tanzer, Hugh Johnson, Stuart Pigott und Armin Diel. Sie schlagen in ihren Büchern und Newslettern normalerweise immer eine ideale Genussperiode vor, und ihre geschulten Gaumen können das ganz gut abschätzen.

✔ Setzen Sie sich mit der Kellerei in Verbindung. Im Falle von feinen, alten Jahrgängen sind die Weinmacher und Weingutsbesitzer sicher glücklich und stolz, Ihnen eine entsprechende Empfehlung geben zu können. Und wer hat schon mehr Erfahrung mit genau diesem Wein?

✔ Wenn Sie mehrere Flaschen von demselben Wein haben, probieren Sie von Zeit zu Zeit eine davon und beobachten Sie, wie sich der Wein entwickelt. Ihr eigener Geschmack ist der perfekte Gradmesser – vielleicht bevorzugen Sie den Wein ja jünger oder älter als die Experten.

Verlangen alte Weine nach einer besonderen Behandlung?

Wie wir Menschen wird auch Wein zum Ende hin gebrechlich. In vielen Fällen mag er nicht mehr gerne reisen. Wenn Sie einen alten Wein transportieren müssen, sollten Sie ihm anschließend einige Tage Zeit geben, sich zu erholen, bevor Sie die Flasche öffnen. (Rote Burgunder und andere Pinot Noir fühlen sich durch eine Reise besonders gestört.)

Alte Weine mit ihrem zarten Bouquet und feinen Aromen können leicht von zu intensiven, aromatischen Gerichten erschlagen werden. Ein einfaches Stück Fleisch oder ein Stück Hartkäse und dazu ein anständiges Brot sind meist eine ideale Begleitung zu einem gereiften Wein.

 Wenn Sie einen älteren Wein trinken wollen, dann sollten Sie darauf achten, dass Sie ihn nicht zu stark kühlen (egal ob es ein Weißer oder ein Roter ist). Alte Weine schmecken bei moderaten Temperaturen am besten. Temperaturen unter 15 bis 16 Grad Celsius behindern die Entwicklung des Weines im Glas.

Dekantieren Sie die Rotweine oder den Vintage Port, um den klaren Wein von seinem Bodensatz zu trennen, der sich in der Flasche gebildet hat. (Für Tipps zum Dekantieren lesen Sie Kapitel 8.) Stellen Sie die Flasche zwei oder drei Tage vorher aufrecht hin, so dass sich die Sedimente am Boden absetzen können. Ein entscheidender Fehler beim Dekantieren von älteren Weinen ist, dass man ihnen meist nicht zu viel Luft geben darf. Ein Wein in seinem letzten

Stadium verliert oft unheimlich schnell, sobald er mit Sauerstoff in Berührung kommt. Oft innerhalb einer halben Stunde – manchmal auch schon nach zehn oder 15 Minuten.

Wenn Sie einen alten Wein dekantieren, sollten Sie ihn sofort probieren und darauf vorbereitet sein, ihn sofort zu trinken, sobald er Anzeichen von Ermüdung zeigt.

Zehn weitverbreitete Irrtümer über Wein

21

*B*lättern Sie durch dieses Kapitel und Sie werden einige Vorstellungen entdecken, die auch in Ihrem Kopf vorhanden sind. Sie sind nicht allein damit: Oft gelten diese Mythen als gesicherte Ansichten und sind doch nichts anderes als weitverbreitete Falschinformationen über Wein. Wir versuchen, einiges richtig zu stellen.

Sortenreine Weine sind die besten Weine

Viele Leute bevorzugen sortenreine Weine, also solche, die nach einer Rebsorte wie Riesling oder Merlot benannt werden, da man beim Kauf eines solchen Getränks angeblich weiß, was man da gerade kauft. (In Wirklichkeit ist es aber so, dass in vielen Ländern nur 75 Prozent des Inhalts von der genannten Rebsorte stammen müssen. In der EU sind 85 Prozent vorgeschrieben. Folglich weiß man eben doch nicht ganz *genau*, was man kauft.) Doch nur weil der Name einer Rebsorte auf dem Etikett steht – und sei es der einer hochwertigen Rebe wie Cabernet Sauvignon –, heißt das nicht, dass man etwas über die Qualität des Weins erfährt.

Sortenreine Weine gibt es in einer großen Bandbreite von gewöhnlich bis hervorragend. Bei Weinen, die auf andere Art bezeichnet werden (nach der Region oder mit einem Fantasienamen), findet man in Sachen Qualität das gleiche Spektrum. Daher sind sortenreine Weine im Allgemeinen weder schlechter noch besser als andere.

Wein muss teuer sein, damit er gut ist

Bei Weinen gilt wie bei jedem anderen Produkt: Ein hoher Preis ist oft, nicht immer, ein Anzeichen für gute Qualität. Aber der Wein mit der höchsten Qualität ist nicht immer die beste Wahl und zwar aus folgenden Gründen:

✔ Ihr Geschmack ist eine sehr persönliche Sache, und es ist nicht unbedingt so, dass Sie einen bestimmten Wein mögen werden, nur weil ihn Kritiker als großartig bewertet haben.

✔ Nicht jede Situation verlangt nach einem hochwertigen Wein.

Auch wir bevorzugen bei vielen Gelegenheiten einen anständigen, aber einfachen Wein. Ein großes Familientreffen, ein Picknick, am Strand ... ein teurer Spitzenwein ist völlig fehl am Platze – er verlangt zu viel Aufmerksamkeit.

Auch sind die wirklich feinen Weine selten eine gute Wahl im Restaurant – wenn Sie die typischen Restaurantpreise betrachten. Stattdessen wählen wir entweder die Weine mit dem besten Preis-Leistungs-Verhältnis auf der Weinkarte (behalten dabei im Hinterkopf, was wir essen) oder experimentieren mit Weinen zu moderaten Preisen, die wir noch nie probiert haben. (Es wird *immer* Weine geben, die Sie noch nicht kennen.)

 Die Qualität ist nicht der alleinige Maßstab bei der Auswahl eines Weins. Oft ist der beste Wein für Ihren Geschmack oder für eine bestimmte Gelegenheit gar nicht so teuer.

Dunkle Rotweine sind die besten Rotweine

Mittlerweile haben viele Rotweine eine sehr dunkle Farbe. Es geht sogar so weit, dass einige eher schwarz als rot wirken. Sieht ein Rotwein undurchlässig aus, deutet dies auch darauf hin, dass die Aromen ebenso konzentriert sind, wie die Farbe es zeigt. Daher halten einige Leute neuerdings eine dunkle Farbe für ein Zeichen von hoher Qualität.

Es stimmt schon, einige der ganz großen Rotweine sind sehr dunkel. Auf der anderen Seite gibt es aber auch einige unter ihnen, die nicht so dunkel sind. Weine, die aus Rebsorten gewonnen werden, die nur wenige Pigmente besitzen wie etwa Pinot Noir, Nebbiolo und Sangiovese, werden auf natürliche Weise niemals undurchlässig aussehen, obwohl sie ohne Zweifel großartig schmecken können. (Setzt ein Winzer alles daran, die Trauben in vollreifem Zustand zu ernten, was eine dunklere Farbe ergeben kann, so wird der Wein wahrscheinlich dunkler, büßt aber auf der anderen Seite an seinem feinen Aroma ein.)

Die Winzer verfügen heute über önologische Methoden, um einem Rotwein eine dunklere Farbe zu geben und daher können sogar billige Alltagsweine dunkelrot sein, wenn der Hersteller dies beabsichtigt. Lassen Sie sich nicht täuschen: Dunkel ist kein Garant für hohe Qualität.

 Der Trend, einem Rotwein so eine dunkle Farbe wie möglich zu verpassen, geht häufig nach hinten los. Das Ergebnis kann ein überreifer Wein (geht dabei dann schon ins Bräunliche) mit zu viel Tannin, zu viel Extrakt und einem manchmal zu hohen Alkoholgehalt sein. Seien Sie bei extrem dunklen Weinen auf der Hut: Einige davon werden Sie vielleicht gerne trinken, während Sie andere möglicherweise als zu unausgewogen oder verfälscht empfinden werden.

Weißwein zu Fisch, den Roten zum Fleisch

Als Empfehlung ist dieser Denkansatz gar nicht so schlecht. Aber wir sagen *Empfehlung*, es ist keine feststehende Regel. Jeder, der sklavisch an dieser Verallgemeinerung klebt, verpasst die vielleicht schönsten Geschmacks-»Erlebnisse« seines Lebens.

Diese Regeln haben allesamt einen Hintergrund, und je weiter man sich von diesen Regeln entfernt, desto mehr wird es zu einer Gratwanderung. Andererseits – wenn diese Gratwanderung glückt, werden Sie den Ausblick nie vergessen.

Auch wenn Sie sich selbst als Perfektionisten betrachten, der stets auf der Suche nach der idealen Kombination von Essen und Wein ist, dann werden Sie wohl auch mal von diesen Grundregeln abweichen. Der beste Wein zu einem gegrillten Lachssteak ist einfach ein Roter – wie etwa ein Pinot Noir oder ein Bardolino – und kein Weißer. Kalb und Schweinefleisch passen sowohl zu Rot- als auch Weißwein. Auch hier ist entscheidend, wie das Gericht zubereitet wird, welche Soße und welche sonstigen Aromen noch im Spiel sind.

Niemand wird Sie dafür einsperren, wenn Sie zu allem Weißwein trinken oder als Rotwein-Fan nicht von Ihrer Gewohnheit lassen können. Die Regeln sind nicht verbindlich, aber oft haben sie einen tieferen Sinn. Man darf sich jederzeit darüber hinwegsetzen, aber man sollte wissen, was man tut, sonst beraubt man sich unwissentlich vieler interessanter Geschmackseindrücke.

Zahlen lügen nicht

Es ist selbstverständlich für uns, bei Kritikern Rat einzuholen. Wir tun dies sehr oft: wenn wir versuchen zu entscheiden, welchen Film wir uns im Kino ansehen, wenn wir ein neues Lokal ausprobieren oder herausfinden wollen, was andere über ein bestimmtes Buch denken.

In den meisten Fällen vergleichen wir die Meinung des Kritikers mit unseren eigenen Erfahrungen und Vorlieben. Sagen wir, ein Steakhaus hat gerade drei Sterne und eine fabelhafte Kritik im Feinschmeckermagazin bekommen. Eilen wir ans Telefon und reservieren sofort einen Tisch? Nicht, wenn wir kein rotes Fleisch mögen! Beschließen wir automatisch, dass wir den Kinofilm sehen wollen, nur weil er von den Kritikern hochgejubelt wurde – oder lesen wir zuerst ihren Kommentar und entscheiden uns dann, ob uns der Film vielleicht zu brutal, zu blöd oder zu ernst ist? Sie kennen die Antwort!

Aber viele Weintrinker, die hören, dass ein bestimmter Wein gerade über 90 Punkte bekommen hat, ziehen los, um diesen Wein zu kaufen. Die Neugierde, einen gerade hoch bewerteten Wein probieren zu wollen, ist nachvollziehbar. Aber dieser unverrückbare Glaube, dass ein solcher Wein a) damit automatisch ein großer Wein ist, und b) ein Wein ist, den Sie auch mögen, ist einfach fehl am Platze.

Die Punktbewertungen geben nur die professionelle Meinung eines Kritikers wieder – und Meinungen wie auch Geschmäcker sind *immer* sehr persönlich. (In Kapitel 18 erfahren Sie mehr darüber, wie man Weine bewertet.)

Jahrgänge sind entscheidend – Jahrgänge sind unwichtig

Der Unterschied zwischen einem Jahrgang und dem nachfolgenden beim gleichen Wein ist der Unterschied vom Wetter im Weinberg in dem einen Jahr zum Wetter im nächsten (andere Einflüsse wie die Neubepflanzung des Weinbergs, ein neuer Weingutsbesitzer oder ein neu eingestellter Kellermeister einmal ausgenommen). Das Maß der Jahrgangsschwankung ist direkt äquivalent zu den Unterschieden im Witterungsverlauf.

In manchen Teilen der Welt variiert das Wetter von Jahr zu Jahr sehr stark, und für die Weine aus solchen Regionen ist der Jahrgang eine wichtige Angabe. In Bordeaux, Burgund, Deutschland und großen Teilen von Italien können die Wetterprobleme (Frost, Hagel, Regen zur falschen Zeit und Hitzewellen) einem Jahrgang schwer zu schaffen machen, während der nächste keine solchen Probleme hat. Dort, wo große Unterschiede im Witterungsverlauf möglich sind, schwankt auch die Qualität der Weine von einem Jahr zum nächsten von miserabel bis herausragend.

In Regionen, wo der Witterungsverlauf berechenbarer ist (wie in großen Teilen von Kalifornien, Australien und Südafrika), können die Jahrgänge zwar ebenfalls variieren, aber die Schwankungen sind viel geringer. Eingefleischte Weinliebhaber, die sich auch für das kleinste Detail der von ihnen getrunkenen Weine interessieren, werden die Unterschiede als bedeutend einstufen, aber die meisten Menschen wohl nicht.

Eine weitere Ausnahme bei der Aussage »Jahrgänge sind wichtig« bilden die günstigen Weine. Markenweine, die in riesigen Mengen produziert werden, sind meist ein Verschnitt aus vielen verschiedenen Weinbergen eines riesigen Gebiets. Die Unterschiede in der Qualität von Jahr zu Jahr sind hier, durch die Kunst des Weinmachers, die Weine zu komponieren, nicht auffällig.

Weinautoritäten sind Experten

Wein ist ein unglaublich weit gefasstes Thema. Es berührt Themen wie Biochemie, Botanik, Geologie, Chemie, Klimakunde, Geschichte, Kultur, Politik, Rechtsprechung und Handel. Wie kann jemand in all diesen Bereichen ein Experte sein?

Um das Problem auf den Punkt zu bringen, muss man sich eines verdeutlichen: Viele Menschen in repräsentativen Stellungen im Weinbereich haben keine Ausbildung und nur wenig oder gar kein Hintergrundwissen zum Thema Wein. Sie werden aus anderen Gründen von einer Weinvertriebsfirma angestellt oder von einem Herausgeber über Nacht zur »anerkannten« Weinautorität erklärt.

Die verschiedenen Aspekte des Weins ziehen unterschiedliche Menschen an. Das, was der Einzelne am Wein besonders faszinierend findet, wird auch das sein, mit dem er sich intensiver auseinandersetzt. Andere Themen wird er vernachlässigen. (Jetzt wissen Sie, warum zwei Autoren nötig waren, um dieses Buch zu schreiben.)

Erwarten Sie nicht, dass eine Person in der Lage ist, Ihnen sämtliche Fragen über Wein kompetent zu beantworten. Wie Mediziner und Rechtsanwälte spezialisieren sich auch Weinfachleute. Das müssen sie einfach!

Alte Weine sind gute Weine

Die Vorstellung, dass seltene, alte Flaschen Wein wie edle Kunstwerke für Tausende von Euro versteigert werden, ist faszinierend und regt die Fantasie vieler Menschen an. Aber wertvolle alte Flaschen sind viel seltener als wertvolle, alte Münzen, denn Wein ist im Gegensatz zu Münzen verderblich.

Die große Mehrzahl der Weine auf der Welt ist nicht dafür gedacht, sich über Jahrzehnte zu entwickeln. Die meisten Weine werden dafür gemacht, in den ersten ein bis fünf Jahren ihres Lebens getrunken zu werden. Auch die Weine, die das Potenzial zu einer über Jahre dauernden Entwicklung haben, können dieses Potenzial nur nutzen, wenn sie entsprechend gelagert werden (blättern Sie zu Kapitel 16, um nachzulesen, wie man Wein richtig lagert).

 Der Sinn eines Weines ist es, genossen zu werden – meistens heißt das, je früher, desto besser.

Große Weine schmecken nicht, so lange sie jung sind

Falls dieser Mythos stimmen würde, wäre er die perfekte Ausrede für jeden, der ärmliche Weine macht! »Es ist ein großer Wein«, könnte der Weingutsbesitzer argumentieren, »er *muss* so schlecht schmecken, solange er jung ist.«

In der Vergangenheit war es so, dass einige große Weine der Welt wie große Bordeaux oft so hart und tanninlastig waren, dass man sie wirklich kaum trinken konnte, bevor sie nicht einige Jahrzehnte auf dem Buckel hatten. Bei dem Jahrgang 1975 in Bordeaux glaubten tatsächlich viele Sammler, dass die Ungenießbarkeit in der Jugend ein Beweis für seine unglaubliche Lagerfähigkeit wäre.

Die heutigen Weinmacher sind der Ansicht, dass bereits der junge Wein ausbalanciert sein muss, da er sonst auch im Alter nicht harmonisch werden kann. (Blättern Sie für weitere Erläuterungen zum Thema Balance zurück zu Kapitel 2.) Auch wenn die Tannine mit der Zeit weicher werden oder sich als Sedimente am Boden absetzen, haben viele Weine, die in ihrer Jugend unglaublich viel Tannin haben, nicht genug Frucht, damit der Wein noch schmeckt, wenn sich seine Tannine endlich abgebaut haben.

Ein Wein kann ausbalanciert sein, obwohl er noch nicht trinkreif ist. Ein großer Wein kann in seiner Jugend unglaublich viel Tannin haben, aber eben zusammen mit unglaublich viel Frucht. Noch kein Trinkvergnügen, aber ausbalanciert. Sie sind in der Lage, die Balance des Weines zu bewundern, Sie können den Wein vielleicht sogar schon in gewisser Weise genießen, aber von seiner wahren Größe ist er noch Jahre entfernt, da der Wein in der Lage ist, mit der Reife komplexe Aromen zu entwickeln und harmonischer zu werden.

 Besonders beim Weißwein spielt das Verhältnis von Säure und Süße eine sehr bedeutende Rolle bei einer Langzeitlagerung. Eine süße Riesling-Auslese (siehe deutsche Qualitätsbezeichnung, Öchslegrad) vom Rheingau oder der Mosel mit einer deutlichen Fruchtsäure hat das Potenzial, jahrzehntelang positiv zu altern (das heißt zu reifen). Ein durch frische Aromen geprägter trockener Sauvignon Blanc wird Ihnen dieses Vorhaben geschmacklich übel nehmen.

Champagner kann nicht altern

Wir wissen nicht, wer diesen Mythos in die Welt gesetzt hat, aber es ist genau umgekehrt: Champagner kann hervorragend altern! Abhängig von dem jeweiligen Jahrgang kann gerade Jahrgangschampagner sich besonders schön entwickeln. Wir haben zwei außergewöhnliche Jahrgangschampagner von 1928 verkostet, Krug und einen Dom Pérignon von Moët & Chandon, keiner von beiden hat irgendein Anzeichen von Schwäche gezeigt. Der älteste Champagner, den wir je probiert haben, war ein Pol Roger 1900. Er war in perfektem Zustand.

 Aber Champagner verlangt nach einwandfreien Lagerbedingungen. Wenn er kühl, dunkel und an einem feuchten Ort gelagert wird, kann Champagner über Jahrzehnte reifen, besonders die großen Jahrgänge. Sie verlieren etwas ihre Frische, gewinnen dafür aber eine unglaubliche Komplexität und ähneln darin den großen weißen Burgundern. Champagner reift in Magnumflaschen (1,5 Liter) besser als in der normalen Flaschengröße (0,75 Liter).

 Wenn Sie einmal eine wirklich feine, empfehlenswerte alte Flasche Jahrgangschampagner köpfen wollen, dann wählen Sie entweder einen Krug oder einen Salon aus den Jahrgängen 1964, 1969, 1973 oder 1976. Wenn sie gut gelagert wurden, sind sie einfach bezaubernd. Dom Pérignon ist ebenfalls empfehlenswert – der 1961 und der 1969 Dom P. sind legendär.

Die folgenden Häuser sind dafür bekannt, lagerfähige Champagner zu machen:

✔ **Krug:** Alle Champagner sind bemerkenswert langlebig.

✔ **Pol Roger:** Besonders die Cuvée Sir Winston Churchill

✔ **Moët & Chandon:** Die Cuvée Dom Pérignon kann unbegrenzt reifen, wenn sie gut gelagert wird.

✔ **Louis Roederer:** Cristal, Cristal Rosé und Vintage Brut reifen schön.

✔ **Jacquesson:** Signature und Vintage Blanc de Blancs

✔ **Bollinger:** Alle Champagner, besonders der Grande Année

✔ **Gosset:** Grand Millésime und Celebris

✔ **Salon:** Bemerkenswert der Blanc de Blancs. Er braucht mindestens 15 Jahre Zeit.

- ✔ **Veuve Clicquot:** La Grande Dame und der Vintage Brut
- ✔ **Taittinger:** Ihr Blanc de Blancs (Comtes de Champagner)
- ✔ **Billecart-Salmon:** Der Blanc de Blancs
- ✔ **Pommery:** Cuvée Grand Siècle
- ✔ **Philipponnat:** Clos des Goisses

Die letzten großen Jahrgänge in der Champagne waren 1996, 1990, 1988, 1985 und 1982.

 Aber auch bei einigen deutschen Winzersekten könnten Sie bei gleich guter Lagerung sehr spannende Erlebnisse mit den reifen Jahrgängen erleben. Selbst wenn die Mehrzahl der Winzersekte ein prickelndes Abenteuer in jungen Jahren versprechen, so bleibt uns doch ein kürzlich verkosteter 1980er Menger-Krug aus der bekannten Sektmanufaktur in Deidesheim in Erinnerung, der ein wahres Sinnesfeuerwerk eröffnete.

Teil VII

Anhänge

The 5th Wave   By Rich Tennant

Die Cowboys schicken vorsichtshalber einen Späher vor, um Nachschub zu holen

Vergiss nicht,
Rosé mitzubringen!

San Antonio
Wines

In diesem Teil ... Hier geben wir Ihnen ein paar wichtige Hilfsmittel mit auf den Weg, zum Beispiel einen ausführlichen Helfer, wie man Fachausdrücke und Weinnamen ausspricht und ein Glossar mit Fachbegriffen. Wir wollten auch noch eine Liste mit sämtlichen Kellereien der Welt anhängen, die Chardonnay machen, aber dann ist uns der Platz ausgegangen.

Ausspracheregeln für Ausdrücke aus der Weinwelt

Mit nichts outen Sie sich gegenüber einem Weinsnob schneller als mit einem falsch ausgesprochenen Namen eines berühmten Weines oder einer bekannten Weinregion. Um den Weinsnobs diese Befriedigung zu nehmen, haben wir hier für Sie Dutzende von wichtigen Begriffen mit ihren Ausspracheregeln zusammengestellt. Leider ist zwar auch diese Liste nicht komplett, aber Sie haben wenigstens eine Vorstellung davon, wie die wichtigsten Namen klingen müssten.

Betonte Silben, wenn vorhanden, sind in Großbuchstaben gedruckt.

Name oder Begriff	Aussprache
Agiorghitiko	a jor JI ti ko
Aglianico de Vulture	ah lie AHN ie ko del VUL tuur ä
Albariño	ahl bah RIE nio
Aligoté	ah lie go tee
Aloxe-Corton	ah lox cor toh
Amontillado	ah mon tie LJAH do
Anjou	ahn schuh
Arneis	ahr NE is
Assyrtiko	ah SIER ti ko
Au Bon Climat	oh bon klie maht
Auxerrois	aus ser whah
Auxey-Duresses	ook sai dee ress
Barbaresco	bar bah RES co
Barbera	bar BÄR ah
Barolo	bah RO lo
Bâtard-Montrachet	bah tar mon rah schee
Beaujolais	boh scho lä
Beaulieu (Weinberge)	boh li eu
Bianco di Custoza	bi AHN ko die kus TOZ ah
Blanchot	Blahn schoh
Botrytis	boh TRI tis

Name oder Begriff	Aussprache
Bougros	boo groh
Bourgogne	bor goh nje
Bourgueil	bor geuh
Brouilly	bruh iee
Brunello di Montalcino	bru NEL lo die mon tahl TSCHI no
Brut	brü
Cabernet Sauvignon	kab er nei saw vie nion
Canaiolo	kan ei OH loh
Carmignano	kar mie NJAH no
Chablis	schah blie
Chardonnay	schar doh nej
Chassagne-Montrachet	schah san jie mon rah schee
(Château de) Fieuzal	(schat tow dü) fie oo sahl
(Château de) Grillet	(schat tow dü) gri jee
(Château) Haut Brion	oh brie on
(Château) Lafite Rothschild	lah fiet roth schild
(Château) Margaux	mahr go
(Château) Mouton-Rothschild	muh ton roth schild
(Château) Petrus	peh trüs
(Château) Trotanoy	trot ahn wah
Châteauneuf-du-Pape	schah tow nöf dü pahp
Chénas	schee nahs
Chenin Blanc	sche nän blonk
Chevalier-Montrachet	scheh wah liie mon rah schee
Chianti	kie AHN tie
Chianti Rufina	kie AHN tie RUU fie nah
Chinon	schie nohn
Chiroubles	schie ruub leh
Clos du Val	klo dü vaal
Colheita	kol HEIT ah
Condrieu	kohn dri öh
Corton-Charlemagne	kor toon schahr lüh mahn
Côte de Beaune	kot dö bohn
Côte Chalonnaise	kot schal oo nees
Côte d'Or	kot door
Côte de Nuits	kot de nuhi
Côte de Nuits-Villages	kot de nuhi vie lasch

Name oder Begriff	Aussprache
Côte Rôtie	kot roh tie
Côtes du Ventoux	kot dü wahn tu
Cuvée	küh wee
Dolcetto	dohl TSCHET oh
Domaine Leroy	doh män lö roah
Eisele	EI seh lee
Entre-deux-Mers	ahn tree düh meer
Fleurie	flöh rie
Fourchaume	for schahm
Friuli-Venezia Giulia	fri UH li weh NETZ i ah JU li a
Galicia	ga LIE si a
Garrafeira	gar ah FEIR ah
Gattinara	gah tie NAH rah
Gavi	GAH wie
Genevrières	schen ef rie är
Gigondas	schie gohn dahs
Givry	schie frie
Grands crûs classés	grahn krüh klas eh
Graves	grah fs
Grenouilles	greh nwui
Haut-Médoc	ooht meh dok
Hermitage	er mie tach
Juliénas	schu lie nahs
Languedoc-Roussillon	lahn geh dok roh sie jon
Les Clos	leh kloh
Les Forêts	leh vor ei
Les Preuses	leh pröhs
Listrac	lie strack
Loire	low ahr
Mâcon-Villages	mak ko wie lasch
Malvasia	mall wa siee ah
Margaux	mahr go
Médoc	meh dok
Menetou-Salon	meh neh tu sah lohn
Mercurey	meh kur ai
Merlot	meer loh
Meursault	mör so

Name oder Begriff	Aussprache
Moët	moh et
Mont de Milieu	mon deh meh lieu
Montagny	mon tah niie
Montepulciano d'Abruzzo	mon te pul tschie AH noh dah BRUT so
Monthélie	mohn teh liie
Montlouis	mon loo wie
Montmains	mon man
Montrachet	mon rah schee
Moschofilero	moscho FIE le ro
Moulin-á-Vent	muh lahn ah vahn
Moulis	muh lies
Muscadet	müh ska de
Muscat	mü skaht
Nantais	nahn tee
Nebbiolo	neb bie OH lo
Neuchatel	nöh scha tel
Niebaum-Coppola	NIE baum KOP poh lah
Nuits-St.-Georges	nuih san schorsch
Orvieto	or vie ÄH toh
Pauillac	pau ih ak
Pay d'Oc	pai e doc
Penedés	pen eh DESS
Pernand-Vergelesses	pair nahn ver schüh less
Perrier-Jouët	per riee schu ett
Pessac-Léognan	peh sak leh oh nion
Pinot Bianco	pie noh bie AHN coh
Pinot Blanc	pie noh blahnk
Pinot Grigio	pie noh GRIE tschoh
Pinot Gris	pie noh grieh
Pinot Noir	pie noh nwahr
Pinotage	pih noh TASCH
Pouilly-Fuissé	püh ie füh seh
Pouilly-Fumé	püh ie füh me
Premier Crû	prem je krü
Priorato	prie oh RAH to
Puligny-Montrachet	püh lie niee mon rah scheh
Quincy	kan sie

Name oder Begriff	Aussprache
Quinta	KWIN ta
Régnié	reh nie
Reuilly	rüh iee
Rías Baixas	RIE ahs BAIK ahs
Ribera del Duero	rie BÄR ah del duh ÄHR oh
Ribolla Gialla	rie BOH la TSCHia lah
Rioja	rie OCH hah
Rueda	ruh EH dah
Rully	rü lie
Saint-Amour	sant ah muhr
Saint-Aubin	sant oh ban
Saint-Nicolas-de-Bourgueil	san nih koh las dö bor geu
Saint-Romain	san ro man
Saint-Véran	san vie rahn
Sancerre	sahn sähr
Sangiovese	san tscho WEH se
Saumur	soh mühr
Sauvignon Blanc	sah vie nion blahnk
Savennieres	sah vie njär
Savigny-lès-Beaune	sah vie niee löh bon
Sémillon	SEM eh lon
Sèvre-et-Maine	seh vre e mehn
Soave	so AH ve
Spanna	SPAH nah
Spumante	spuh MAHN teh
St. Estèphe	sant eh steff
St. Julien	sant schuh jen
St. Emilion	sant eh miel jon
Tempranillo	tem prah NIE loh
Tinto	TIN to
Tocai Friulano	toc KEI frie oh LAH noh
Tokaj-Hegyalja	toc KEI heh SCHAH jah
Torgiano	tor tschi AH no
Tre Venezie	träh veh NETZ ie eh
Trebbiano	treb bie AH noh
Trentino-Alto Adige	tren TIE noh-AHL toh AH die tschäh
Vacqueyras	wah keh rahs

Name oder Begriff	Aussprache
Vaillons	vjie ion
Valais	vah läh
Valmur	vahl mühr
Valpolicella	val po lie TSCHEL lah
Vaudésir	voh dieh sie eh
Vega Sicilia	we gah sie SIEL jah
Vendange Tardive	vahn dahsch tahr diev
Veneto	VEN eh toh
Verdejo	ver dech ho
Verdicchio	ver DIE kieh oh
Vernaccia di San Gimignano	ver natsch iha diie san tschieh mie Niah noh
Vinho	WIEN oh
Vinho Verde	wien oh VERDE
Vino Nobile di Montepulciano	WIEN oh NO bie le die mon te pul tsch AH no
Viognier	vie oh nih eh
Vosne-Romanée	wohn roh mah nee
Vouvray	vuh vraih
Xinomavro	ksi NO maf roh

Glossar der Weinsprache

*F*ür den schnellen Überblick finden Sie hier die Definitionen der wichtigsten Begriffe zum Thema Wein beziehungsweise Weinverkosten.

Abgang (Länge): Der abschließende Eindruck, also Nachgeschmack, den ein Wein hinterlässt, nachdem Sie ihn hinuntergeschluckt oder ausgespuckt haben.

Adstringierend: Eine Beschreibung für das austrocknende, rau machende Gefühl im Mund, wenn sich aufgrund von Tannin, Säure oder einer Kombination aus beidem im Mund alles zusammenzieht. Das ist meist keine wünschenswerte Eigenschaft, kann aber auch gewollter Bestandteil eines Geschmackprofils sein.

Alkoholgehalt: Der Prozentsatz an Alkohol bezogen auf das Volumen des Weines. Die Rotweine bewegen sich meist in einem Bereich von 12 bis 14 Prozent. Weißweine haben meist geringere Werte.

Alkoholverstärkte Weine: Ein Wein, dem zusätzlich Alkohol zugesetzt wurde.

Alte Reben: Ein nicht gesetzlich definierter Begriff für Weinstöcke, die besonders aromatische Trauben haben, da sie bereits alt sind (meist 40 Jahre und älter) und daher nur noch sehr geringe Erntemengen bringen, die dafür aber sehr konzentriert sind.

Alte Welt: Ein zusammenfassender Ausdruck für die traditionellen Weinbauländer Europas.

Amerikanische Eiche: Eichenholz aus US-Wäldern und die Fässer, die daraus gemacht werden. Sie haben ein sehr prägendes, leicht süßliches, parfümiert riechendes Aroma und einen deutlichen Vanilleton. Viele Weinmacher aus aller Welt bevorzugen Barriques aus amerikanischer Eiche für ihren Wein.

Amtliche Prüfnummer: In Deutschland und Österreich wird als Beleg für die bestandene Prüfung für die Qualitätsweine und Prädikatsweine eine amtliche (staatliche) Prüfnummer vergeben. Aus dieser lassen sich Prüfstelle, Hersteller und Jahrgang eindeutig und zweifelsfrei zurückverfolgen.

AOC: Abkürzung für *Appellation d'Origine Contrôllée*, manchmal auch als *Appellation Contrôllée* beziehungsweise *AC* verwendet, wird mit *kontrollierter Herkunft* übersetzt. Es ist Frankreichs höchste Qualitätseinstufung. Dabei sind der Name, die Herkunft, die verwendeten Rebsorten und viele andere Einflussfaktoren im Weinberg und bei der Kellerarbeit durch ein Gesetz festgelegt.

Appellation: Oft verwendet, um die geografische Herkunft eines Weines zu benennen, die meist auch Bestandteil des Weinnamens ist.

Aroma: Entweder als allgemeiner Ausdruck für den Geruch, den Duft eines Weines oder nur für eine einzelne Geruchsnote im Wein.

Aromatisch: Eine Beschreibung für einen Wein, der einen ausgeprägten Duft hat. Wird insbesondere bei besonders fruchtigen und blumigen Düften verwendet. Auch einige weiße Rebsorten werden als _aromatisch_ bezeichnet, da sie über viele aromatische Komponenten verfügen.

Aromatische Komponenten: Organische Substanzen in der Traube, die für viele Aromen und für den Geschmack des Weines verantwortlich sind.

Atmen lassen: Dabei setzt man den Wein bewusst dem Kontakt mit dem Sauerstoff in der Luft aus, um ihn so für den Genuss vorzubereiten. Ältere Weine können dabei ihre attraktiven Aromen entfalten, bei jungen Weinen werden dadurch die harten Tannine weicher.

Auftakt: Damit ist der erste Eindruck gemeint, den man von einem Wein beim Verkosten hat. Der Auftakt eines Weins macht sich im vorderen Teil des Mundes bemerkbar.

Balance: Das Zusammenspiel von Alkohol, verbliebenem Zucker, Säure und Tannin im Wein. Wenn keine der Komponenten im Vordergrund steht, sondern alle perfekt zusammenspielen, spricht man davon, dass der Wein ausbalanciert ist. Ein Wein kann auch im Hinblick auf seine Aromen und seine Struktur ausbalanciert sein.

Barrique: Ein relativ kleines Holzfass mit etwa 225 Liter Fassungsvermögen, um Wein reifen zu lassen. Es wird hauptsächlich aus Eichenholz, aber auch aus Hölzern von Akazien, Kastanien und anderen Baumarten, gefertigt. Bei Weinkennern spielt oft auch die Herkunft des Holzes eine bewertende Rolle.

Blaue Trauben: Weintrauben mit roten oder blauen Pigmenten in der Schale, die für die Kelterung von Rotwein verwendet werden.

Bodega: Weingut auf Spanisch.

Bodensatz: Die festen Bestandteile in einer Flasche Rot- oder Weißwein, die während des Reifeprozesses ausfällen können.

Bouquet: Der Duft eines Weines, meist für die betörenden Düfte eines reifen Weines verwendet.

Castello: Italienisch für _Schloss_, wird oft als Synonym für Weingut verwendet.

Charakter: Eine Auszeichnung für einen Wein. Denn so zeigt er Kraft und Eigenständigkeit.

Château: Französisch für Schloss, wird in Bordeaux für jede Hundehütte verwendet, in der Wein gekeltert wird. In anderen Regionen in Frankreich muss das Weingut wirklich über ein repräsentatives (schlossähnliches) Gebäude verfügen, um diese Bezeichnung verwenden zu dürfen.

Classic: Eine in Deutschland benutzte Bezeichnung, die für gebietstypische, trockene Weine von gehobener Qualität (Qualitäts- und Prädikatsweine) gilt.

Classico: Ein italienischer Ausdruck, der im Zusammenhang mit etlichen Herkunftsbezeichnungen verwendet wird, um damit die klassische Zone für diesen Wein extra herauszuheben. Beispiel: Chianti als große Region, Chianti Classico als viel enger umgrenztes traditionelles Herkunftsgebiet. Lesen Sie auch unter DOC nach.

Colheita: Die Bezeichnung für den Jahrgang auf Portugiesisch.

Commune: Dorf auf Französisch, umfasst auch die umgebenden Weinberge.

Cosecha: Jahrgang auf Spanisch.

Cuvée: Der französische Ausdruck für Verschnitt. Hört sich aber viel besser an und wird somit sehr oft bei hochwertigen Weinen verwendet.

Dekantieren: Das Umfüllen des Weines aus der Flasche in eine Karaffe, entweder um den Wein atmen zu lassen oder um ihn von seinen Sedimenten zu trennen.

DO: Die Abkürzung für *Denominación de Origen*, was man mit *Herkunft* übersetzen kann. Das spanische Gegenstück zu DOC in Italien oder AOC in Frankreich. Es ist die höchste Qualitätsbezeichnung für spanische Weine. In dem jeweiligen Gesetz zur Vergabe dieser Abkürzung sind neben dem Namen, der Region und den erlaubten Rebsorten auch viele weitere Faktoren der Weinbereitung geregelt.

DOC: Die Abkürzung für *Denominazione di Origine Controllata*, was mit *kontrollierter Herkunft* zu übersetzen ist. Eine offizielle Qualitätswein-Kategorie in Italien. In einem entsprechenden Gesetz werden die Verwendung des Namens, die Abgrenzung der Region, die verwendeten Rebsorten und vieles mehr festgeschrieben. Es ist auch die Abkürzung für die höchste Qualitätsstufe im portugiesischem Weinrecht, *Denominacao de Origen Controlada*, das genauso zu übersetzen ist und auch die gleiche Bedeutung hat.

DOCG: Abkürzung für *Denominazione di Origine Controllata e Garantita*. Hier wird die Herkunft italienischer Weine nicht nur kontrolliert, sondern auch noch garantiert. Es ist die höchste Qualitätsstufe im italienischen Weinrecht.

Domaine: Ein französischer Ausdruck für Weingut, wird sehr häufig in Burgund verwendet.

Eiche: Eine Holzsorte, die sich bestens für Weinbehälter eignet und als solche bereits eine sehr lange Tradition hat.

Eichengeschmack: Bestimmte Aromen im Wein, die auf den Ausbau im Eichenfass oder die önologische Behandlung mit Eichenchips zurückzuführen sind.

Einzellagen-Weine: Ein Wein, der nur aus den Trauben einer besonderen Lage (meist einer besonders guten) gemacht und nicht mit Trauben oder Wein aus anderen Lagen verschnitten wird. Normalerweise trägt der Wein dann auch den Namen der Lage auf dem Etikett.

Eleganz: Ein Begriff im übertragenen Sinn für Weine, die nicht mit ihrer Kraft, sondern mit ihrer Verspieltheit, mit ihrer Finesse und Vielschichtigkeit überzeugen. Eleganz ist eine positive Eigenschaft.

Erstes Gewächs: In Deutschland im Jahre 2002 eingeführte Bezeichnung für qualitativ hochwertige Lagen der VDP-Betriebe. Das Anbaugebiet Mosel verwendet die Bezeichnung »Erste Lage«, der Rheingau die Bezeichnung »Erstes Gewächs«.

Erste Lage: siehe Erstes Gewächs.

Ertrag: Die Menge an Trauben beziehungsweise Wein, die auf einem bestimmten Stück Land geerntet werden. In Europa wird dies meist als Hektoliter pro Hektar angegeben. In den USA spricht man von Tonnen pro Acre. Verallgemeinernd lässt sich sagen, dass die Qualität der Trauben und damit des Weines höher ist, desto niedriger der Ertrag ist.

Fass: Hölzerne Aufbewahrungsbehälter für Wein in unterschiedlichsten Größen.

Fassgelagert: Ein Ausdruck, der besagt, dass die Weine in einem neutralen Behälter, etwa Edelstahl, vergoren wurden und danach für eine gewisse Reifezeit ins Holzfass gegeben wurden.

Fassvergoren: Damit wird deutlich gemacht, dass vorwiegend ein Weißwein im Holzfass vergoren wurde. Der Fassgeschmack ist dadurch sehr viel feiner und zurückhaltender als bei Weinen, die erst nach der Gärung für eine gewisse Zeit ins Barriquefass kamen.

Fest: Eine Beschreibung für einen Rotwein, der nicht weich, aber auch nicht hart und rau ist. Hängt sehr eng mit dem Tanningehalt des Weines zusammen.

Flaschenreife: Der Reifeprozess in der Flasche, nachdem der Wein abgefüllt wurde. Die meisten Rotweine genießen bereits vor dem Verkauf eine gewisse Zeit auf der Flasche. Gute Rotweine benötigen dagegen oft noch eine ergänzende Reifezeit im Keller des Konsumenten.

Französische Eiche: Eichenholz aus bestimmten Wäldern in Frankreich (zum Beispiel Allier, Cher oder Limousin) und die Barriques, die daraus gefertigt werden.

Frische: Das erfrischende Gefühl im Mund, meist das Ergebnis einer kräftigen Säure.

Fruchtcharakter: Diese Charakteristik eines Weines kommt von den Trauben und beschreibt sowohl den Duft als auch den Geschmack.

Fruchtig: Die Aromen erinnern an Früchte. Das ist eine sehr weit gefasste Beschreibung. In vielen Fällen kann die Beschreibung noch viel genauer erfolgen: frische Früchte, getrocknete Früchte oder gekochte Früchte – oder noch genauer: eine bestimmte Frucht, frisch, getrocknet oder gekocht, wie grüner Apfel, getrocknete Feigen oder Brombeermarmelade.

Fülle: Ein Ausdruck für das Gefühl, wenn einem der Wein den Mund ausfüllt. Meist ein Zeichen für hochwertige Weine.

Füllig: Eine Beschreibung für einen Wein, der im Mund groß und schwer wirkt. Die Fülle eines Weines kann auf seinen Alkohol, aber auch auf andere Faktoren zurückzuführen sein. Man kann einen Wein als angenehm füllig oder als zu füllig empfinden, es kommt ganz auf den persönlichen Geschmack an.

Garrafeira: Der portugiesische Ausdruck für Riserva, mit einem vorgeschriebenen Reifeprozess.

Gärung: Wird auch als Fermentation bezeichnet. Der natürliche Prozess, bei dem der Zucker im Traubenmost durch Zuhilfenahme von Hefen (Reinvergärung) oder vorhandene Hefen (Spontanvergärung) in Alkohol und Kohlendioxid umgewandelt wird und sich damit der Most in Wein verwandelt.

Gaumen: Ein Ausdruck, der von Weinverkostern als Synonym für Mund verwendet wird oder um die Eindrücke zu umschreiben, die sich im Mund des Verkosters abspielen.

Gehaltvoll: Eine Beschreibung für Weine, die ein ganzes Bündel von Geschmäckern beziehungsweise ein kräftige Textur haben.

Geschmack: Ein verallgemeinernder Ausdruck für die Gesamtheit von Eindrücken, den ein Wein in Ihrem Mund hinterlässt. Der primäre Geschmack des Weines besteht aus süß, sauer und bitter.

Geschmacksintensität: Das Maß, wie viel Geschmack ein Wein hat.

Geschmeidig: Eine Beschreibung für einen Wein, der sich samtig, rund und nicht rau und derb anfühlt. So einen Wein trinkt man gerne.

Grand Crû: Direkt zu übersetzen mit »großes Gewächs«. In Burgund werden damit die Weine aus bestimmten, im Gesetz festgelegten Lagen bezeichnet beziehungsweise auch diese Lagen selbst. In St. Emilion (einem Teil von Bordeaux) gibt es ein Klassifizierungssystem, das die hochwertigen Châteaux als Grand Crû bezeichnet.

Grand Crû Classé: Ein Ausdruck, der auf Bordeaux-Etiketten auftaucht. Einerseits die Châteaux in Médoc und Grave, die 1855 als »adlige Gewächse« klassifiziert wurden und seitdem diesen Ausdruck verwenden dürfen, und andererseits in der Klassifizierung von St. Emilion. Dort stellt es eine Steigerung zu Grand Crû dar (unter Grand Crû erfahren Sie mehr).

Gran Reserva: Eine Bezeichnung auf spanischen Weinen. Ein Wein, der mindestens fünf Jahre gelagert werden muss, bevor er verkauft werden darf. Dabei muss er mindestens zwei Jahre im Holzfass verbracht haben. Die Steigerung zur Reserva.

Harmonisch: Eine generöse Beschreibung für einen Wein, der nicht nur in der Balance ist, sondern sich besonders in sich selbst ruhend anfühlt.

Hefen: Einzellige, zu den Pilzen zählende Mikroorganismen, die dafür verantwortlich sind, dass sich der Wein vom Most in Wein verwandelt.

Intensiv: Im Zusammenhang mit den Aromen und dem Geschmack beschreibt dieser Ausdruck die Menge an Aromen – etwa, wie ausgeprägt der Duft einer Zitrone im Wein ist.

Jahrgang: Die Angabe des Jahres, in dem die Trauben für den Wein gelesen wurden (und meist auch gewachsen sind).

Klone: Varianten einer Rebsorte, die durch ungeschlechtliche Fortpflanzung entstehen und so durchaus eigene Qualitätsmerkmale und Charakteristiken entwickeln können. Von vielen Rebsorten gibt es etliche unterschiedliche Klone.

Konzentration: Die Charakteristik eines Weines, dessen Geschmack oder dessen Fruchtigkeit den Mund ausfüllt und damit das Gegenteil von zurückhaltend oder wässrig.

Konzentriert: Eine Beschreibung für einen Wein mit einem Geschmack, der den Mund ausfüllt.

Komplexität: Der Wein hat viele verschiedene Facetten im Geschmack.

Körper: Das gefühlte Gewicht des Weines im Mund, hängt besonders mit dem Alkoholgehalt, aber auch mit seinem Tannin zusammen. Man spricht von leichtem, kräftigem und voluminösem Körper.

Länge: Die Charakteristik eines guten Weines, mit der man den sensorischen Eindruck zu beschreiben sucht, wenn einem der Wein über die Zunge gleitet und der Geschmack bleibt.

Malolaktische Gärung: Ein natürlicher Umwandlungsprozess (keine Gärung im eigentlichen Sinne), bei der die kräftige Äpfelsäure sich in die weichere Milchsäure verwandelt und damit die Weine weicher werden lässt. Der Vorgang wird auch als biologischer Säureabbau (BSA) bezeichnet. Die meisten Rotweine durchlaufen diesen Prozess.

Mazeration: Der Prozess, bei dem die Traubenschalen im Traubenmost ausgelaugt werden, um ihnen Farbe, Tannin und andere Substanzen zu entziehen. Der Ausdruck wird oft für den gesamten Zeitraum verwendet, einschließlich der Gärung, solange der Traubenmost Kontakt mit den Schalen hat.

Mineralisch: Der Wein hat Aromen, die an Mineralien erinnern (als Gegensatz zu organischen Substanzen wie Pflanzen und Tieren). Es ist eine weit gefasste Beschreibung, und oft kann das Aroma noch genauer definiert werden – Kreide, Eisen, Feuerstein und so weiter.

Neues Holz: So werden ganz neue Barriques bezeichnet, in denen zum ersten Mal Wein ausgebaut wird (Erstbelegung). Manchmal meint man damit auch eine ganze Reihe von Barriques, die zum ersten oder sogar zum dritten Mal verwendet werden.

Neue Welt: Ein zusammenfassender Ausdruck für Weinbauländer außerhalb Europas (zum Beispiel USA, Südamerika, Australien, Neuseeland und Südafrika).

Nussig: Aromen, die an Nüsse erinnern. Dies ist eine grobe Beschreibung. Sie kann meist enger gefasst werden: geröstete Nüsse, Haselnüsse, Walnüsse …

Premier Crû: Eine offizielle Einstufung von hochwertigen Weinlagen unterhalb der Grands Crûs und der Weine, die daraus gemacht werden. Die Bezeichnung wird in erster Linie in Burgund verwendet.

Primäraromen: Die frischen, vordergründigen Aromen, die direkt auf die Traubenaromen zurückzuführen sind.

Reblaus (phylloxera): Ein Parasit, zählt zu den Blattläusen, der sich an den Wurzeln und Blättern von Rebstöcken zu schaffen macht und diese abtötet. Wurde um 1860 aus Amerika eingeschleppt und hat innerhalb weniger Jahrzehnte fast alle Weinberge Europas vernichtet. Ein Desaster, von dem sich einige Weinregionen bis heute nicht wieder erholt haben.

Rebsorte: Eine genetisch eigenständige Rebe, die in der Ampelographie (Rebsortenkunde) beschrieben wird.

Rebsorten-Charakter: Die Charakteristik eines Weines, die auf die Eigenschaften dieser Rebsorte zurückzuführen ist.

Reifeprozess: Die Zeit der Lagerung in der Kellerei, nach abgeschlossener Gärung und vor der Abfüllung. Aber auch die Zeit im Keller des Weinkenners, den gute Weine durchmachen müssen, bevor sie sich perfekt präsentieren.

Reserva: Ein spanischer Ausdruck für Weine, die länger gelagert wurden, bevor sie verkauft werden dürfen (meist eine Kombination aus der Lagerung im Fass und in der Flasche). Für rote Reservas ist in Spanien eine Mindestlagerzeit von drei Jahren (und davon ein Jahr im Eichenholzfass) vorgeschrieben. Auf einem portugiesischen Wein bezeichnet es einen Wein von besonderer Qualität aus einem Jahrgang (lesen Sie auch unter Garrafeira nach).

Reserve: Eine Bezeichnung für Weine, die besser sind als die normale Version des gleichen Weines oder Weinguts. In Frankreich und den USA ist dieser Ausdruck aber nicht exakt definiert.

Restzucker: Der nach der Gärung noch verbliebene Zucker.

Riserva: Der italienische Ausdruck für »Reserve«, der auch hier einen Wein bezeichnet, der länger gelagert wurde und damit von besserer Qualität sein sollte. Der Zeitraum, den der Wein gelagert werden muss, um diese Bezeichnung führen zu dürfen, ist in den jeweiligen DOC-Bestimmungen für die einzelnen Regionen unterschiedlich definiert.

Rote Früchte: Ein zusammenfassender Ausdruck für die Fruchtaromen, die man in einem Wein finden, aber keiner einzelnen Frucht zuordnen kann. Es erinnert auch an eine frisch gekochte Rote Grütze.

Rote Trauben: Weintrauben, die rötliche oder blaue Farbpigmente in ihren Schalen haben, auch blaue Trauben genannt. Sie werden zur Rotweinproduktion verwendet.

Säure: Eine Strukturkomponente im Wein. Es gibt verschiedene Säurearten im Wein. Die wichtigste ist die Weinsäure (eine natürliche Säure der Trauben). Der Säuregehalt liegt meist zwischen 0,5 und 0,7 Prozent des Volumens und wird oft in Gramm pro Liter (g/l) oder Promille angegeben.

Schalenkontakt: Der Prozess, bei dem Most mit den Schalen in Kontakt bleibt. Beim Rotwein ist dies der Vorgang, bei dem der Wein die Farbe, das Tannin und andere Substanzen aufnimmt. Dies wird durch Maischegärung oder -erhitzung erreicht.

Selection: Selection-Weine sind in Deutschland das trockene Pendant zu den edelsüßen Auslesen und bedeutet die Premium-Linie deutscher Weine.

Sortenrein: Als sortenrein wird ein Wein bezeichnet, der nur aus einer Rebsorte gemacht und meist auch nach ihr benannt ist.

Stängel: oder Rappen; Bezeichnung für das kammähnliche Stielgerüst mit holzigen Teilen, die aus den einzelnen Beeren eine Traube formen. Sie haben viel Tannin. Die Stiele und Stängel werden normalerweise vor der Gärung entfernt.

Stil: Das Zusammenspiel seiner Charakteristiken, durch die sich der Wein ausdrückt und somit definiert.

Struktur: Der Teil des Geschmacks eines Weines, der von den Strukturkomponenten herrührt (hauptsächlich Alkohol, Säure, Tannin und Zucker).

Strukturkomponenten: Hauptsächlich die großen Vier: der Alkohol, die Säure, das Tannin und der Zucker (falls vorhanden) im Rotwein.

Süße: Der Eindruck eines süßen Geschmacks im Wein, der von nicht vergorenem Restzucker, aber auch von anderen Substanzen wie etwa Alkohol herrühren kann.

Tannin: Eine Substanz, die der Wein von seinen Traubenschalen mitbekommt. Auf Deutsch spricht man auch von Gerbstoff. Tannin ist einer der prägenden Bestandteile von Wein und auch eine Strukturkomponente.

Tannin vom Holz: Das Tannin im Wein, das auf den Ausbau im Barrique zurückzuführen ist.

Terroir: Ein französischer Begriff, der als zusammenfassender Ausdruck für die Wachstumsbedingungen in einem Weinberg wie etwa Klima, Boden, Drainage, Hangneigung, Höhe und Topografie verwendet wird.

Textur: Die Konsistenz eines Weines oder wie er sich im Mund anfühlt.

Tief: Eine Charakteristik von hochwertigen Weinen, die einem den Eindruck von vielen Schichten an Geschmack vermittelt und damit das Gegenteil von flach oder eindimensional ist. Dies ist eine positive Eigenschaft.

Trocken: Das Gegenteil von süß.

Unterholz: Aromen, die an feuchtes Laub, Moos und Moder erinnern. In vielen alten Rotweinen wird dieses Aroma gerne gesehen.

Vegetal, vegetativ, vegetabil : Aromen und Geschmack, die an Vegetation oder Gemüse erinnert. Dieses Aroma ist Geschmackssache, der eine Weintrinker mag es, der andere nicht.

Verschnitt: Der Vorgang, wenn zwei oder mehr unterschiedliche Weine zusammengemischt werden, meistens die Weine von verschiedenen Rebsorten, aber auch der Wein, der dabei entsteht. Man spricht im Französischen von Cuveé oder der Assemblage.

Vieilles Vignes: Französisch für »alte Reben«.

Vin de Pays: *Landwein* auf Französisch. Im französischen und europäischen Weingesetz eine Kategorie von gehobenem Tafelwein. Die grundsätzliche Herkunft muss auf dem Etikett benannt werden. Nicht mit dem Status eines AOC-Weines zu vergleichen. Lesen Sie auch unter AOC nach.

Vinifikation: Alle erforderlichen Vorgänge, um aus Trauben Wein entstehen zu lassen.

Vitis vinifera: Die botanische Bezeichnung für die Spezies von Rebstöcken, die für fast alle Weine auf dieser Welt verantwortlich ist. Einzige Spezies für Europäer-Reben.

Voluminös: Umschreibung für einen Wein, der Kraft, Festigkeit und Beständigkeit hat.

Weich: Beschreibung der Textur, wenn der Alkohol und der Zucker (wenn vorhanden) Oberhand über die Säure und das Tannin hat und der Wein so keinerlei Anzeichen von Härte oder Rauheit zeigt.

Weinbauregion: Ein geografischer Ausdruck, der eine bestimmte Region in einem Weinbauland bezeichnet, in der Wein angebaut wird. Meist wird diese Region nochmals in einzelne Gebiete und Anbauzonen unterteilt.

Weingut: Ein landwirtschaftliches Anwesen, das Trauben anbaut und daraus Wein keltert. In Europa darf ein Weingut keine Trauben oder gar Wein zukaufen, sondern nur das hauseigene Traubenmaterial verwenden. Somit ist die Bezeichnung Weingut auf dem Etikett vom jeweiligen Gesetzgeber sehr genau definiert.

Zedernholz: Ein Aroma im Wein, das an Zedernholz erinnert.

Zweitwein: Ein günstigerer Wein oder eine zweite Marke von einem bekannten Weingut aus Traubenmaterial, das für den Erstwein nicht gut genug war.

Stichwortverzeichnis

FÜR
DUMMIES®

KUNST UND GESCHICHTE ENTDECKEN

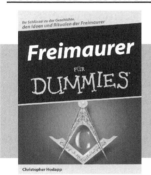

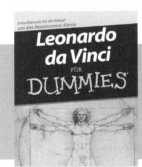

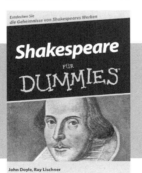

Freimaurer für Dummies
ISBN 978-3-527-70268-8

Geschichte der Philosophie
für Dummies
ISBN 978-3-527-70328-9

Kunst für Dummies
ISBN 978-3-527-70242-8

Leonardo da Vinci für Dummies
ISBN 978-3-527-70246-6

Ludwig II. für Dummies
ISBN 978-3-527-70319-7

Mythologie für Dummies
ISBN 978-3-527-70143-8

Philosophie für Dummies
ISBN 978-3-527-70095-0

Shakespeare für Dummies
ISBN 978-3-527-70243-5

DER GEIST, DER STETS VEREINT

Angstfrei leben für Dummies
ISBN 978-3-527-70346-3

Erfolgreiches Life Coaching für Dummies
ISBN 978-3-527-70347-0

Kognitive Verhaltenstherapie für Dummies
ISBN 978-3-527-70307-4

Meditation für Dummies
ISBN 978-3-527-70280-0

Neuro-Linguistisches Programmieren
für Dummies
ISBN 978-3-527-70177-3

Psychologie für Dummies
ISBN 978-3-527-70145-2